JÜDISCHES LANDLEBEN

Vergessene Welten in Westfalen

DAS DORF AM RAND

Diese Katasterkarte von 1820 ist eine der ältesten Karten des Dorfes Herlinghausen, das in der Warburger Börde unmittelbar an der Grenze zu Hessen liegt. Zu Beginn des 19. Jahrhunderts lebten in dem Dorf 395 Einwohner, unter ihnen 121 Jüdinnen und Juden. In keiner anderen Landgemeinde Westfalens war der Anteil jüdischer Einwohner annähernd so groß wie in Herlinghausen.
Bereits im 17. Jahrhundert hatten sich in dem Grenzdorf jüdische Familien angesiedelt. Sie standen unter dem besonderen Geleit der Adelsfamilie von der Malsburg. Zentrum der kleinen jüdischen Gemeinde war die um 1791 erbaute Synagoge. Sie lag im Nordosten des Dorfes an der Straße „im Knickhagen“. Gebäude und Grundstück sind in der Karte als „Gemeinde der Israeliten / Israelitische Schule“ und den Katasterziffern II und IV markiert. Der jüdische Friedhof lag – und liegt bis heute – außerhalb des Dorfes, wenige Fußminuten jenseits der hessischen Landesgrenze.
Einige jüdische Familien verfügten in und um Herlinghausen bereits früh über Haus- und Landbesitz. Um 1850 ist unter ihnen ein „Ackerwirt“ bezeugt, etliche lebten vom Vieh-, Getreide- und Kleinhandel und betrieben nebenbei Landwirtschaft. Andere jüdische Haushalte galten indes als „sehr arm“, „schwachen Handel treibend“ oder „elendig arm“.
Im Laufe des 19. Jahrhunderts verließen die meisten Landjudenfamilien das Dorf und zogen in größere Städte Westfalens. Um 1900 wurde die Synagoge samt Grundstück verkauft und wenig später abgerissen.
Die letzte jüdische Familie Herlinghausens, die Familie Kleeblatt, betrieb bis in die 1930er-Jahre einen Dorfladen und lebte überdies vom Pferde- und Viehhandel, soweit dies in den Jahren des NS-Regimes noch möglich war. 1942 wurden die beiden 61-jährigen Eheleute Moritz und Ida Kleeblatt mit ihrer 39-jährigen Tochter Liselotte in das Warschauer Ghetto deportiert. Dort wurden sie vermutlich wenig später ermordet.

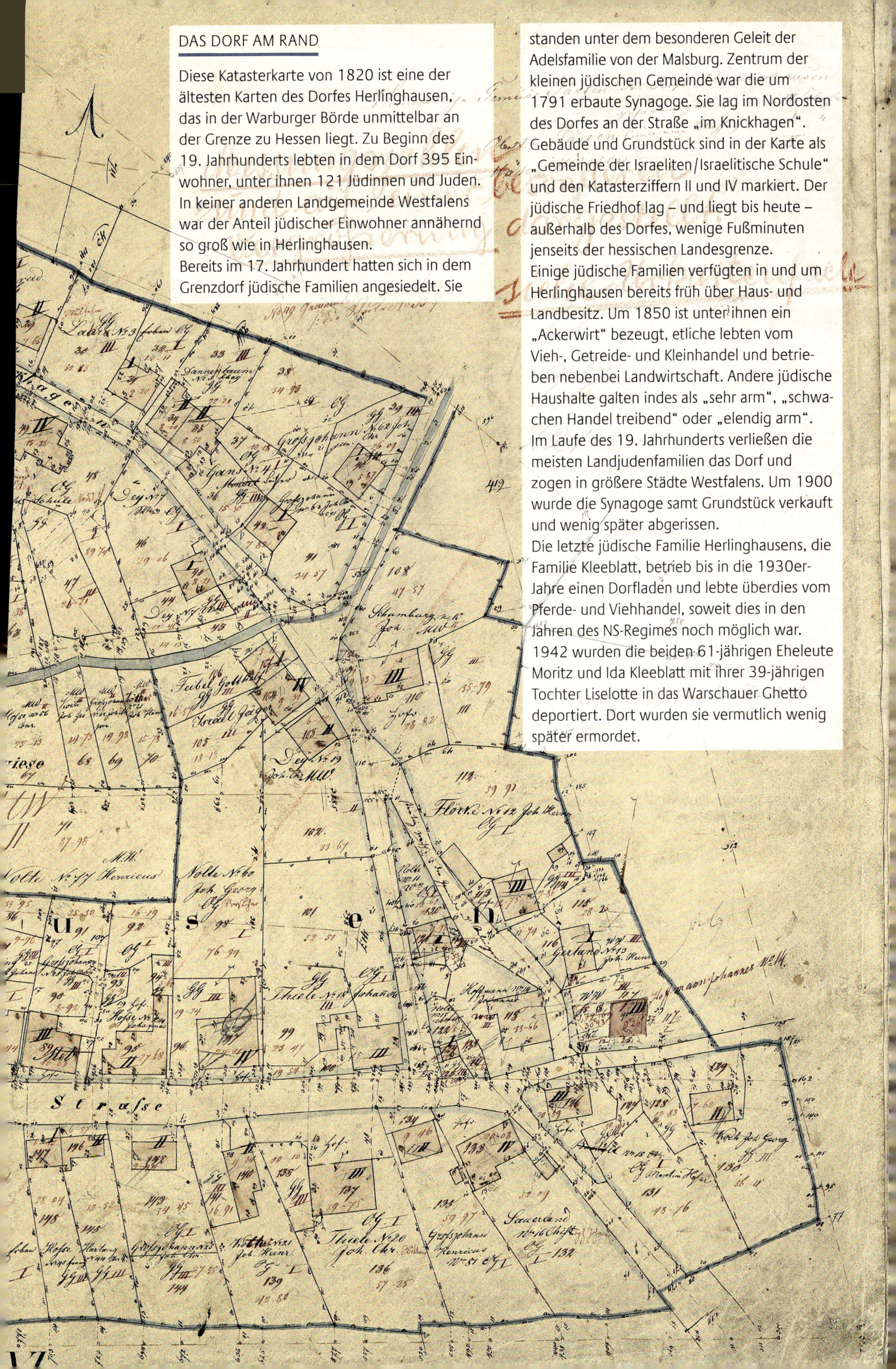

Gisbert Strotdrees

JÜDISCHES LANDLEBEN

Vergessene Welten in Westfalen

Veröffentlicht mit freundlicher Unterstützung durch den
LVM Landwirtschaftlicher Versicherungsverein Münster a. G.

Titelbilder (von oben nach unten):
• Der dreijährige Walter Brill auf einem Stier, neben ihm Mitarbeiter der Schlachterei seines Vaters Hugo Brill in Herzebrock – eine Aufnahme von 1913 (Foto: Bildarchiv Jüdisches Museum Berlin)
• Der älteste bislang bekannte jüdische Grabstein Westfalens aus dem Jahr 1313/14, gefunden 2016 in Münster (Foto: Stadtmuseum Münster)
• Torbalken mit deutscher und hebräischer Inschrift aus dem 1758 errichteten Haus eines jüdischen Kaufmanns in Schötmar (Foto: Gisbert Strotdrees)

Blauer Hintergrund: /stock.adobe.com

Bibliografische Information der Deutschen Nationalbibliothek
Die Deutsche Nationalbibliothek verzeichnet diese Publikation in der Deutschen Nationalbibliografie; detaillierte bibliografische Daten sind im Internet über http://dnb.d-nb.de abrufbar.

1. Auflage 2024

Gestaltung: Frank Hegemann, Susanne Wilbuer
Lektorat: Melanie Suttarp
Herstellung: LV Media Pro im Landwirtschaftsverlag GmbH
Anja Luszek-Hoffmann (Ltg.), Ingo Feyka
Druck: Grafisches Centrum Cuno GmbH, Calbe

MIX
Papier | Fördert gute Waldnutzung
FSC® C043106

ISBN: 978-3-7843-5781-2

„Wären nicht die Erwachsenen störend dazwischengekommen, die jüdischen und christlichen Knaben und Mädchen würden in derselben einträchtigen Weise weiter verkehrt haben, wie sie es als kleine Kinder getan."

Jakob Loewenberg, Schriftsteller und Pädagoge (1856–1929)
in seinen Erinnerungen an die Kindheit in Niederntudorf

„Juden und Christen waren durch einen gemeinsamen Gott voneinander geschieden."

Fritz Stern, Historiker (1926–2016)
in seinen Lebenserinnerungen „Fünf Deutschland und ein Leben"

„‚Einfach nur Mensch sein' ist ein Privileg derer, die nichts zu befürchten haben aufgrund ihrer Geburt."

Marina Weisband, Publizistin (geb. 1987),
am 27. Januar 2021 im Deutschen Bundestag in Berlin

Inhalt

Einleitung

In Schötmar, einem 9000 Einwohner zählenden Ortsteil von Bad Salzuflen (Kreis Lippe), versteckt sich in einem Hinterhof ein Fachwerkhaus, wie es in Westfalen und Nordwestdeutschland kein zweites Mal zu finden ist. Ein Kaufmann hat es 1758 errichten lassen – schon dieses Alter und der Erhaltungszustand am ursprünglichen Standort machen das Bauwerk zu etwas Besonderem. Hinzu kommt zweierlei: Der Bauherr war Mitglied der jüdischen Minderheit und er zeigte dies selbstbewusst an seinem Haus in den beiden Sprachen, in denen er zuhause war. In lateinischen Großbuchstaben ist dort zu lesen:
ANNO 1758 IM IVNI HAT SCHLOM ITZIG DIESES HAVS AVFBAVEN LASEN / WER GOTT VERTRAVET HATT WOL GEBAVET IM HIMEL VND AVF ERDEN.
Die Inschrift darunter in hebräischer Schrift besagt: „Schlomo, der Sohn des ehrenwerten Herrn, des Herrn Jitzchaq hak-Kohen, sein Andenken sei zum Segen. Gesegnet bist/seist du, wenn du (heim)kommst, gesegnet seist du, wenn du hinaus/fort gehst."

Segnende Hände unter der Krone

In einem Symbolfeld in der Mitte fällt eine Krone auf. Darunter befinden sich angewinkelte Hände mit gespreizten Fingern – ein symbolischer Hinweis auf die Tradition der Kohanim (Priester) im biblischen Israel, auf die sich der Schötmarer Bauherr und seine Familie berufen haben.
Das Kürzel „M. B. H. STOLTING" steht für Meister Barthold Henrich Stölting (1722–1803). Er stammte aus einer alten, seit 1617 nachweisbaren Familie ländlicher Zimmerleute. Für den jüdischen Kaufmann hat Stölting den Bauauftrag und die Schnitzarbeiten erledigt – wie selbstverständlich und mit ausgeprägtem Gespür für ästhetische Gestaltung.
Der Name Schlom Itzig im Torbalken steht für Salomon Isaak. In anderen Dokumenten taucht der Bauherr auch als „Schlom Kohen" oder „Cohn" auf. Er war einer von acht Juden, die um 1750 mit ihren Familien in Schötmar lebten, geduldet und geschützt durch einen sogenannten Geleitbrief des lippischen Landesherrn. Schlom Itzig handelte mit Pferden, ferner mit Fleisch, Getreide, Holz und Textilien.
Ein Jude des 18. Jahrhunderts als Bauherr und Hauseigentümer? Seinen Glaubensgenossen nicht nur in Westfalen war es seinerzeit untersagt, Grundstücke zu erwerben und Häuser zu errichten. Doch mancherorts gab es Ausnahmen. Zu ihnen zählt Schötmar, damals eine ländlich geprägte Amtsgemeinde, in der sich bereits um 1720 jüdische Haus- und Grundbesitzer nachweisen lassen. Schlom Itzigs „altes Haus" war mit 17 anderen Wohnhäusern, Ställen und Scheunen bei einem Brand zerstört worden. Bereits wenige Monate später waren viele Fachwerkhäuser neu errichtet. Der Kaufmann hatte die Gelegenheit genutzt, den Neubau näher an die Straße zu rücken und um eine zweigeschossige „Utlucht", einen Vorbau mit Fenstern, zu erweitern. Auch durch seine Lage zwischen Schloss und Marktplatz unterstrich das repräsentative Bauwerk die soziale Stellung, den Wohlstand und das Selbstbewusstsein seines Erbauers und dessen Familie.
Itzigs Erben verkauften das Haus später an einen christlichen Nachbarn. 1907 wurde dem Fachwerkhaus ein Geschäftsneubau buchstäblich vor die Tür gesetzt. Erst jetzt rutschte das Fachwerkhaus in die zweite Reihe. Die einst herausgehobene Lage wandelte sich zum engen Hinterhof. Das wiederum dürfte das einzigartige Gebäude vor der Zerstörung in der NS-Zeit bewahrt haben.

Jüdisches Leben abseits der Metropolen

Dieses Fachwerkhaus stammt aus einer untergegangenen Welt und zeugt von einer fast vergessenen Sozialform: dem jüdischen Landleben abseits der Metropolen, das in der NS-Zeit vollständig vernichtet wurde.
Seit Jahrhunderten lebten vielerorts in den Dörfern und ländlichen Kleinstädten Westfalens Jüdinnen und Juden, meist als Familien und zusammengeschlossen in eigenständigen Gemeinden. Sie handelten mit Vieh, Fleisch und Getreide, mit Saatgut, Textilien, Geräten und Gemischtwaren aller Art. Arme Habenichtse waren ebenso unter ihnen wie ländliche Kleinhandwerker, ehe im 19. Jahrhundert, als die gesetzlichen Beschränkungen gelockert und schließlich aufgehoben wurden, aus diesem Milieu Unternehmer, Anwälte, Ärzte, Tierärzte und Landwirte hervorgingen.
Vom „Landjudentum" also ist die Rede. Doch das ist bereits einer der Begriffe, der beim Blick in die Geschichte dieser Minderheit zunächst zu klären ist. Denn die in den Dörfern und Kleinstädten lebenden jüdischen Familien haben sich selbst nie als „Landjuden" bezeichnet. Auch die christliche Mehrheitsgesellschaft kannte das Wort nicht. Es ist nicht einmal historisch belegt. So fehlt der Eintrag „Landjuden" im maßgeblichen „Deutschen Wörterbuch" der Brüder Grimm und in anderen älteren Nachschlagewerken.
Tatsächlich ist der Begriff eine nachträgliche Erfindung. Er wurde in der historischen Forschung in den 1980er-Jahren geprägt für die besondere Form jüdischen Lebens, das eben nicht in den Städten oder gar Großstädten, sondern auf dem Land seinen Platz fand: selten auf

Ein einzigartiges Zeugnis jüdischen Landlebens: Der Torbalken in zweisprachiger Inschrift, hebräisch und hochdeutsch, ist bis heute an einem fast verfallenen Fachwerkhaus fzu inden, das – versteckt in einem Hinterhof – mitten in Schötmar steht.

Bauernhöfen oder Landgütern, sondern meist in Dörfern, in Kleinstädten bis etwa 2000 Einwohnern oder auch in größeren, agrarisch geprägten Landstädten mit bis zu 5000 Einwohnern.

Wo ist Westfalen?

Zu klären ist auch die Bezeichnung „Westfalen". Denn ein geschlossenes Herrschaftsterritorium dieses Namens gab es nie. Vielmehr handelt es sich für die Zeit vor 1800 um einen Flickenteppich geistlicher und weltlicher Herrschaften unterschiedlicher Größe. Einige Territorien waren im Niederrheinisch-Westfälischen Reichskreis zusammengeschlossen: etwa die Grafschaft Mark zwischen Hellweg und westlichem Sauerland, die Fürstbistümer Minden und Münster oder die Grafschaften Ravensberg und Lippe – und damit auch das Schötmar des Kaufmanns Schlom Itzig.
Zu diesem „Alten Westfalen" vor 1800 zählen weitere Territorien, die heute im Bundesland Niedersachsen liegen: die Grafschaft Bentheim etwa, das Fürstbistum Osnabrück oder das „Niederstift", der nördliche Teil des Bistums Münster. Nicht im Reichskreis eingebunden waren hingegen das Vest Recklinghausen und das Herzogtum Westfalen, die dennoch zum „Alten Westfalen" gerechnet werden. Sie wurden wie das Siegerland und das Wittgensteiner Land 1815 Teil der neu gebildeten preußischen Provinz Westfalen. Der hier umschriebene Raum bildet den Schauplatz des vorliegenden Bandes.

„Landjudenschaften" und „Kehilah"

Zeitlich reicht die Geschichte der Landjuden Westfalens in das hohe Mittelalter zurück. In Wellen und regionalen Schwerpunkten hat sich daraus bis um 1800 eine Vielfalt zunächst kleiner ländlicher Gemeinschaften und größerer autonomer Gemeinden gebildet, verklammert in „Landjudenschaften", die auf Anordnung der Territorialherren entstanden.
Auch dieses Wort der „Landjudenschaft" kann leicht missverstanden werden, als handelte es sich um einen Oberbegriff für alle ländlich lebenden Juden. Doch der Wortbestandteil „Land" bezieht sich auf das herrschaftliche, von oben dirigierte „Geleiten", auf das gelenkte Ansiedeln, das Besteuern und den herrschaftlichen Schutz der jüdischen Minderheit.
Im Alltagsleben war für die meisten Jüdinnen und Juden aber weniger die Zugehörigkeit zu einem Territorium oder einer Landesherrschaft wichtig als vielmehr die Zugehörigkeit zur „Kehilah". Mit diesem hebräischen Wort bezeichneten sie ihre weitgehend eigenständige Gemeinde mit einer Synagoge als Gebets-, Schul- und Versammlungsraum, einer Mikwe als Ritualbad sowie vor allem auch mit einem eigenen Friedhof.

Ein Schwerpunkt des Landjudentums

Wie Baden, Franken, Schwaben oder das Rheinland, so zählt auch Westfalen zu den Regionen des Reiches, in denen sich ein Schwerpunkt des Landjudentums herausgebildet hat. Um 1800 lebten etwa drei Viertel aller Jüdinnen und Juden Westfalens auf dem Land, also in Dörfern, Landgemeinden oder Kleinstädten. Ihr Anteil an den jeweiligen Einwohnerschaften überschritt aber nur selten 1 %.
Ausgesprochene „Judendörfer" mit einem jüdischen Bevölkerungsanteil von etwa 25 % oder mehr, wie es sie in Süddeutschland des 19. Jahrhunderts gab, entwickelten sich in Westfalen nicht – wenn man vom Sonderfall des Dorfes

Herlinghausen bei Warburg absieht, der auf der Vorsatzseite dieses Buches sowie auf Seite 24 erläutert wird.
Unter dem Sog der Industrialisierung und Urbanisierung schrumpften bereits im 19. Jahrhundert viele jüdische Gemeinden auf dem Land. Von den 21 600 Jüdinnen und Juden, die 1925 in der preußischen Provinz Westfalen gezählt wurden, lebte der größere Teil, etwa 12 400, in Städten wie Dortmund, Gelsenkirchen, Bielefeld und Münster. Aber es lebten auch rund 9200 Jüdinnen und Juden in den Landkreisen, von ihnen wiederum ca. 7000 auf dem platten Land, in den Dörfern oder ländlichen Kleinstädten. Kurz vor Beginn der NS-Zeit war das Landjudentum Westfalens damit – nach der Rheinprovinz und Hessen-Nassau – eines der größten in Preußen.
Von einem verstreuten, aber noch immer starken Landjudentum zeugt eine weitere Zahl: 1930 existierten in der preußischen Provinz Westfalen 105 jüdische Gemeinden. Lediglich acht hatten mehr als 500 Mitglieder. Hingegen hatten 30 Gemeinden „50 bis 99 Seelen", weitere 34 Gemeinden sogar „unter 50 Seelen" – diese Klein- und Kleinstgemeinden waren vor allem in den Dörfern und Kleinstädten zu finden.

Leben zwischen Stadt und Land

Stadt und Land waren für die Mehrheit der westfälischen Jüdinnen und Juden aber kein scharfer Gegensatz. Vielmehr unterhielten sie vielfältige Verbindungen familiärer und vor allem auch wirtschaftlicher Art. Ihr Vieh-, Getreide- und Warenhandel beispielsweise spielte sich ja vornehmlich zwischen Stadt und Land ab. Bereits im 19. Jahrhundert übernahmen die Landjuden Formen städtisch-bürgerlicher Lebenskultur und trugen sie in ihre private, ländlich geprägte Lebenswelt. Sie bildeten also Brücken zwischen Stadt und Land, rückten aber gleichzeitig in ein eigentümliches Dazwischen, das die Historikerin Monika Richarz treffend zusammengefasst hat:
„In den Augen der städtischen Juden waren die Landjuden fromm, ungebildet und wirtschaftlich zurückgeblieben. Für die Agrarbevölkerung repräsentierten sie dagegen die moderne Kapitalgesellschaft und ein städtisches Element auf dem Dorf. Sie werden also gleichzeitig als ländliche Nachhut und städtische Vorhut gesehen – zwei Vorstellungen, die die Historiker im Kontext ihrer Entstehung zu prüfen haben."

Der Blick der Geschichtswissenschaft

Das ländliche Judentum blieb in der historischen Forschung lange unbeachtet. Ein Grund liegt in der Geschichtswissenschaft selbst. Sie ist hierzulande eher bürgerlich-urban geprägt und fremdelt oft mit der Geschichte der Landwirtschaft und der ländlichen Gesellschaft: Historikerinnen und Historiker, die sich der jüdischen Geschichte annahmen, ließen ihren Blick eher in die Salons der Philosophen und Literaten schweifen, in die Kanzleien geistlicher und weltlicher „Judenverwaltung" oder auch in die Kontore jüdischer Händler oder Unternehmer. Der Dorfplatz hingegen, der Viehmarkt auf freiem Feld, die Dorfsynagoge oder auch die Ställe und Felder jüdischer Viehhändler blieben wenig beachtet. Selbst unter Kennern jüdischer Geschichte ist kaum mehr bekannt, dass es in Westfalen erfolgreich wirtschaftende jüdische Landwirte gegeben hat – auch in diesem Sinne handelt es sich um vergessene Welten.
Dieses Buch erzählt genau davon und fragt vor allem nach dem dreifachen „Selbst" der jüdischen Minderheit auf dem Land. Gemeint sind Selbstbestimmung, Selbstorganisation und Selbstbehauptung. Aus dieser Sicht erscheinen die ländlich lebenden Jüdinnen und Juden nicht als „Opfer", nicht als „Objekte" oder gar als Randfiguren einer wie auch immer romantisch ausgekleideten Vorstellung ländlichen Alltags, der nie existiert hat. Vielmehr rückt diese Perspektive die Jüdinnen und Juden als Teil der ländlichen Lebenswelt in den Mittelpunkt, als Individuen, die unter den herrschenden, oftmals einengenden und diskriminierenden Bedingungen ihr Leben gestaltet haben.
Betrachtet werden sie also vornehmlich als Akteure in Dorf und Kleinstadt: beispielsweise als Handels- und Kauffrau im 18. Jahrhundert, als Schulreformer oder aktive Mitglieder landwirtschaftlicher Vereine im 19. Jahrhundert, als Landmaschinenunternehmer im 20. Jahrhundert oder auch als niederdeutsche Schriftsteller, die ihre Umwelt beobachtet und zur Sprache gebracht haben. Aus der Perspektive des dreifachen „Selbst" werden auch die – lange Zeit übersehenen – Initiativen der jüdischen Jugendbewegung und des frühen Zionismus seit den 1920er-Jahren betrachtet. Ihnen gelang es auch unter dem gewaltigen Druck der NS-Verfolgung, gerade in der ländlichen Provinz Räume der Selbstbehauptung zu schaffen – und damit letztlich auch Wege des Überlebens.

Eine zwangsläufige Entwicklung?

Leistung und Leiden: Zwischen diesen beiden Polen bewegen sich viele, auch lokale historische Darstellungen zur Geschichte der Jüdinnen und Juden. Erinnert wird da einerseits an ihren vielfältigen Beitrag in Politik, Wirtschaft und Kultur, der andererseits ihre Rolle als „Opfer", als Ziel religiöser Anfeindungen der christlichen Mehrheit sowie als Ziel staatlicher und gesellschaftlicher Diskriminierung und Gewalt umso unverständlicher erscheinen lässt. Die gewaltsame Zerstörung und der Terror des NS-Regimes bilden meist den Schlusspunkt der Darstellungen.
Das legt den Gedanken nahe, die historische Entwicklung sei unweigerlich auf diesen Endpunkt, auf die Verfolgung und Ermordung in der Shoah zugelaufen. Doch das ist sie nicht. Weder war die Entwicklung zwangsläufig, noch lässt sich eine steigende Linie der Anfeindungen und der Gewalt wider die Juden vom Mittelalter bis zum Zivilisationsbruch des NS-Regimes und seiner „Volksgemeinschaft" ziehen. Vielmehr bestimmen Wechsellagen das Bild, auch im ländlichen Westfalen. Es gab Zeiten und Orte

nicht nur des Gegeneinanders, sondern auch des Neben- und des Miteinanders. Austausch und Anerkennung finden sich neben Ausschluss und Ablehnung, die ihrerseits viele Formen zeigten: vom Ressentiment über antisemitische Anschuldigungen bis hin zur offenen Gewalt „von unten", also aus der dörflichen Nachbarschaft, und „von oben", von Seiten landesherrlicher und staatlicher Instanzen. Damit geraten die religiös fundierte Ablehnung, die wirtschaftliche Diskriminierung sowie schließlich der rassische Antisemitismus in den Blick, dessen Radikalisierung zum Zivilisationsbruch des NS-Regimes und seiner „Volksgemeinschaft" führte.

Erzählt und analysiert wird all das nicht in einem strikten zeitlichen Ablauf, sondern in Schichten, die sich überlappen, sich wechselseitig ergänzen und bisweilen mangels Quellen auch abrupt abbrechen.

Einen vollständigen Überblick kann und will das Buch nicht bieten. Vielmehr unternimmt es den Versuch, das jüdische Landleben in seiner Vielfalt, seinen wirtschaftlichen, sozialen und kulturellen Realitäten nachzuzeichnen und dabei auch auf Textquellen und Themen hinzuweisen, die bislang eher unbeachtet geblieben sind – auch in dieser Hinsicht also wirft es einen Blick in vergessene Welten.

WIE DIESES BUCH ENTSTANDEN IST

Als Bauernsohn aus Harsewinkel im östlichen Münsterland, geboren 1960, bin ich früh mit Erzählungen über Landjudenfamilien groß geworden. Meine Mutter hat öfter von der Metzgerfamilie Frank in ihrem Heimatort Velen im westlichen Münsterland berichtet, mein Vater von der Harsewinkeler Familie Mendels, ihrem Textilgeschäft am Marktplatz, von ihrem Pferde- und Viehhandel und ihren Ackergrundstücken, die teilweise in der Nähe meines elterlichen Bauernhofes lagen. Ich erfuhr, dass die Familie Mendels 1939 noch nach Australien emigrieren konnte. Die Ehefrau Katharina Mendels hat später ihre Erinnerungen aufgeschrieben. Eine Schulfreundin der Familie Mendels in Harsewinkel besaß sogar eine Abschrift, gab sie aber nicht aus den Händen. Das Manuskript interessierte mich brennend, doch es blieb auch während meines Geschichtsstudiums unerreichbar. Ich konnte nicht ahnen, dass es einmal über ein Medium namens Internet weltweit zugänglich sein würde.

Seit 1988 arbeite ich als Historiker und Redakteur beim Wochenblatt für Landwirtschaft und Landleben in Münster, zuständig unter anderem für Artikelserien zur Geschichte der Landwirtschaft und der ländlichen Gesellschaft. Dazu zählten für mich immer auch Themen des jüdischen Landlebens in Westfalen. So lernte ich zu Beginn meiner journalistischen Arbeit Marga Spiegel kennen. Sie hat mit ihrer Tochter und ihrem Mann die Shoah überlebt, weil sie von mutigen Bauernfamilien im Münsterland versteckt worden ist. Zu ihrem Buch, in der sie diese Geschichte erzählt, hatte ich viele Fragen, die sie geduldig beantwortet hat. Meine Veröffentlichung im Wochenblatt sah Marga Spiegel als Dank an ihre Retter – und als Warnung, dass dergleichen sich niemals wiederhole.

Eindrucksvoll war für mich vor einigen Jahren auch die Entdeckung eines Bauernhofes in Westerkappeln, auf dem sich jüdische Jugendliche in der NS-Zeit ihre Ausbildung und ihren Schutz weitgehend selbst organisierten. Von dieser „Hachschara"-Bewegung, wie sie sich nannte, und von ihren Höfen in Brandenburg hatte ich irgendwo einmal gelesen. Aber in Westfalen? Durch Zufall habe ich von dem Hof erfahren, von dem niemand Näheres wusste. Für das Wochenblatt und für eine Ausstellung im Jüdischen Museum Westfalen in Dorsten ging ich 2012 erstmals auf Spurensuche. Zeitzeugen lebten nicht mehr. Als erstaunlich gesprächig erwiesen sich aber ausgerechnet eng bekritzelte Meldekarteien, die in der Westerkappelner Amtsverwaltung die Jahrzehnte überstanden haben.

Als für 2021 das Fest- und Gedenkjahr „1700 Jahre jüdisches Leben in Deutschland" angekündigt wurde, entwickelte ich die Idee, meine verstreuten Beiträge zum jüdischen Landleben um weitere Themen zu ergänzen und auf einer Homepage zu bündeln. Die Koordinatoren des Fest- und Gedenkjahres signalisierten rasch Unterstützung. „Landleben haben wir bislang nicht", hieß es kurz nach meiner Anfrage. Jüdische Geschichte, so erfuhr ich wieder einmal, wird überregional vornehmlich als städtische Geschichte erzählt und erinnert. Die ländlich-agrarnahen Seiten bleiben hingegen oft eher im Hintergrund.

Aus der Homepage entstand, nach der Recherche weiterer Themen, eine 34-teilige Artikelserie, die 2021/22 im Wochenblatt erschienen ist. Sie stieß auf eine unerwartet starke und durchgängig positive Resonanz. Viele Leserinnen und Leser des Wochenblattes trugen eigene Anregungen bei, stellten weitere Fragen oder äußerten den Wunsch, die Artikelserie noch einmal geschlossen als Buch lesen zu wollen. Dafür wurden die Beiträge überarbeitet, ausgeweitet und um weitere Themen ergänzt.

„Einem Christen gleicher als einem Juden"

Händler, Handwerker, Habenichtse: Die Entstehung des Landjudentums in Westfalen – vom Mittelalter bis 1800

Aus dem 11. Jahrhundert stammen die beiden frühesten gesicherten Hinweise auf Juden in Westfalen. Der erste Beleg findet sich in einer Urkunde des Königs Heinrich IV., ausgestellt im Jahr 1074. Darin bedankt er sich in lateinischer Sprache bei den Einwohnern der Stadt Worms für ihre Unterstützung und befreite „die Juden und die übrigen Wormser" an fünf königlichen Zollstätten von allen Abgaben. Zu den fünf Stätten zählt der König ausdrücklich „Drutmunne", also den Handelsplatz Dortmund in Westfalen.

Mehr als zwei Jahrzehnte jünger ist der zweite Beleg. Er findet sich in einem hebräischen Bericht, niedergeschrieben vom Mainzer Chronisten Salomo bar Simeon nach den blutigen Judenverfolgungen während des ersten Kreuzzuges 1096. Damals war es unter anderem in Köln zu mörderischen Ausschreitungen wider die Juden gekommen. Aus Köln, so berichtet Salomo bar Simeon, floh ein Mann namens Mar Schemarja mit seiner Frau und seinen drei Söhnen „in das Dorf Dortmund". Bei seiner Ankunft in der Siedlung am Hellweg wurde er freudig begrüßt, „da sie ihn kannten". Aber die Stimmung schlug nach den Kreuzzügen offenbar auch in Dortmund rasch um. Statt rettendem Schutz drohte den Flüchtlingen plötzlich die Zwangskonversion zum Christentum. Um seine Familie vor der Zwangstaufe zu bewahren, tötete Mar Schemarja seine Frau und seine drei Söhne, und er versuchte dann, sich selbst umzubringen. Er überlebte seine Tat und wurde zur Strafe lebendig begraben.

Der Gegensatz zwischen diesen beiden frühesten Quellen könnte größer kaum sein: Auf der einen Seite stehen herrschaftlicher Dank und ein Handelsrecht, auf der anderen Seite Verfolgung, versuchte Zwangsbekehrung, Gewalt und Tod. Der Zufall der historischen Überlieferung hat diese beiden Pole an den Anfang der Geschichte der jüdischen Minderheit in Westfalen gesetzt.

Entlang des Hellwegs und der Flüsse

Beide Quellen, die eine lateinisch, die andere hebräisch, bezeugen bei aller Unterschiedlichkeit die herausgehobene Position, die Dortmund für die frühen jüdischen Einwohner Westfalens gehabt haben muss. Die aufblühende Stadt am Hellweg stand im späten 11. Jahrhundert offenbar kurz vor der Gründung einer eigenständigen jüdischen Gemeinde, wie der Historiker Diethard Aschoff aus der beschriebenen Überlieferung gefolgert hat.

Es war alles andere als ein Zufall, dass Mar Schemarja mit seiner Ehefrau und den drei Söhnen ausgerechnet aus Köln gekommen war. Denn in der Handels- und Bischofsstadt am Rhein existierte im Mittelalter eine große, blühende jüdische Gemeinde. Sie war der Ausgangspunkt nicht nur für die jüdische Siedlung in Dortmund. Vielmehr wurde sie zur „Mutterstadt für beinahe die gesamte jüdische Siedlungsentwicklung im Nordwesten des Reiches", wie die Historikerin Rosemarie Kosche zusammenfassend urteilt.

Kosche stützt sich dabei vor allem auf die Auswertung mittelalterlicher Liegenschaftsverzeichnisse, die in den Kölner Pfarren St. Laurenz und St. Brigida angelegt worden sind, die sogenannten Schreinsbücher. In ihnen sind die Namen christlicher wie jüdischer Grundeigentümer sowie die Lage ihres Grundbesitzes verzeichnet. Die Angaben sind nicht lückenlos erhalten, aber doch so umfassend, dass sie ein stimmiges Bild ergeben und letztlich die Sicht des jüdischen Chronisten Salomo bar Simeon bestätigen. Er hatte geschrieben, Köln sei der Ort, „von wo Lebensunterhalt und bestimmter Rechtsspruch ausging für alle unsere in allen Enden zerstreuten Brüder".

In den knapp zwei Jahrhunderten bis 1350, dem Jahr der Pestverfolgungen, entwickelte sich von Köln aus die jüdische Siedlung im Nordwesten Deutschlands: zunächst vor allem entlang der Verkehrswege, insbesondere also der Flüsse und des Hellwegs als zentraler Ost-West-Handelsroute. Duisburg und Dortmund stehen dann auch am Anfang jüdischer Niederlassungen im Nordwesten. Daneben wurden bald auch die drei westfälischen Bischofsstädte Münster, Osnabrück und Minden bedeutsam für die mittelalterliche jüdische Siedlung. Synagogen sind für diese drei Städte sowie für Dortmund vor 1350 sicher belegt. Jüdische Friedhöfe lassen sich in Münster (1301), Dortmund (1336), Osnabrück (1343) und Minden (vor 1350) nachweisen.

Neben diesen großen vier Städten werden in den mittelalterlichen Quellen weitere 34 Orte in Westfalen erkennbar, in denen vor 1350 kleine jüdische Gemeinschaften gelebt haben. Hierzu zählen die Hellwegorte Duisburg, Essen, Werden und Soest, ferner Lippstadt, Hamm und Kamen an oder in der Nähe der Lippe sowie Bielefeld

Der älteste bislang bekannte jüdische Grabstein Westfalens: Die Inschrift verweist auf das „Jahr 74 der Zählung des sechsten Jahrtausends", nach christlicher Zeitrechnung auf das Jahr 1313/14. Das Bruchstück, gefertigt aus Baumberger Sandstein, wurde 2016 bei Grabungen in Münster entdeckt.

und Herford an der überregional bedeutenden Verkehrsroute über den Osning, den erst später so genannten Teutoburger Wald.

Siedlungen auch auf dem Land?

Jüdische Siedlungen auf dem Land, in den Dörfern und ländlichen Siedlungen Westfalens sind für die Zeit vor 1350 selten bezeugt. Dortmund wird zwar in dem oben zitierten hebräischen Bericht 1096 ausdrücklich als „Dorf" bezeichnet. Doch das lag wohl vor allem daran, dass der damals schon bedeutende Handelsplatz am Hellweg noch keine Stadtmauer besaß. Sie wurde erst um 1150 errichtet. Zu den wenigen ländlichen Kleinstädten und Dörfern in Westfalen, in denen für die Zeit vor 1350 jüdische Familien oder Einzelpersonen bezeugt sind, zählen Burgsteinfurt, Lübbecke, Mengede, Rheine, Schüttorf, Unna und Vreden. Auch Bentheim gehört in diese Reihe. Es war zwar der zentrale Ort der gleichnamigen Grafschaft, aber im Mittelalter kaum mehr als eine dörfliche Siedlung unterhalb der gleichnamigen Burg. Hinzuzuzählen sind auch die „Städte und befestigten Orte des Herzogtums Westfalen", deren jüdische Bewohner Erzbischof Walram von Köln 1339 unter seinen unmittelbaren Schutz stellte. Hinter dieser Formulierung werden frühe jüdische Ansiedlungen in Brilon, Attendorn, Geseke, Werl, Medebach und Rüthen vermutet.

Das Fehlen weiterer Belege muss nicht bedeuten, dass auf dem Land, in den Dörfern und Siedlungen keine jüdischen Personen oder Familien lebten. Der Historiker Rainer J. Barzen hat im Gegenteil darauf hingewiesen, dass eine mittelalterliche jüdische Gemeinde, hebräisch „Kahal" bzw. „Kehilah", sich nicht unbedingt auf die jeweilige Stadt beschränkt hat. Sie kann durchaus auch die jüdischen Bewohner umliegender Dörfer oder nichturbaner Siedlungen einschließen. Für die jüdischen Gemeinden der Bischofsstädte war überdies die hebräische Bezeichnung „Medinah“ geläufig. Dieser Begriff nimmt den überörtlichen Raum jenseits der mittelalterlichen Stadtmauern in den Blick und umschreibt, so Barzen, „diese besondere Verbindung von Stadt und Land, von urbaner jüdischer Gemeinschaft und den wenigen jüdischen Familien, die sich auf den Dörfern und Kleinstädten niederließen“.

Handel mit Waren, Geld und Fleisch

Wovon lebten die Juden im mittelalterlichen Westfalen? Auf welchen Feldern betätigten sie sich wirtschaftlich? Handel mit Waren und Geld – das ist das Bild, das aus den spärlich überlieferten Quellen hervorgeht. Schon die ersten beiden oben genannten Hinweise aus dem 11. Jahrhundert berichten von überregional agierenden jüdischen Kaufleuten. Mit diesen Tätigkeiten füllten sie in der mittelalterlichen Gesellschaft eine Angebotslücke, die durch das christliche Zinsverbot entstanden war.

Für Finanzgeschäfte von Juden mit Klöstern, Adligen, Bürgern sowie geistlichen und weltlichen Landesherren ist auch aus Westfalen eine vergleichsweise hohe Zahl an Zeugnissen überliefert. Doch genau das lässt ein unscharfes Bild entstehen. Denn es zeigt nur einen kleinen Teil des mittelalterlichen Lebens. Erheblich spärlicher sind die Hinweise auf den ebenfalls betriebenen Handel jüdischer Einwohner mit Pferden und Vieh sowie auf die Pfandleihe, aus der sich der Handel mit den verpfändeten Waren ergab. Dazu konnten Hausrat, Kleidung oder Schmuck ebenso zählen wie Kessel, Schalen, Sägen und Schilde.

Um 1320 verpfändete die Herforder Äbtissin einem Juden namens Simon die Einnahmen mehrerer Höfe, vermutlich Abgaben in Naturalien. Später ist auch die Verpfändung eines Grundstücks dokumentiert. Daraus konnte sich im Falle der Nichteinlösung des Pfands ein Weiterverkauf der Naturalien, des Grundstücks oder der ebenfalls verpfändeten Rentenzahlungen ergeben. Aus dem Raum Vlotho, Herford und dem Stift Böddeken bei Paderborn wird später von Juden berichtet, die mit Büchern handelten. Der Betrieb von „Fleischscharnen“ oder „Fleischbänken“ in Münster und Osnabrück vor 1350 belegt, legt außerdem Tätigkeiten im Metzgerhandwerk und im Verkauf von Fleischwaren nahe, die später in der Neuzeit weit verbreitet waren – einen schriftlichen Beleg gibt es dafür freilich nicht.

„Synagoga“ in der Dorfkirche

Aufgrund ihrer wirtschaftlichen Tätigkeiten wurde die jüdische Minderheit geschätzt oder zumindest geduldet, vielerorts gezielt angeworben und mit Schutzrechten ausgestattet. Gleichzeitig drängte die christliche Ständegesellschaft des Mittelalters die Jüdinnen und Juden in eine Außenseiterrolle. Die mittelalterliche Christenheit konnte das Judentum als religiöse Wurzel seiner selbst schwerlich verleugnen, wertete es aber als „blind“ und

Die Figuren der „Ecclesia“ und „Synagoga“ auf dem mittelalterlichen Taufstein der Dorfkirche in Vellern.

„verstockt“ ab, weil es Jesus nicht als Messias anerkannte. Aus christlicher Sicht konnte das Judentum deshalb keinen Anteil am göttlichen Heil haben.

Mindestens ebenso folgenschwer war der Vorwurf des Gottesmordes, den die Christenheit gegen das Judentum erhob. Sie glaubte, sich dabei auf Aussagen der Evangelien berufen zu können.

Dieser grundlegende Konflikt wurde nicht nur in Worten, etwa in Traktaten und Predigten, ausgetragen, sondern – seitens der Christenheit – vor allem auch in der Sprache der Bilder und Symbole. Steinskulpturen und Tafelbilder mit antijudaistischer Zielrichtung gab es in großen Kathedralen wie in kleinen Dorfkirchen. Einige Beispiele aus dem mittelalterlichen Westfalen:

- Eines der ältesten Bildzeugnisse dieser Art befindet sich in der romanischen Dorfkirche von Aplerbeck, heute ein Stadtteil von Dortmund. Der dortige Taufstein, um 1170 entstanden, stellt die Kreuzigung Christi dar. Gezeigt werden vier Personen, durch ihre spitzen Hüte in mittelalterlicher Tradition eindeutig als Juden gekennzeichnet, die Hämmer schwingen und je einen Nagel einschlagen. Die für mittelalterliche Verhältnisse überaus realistische, ja brutale Darstellung rückt in polemischer Überzeichnung den Vorwurf des Christusmordes in den Mittelpunkt.
- In der Dorfkirche von Vellern bei Beckum zeigt ein Taufstein, um 1240 entstanden, acht stehende Figuren, darun-

ter „Ecclesia“ und „Synagoga“ als Personifikationen von christlicher Kirche und jüdischer Glaubensgemeinschaft. Die Skulptur der Synagoga ist durch eine Inschrift und den spitzen Judenhut eindeutig zu erkennen. Als einzige Figur des Taufsteins ist die Synagoga ohne Heiligenschein dargestellt. Ihr fehlt also – der Bildaussage nach – himmlischer Abglanz und göttlicher Segen. Ihre Augen sind verbunden, sie ist also „blind“. In ihrer rechten Hand hält die Synagoga-Skulptur einen Stab, dessen Spitze mit der angebundenen Fahne zu Boden zeigt – das für jeden Betrachter klar erkennbare Symbol einer Niederlage.

• Ebenfalls um 1240 ist eine Altartafel der Wiesenkirche in Soest entstanden. Sie stellt Passion und Auferstehung Christi dar und weist ein antijüdisches Bildprogramm auf. So zeigt der linke Tafelteil Jesus vor dem Hohenpriester Kaiphas und Gerichtszeugen, die in Physiognomie und Kleidung abwertend dargestellt sind. Zwei Zeugen tragen Judenhüte in gelber Farbe – dieses stigmatisierende Kennzeichen hatte das christliche Laterankonzil 1215 den Juden vorgeschrieben.

Die Kreuzigungsszene im Mittelteil zeigt das Gegeneinander von Ecclesia und Synagoga. Während die Ecclesia-Figur zur Rechten des Gekreuzigten mit Attributen christlicher Gnade dargestellt ist (Blut, Kelch, Krone), ist die Synagoga-Figur blind, ihre Augen sind verbunden. Sie trägt zwar die mosaischen Gesetzestafeln – die für Christen wie Juden verbindlich sind –, aber eine mit Heiligenschein versehene Engelsfigur richtet eine Lanze auf das Herz der Synagoga, die sich windet und ihre Krone verliert.

Die Altartafel zeigt also eine Art vorweggenommenes Strafgericht und erzählt mit wenigen Mitteln eine Geschichte von Sieg und Niederlage, von Gnade und Verworfenheit.

• Nur wenig jünger ist ein Skulpturenensemble aus dem 13. Jahrhundert in der Vorhalle des Domes zu Münster, dem „Paradies“. Unmittelbar über dem Eingang zum Kirchenraum zeigt es die Gottesmutter Maria als triumphierende Himmelskönigin. Unter ihren Füßen liegen die stilisierten Figuren eines Heiden und eines Juden, erkennbar am spitzen Hut. Dieser Figur tritt Maria mit ihrem Fuß hart auf den Kopf. Der Körper des Juden ist mit allen Zeichen schmerzhafter Qual und Unterlegenheit dargestellt.

• Ein jüngeres Tafelbild schließlich, der Berswordt-Altar in Dortmund aus dem 14. Jahrhundert, inszeniert den Vorwurf des Christusmordes und zeigt Figuren mit Judenhut, mit betont gelbem Gewand – der Farbe des Neides, der Gier und der Schande – und grimmigem Gesichtsausdruck.

Es gibt aus Westfalen eine Reihe weiterer Beispiele dieser judenfeindlichen Bildsprache. Zu nennen wären etwa die Ecclesia-Synagoga-Skulpturen am Dom zu Minden oder, lädiert im Bildersturm der Reformationszeit und inzwischen stark verwittert, am Eingang zur Kirche in Westerkappeln im Tecklenburger Land.

Detail (links) und vollständige Ansicht der Altartafel der Wiesenkirche in Soest: Die Kreuzigungsszene im Mittelteil zeigt das Gegeneinander von Ecclesia und Synagoga.

Die romanische St. Andreas-Kirche in Lübbecke wurde im Pestjahr 1350 erweitert. Auf dem Gedenkstein jenes Jahres heißt es: „ANNO DOMINI MCCCL ANNO JUBILE QUO FLAGELLATI IBANT PESTIS FUIT JUDEI OCCIDEBANTUR AMPLIFICATA EST HAEC ECCLESIA. – Im Jahr des Herrn 1350, einem heiligen Jubeljahr, als die Geißler umgingen, die Pest gewesen ist und die Juden getötet worden sind, ist diese Kirche erweitert worden."

Diese Welt der Bilder und Symbole entfaltete im mittelalterlichen Westfalen eine Wirkung, die kaum überschätzt werden kann. Die Bevölkerungsmehrheit war des Lesens und Schreibens unkundig. Auch das in den Gotteshäusern gesprochene Kirchenlatein verstanden nur wenige. Die Botschaft der Steinfiguren und Tafelbilder indes musste kaum erläutert werden. Sie sprachen für sich und trugen das Ihre zur religiösen Judenfeindschaft der christlichen Mehrheitsbevölkerung bei.

Mordwelle im Jahr der Pest

Die mittelalterliche Blütephase jüdischer Siedlung in Westfalen wurde im Frühsommer 1350 brutal beendet. Auslöser war der „Schwarze Tod", die erste große Pestwelle. Vom Mittelmeerraum kommend, zog sie über den Kontinent. Drei Jahre nach ihrem ersten Auftreten in Europa erreichte die tödliche Epidemie den Nordwesten Deutschlands.

Wie zuvor in den anderen Städten und Landstrichen des Reiches, so warf auch in Westfalen die christliche Mehrheitsbevölkerung den Juden vor, die Brunnen vergiftet zu haben und die Ursache für die Epidemie zu sein. Im Mai und Juni 1350 eilten Boten zwischen den Städten Westfalens umher, um sich „wegen des Giftes" oder sogar ausdrücklich „wegen des Judengiftes" zu erkundigen. Binnen weniger Tage trugen sie die Gerüchte über das Land.

Es kam zu einer Welle der Gewalt, des Mordens und der Zerstörung – teils als spontane Pogrome, teils als Verfolgungen, die von längerer Hand geplant und vorbereitet waren. Aus der Bischofsstadt Minden hieß es später, die Juden seien „more pecorum" niedergemetzelt worden – zu Deutsch: nach Art des Viehs.

„In diesem Jahre (1350) wurden die Juden in Deutschland und in vielen anderen Ländern alle mit Frauen und Kindern durch Eisen und Feuer grausam und unmenschlich vernichtet", notierte der westfälische Dominikanermönch Heinrich von Herford. Hellsichtig setzte der Gottesmann hinzu: Er glaube den Gerüchten nicht. Die Mordwelle habe die Minderheit der Juden vielmehr getroffen „wegen ihrer außerordentlich großen Reichtümer, die viele, sowohl die Adligen und andere, Arme und Bedürftige, wie auch die Schuldner der Juden an sich zu reißen suchten. Das ist wahr, glaube ich. Oder aber es geschah wegen der Vergiftung des Wassers durch sie (die Juden), wie viele versichern und wie es die allgemeine Meinung ist. Dass dies wahr ist, glaube ich aber nicht."

Der Verdacht des Heinrich von Herford, viele hätten die Pestkatastrophe zur eigenen Bereicherung genutzt, wird in Vereinbarungen bestätigt, wie sie zwischen der Stadt Dortmund und dem Grafen von der Mark geschlossen wurden. Demnach kamen beide Seiten überein, dass die Stadt die gefangenen Juden weiterhin festhalten solle, damit „diese die Christenheit nicht würden vergiften können". Außerdem einigten sich der Graf und die Reichsstadt darauf, „die Habe der Juden, seien sie lebend oder tot, die rechtmäßig an den Rat von Dortmund fällt", untereinander zu teilen.

Neuansiedlung und Stadtverweis

Die blutigen Verfolgungen von 1350 beendeten die Geschichte der Juden in Westfalen für mehr als drei Generationen. Erst etwa hundert Jahre nach dem Pestpogrom lassen sich zumindest zeitweilig wieder Neugründungen städtischer jüdischer Gemeinschaften in Westfalen nachweisen, beispielsweise in den Bischofsstädten Münster, Minden und Osnabrück, außerdem entlang des Hellwegs zwischen Duisburg und Höxter sowie im Dreieck zwischen Lippstadt, Herford und Hameln. Aus dem Sauerland und aus weiten Teilen des Münsterlands hingegen fehlt für jene Zeit jeder Hinweis auf jüdische Einwohner.

FREUCHEN VON HAMM UND ANDERE JÜDISCHE KAUFFRAUEN

Juli 1619. Auf den Weiden des Landadligen Dietrich von Nehem in Hamm tauchen Gerichtsboten der Stadt auf. Sie beschlagnahmen 13 Milchkühe, 2 Ochsen und 116 Schafe, nehmen die Tiere mit, lassen sie durch Metzgermeister schätzen und verkaufen. Das alles geschieht blitzschnell und ohne vorherige Ankündigung, wie von Nehem drei Tage später beklagt. Von drei Beteiligten der Aktion hat er mittlerweile erfahren, auf wen die aufsehenerregende Zwangsvollstreckung zurückgeht: „Freuchen Judinnen, Moises Juden Frauwen". Gemeint war die Kauffrau Freuchen von Hamm, in den Quellen auch „Freugen" oder „Freuwchen" genannt. Sie spielte um 1600 im Wirtschaftsleben zwischen Lippe und Münsterland eine herausgehobene Rolle – nicht nur als Ehefrau des Rabbiners und wohlhabenden Kaufmanns Moises von Hamm, sondern auch als eigenständig agierende Unternehmerin, die unter anderem als Sprecherin der Judenschaft auftrat. So erreichte sie 1621 vor dem Rat der Stadt Münster, dass die Aufenthaltsgebühr für Juden in der Stadt halbiert und ihnen damit der Zugang für den überregional so bedeutenden Marktort erleichtert wurde.

Freuchen von Hamm war als Frau nicht allein unter den jüdischen Kaufleuten Westfalens und Nordwestdeutschlands. Wenn vom Handel jüdischer Kaufleute die Rede ist, wird nicht selten übersehen, dass er in der frühen Neuzeit ein Betätigungsfeld auch für viele Frauen darstellte. Am bekanntesten ist die in Hamburg und Altona aktive Kauffrau Glikl bas Judah Leib (vermutlich 1647–1724), auch bekannt als „Glückel von Hameln". Sie hat mit ihren „Denkwürdigkeiten" als erste Frau in Deutschland eine Autobiografie verfasst. Glikl, deren Großvater um 1614 aus Detmold vertrieben und nach Altona gezogen war, berichtet darin von ihren eigenen wirtschaftlichen Aktivitäten und auch von denen anderer Unternehmerinnen, etwa der selbstständigen Kauffrau Esther Spanier: „eine sehr wackere, fromme, ehrliche Frau, die das Geschäft gut verstanden hat, sie hat wirklich die ganze Familie ernährt und ist immer mit Waren zum Kieler Umschlag gereist".

In den westfälischen Territorien sind für die Frühe Neuzeit zahlreiche weitere jüdische Frauen in Handel und Handwerk nachzuweisen. Wie selbstverständlich vertraten sie nicht nur ihre auf Reisen befindlichen Ehemänner, sondern sie agierten selbstständig, indem sie mit Warenlieferanten verhandelten, die kaufmännische Korrespondenz erledigten oder andere wichtige geschäftliche Dinge abwickelten.

Nicht nur als Ehefrauen „an seiner Seite", sondern auch als eigenständig aktive Kauffrauen waren Jüdinnen in Westfalen aktiv. In Anholt im westlichen Münsterland beispielsweise wurde 1751 die 37-jährige Sybilla Francken aktenkundig, die ihr Einkommen aus „Handelschaft und Haltung des Lummers" bestritt. Gemeint war der „Lummert" (Lombard), wie im Niederdeutschen ein Leih- oder Pfandhaus bezeichnet wurde. Außerdem kaufte sie bei den ländlichen Spinnern und Webern Garn und Leinen auf, das sie mit barem Geld oder auch mit der Lieferung von Fleisch bezahlte.

Zurück zu Freuchen von Hamm: Sie entstammt der in Lippstadt und Minden verwurzelten Familie Gans, aus der eine Reihe bekannter Rabbiner, Gelehrter und Finanzkaufleute hervorgingen. Ihre exakten Lebensdaten sind nicht bekannt. Vermutlich ist sie um 1560 geboren. Etwa 1580 heiratete sie den Rabbiner und Kaufmann Moises von Hamm. Die beiden hatten einer hebräischen Quelle zufolge „viele Kinder". Auch ihr Todesdatum ist nicht bekannt. 1621 taucht sie letztmalig in Dokumenten aus Hamm auf.

Freuchen von Hamm war des Lesens und Schreibens kundig. Sie schloss eigenständig Geschäfte ab, verbrachte regelmäßig Wochen und Monate in Münster „zur Beförderung etlicher ihrer Rechtssachen" und zeigte sich als geschäftstüchtige wie durchsetzungsstarke Frau. Als ihr Ehemann 1603 auf dem Frühjahrssend in Münster wegen „betrüglichen Einschleichens" inhaftiert wurde und ihm eine hohe Strafe drohte, gelang es Freuchen von Hamm, ihn vor einem längeren Arrest zu bewahren. Geschickt zog sie zunächst den Rat der Stadt Hamm auf ihre Seite. „In Demut klagend" legte sie den Ratsherren dar, ihr Mann habe „dem gemeinen freien Markt vertraut" und „aus Unwissenheit, keineswegs aus Vorsatz, Trotz oder Frevel" gehandelt. Die Ratsherren schlossen sich ihrer Argumentation an, und so erreichte Freuchen von Hamm am Ende tatsächlich die Freilassung ihres Mannes.

Auch der Landadlige Dietrich von Nehem bekam ihre Durchsetzungsstärke zu spüren. Das Hammer Ehepaar hatte ihm eine stattliche Summe Geld geliehen, das er fast 20 Jahre lang nicht zurückzahlte. 1621 schließlich griff Freuchen von Hamm durch und erwirkte die oben genannte Zwangsvollstreckung. Über ihr Vorgehen beschwerte sich der Landadlige noch beim Reichskammergericht. Doch er scheiterte. Das Gericht verurteilte ihn sogar zu einer weiteren Strafe wegen „mutwilligen und freventlichen Appellierens".

In den Jahrzehnten vor der Reformation werden die Belege für Juden in Westfalen rar. Bis zum Beginn des Dreißigjährigen Krieges (1618–1648) bleibt das Bild diffus: In einzelnen Territorien und Städten wurden jüdische Einzelpersonen und Familien von den Landesherren angeworben und mit Geleitbriefen ausgestattet, während sie andernorts Misstrauen auf sich zogen und offen angefeindet oder gar vertrieben wurden. Beispielsweise in Dortmund: Dort konnten sich Juden 1543 in geringer Zahl zunächst wieder ansiedeln. Doch die kleine jüdische Gemeinde wurde gut fünf Jahrzehnte später erneut das Opfer christlicher Zwangsmissionierung. „Auf fleißig Ermahnen und Anhalten der Prediger" wurden die Dortmunder Juden 1596 der Stadt verwiesen.

Neues Leben auf dem Land

Die städtischen Handwerkszünfte fürchteten die Konkurrenz der jüdischen Händler und Metzger. In vielen westfälischen Städten verfolgten die Zünfte eine zurückhaltende oder gar ablehnende Judenpolitik.

„Stadtluft macht frei" – diese alte Devise galt für die Juden nicht. Andererseits wurden sie in einzelnen Territorien Westfalens von den Landesherren gezielt mit Schutzbriefen ausgestattet und zur Niederlassung ermuntert. Schließlich profitierten die Landesherrschaften von den hohen Schutzgeldzahlungen der Juden und benötigten sie als Geldgeber. Dies wiederum sorgte für Konflikte zwischen Landesherrschaft und Kommunen – und auch dafür, dass nicht wenige Juden in Dörfer und Kleinstädte abwanderten. So entstand bis etwa 1750/1800 in Westfalen allmählich ein dichtes Netz ländlicher jüdischer Gemeinden.

Gegen Ende des 18. Jahrhunderts lebten auf dem Gebiet der späteren preußischen Provinz Westfalen schätzungsweise 7800 Jüdinnen und Juden. Das entsprach einem Anteil von etwa 0,8 % an der Gesamtbevölkerung. Allerdings waren die meist kleinen jüdischen Siedlungen regional höchst unterschiedlich verteilt. Der Blick in die einzelnen Landesherrschaften in Westfalen zeigt die Unterschiede:

- In den preußischen Territorien wie dem Fürstentum Minden, der Grafschaft Ravensberg oder der Grafschaft Mark war ihr Anteil mit 0,3 % verschwindend gering – es war eine Folge besonders rigider antijüdischer Politik der

GENISA: DIE BOTSCHAFT DER VERBORGENEN SCHRIFTEN

In der ehemaligen, 1742 in einer älteren Fachwerkscheune eingerichteten Synagoge in Detmold (Exterstraße 8a) wurde bei Renovierungsarbeiten in den 1980er-Jahren ein hebräisches Gebetbuch entdeckt. Es war in einem Versteck auf dem Dachboden verborgen. Das Gebetbuch stammt aus dem 18. Jahrhundert.

Gefunden wurden daneben zahlreiche Dokumente der örtlichen Gemeinde: Namenslisten, Abrechnungen, Bittschriften an die lippischen Grafen oder auch Quittungen zu Schutz-, Geleit- und Synagogengeldern. Die Dokumente sind zwischen 1718 und 1791 entstanden und in hebräischer Schrift oder in lateinischer Kurrentschrift geschrieben.

Der Fund gehört zu einer „Genisa". Dieses hebräische Wort bedeutet „Aufbewahrungsort" oder „Lagerstätte". Es bezeichnet ein Depot heiliger Schriften auf einem jüdischen Friedhof oder in einer Synagoge, dort meist verborgen in einer Wandkammer, unter Dielenböden oder in anderen Hohlräumen.

In einer Genisa wurden vor allem ausgemusterte religiöse Schriften sowie auch liturgische Gegenstände deponiert. Nach jüdischer Tradition gelten sie als heilig und dürfen nicht weggeworfen werden. Aber auch weltliche Schriftstücke wie Briefe, Quittungen, Heiratsverträge, Rechnungen oder Kalender und auch Gegenstände können in einer Genisa abgelegt sein.

Ähnliche Genisafunde wurden in Westfalen bislang für folgende Orte bezeugt:

- Blomberg: Bei der Renovierung der ehemaligen Synagoge tauchten Reste eines Talmuds aus dem 18. Jahrhundert auf.
- Höxter: Auf dem Dachboden der ehemaligen Synagoge, einem Fachwerkbau aus dem Jahr 1834, wurden die Reste mehrerer hebräischer Gebetbücher gefunden. Zu dieser Geni gehören außerdem Thoraschilde, Tefillin, also lederne Gebets kapseln mit Riemen, Reste eines Leuchters und auch lederne Kinderschuhe.
- Bork: Zwischen dem Dach und dem Deckengewölbe der kleinen ehemaligen Landsynagoge wurden hebräische Gebet bücher aus dem 18. und 19. Jahrhundert gefunden.

In das ländliche Westfalen des 18. Jahrhunderts weist auch e Dokument aus einer Genisa in Franken. In einer ehemaligen Landsynagoge in Reckendorf bei Bamberg wurden neben Th wimpeln, Textil- und Lederstücken Tausende von Schriftstück entdeckt. Eines der Blätter entpuppte sich als ein Empfehlung brief, verfasst 1755 oder 1756. Der Schreiber stellt sich als „ geringe Itzhak der jüdischen Gemeinde aus Bruchhausen" vo Gemeint ist das westfälische Weserdorf Bruchhausen bei Höx Dort existierte zu jener Zeit eine kleine, eigenständige jüdisc Landgemeinde.

Der Verfasser wendet sich in dem Brief an „Herrn Moses Sam in Warendorf im Münsterland. Er empfiehlt ihm einen Sofer, also einen Mann, der des kunstfertigen Schreibens religiöser Schriften und gemeindeamtlicher Dokumente fähig war. Der

preußischen Krone im 17. und 18. Jahrhundert. Schon der „Soldatenkönig" Friedrich Wilhelm I. hatte die Niederlassung jüdischer Familien scharf begrenzt und die Minderheit vor allem aus religiösen Gründen abgelehnt. Auch Friedrich II. „der Große" lehnte die Juden als „besonders gefährliche Sekte" ab. Noch in seinem Testament legte er fest, man müsse „über die Juden wachen und verhüten, dass sie sich in den großen Handel mischen, verhindern, dass ihre Zahl steigt, und bei jeder Spitzbüberei ihnen ihr Aufenthaltsrecht nehmen" – Aussagen, die so gar nicht mit dem später gepflegten Selbstbild preußischer Religionstoleranz zusammenpassen und bis weit in das 19. Jahrhundert nachhallen sollten.

- Kaum höher war der Anteil der Juden um 1800 im katholischen Fürstbistum Münster: Dort wurden insgesamt 177 jüdische Haushalte gezählt. Geht man von sechs Personen pro Haushalt aus, ergab dies einen prozentualen Anteil von 0,4 % an der Gesamtbevölkerung. Die meisten Juden wohnten in 18 Kleinstädten von Ahaus bis Werne. Nur einzelne jüdische Familien lebten in acht dörflichen Landgemeinden: Gescher, Herbern, Legden, Nottuln, Ochtrup, Raesfeld, Reken und Stromberg.
- Im katholischen, von Köln geprägten Herzogtum Westfalen, das weite Teile des Sauerlandes umfasste, betrug der Anteil der jüdischen Minderheit an der Gesamtbevölkerung 1,1 %. Ihr Anteil war besonders hoch in Städten wie Hüsten (10 %), Geseke (6,2 %) oder Marsberg (5 %). In zwölf Dörfern des Herzogtums lebten damals mehr als zwei jüdische Familien. In den beiden ländlichen, benachbart liegenden Kirchspielen Hovestadt und Horn lag ihr Anteil sogar bei 8 %.
- Im katholischen Hochstift Paderborn war der Anteil der jüdischen Minderheit an der Gesamtbevölkerung am größten in Westfalen, betrug aber auch dort lediglich 2 %. Die dortigen Fürstbischöfe versprachen sich von den jüdischen Händlern und Handwerkern einen Aufschwung der Wirtschaft und sorgten dafür, dass sie sich in der Bischofsstadt Paderborn, aber auch in den Kleinstädten und Dörfern ansiedeln konnten. Dort, in den Dörfern des Fürstbistums Paderborn, lebten um 1750/1800 die meisten westfälischen Jüdinnen und Juden: In knapp 330 Haushalten waren es geschätzt rund 1950 Personen.

In einzelnen Orten des Fürstbistums Paderborn war der Anteil der jüdischen Minderheit an der Gesamtbevölke-

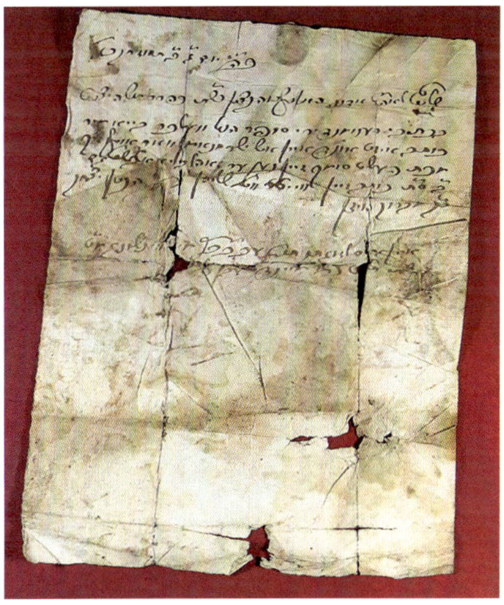

Fundstück vom Dachboden einer fränkischen Landsynagoge: Der Brief – außen in deutscher Kurrentschrift, innen in hebräischer Kursivschrift – wurde 1755/56 in Bruchhausen bei Höxter verfasst und war an einen Kaufmann in Warendorf im Münsterland adressiert.

pfohlene wird vorgestellt als „ein aufrechter und beglaubig- Mann, treu, auf ihn möge man sich fest verlassen".
n Historiker Michael K. Schulz ist es gelungen, das über die ien lädierte Schriftstück zu entziffern und die Hintergründe zu herchieren. Demnach war der Empfänger des Briefes, Moyses nuel, der Sohn des münsterländischen Landrabbiners Samuel hel. Vater und Sohn lebten seinerzeit in Warendorf, wo das die größte jüdische Gemeinschaft im Münsterland existierte. umfasste rund ein Dutzend Haushalte und verfügte seit 1709 er eine eigene Synagoge. Moyses Samuel war Händler und sorgte unter anderem Truppen des Siebenjährigen Krieges mit ens- und Futtermitteln („Fourage"). Er kümmerte sich über-

dies um rituelle Angelegenheiten seiner Gemeinde, die damals offenbar eine Vorrangstellung unter den jüdischen Gemeinden des Münsterlandes anstrebte. In dieses Bild passt die Suche nach einem geeigneten Thora- und Gemeindeschreiber.
Der Dachbodenfund aus Franken lässt also in das Innenleben einer westfälischen Landgemeinde des 18. Jahrhunderts blicken. Gleichzeitig werden überregionale Netzwerke zwischen den verstreut lebenden Landjuden im Reich erkennbar – Netzwerke, die keineswegs nur die jüdischen Gemeinden in den großen Reichs-, Bistums- und Handelsstädten umfasst haben, sondern ebenso auch die Gemeinden und Gemeinschaften in kleineren Landstädten und abgelegenen Dörfern.

rung auffallend hoch. Er lag etwa in Warburg bei 9,8 %, in Peckelsheim bei 12,4 %, in dem kleinen Grenzdorf Herlinghausen bei Warburg sogar bei knapp einem Drittel (30,6 %).
Herlinghausen war ein Sonderfall. Zum einen lag das Dorf unmittelbar an der Grenze zwischen Paderborner Land und Hessen. Zum anderen gab dort die protestantische Adelsfamilie von der Malsburg den Ton an, sie hatte die Grund- und Gerichtsherrschaft inne.
Der Historiker Wilfried Reininghaus erkennt darin ein Muster: „Im ländlichen Westfalen lebten überall dort überdurchschnittlich viele Juden, wo Adelsfamilien ihnen Schutz anboten. Außerdem förderten Grenzlagen die Ansiedlungen jüdischer Familien." Als ähnliche Beispiele nennt er die Adelsfamilien

- von Plettenberg für die dörflichen Siedlungen Hovestadt und Lenhausen,
- von Spiegel zum Desenberg für das Dorf Canstein,
- von Meschede für Alme oder
- von Padberg für die Ortschaften Padberg und Madfeld.

Geduldet in sehr engen Grenzen

Trotz aller Fürsprache: Die christliche Mehrheitsgesellschaft gestattete den Landjuden nur wenige Gewerbe und Tätigkeiten – die unterschiedlichen Judenordnungen des 17. und 18. Jahrhunderts sprechen da, bei allen Unterschieden im Einzelnen, eine deutliche Sprache. So war es Juden verboten, Häuser und Grundstücke zu erwerben – von Ausnahmen abgesehen. Auch Land zu besitzen und zu bewirtschaften, war ihnen untersagt. Der Zugang zu den christlich organisierten Zünften und Gilden und damit zu den meisten Handwerkstätigkeiten war ihnen ebenfalls verschlossen. So finden wir Juden im ländlichen Westfalen vor 1800

- im Handwerk, wenn es nicht an eine Zunft gebunden war: Viele gerade im kleinstädtisch-dörflichen Westfalen waren als Schlachter oder Metzger tätig. Dieses Gewerbe hatte sich aus den religiösen Vorschriften des Judentums zum Fleischverzehr entwickelt. Außerdem waren viele Landjuden Westfalens als Schneider, Glasmacher oder Hausweber, aber auch als Ärzte, Heilkundige und Hersteller medizinischer Tinkturen tätig.
- in der Pfandleihe: Meist handelte es sich um ein kleinteiliges Leihgeschäft, aus dem sich eine Tätigkeit im Kram-, Altkleider- oder Trödelhandel entwickeln konnte.
- im Handel: Die jüdischen Hausierer und Kaufleute handelten in Westfalen mit Kurzwaren und Textilien, mit Getreide und Vieh, mit Fellen, Leder und – im märkischen Sauerland – mit Roheisen sowie mit schwer zu beschaffenden Import- und Luxuswaren wie Wein, Gewürzen oder besonderen Textilien.

Als ein typischer Vertreter dieses örtlichen und regionalen Handels kann Philipp Levi gelten, der um 1750 Jahr für Jahr regelmäßig den Hof Schulte Froning in Werne im Münsterland aufsuchte. Levi brachte Waren mit, die die Bauersleute auf dem Hof bestens gebrauchen konnten: Tran, Seife, Öl, Zucker, Heringe, Kaffee, Tee – und vor allem Textilien aller Art und Größe. Die erhalten gebliebenen Abrechnungen zählen auf: Wolltuche und Nesselstoff, Flanell und Kamelhaar, Knöpfe und Nähseide sowie „Bomseide, Bülfeld Linnen und Garn", also Baumwolle, Bielefelder Leinen und Leinengarn.
Der Schulte bezahlte die gelieferten Waren nicht mit Geld, sondern mit Naturalien wie Roggen und Weizen, mit Schafen und Kuhfellen sowie mit mehreren Fudern ungedroschenem Getreide. Außerdem verpachtete der Schulte dem Landhändler Levi mehrere Grünlandflächen.
Handelsgeschäfte wie diese sind im ländlichen Westfalen jener Zeit vielerorts dokumentiert. Sie bezeugen, wie der Historiker Bernd-Wilhelm Linnemeier festgestellt hat, eine „langjährige und in ihrer Art offenbar völlig ‚normale' Geschäftsverbindung im Sinne eines beiderseits durchaus erwünschten Waren- und Gütertransfers zwischen einem kleinstädtisch-jüdischen Händler und einem großbäuerlichen Hofbesitzer".
Aus dem Handel mit Waren erwuchs, zumal in einer vorindustriellen Gesellschaft ohne organisierte Finanzwirtschaft, eine weitere ökonomische Tätigkeit: der Handel

Dieser silberne Schild wurde der Inschrift zufolge 1785 in Brilon gestiftet und diente in der dortigen Synagoge als Schmuck einer Thora-Rolle. Über den gewundenen Säulen, die auf den Tempel Salomos hinweisen, zeigt der Schild die Löwen Judas. Sie halten eine Krone, die hier als Symbol für die Herrschaftswürde der Weisung Gottes steht.

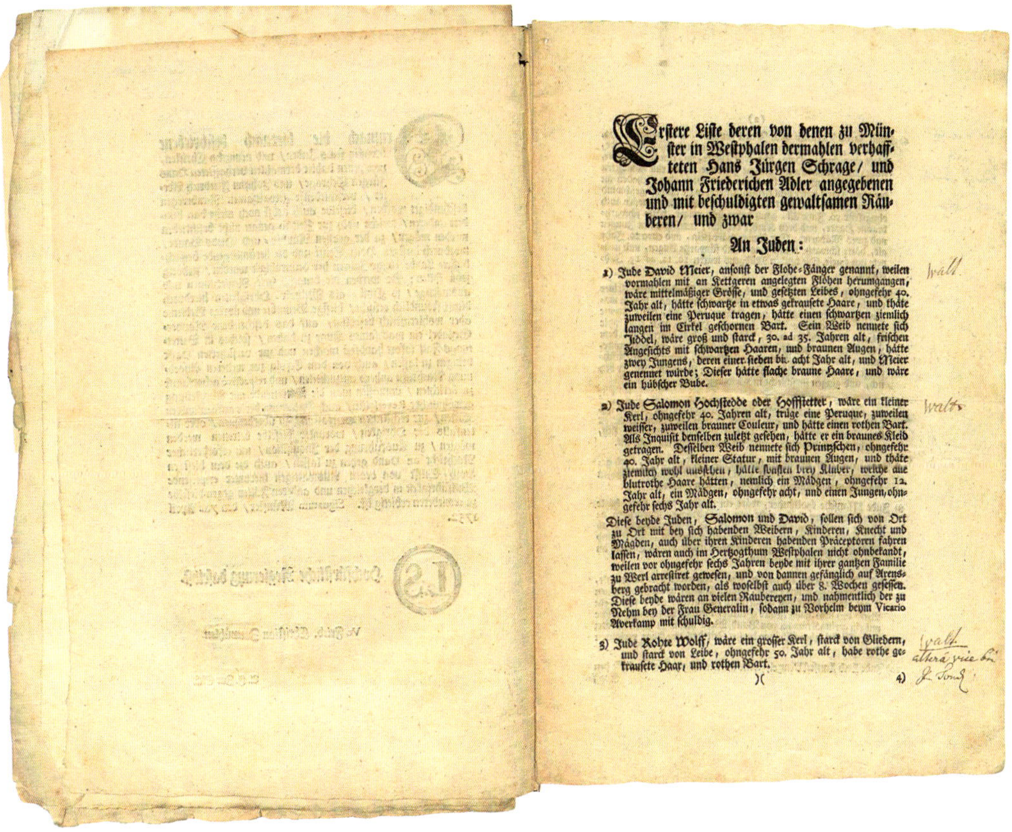

Erstere Liste deren von denen zu Münster in Westphalen dermahlen verhafteten Hans Jürgen Schrage/ und Johann Friederichen Adler angegebenen und mit beschuldigten gewaltsamen Räuberen/ und zwar

An Juden:

1) Jude David Meier, ansonst der Flohe-Fänger genannt, weilen vormahlen mit an Kettgeren angelegten Flöhen herumgangen, wäre mittelmäßiger Grösse, und gesetzten Leibes, ohngefehr 40. Jahr alt, hätte schwartze in etwas gekrausete Haare, und thäte zuweilen eine Peruque tragen, hätte einen schwartzen ziemlich langen im Cirkel geschornen Bart. Sein Weib nennete sich Jiddel, wäre groß und starck, 30. ad 35. Jahren alt, frischen Angesichts mit schwartzen Haaren, und braunen Augen, hätte zwey Jungens, deren einer sieben bis acht Jahr alt, und Meier genennet würde; Dieser hätte flache braune Haare, und wäre ein hübscher Bube.

2) Jude Salomon Hochstedde oder Hoffstetter, wäre ein kleiner Kerl, ohngefehr 40. Jahren alt, trüge eine Peruque, zuweilen weisser, zuweilen brauner Couleur, und hätte einen rothen Bart. Als Inquisit denselben zuletzt gesehen, hätte er ein braunes Kleid getragen. Desselben Weib nennete sich Printzschen, ohngefehr 40. Jahr alt, kleiner Statur, mit braunen Augen, und thäte ziemlich wohl aussehen, hätte sonsten drey Kinder, welche alle blutrothe Haare hätten, nemlich ein Mädgen, ohngefehr 12. Jahr alt, ein Mädgen, ohngefehr acht, und einen Jungen, ohngefehr sechs Jahr alt.

Diese beyde Juden, Salomon und David, sollen sich von Ort zu Ort mit bey sich habenden Weibern, Kinderen, Knecht und Mägden, auch über ihren Kinderen habenden Präceptoren fahren lassen, wären auch im Hertzogthum Westphalen nicht ohnbekandt, weilen vor ohngefehr sechs Jahren beyde mit ihrer gantzen Familie zu Werl arrestiret gewesen, und von dannen gefänglich auf Arensberg gebracht worden, als woselbst auch über 8. Wochen gesessen. Diese beyde wären an vielen Rauberenen, und nahmentlich der zu Nehm bey der Frau Generalin, sodann zu Vorhelm beym Vicario Averkamp mit schuldig.

3) Jude Rohte Wolff, wäre ein grosser Kerl, starck von Gliedern, und starck von Leibe, ohngefehr 50. Jahr alt, habe rothe gekrausete Haar, und rothen Bart.

)(4)

Die „grosse Rauber- und Diebs-Bande, wodurch hiesiges Hochstift und die herumliegende benachbarte Lande einige Jahren her beunruhiget worden", die 1752 im Münsterland aktenkundig wurde, bestand aus rund 100 christlichen und jüdischen Männern, Frauen und Kindern.

mit Geld. Einige wenige Juden in Westfalen betätigten sich auf diesem Feld, teilweise mit überörtlichem, landesweit wirksamem Erfolg.

Leben ganz oben …

Manche jüdische Geldverleiher stiegen zu „Hoffaktoren" auf, also zu Geldgebern und Vertrauten der Landesherren, Fürsten und des niederen Landadels. Diese Karriere gelang allerdings keinem Angehörigen der verarmten Judenschaft Westfalens. Die hierzulande tätigen Hoffaktoren des 17. und 18. Jahrhunderts sind allesamt von außen zugewandert.

Berend Levi (um 1600–1666) etwa, der bekannteste und wohl auch wirtschaftlich erfolgreichste Hoffaktor in Westfalen, stammte gebürtig aus Bonn. Er, der in Finanzangelegenheiten des brandenburgischen Großen Kurfürsten tätig war, wohnte zeitweilig in Warendorf und in Herford, für das er 1647 einen Geleitbrief des Großen Kurfürsten Friedrich Wilhelm von Brandenburg erhalten hatte. Unter anderem finanzierte Berend Levi den Aufenthalt der brandenburgischen Delegation bei den Verhandlungen in Münster und Osnabrück, die den Dreißigjährigen Krieg beendeten.

Einer der ersten Hoffaktoren am lippischen Hof, Samuel Goldschmidt, war 1669 aus Frankfurt gekommen und hatte sich in Lemgo niedergelassen. Aus Hildesheim wiederum kam 1769 der münsterische Hoffaktor Michael Meyer Breslau (1712–1789) ins Münsterland, wo er zwei Jahre später zum Landrabbiner gewählt wurde.

… und Leben ganz unten

Der weitaus größte Teil der westfälischen Juden indes lebte in denkbar bescheidenen, ja elenden Verhältnissen: in den Landstädten, Dörfern und Kirchspielen größtenteils verstreut und verarmt. Ein nicht näher zu beziffernder, aber sicher nicht geringer Teil der ländlichen Juden zählte zu den Landarmen.

Manche von ihnen schlossen sich gar den Räuberbanden an, die sich um 1750/1800 auch im Norden und Westen des Reiches verbreiteten und für Unsicherheit und Unruhe sorgten. Neben bekannten christlichen Anführern wie Johannes Bückler, genannt „Schinderhannes", oder Mathias Weber, genannt „der Fetzer", gab es auch jüdische Anführer wie Jakob Moyses, der um 1780 an der Spitze einer Räuberbande in Friesland stand.

Das von hebräischen bzw. jiddischen Lehnwörtern geprägte Rotwelsch, die später sogenannte „Gaunersprache", zeugt bis heute von dieser Nähe verarmter jüdischer Einwohner zur Unterwelt der Gauner und Räuber – einer Nähe, die in der Geschichtsschreibung lange Zeit mit einem Tabu belegt war. „Man behandelte grundsätzlich nicht, was im Keller vorging", so hat es Gershom Scholem, der Gelehrte jüdischer Geschichte und Philosophie, in ein treffendes Bild gefasst. „Man betrachtete nur, worum es sich im Salon, zwischen der Bibel und Luther, zwischen Hermann Cohen und Kant, zwischen Steinthal und Wilhelm von Humboldt handelte. Dass es aber auf den verschiedensten Gebieten ‚im Untergeschoss' genau die gleichen Beziehungen gab, Beziehungen unerhört realer Natur, in einer allerdings nicht immer oder überhaupt nicht ‚im Salon' zulässigen oder vertretbaren Art, das übersah man."

„Grosse Rauber- und Diebs-Bande"

Von solchen „unerhört realen" Beziehungen aus dem „Untergeschoss" des Alltagslebens im 18. Jahrhundert berichtet für Westfalen eine einzigartige Quelle, die sich unter den „Acta Criminalia" im Stadtarchiv in Münster erhalten hat. Eine Fahndungsliste der fürstbischöflichen Regierung des Stifts Münster, datiert auf den 7. April 1752, dokumentiert eine „grosse Rauber- und Diebs-Bande, wodurch hiesiges Hochstift und die herumliegende benachbarte Lande einige Jahren her beunruhiget worden". Namentlich genannt werden in der Liste 19 christliche und 36 jüdische männliche Mitglieder – sie sind in der historischen Forschung stets wahrgenommen worden. Übersehen und bislang unerwähnt blieben hingegen die Frauen und Kinder, die ebenfalls im Dokument aufgeführt sind: 12 Jüdinnen und 5 Christinnen sowie rund zwei Dutzend Kinder. Insgesamt umfasste diese „Raubs- und Diebs-Bande" also rund 100 Personen.

Die landesherrliche Regierung glaubte, an den Körpern der Verdächtigten die Delinquenz und auch das Jüdischsein erkennen zu können. So wimmelt die Fahndungsliste von Klischees wie etwa „schwartze, in etwas gekrausete Haar". Wiederholt wird auf die Farbe der Augen („dunkel") oder die Hautfarbe („braun") hingewiesen. Einer „führete bey sich ein schönes Weib mit Kinderen", von einem anderen hieß es, er „sehe auch einem Christen gleicher als einem Juden und redete gut teutsch".

Sichtbare Spuren von Gewalt an den Körpern der Gesuchten galten ebenfalls als Erkennungsmerkmal. „Hat einen Hieb oder Schaden an der einen Hand", heißt es über einen der Verdächtigen, und über einen anderen: Er habe „die Tortur ausgestanden". Von einem Dritten ist zu lesen, er habe „an der rechten Hand Mangel". Und ein Vierter soll „vor kurtzer Zeit das eine Auge verlohren haben".

Auf ärmlichste Lebensbedingungen deuten Formulierungen wie „magerer Leib", „bleichen Angesichts", „gantz dürre und mager" oder „schlecht in Kleidung". Einzelne jüdische Bandenmitglieder werden des Raubs oder Diebstahls verdächtigt. In einem Fall wird einem Mann auch ein Mord vorgeworfen. Die Taten sollen sich unter anderem in Isselhorst, Vorhelm, Geseke, Schloss Holte und Diepholz zugetragen haben. Neben diesen Belegen zum regionalen Aktionsraum der Verdächtigten finden sich in dem Dokument aber auch Hinweise auf karge wirtschaftliche Tätigkeiten, so etwa auf den Handel, „auch zuweilen mit Pferden", oder auf das Hausieren, etwa „mit kleinen Waaren als Spangen, Band-Werck, Brillen und dergleichen".

Die Fahndungsliste lässt vieles im Ungewissen. Eines aber zeigt sie deutlich: Die Genannten waren nicht ausschließlich Kriminelle, sondern bewegten sich entlang der Grenze zwischen ärmlichster Unterschicht-Existenz, karger Wirtschaftstätigkeit und delinquenten Taten. Das war selbst der landesherrlichen Regierung nicht entgangen. Insofern schlug das Dokument einen anderen Ton an als das Edikt, das der Fürstbischof von Münster als Landesherr 1765 erließ. Darin warnte er vor einer Räuberbande, die er beschrieb als „ein rechter Zusammenfluß von liederlichem Gesindel, Räuber- und andern mit abscheulichen Bosheiten und Verbrechen sich ernährenden Leuten, bestehend aus Christen und Juden".

Die Nähe zur Unterwelt hier, zur politischen und ökonomischen Elite dort erzeugte eine Spannung, auf deren mögliche Folgen Gershom Scholem hingewiesen hat: „Die ökonomisch stärksten Elemente, wie sie damals in der Erscheinung des jüdischen Hoffaktorentums zutage traten, und die sozial am tiefsten stehenden Gruppen, die mit der deutschen Unterwelt kommunizierten, hatten mit den Deutschen auf eine in beiden Fällen lebensgefährliche Weise zu tun. Sie bewegten sich auf besondere Weise unter ihnen und mussten den Preis dafür bei der geringsten Änderung der politischen oder sozialen Verhältnisse zahlen."

Einen Preis zu zahlen hatten sie auch bei der Änderung der wirtschaftlichen Verhältnisse – und das galt vor allem in den Agrar- und Hungerkrisen der Frühen Neuzeit. Witterungsbedingte Missernten etwa sorgten in den Jahren 1680, 1690, 1740, 1772 oder 1817 für katastrophale Versorgungslücken vor allem bei Getreide, das seinerzeit, vor dem flächendeckenden Anbau der Kartoffel, das Hauptnahrungsmittel war. In den Mangelkrisen, die nicht selten durch militärische Konflikte verschärft wurden, schnellten die Getreide- und Brotpreise in die Höhe. Der Hungertod ging um. Angst und Wut der unter Hunger und Teuerung leidenden Bevölkerung richteten sich weniger gegen die geistlichen und weltlichen Landesherrschaften als vielmehr gegen den lokalen und regionalen Getreidehandel, verkörpert in der Figur des „Kornjuden".

Ein neues Schmähwort zieht Kreise

Eine der ersten bekannten Erwähnungen dieses Schmähwortes findet sich in einer undatierten, vermutlich um 1680 entstandenen Anweisung an Staatsbeamte. Verfasst wurde sie von dem berühmten Mathematiker, Philosophen und Juristen Gottfried Wilhelm Leibniz (1646–1716). Darin warnte er die Beamten vor „Kornjuden", die geschickt Handel trieben und die Unwissenheit der Landbevölkerung zu ihrem Vorteil ausnutzten. Die privat und auf eigene Rechnung agierenden Händler erklärte Leibniz zu Kontrahenten eines staatlich regulierten Vorsorge- und Versorgungssystems. Dem fürsorglich haushaltenden, Ge-

Nachzeichnung einer Medaille aus dem Jahr 1695, die mit dem Schmähbild eines „Kornjuden"an eine Getreideteuerung erinnert.

treidemagazine anlegenden Monarchen stand damit die Figur des „Kornjuden" gegenüber, dessen privater Handel den Staat unterlaufe und damit „unpatriotisch" sei.

Wenige Jahre später, im Schatten der Hungerkrisen um 1690, fand sich die Schmähfigur des „Kornjuden" auf Gedenkmedaillen und Kupferstichen, die auf ein breites Publikum zielten. Die Darstellung spielte einerseits auf das biblische Gleichnis vom reichen Kornbauern an, andererseits auf den Jünger Judas, der sich nach seinem Verrat an Jesus erhängt und – in dieser Darstellung – vom Teufel geholt wird. Dieses Bildmotiv belebte aufs Neue auch die mittelalterliche Beschuldigung von den Juden als angebliche „Gottesmörder". Zum Bildprogramm zählt auch ein leerer Saatscheffel, versehen mit der biblischen Weisheit: „Wer Korn innhaeit (zurückhält), dem fluchen die Leute, aber Seegen komt uber den, so es verkaufet."

Einschlägige Enzyklopädien wie das „Universallexicon" Johann Heinrich Zedlers von 1737 verbreiteten die Schmähung. „Kornjuden", so heißt es da, seien „gewinnsüchtige Vor- und Aufkäufer des Getreides, die zu wohlfeilen Zeiten das Getreide einsammeln und aufkaufen und es hernach zur Zeit der Teuerung um einen unbilligen Preis mit einem unrechten Maß ohne Unterschied wieder verkaufen und also hierdurch in dem Lande eine Teuerung verursachen".

Dieser Vorwurf des Wuchers gegen jüdische Getreidehändler und Geldverleiher wurde zu einer feststehenden Wendung – und zu einem Schlagwort, das durch die Generationen weitergereicht wurde bis in die antisemitische Propaganda des 19. und 20. Jahrhunderts.

Auf der anderen Seite traten immer wieder Zeitgenossen auf, die die Juden gegen den Vorwurf des wucherischen Handels in Schutz nahmen. Zu ihnen zählt – bereits im Vorfeld der Französischen Revolution – Justus Möser, vielgelesener Aufklärer und Staatsmann im Osnabrückischen. In einem fiktiven „Schreiben eines Kornhändlers" schlüpfte Möser 1776 sogar in die Rolle eines „armen Kornjuden". Aus dessen Blickwinkel beschrieb er die komplexen Mechanismen des Getreidehandels.

Schon dieser Perspektivwechsel in die Rolle eines „Kornjuden" war für einen christlichen Denker der Zeit ungewöhnlich und muss auf seine Leserschaft mindestens so provokant gewirkt haben wie die Schärfe der Argumente. Dem Vorwurf, die Triebfeder des Kornjuden sei „schnöde Gewinnsucht", schleuderte Möser die Frage entgegen: „Wer lebt, wer denkt, wer handelt und wer schreibt ohne Gewinnst?"

„Ein Patriot wie andere"

Im Schmähwort vom Kornjuden erkannte der Osnabrücker Staatsmann Heuchelei und Doppelmoral, wenn er rhetorisch fragte: „Ist die Privatgewinnsucht schädlicher und gefährlicher als die Gewinnsucht der Helden, welche Länder erobert oder verwüstet [haben] und die Unschuld an ihren Triumphwagen fesselt?" Seinen fiktiven jüdischen Händler lässt Möser am Ende sagen: „Ich hoffe […], dass ich sey dem Namen nach zwar ein Kornjude, in der Tat aber ein Patriot wie andere."

In diesem mehrfachen Perspektivwechsel und der Parteinahme zugunsten der jüdischen Händler kündigte sich der Geist des neuen liberalen Denkens an, der die „Emancipation" der Juden, die rechtliche Gleichstellung der religiösen Minderheit forderte und vorbereitete.

„Ackerbau müsste den Juden nicht verwehrt seyn"

Der lange Weg zur rechtlichen Gleichstellung der jüdischen Minderheit im 19. Jahrhundert

Wie können die Angehörigen der jüdischen Minderheit „glücklichere und bessere Glieder der bürgerlichen Gesellschaften" werden? Diese Frage bewegte den aus Lemgo gebürtigen Staatsmann Christian Wilhelm Dohm (1751–1820) wie nur wenige andere seiner Zeit. Im 18. Jahrhundert, als Dohm darüber nachzudenken begann, lebte der größte Teil der Judenheit nicht nur in Westfalen in denkbar bescheidenen, ja elenden Verhältnissen. Die Ursache sah Dohm nicht im Verhalten der Minderheit, sondern: „Die wahre Quelle ihrer Verderbtheit" sah er in der bisherigen Unterdrückung der Judenheit und ihrer „eingeschränkten Beschäftigung".

Dohm hatte die staatsbürgerlichen Schriften seiner Zeit studiert, hatte mit großen Vordenkern wie Moses Mendelsohn in Berlin korrespondiert und sich berichten lassen, wie es um die jüdische Minderheit etwa im Elsass bestellt war. 1781 schließlich legte Dohm seine Grundsatzschrift der Aufklärung nieder, deren Titel Programm war – und ein Appell an die Landesherren auf deutschem Boden: „Über die bürgerliche Verbesserung der Juden" nannte er seine bis heute lesenswerte Schrift, in der es um das Verhältnis zwischen christlicher Mehrheit und jüdischer Minderheit, aber auch um Grundfragen von Staat und Religion sowie Freiheit und Toleranz ging.

Das Ziel, „wie die Juden glücklichere und bessere Glieder der bürgerlichen Gesellschaften werden könnten", glaubte Dohm in neun Schritten erreichen zu können. An erster Stelle forderte er, dass sie „vollkommen gleiche Rechte mit allen übrigen Unterthanen erhalten" müssten. Außerdem müssten die für die Juden geltenden Beschränkungen in Handel und Handwerk aufgehoben werden. An dritter Stelle nannte Dohm die Landwirtschaft, damals der mit Abstand wichtigste wirtschaftliche Sektor, aus dem aber die Juden bis dahin verbannt waren. Dohm forderte stattdessen:

„Auch mit dem Ackerbau sich zu nähren müßte den Juden nicht verwehrt seyn." Und weiter: „Nicht zu großen Güterbesitzern und Pächtern (wozu ohnedem nur wenige das Vermögen haben) wünschte ich die Juden ermuntert zu sehen, als vielmehr zu eigentlichen selbstarbeitenden Bauern. Das Geld, welches man in vielen Staaten auf Kolonisten wendet, würde in manchen Fällen gewiß besser angelegt werden, wenn man für dasselbe einheimischen

Christian Wilhelm Dohm erklärte die judenfeindliche Politik seiner Zeit als „ein Überbleibsel der Barbarei der verflossenen Jahrhunderte, eine Wirkung des fanatischen Religionshasses".

betriebsamen Juden kleine noch unbebauete Stücken Landes und Wohnungen anwiese, und sie bey den ersten Auslagen für den Ackerbau unterstützte. Auch würde es vielleicht zuträglich seyn, den Geist dieser Beschäftigung bey der Nation von neuem zu beleben, wenn man bey den jüdischen Pächtern oder Besitzern großer Güter es zur Bedingung machte, daß sie dieselben mit einer gewissen Anzahl jüdischer Knechte bearbeiteten."

Landbesitz war den Juden untersagt

Mit diesen Ausführungen rüttelte Dohm an damals gängigen Vorstellungen und tradierten Verboten. Dass Juden es angeblich ablehnten, sich in der Landwirtschaft zu betätigen, zählte zum Vorrat antijüdischer Vorurteile, der sich über Jahrhunderte hinweg aufgetürmt hatte. Dabei zeigte schon ein Blick in die mittelalterliche Geschich-

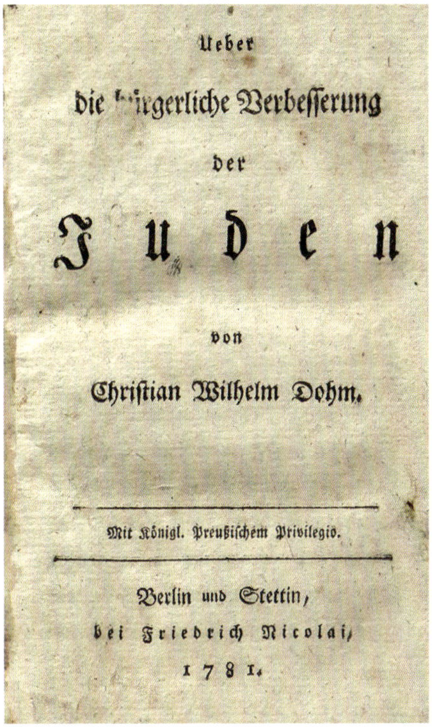
Ueber
die bürgerliche Verbesserung
der
Juden
von
Christian Wilhelm Dohm.

Mit Königl. Preußischem Privilegio.

Berlin und Stettin,
bei Friedrich Nicolai,
1781.

In seiner Schrift „Über die bürgerliche Verbesserung der Juden“ forderte der aus Lemgo gebürtige Staatsmann Christian Wilhelm Dohm die volle bürgerliche Gleichberechtigung der Minderheit.

te wie auch in die Realität europäischer Nachbarländer, dass sich Angehörige der jüdischen Minderheit sehr wohl auf Ackerbau und Viehhaltung verstanden und sie jahrhundertelang betrieben. In den Territorien des Reiches indes hatte sich diese Art wirtschaftlicher Betätigung nie ausbilden können, da den Angehörigen der jüdischen Minderheit der Erwerb oder Besitz von Grund und Boden untersagt war.

Selbst wenn sich Käufer und Verkäufer handelseinig waren, konnte der Landesherr solche Eigentümerwechsel unterbinden. Um ein Beispiel zu nennen: 1790 sollte das ravensbergische Gut Holzhausen verkauft werden. Der Eigentümer, Oberstwachtmeister von Stedingk, und der interessierte Käufer, der Händler und „Müntz-Director“ Löb Michael Breslau aus Münster, waren sich einig geworden. Sie hatten bereits einen Kaufvertrag ausgearbeitet. Doch der Besitzwechsel kam nicht zustande, weil der preußische König Friedrich Wilhelm II. höchstpersönlich die Genehmigung verweigerte.

Ausnahmen: Frühe jüdische Bauern

Andererseits gab es vereinzelt durchaus Ausnahmen. So erwarb bereits im 17. Jahrhundert ein Geseker Jude namens Wallich ein Gut nahe des Dorfes Böckenförde. Etwa zur selben Zeit pachtete ein Erwitter Jude, dessen Name mit Joseph oder auch Josell wiedergegeben ist, eine zu Paderborn gehörende Hofstätte – die Abgaben musste er zugunsten einer Kapelle in Westernkotten entrichten. Und im lippischen Kirchdorf Schötmar, um ein drittes Beispiel zu nennen, sind für das 18. Jahrhundert jüdische Einwohnerfamilien dokumentiert, die Ländereien besaßen und bewirtschafteten. Ihre Kühe, Rinder und Schweine trieben sie auf die Gemeinheitsflächen des Kirchdorfes – und betrieben also Landwirtschaft in ähnlichen Formen wie ihre christlichen Nachbarn. Es konnte auch vorkommen, dass größere Schulzenhöfe in Westfalen jüdischen Händlern Wiesenflächen verpachteten, die diese dann für ihren Viehhandel nutzen konnten.

Der jüdische Hofagent Joseph Leeser erwarb gegen Ende des 18. Jahrhunderts sogar ein landtagsfähiges Rittergut in Schötmar. Er war zu diesem Eigentum gekommen, weil ein von ihm anvisierter Käufer vom Kauf zurückgetreten war und er nun selbst alle Rechte und Pflichten, insbesondere die Aufrechterhaltung des landwirtschaftlichen Betriebes, wahrzunehmen hatte. 1809, acht Jahre vor seinem Tod, verkaufte Leeser das Gut wieder.

Zu den Ausnahmen früher jüdischer Landeigentümer ist auch Benjamin Moses zu zählen. Er baute, aus dem kurkölnischen Sauerland kommend, 1797 in dem seinerzeit rund 75 Einwohner zählenden Dorf Burgholdinghausen im damaligen Fürstentum Nassau-Siegen eine Existenz auf. Mehrere Jahrhunderte nach den mittelalterlichen Verfolgungen war Moses der erste Jude, der sich im Siegerland niederließ. Vom Freiherrn zu Fürstenberg erwarb er ein Hausgrundstück, auf dem er ein zweistöckiges Fachwerkhaus errichtete, und einen Anteil am Hauberg, einem gemeinschaftlich genutzten Wald.

Die große Mehrheit des Landjudentums in Westfalen indes sah sich gezwungen, das Einkommen auf anderen

Der älteste nachweisbare Hausbau eines Juden im Siegerland: 1797 ließ Benjamin Moses dieses Fachwerkhaus in Burgholdinghausen, damals eine Dorfsiedlung mit etwa 75 Einwohnern, errichten. Zum Hausgrundstück gehörte auch ein Anteil am Hauberg, also am Wald, der von den Dorfbewohnern gemeinschaftlich genutzt wurde.

Wegen zu erzielen, insbesondere durch den lokalen und regionalen Handel mit Vieh, Getreide, Textilien und anderen Produkten der Landwirtschaft bzw. des ländlichen Handwerks.

Das trug ihnen den Vorwurf des Getreidewuchers und die Schmähbezeichnung als „Kornjuden" ein, blieb aber nicht unwidersprochen. Heinrich Wilhelm Crome (1759–1817) beispielsweise, Jurist und Hofrat im Fürstbistum Hildesheim, argumentierte 1808 in seiner Schrift „Über Ackerbau, Getreidehandel, Kornsperren und Landmagazine" ganz im Sinne Dohms:

„Statt die Kornhändler mit dem verächtlichen Titel von Kornjuden zu brandmarken, statt ihnen allen Schutz ihres Eigentums zu versagen, sollten sie billig vom Staate wie nützliche Mitglieder, wenigstens in eben dem Maße als ihre Nebenbürtigen, die übrigen Kaufleute, geehrt werden. Statt sie und ihr Vermögen, wie in vielen Ländern geschah, dann, wenn sie vielleicht am notwendigsten waren, der Wut des Pöbels preiszugeben, sollte man ihr Eigentum vorzugsweise schützen und ihr ebenso wohltätiges als schwieriges und gefahrvolles Gewerbe auf alle Art und Weise unterstützen."

Freiheit aus dem Westen

Auch in diesen Sätzen spiegelt sich ein Perspektivwechsel, wie ihn ein Vierteljahrhundert zuvor Dohm in ähnlicher Form vorgenommen hatte. Doch anders als Dohm konnte Crome auf staatliche Eingriffe und Änderungen hoffen. Als seine Schrift „Über Ackerbau…" 1808 erschien, hatte sich die politische Lage im deutschen Nordwesten längst von Grund auf geändert. Napoleons Truppen hatten die Ideen der Französischen Revolution ins Land getragen. Dazu zählte auch die völlige rechtliche Gleichstellung der jüdischen Minderheit, darin eingeschlossen das Recht auf Landeigentum, auf Gewerbe- und Berufsfreiheit. Erst jetzt stand es Juden prinzipiell frei, sich unter anderem als Landwirte zu betätigen.

Entsprechende Edikte wurden 1808 in den beiden französischen Satellitenstaaten auf westfälischem Boden erlassen. An erster Stelle zu nennen ist das „Königreich Westphalen", das weite Teile des heutigen Ostwestfalen, des südlichen Niedersachsens, Nordhessens und Sachsen-Anhalts abdeckte. Dessen König Jerôme, Napoleons Bruder, erklärte alle Juden den Christen gegenüber als völlig gleichgestellt im Staat. Mit einem Konsistorium, das alle zentralen religiösen Fragen wie Gottesdienste, Gemeindeverwaltung, Schulen und Unterricht regeln sollte, schuf König Jerôme eine zentrale Instanz jüdischer Selbstverwaltung. Gleichzeitig ließ er sich durch eine Gesandtschaft jüdischer Vertreter ihre Loyalität und Mitarbeit „als Soldaten, Kaufleute und Bauern" zusichern. Das Königreich Westphalen war damit in puncto Judengesetzgebung der liberalste, fortschrittlichste Staat auf deutschem Boden.

1808 wurde auch im Großherzogtum Berg, das als französischer Satellitenstaat von Nordhorn bis Dillenburg reichte, die jüdische Minderheit rechtlich gleichgestellt – es seien „dieselben allmählich in die nämlichen Rechte und Freiheiten zu setzen, die die übrigen Einwohner des Großherzogtums und der damit vereinigten Staaten genießen".

Im kurkölnischen Sauerland änderte sich am wenigsten. Die neue Regierung des Landes, das Großherzogtum Hessen, erklärte, die alte kurkölnische Judenordnung von 1700 behalte ihre Gültigkeit. Lediglich einige Regeln, etwa auch zum Erwerb von Immobilien durch Juden, wurden bis 1812 gelockert. Der Status eines Staatsbürgers hingegen blieb ihnen verwehrt. Jüdinnen und Juden waren dort weiterhin Untertanen zweiter Klasse und „Schirmverwandte", wie es hieß.

Preußisches Hin und Her

Am 11. März 1812 folgte Preußen. Dessen „Edikt, betreffend die bürgerlichen Verhältnisse der Juden in dem Preußischen Staate", beendete ebenfalls die althergebrachten Einschränkungen und setzte letztlich einen großen Teil der von Dohm formulierten Forderungen um. Das Edikt erklärte „Juden und deren Familien" zu „Einländern" und preußischen Staatsbürgern. Konsequenterweise räumte es in § 11 auch das Verbot von Grundbesitz beiseite:

„Sie können Grundstücke jeder Art, gleich den christlichen Einwohnern, erwerben, auch alle erlaubten Gewerbe mit Beobachtung der allgemeinen gesetzlichen Vorschriften treiben."

Es sah aus, als sei mit diesem Federstrich die jahrhundertealte Unterdrückung beseitigt und die „Emancipation", die rechtliche Gleichstellung der Juden Preußens, erreicht worden. Bisweilen findet sich dergleichen noch heute in historischen Darstellungen. Doch zum einen galt dieses Edikt nur in den alten Teilen Preußens wie Brandenburg, Pommern, Ostpreußen oder Schlesien, nicht jedoch in Teilen wie Minden-Ravensberg oder der Grafschaft Mark, die als „neu" galten, auch wenn sie bereits seit 1609/1647 zu Brandenburg-Preußen gehörten.

Zum anderen hatten die Berliner Staatsminister Stein und Hardenberg ihre Reformen und damit auch das Emanzipationsedikt in einer Schwächephase des preußischen Staates ins Werk gesetzt – gegen hartnäckige Widerstände, insbesondere von Seiten des Adels. Bereits kurz nach dem Sieg über Napoleon und nach der Neuformierung des preußischen Staates zeichnete sich ab, dass König und Adel das Edikt im Kern ablehnten. Damit sanken die Chancen, dass es auch in den neuen Landesteilen Preußens umgesetzt werden würde.

Als 1815 die „preußische Provinz Westfalen" gebildet wurde und auch Territorien wie das Münsterland oder das Sauerland preußisch wurden, trat hier also keineswegs automatisch das Emanzipationsedikt in Kraft. Vielmehr wurden die Juden hier und in den anderen neuen Provinzen, so dekretierte es der Innenminister aus Berlin, „in eben der Lage belassen, in welcher sie bei der Okkupation angetroffen waren".

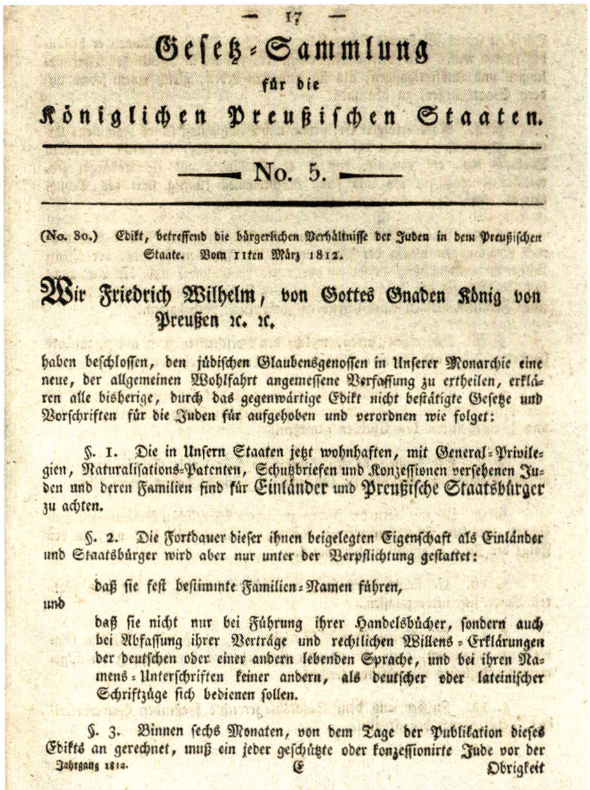

— 17 —

Gesetz-Sammlung
für die
Königlichen Preußischen Staaten.

No. 5.

(No. 80.) Edikt, betreffend die bürgerlichen Verhältnisse der Juden in dem Preußischen Staate. Vom 11ten März 1812.

Wir Friedrich Wilhelm, von Gottes Gnaden König von Preußen rc. rc.

haben beschlossen, den jüdischen Glaubensgenossen in Unserer Monarchie eine neue, der allgemeinen Wohlfahrt angemessene Verfassung zu ertheilen, erklären alle bisherige, durch das gegenwärtige Edikt nicht bestätigte Gesetze und Vorschriften für die Juden für aufgehoben und verordnen wie folget:

§. 1. Die in Unsern Staaten jetzt wohnhaften, mit General-Privilegien, Naturalisations-Patenten, Schutzbriefen und Konzessionen versehenen Juden und deren Familien sind für Einländer und Preußische Staatsbürger zu achten.

§. 2. Die Fortdauer dieser ihnen beigelegten Eigenschaft als Einländer und Staatsbürger wird aber nur unter der Verpflichtung gestattet:

daß sie fest bestimmte Familien-Namen führen,

und

daß sie nicht nur bei Führung ihrer Handelsbücher, sondern auch bei Abfassung ihrer Verträge und rechtlichen Willens-Erklärungen der deutschen oder einer andern lebenden Sprache, und bei ihren Namens-Unterschriften keiner andern, als deutscher oder lateinischer Schriftzüge sich bedienen sollen.

§. 3. Binnen sechs Monaten, von dem Tage der Publikation dieses Edikts an gerechnet, muß ein jeder geschützte oder konzessionirte Jude vor der

Jahrgang 1812. E Obrigkeit

Titelseite des preußischen Edikts zur rechtlichen Gleichstellung der Juden vom 11. März 1812. Es galt nur für einige Teile Preußens. Die Landesteile in Westfalen waren unter anderem ausgenommen.

Der erste Oberpräsident der 1815 gebildeten preußischen Provinz Westfalen: Ludwig von Vincke (1774–1844).

Das hieß für die folgenden drei Jahrzehnte: Die Juden in der neu gebildeten preußischen Provinz Westfalen unterlagen fünf (!) unterschiedlichen Judenordnungen – je nachdem, ob ihr Dorf oder ihre Kleinstadt in einem Landstrich lag, der vor 1815 zum Großherzogtum Hessen gehört hatte, zur Grafschaft Wittgenstein, zum Kaiserreich Frankreich oder dessen französisch dominierten Modell- und Satellitenstaaten, also dem Großherzogtum Berg oder dem Königreich Westphalen. Während diese „französischen" Territorien die rechtlichen Hindernisse für die Juden weitgehend beiseite geräumt hatten, herrschten in der Grafschaft Wittgenstein besonders restriktive Regeln. Sie stammten noch aus dem 16. Jahrhundert und waren seither nicht verändert oder außer Kraft gesetzt worden. Auf dem Papier galten Juden im Wittgensteiner Land sogar als „vogelfrei". Noch 1842 stellte das preußische Innenministerium Mutmaßungen an, ob diese Regelung „nicht mehr anwendbar" sei. Andererseits war es Wittgensteiner Juden nicht verwehrt, Grundeigentum zu besitzen.

Das preußische „Nein"

Ludwig Freiherr von Vincke (1774–1844), seit 1815 Oberpräsident an der Spitze der neuen preußischen Provinz Westfalen, lehnte es ab, dem Emanzipationsedikt Gültigkeit zu verschaffen. Er, der einmal als Reformer gegolten hatte, war von seiner ursprünglich liberalen Haltung gegenüber der jüdischen Minderheit weit abgerückt.

Die preußischen Regierungsbeamten im Land, in der Führung überwiegend besetzt von Vertretern des nordwestdeutschen Adels, stützten weithin die antijüdische Politik der Provinzialverwaltung. Ihre Stellungnahmen zur Lage der Juden im Land, vom Oberpräsidenten kurz nach seinem Amtsbeginn angefordert, waren über weite Teile hinweg kaum mehr als eine Sammlung unbelegter, teils haarsträubender Vorurteile. So hieß es 1817 von Seiten der Mindener Regierung:

„Der Viehhandel ist auf dem platten Land ganz in den Händen der Juden. Ihr Talent, ihn zu dem betrüglichsten und wucherlichsten Geschäfte zu machen, bewährt sich hier wie überall." Und weiter: „Überhaupt glauben wir erwiesen zu haben, dass unter allen vorerwähnten Verhältnissen der ganze Wohlstand unseres Bauernstandes, vorzüglich in Rietberg, Paderborn und Corvey, auf dem sichersten Wege ist, allmählich in die Hände der Juden überzugehen, wenn die Freiheit ihrer Umtriebe auf dem platten Lande nicht bald kräftig gesteuert wird. Es gibt jetzt schon Juden im Kreise Höxter, denen fast das ganze Dorf, wo sie wohnen, als mittelbares Eigentum gehört." Namen, Orte und Zahlen fehlen. Es gab sie auch nicht. Die Behauptungen waren frei erfunden.

Acht Jahre später hieß es ebenfalls in einem Gutachten der Mindener Regierung: „Der verdorbenste und verderblichste Teil unserer Judenschaft ist derjenige, welcher im Fürstentum Paderborn in den Distrikten Rietberg und Reckenberg und im südwestlichen Bezirk der Grafschaft Ravensberg wohnt […]. Einer unserer Paderbornschen Landräte hat gesagt: ‚Wenn das Kolorit unserer Schilderung etwas grell erscheine, so liege das bloß daran, dass

„FREYGEBIGKEIT GEGEN FREMDE“

„Immer waren die Staaten die glücklichsten, reichsten an Fleiß, Production und Gelde so wie die geliebtesten von ihren Bürgern, die mit Ertheilung ihres Bürgerrechts am freygebigsten, jedem Fremdling (...) auch mit dem sichersten Genuß aller gesellschaftlichen Rechte entgegen kamen, ihm die freyeste Äußerung seiner Kräfte und Talente gestatteten. Diese Freygebigkeit gegen Fremde ist kein Unrecht für die alten Einwohner, das heißt, für die Bürger des Staats, deren Vorfahren schon seit einem gewissen Zeitraum in diesem Lande wohnten — sie ist Wohlthat für sie, und für die Regierung ist es Pflicht, diese Wohlthat zu erweisen. In eben dem Verhältniß, wie die Zahl ihrer Mitbürger sich vermehrt, erhalten auch diese ältern Einwohner mehr Mittel sich zu nähren, ihren Wohlstand zu erweitern, ihr Leben sich bequemer und angenehmer zu machen. Der Werth ihrer Arbeit wird erhöhet, ihr Erfindungsgeist geweckt, ihre Einsicht so wie ihre Stärke gemehret.“

Christian Wilhelm Dohm in seinem Buch „Über die bürgerliche Verbesserung der Juden“ (1781)

auch die Christen in Folge des jüdischen Einflusses sich sehr verschlechtert hätten und also weniger vielleicht wie ehedem von den Juden abstächen!‘“

Vinckes Gutachten zur Lage der Juden

Am 2. November 1826 schließlich legte Vincke ein umfangreiches Gutachten zur Lage der Juden in Westfalen vor. Damit prägte er als preußischer Oberpräsident die Debatte im Land auf Jahre, wenn nicht Jahrzehnte. In dem Gutachten heißt es unter anderem:

„Der Jude“ sei „ein Mensch, der Kunst und Wissenschaft nicht ehrt und sich ihnen nicht widmet, wenn sie nicht unmittelbar zu einem raschen Gelderwerb ihm die Aussicht bieten, der den Ackerbau und das Handwerk meidet, weil jede ruhige anhaltende und körperliche Anstrengung erfordernde Arbeit, die nur langsam und mäßigen Gewinn verspricht, ihm zuwider ist, der nur den Handel und solche leichte, bewegliche Gewerbe liebt und treibt, welche die meiste und beste Gelegenheit darbieten, seine christlichen Mitbürger zu übervorteilen und auf ihre Kosten schnell reich zu werden, der sein ganzes Dichten und Sinnen nur darauf gerichtet hat, Geld zu erwerben und kein Mittel, selbst die unrechtlichsten, nicht scheut, sich in dessen Besitz zu setzen. Der endlich weder Liebe zum Vaterlande noch Liebe gegen seine christlichen Mitbürger hegt, weil seine Religion ihn lehrt, dass er außer Palästina nur ein Fremdling unter den Völkern und seine Nation allein die auserkorene und Gott wohlgefällige, alle Übrigen von Gott verworfen seien, denen man Treu und Glauben nur aus Zwang zu halten brauche.“

Den Juden warf Vincke also unter anderem vor, den Ackerbau zu meiden. Gleichzeitig wertete er ihre agrarischen Aktivitäten als Bedrohung der Landwirtschaft, dem „solideste(n) Fundament des Gebäudes der öffentlichen Wohlhabenheit“. Dieses „Gebäude“ sah Vincke bedroht. Dass die Verschuldung der Bauern gewachsen, die Zahl der Konkurse ihrer Hofstätten stark gestiegen sei, führte der westfälische Oberpräsident nicht etwa auf die erheblichen finanziellen Belastungen der Bauern gegenüber Kirche und Adel zurück, eine Folge der Ablösungen von Abgaben und Diensten im Zuge der „Bauernbefreiung“. Verursacher der Agrarkrise waren für ihn vielmehr und pauschal die jüdischen Vieh-, Getreide- und Geldhändler. Nachweise für seine Behauptungen, Statistiken etwa zu ökonomischen Kennzahlen oder steuerlichen Erträgen, blieb Vincke schuldig. Sie sind weder von ihm noch anderen antijüdisch eingestellten leitenden Beamten Westfalens vorgelegt worden.

Der Bürener Landrat Hartmann, mit den Verhältnissen des Paderborner Landes bestens vertraut, widersprach dem Oberpräsidenten bündig: „Es sind mir keine Fälle, wo durch raffinierten Wucher die auf dem Land angesiedelten Juden im hiesigen Kreise in Schulden gebracht haben, bekannt.“

Der Warburger Landrat Wilhelm von Hiddessen pflichtete dem pauschalem Wucher-Vorwurf Vinckes bei, setzte aber mit Verweis auf die „hiesige Gegend“ hinzu: „Die meisten jüdischen Handelsleute haben durch die für den Landmann so traurigen neuern Zeiten erhebliche Verluste erlitten, andere sind dadurch selbst ihrem Banquerotte nahegebracht worden. Auch sind der Beispiele schon viele aufzustellen, wo Handel treibende Israeliten, die sich noch vor einigen Jahren in leidlichen Vermögensumständen befanden, ihren Handel haben aufgeben müssen, weil die Armut der Gemeinden keinen Gewinn mehr erwarten ließ.“

Der frühindustrielle Unternehmer Friedrich Harkort (1793–1880) urteilte, nicht die „mosaischen Juden“ ruinierten die Bauern, sondern „die Juden mit Sporen und Stiefeln“ – gemeint war der landbesitzende Adel Westfalens. Andere Zeitgenossen, bürgerlicher wie adliger Herkunft, sahen das ähnlich. Sie wiesen scharfsinnig auf die konfliktträchtige Konkurrenz zwischen potenziellen jüdischen Landkäufern und adligen Gutsbesitzern hin.

Oberpräsident Vincke jedoch, gestützt auf weite Teile des westfälischen Landadels, setzte sich durch. Auf seine Initiative geht die Kabinettsorder vom 20. September 1836 zurück, die es nirgendwo sonst in Preußen gab: Sie galt ausschließlich für die jüdische Bevölkerung in den westfälischen Kreisen Büren, Höxter, Paderborn und Warburg und untersagte ihnen, Bauernhöfe oder Grundstücke zu erwerben, wenn sie „nicht selbst und mit jüdischem Gesinde bewirtschaftet" werden. Außerdem sollten Schuldscheine gerichtlich abgelehnt werden können, „wenn der Verdacht eines Wuchers sich ergebe".

Die jüdische Bevölkerung der vier westfälischen Landkreise wurde damit nicht nur gedemütigt und diskriminiert, sondern auch wirtschaftlich erheblich geschwächt. Weit über die Grenzen der Landkreise hinaus galt sie als nicht mehr kreditwürdig. Gutsbesitzern und Kaufleuten indes kam die Kabinettsorder entgegen, da sie ihnen den Druck der jüdischen Geschäftskonkurrenz nahm.

Juden und ihre Nachbarn protestieren

Die jüdischen Gemeinden in den vier betroffenen Landkreisen wehrten sich vehement gegen die Kabinettsorder. In einer von ihnen verfassten Bittschrift von 1837, die auch als Druck erschien, hieß es unter anderem: Rittergutsbesitzer in den vier Kreisen hätten zehnmal mehr Höfe in Subhastationen (Zwangsversteigerungen) erworben als jüdische Käufer – „dennoch hat man nicht für nötig gefunden, dieserhalb abhilfliche Maßnahmen zu beantragen". Für die Überschuldung der Bauern fand sich in der Bittschrift diese Erklärung:

„Zehnten, Pächte, Renten, Abgaben an Gutsherrschaften und geistliche Stiftungen finden sich überall so gehäuft, dass man oft den Bauer nur als den Tagelöhner seiner Realberechtigten ansehen kann, dem, wenn er im Schweiße seines Angesichts mühsam diese Abgaben errungen hat, kaum so viel übrig geblieben ist, um sich und seine Familie den kärglichen Unterhalt gesichert zu haben."

Um der Bittschrift Gewicht zu verleihen, war sie um 18 Unterstützerbriefe ergänzt, verfasst von Ortsbeamten, Gemeindevorstehern, Bürgermeistern und sogar auch von den Magistraten der Städte Beverungen, Brakel, Nieheim und Paderborn sowie vom ehemaligen Warburger Landrat Wilhelm von Hiddessen. Im Brief des Paderborner Magistrats etwa hieß es, die jüdische Gemeinde, habe „durch ihre Betragen sowohl im Privatleben als im Geschäftsverkehr bisher keine Veranlassung zur Unzufriedenheit gegeben". Die Juden hätten ihr Gewerbe als Kaufleute und Handwerker „ohne Tadel betrieben und deshalb mit den hiesigen übrigen Einwohnern zeither in einem guten und verträglichen Vernehmen gestanden".

In ähnlichem Ton waren die anderen Testate gehalten. Die preußische Regierung ließ sich davon einstweilen nicht beeindrucken. Die Kritik an Vinckes Sondergesetz aber verstummte nicht. Als „zweifelhaft" bezeichnete es etwa der Paderborner Landrat Clemens August von Wolff-Metternich (1803–1872), der sich als einer der wenigen Adligen im Land zugunsten der jüdischen Minderheit zu Wort meldete. Er bestätigte, dass bei Zwangsversteigerungen nicht „die Juden", sondern fast ausschließlich die größeren Güter ihren Besitz arrondiert hatten.

Die Unehre eines Privilegs

Ein eindrucksvolles Argument trug der Ökonom, Gutsbesitzer und Beverunger Bürgermeister Franz Carl Larenz (1798–1876) vor. Er forderte 1840 die Aufhebung des Gesetzes – „erwogen durch das allgemeine Rechtsgefühl, erkennend die Nutzlosigkeit des Gesetzes (...) und die Unehre, dass wir Christen der Kreise speziell vor den übrigen Staatsbürgern Bevorrechtigte sind".

Unterstützt wurden diese ländlichen Stimmen durch den institutionellen Protest einiger großer, wirtschaftlich potenter Städte in Westfalen. So forderten im Spätwinter 1845 die Stadtverordnetenversammlungen bzw. politischen Gemeinden aus Hamm, Bielefeld, Dortmund und Paderborn die völlige rechtliche Gleichstellung der jüdischen Minderheit.

Gleiche Pflichten, (fast) gleiche Rechte

Die Kabinettsorder wurde schließlich 1847 aufgehoben, drei Jahre nach dem Tod des Oberpräsidenten Vincke. Erst jetzt, im Juli 1847, trat auch ein Gesetz „über die Verhältnisse der Juden" in Kraft, das für alle preußischen Provinzen und Landesteile einheitlich galt. Es gestand den jüdischen „Unterthanen" gleiche Pflichten und gleiche bürgerliche Rechte „mit unseren christlichen Unterthanen" zu. Dazu zählten etwa die Freizügigkeit, das aktive und passive Wahlrecht oder die Zulassung zu Universitätsprofessuren. Das Gesetz umfasste auch die Berufs- und Gewerbefreiheit und den Erwerb von Grund und Boden, auch wenn dies nicht ausdrücklich erwähnt ist. Gleichwohl blieben ihre Rechte mit Vorbehalten versehen und begrenzt. So konnten sie zwar Staatsbeamte werden, aber nur außerhalb richterlicher polizeilicher oder exekutiver Gewalt.

Landwirtschaftliche Flächen, Höfe und Güter konnten sie zwar erwerben. Damit verbundene ständische Rechte, wie sie der Landadel seit jeher wahrnahm (Patronat, niedere Gerichtsbarkeit, Sitz in Ständekammern), wurden Juden weiterhin verwehrt. Das wurde gleich zu Beginn des Gesetzes in Paragraf 3 klargestellt: „Soweit diese Rechte mit dem Besitze eines Grundstücks verbunden sind, ruhen dieselben, solange das Grundstück von einem Juden besessen wird."

„Einen Teil des Gutes als Weideland benutzt“

Eine Minderheit in der Minderheit: Jüdische Landwirte in Westfalen

Ansicht des Dorfes Pömbsen bei Driburg um 1900. Von den damals rund 500 Einwohnern gehörten 33 zur kleinen jüdischen Gemeinde.

Um die Mitte des 19. Jahrhunderts öffnete sich den Juden in Westfalen der Weg in die rechtliche Gleichstellung. So durften sie sich spätestens seit 1847, wie alle anderen Bürger, flächendeckend in Westfalen frei bewegen und niederlassen, durften Handel, Handwerk und Gewerbe ihrer Wahl treiben sowie Häuser, Höfe und Grundbesitz erwerben oder pachten.

In einigen Teilen Westfalens, etwa in den Territorien des vormaligen „Königreichs Westphalen“ oder des Großherzogtums Berg, war ihnen das bereits seit Napoleons Zeiten erlaubt. Im Sauerland waren entsprechende Verbote nach 1805 gelockert, aber nicht vollständig zurückgenommen worden. Der Flickenteppich der Ausnahmen, Einschränkungen und Verbote wurde erst 1847 flächendeckend in Westfalen beseitigt.

Gut 20 Jahre später, 1869, fielen weitere Hürden, als der Norddeutsche Bund, zu dem auch Preußen und damit Westfalen gehörte, beschloss: „Alle noch bestehenden, aus der Verschiedenheit des religiösen Bekenntnisses hergeleiteten Beschränkungen der bürgerlichen und staatsbürgerlichen Rechte werden hierdurch aufgehoben.“ Das wurde nach der Reichsgründung 1871 für das gesamte Deutsche Reich übernommen.

Vom Land in die Städte

Noch lange blieb Juden der Zugang zu staatlichen Ämtern in Verwaltung, Polizei, Justiz oder Militär sowie im Bildungs- und Hochschulwesen verwehrt. Dennoch hatte sich mit der rechtlichen Gleichstellung für viele Angehörige der jüdischen Minderheit die Möglichkeit eröffnet, vom Land in die Klein- und Mittelstädte, in die entstehenden Industriestädte an der Ruhr und vor allem auch in die Metropolen wie Berlin, Hamburg, Köln oder Frankfurt zu gehen. Hier boten sich ihnen Chancen wirtschaftlichen Erfolgs und sozialen Aufstiegs.

In den ländlichen Teilen Westfalens hingegen schrumpfte die Zahl der Jüdinnen und Juden. Die meisten der ohnehin kleinen Gemeinden wurden kleiner, mancherorts lösten sie sich sogar vollends auf. Gegen Ende des Jahrhunderts lebten schließlich zwei Drittel der jüdischen Minderheit in den großen und mittelgroßen Städten Westfalens wie Bielefeld, Bochum, Dortmund, Gelsenkirchen oder Münster. Nur noch etwa ein Drittel lebte in kleinen Landgemeinden oder Dörfern. Vergleichsweise hoch war ihr Anteil vor allem in einzelnen Landgemeinden Ostwestfalens, etwa im Mindener Land sowie in den Kreisen Höxter und Warburg mit Orten wie Peckelsheim (um 1900: 5,5 %) oder Pömbsen (um 1900: 6,6 %).

Im ländlichen Westfalen lebte die große Mehrzahl der jüdischen Familien auch weiterhin vom Kleinhandwerk sowie vom Handel mit Vieh und Fleisch, mit Getreide, Textilien und Gemischtwaren aller Art. Sie bauten die über Jahrhunderte entstandenen ökonomischen Traditionen weiter aus und reagierten auf die Industrialisierung mit dem Aufbau moderner, leistungsfähiger Vermarktungsstrukturen, etwa im Getreide- oder auch im Viehhandel. Damit schlossen sie

1885 errichtete die jüdische Gemeinde in Pömbsen eine achteckige Synagoge mit etwa 70 Plätzen. Das Gebäude wurde im Novemberpogrom 1938 zerstört.

die Lücke zwischen der lokalen Landwirtschaft und den Schlachthöfen der entstehenden Industriestädte. Auch in der modernen Industriegesellschaft spielten sie also weiterhin eine zentrale Rolle im Austausch agrarischer Produkte. Ihre Bedeutung bei der Versorgung der Städte, aber umgekehrt auch bei der Modernisierung der Landwirtschaft ist kaum zu überschätzen.
Im Laufe des 19. Jahrhunderts, unter dem Vorzeichen der Emanzipations- und Assimilationsbestrebungen, wuchs unter den Juden Westfalens der Anteil selbstständiger Handwerker und Unternehmer, mehr noch der Anteil akademischer Berufe wie etwa Juristen, Ärzte oder Tierärzte – und, damit einhergehend, eine wachsende Zahl wohlhabender Bürgerfamilien, gerade auch im ländlich-kleinstädtischen Milieu. Die Entwicklung spiegelt sich in einigen Zahlen:

- In Preußen lebten um 1900 rund 416 000 Jüdinnen und Juden, davon rund 21 000 in der preußischen Provinz Westfalen. Das entsprach einem Anteil von etwa 1 % der Gesamtbevölkerung in der Provinz.
- Bis 1925 wuchs die Gesamtbevölkerung in Westfalen stark, eine Folge der Industrialisierung an Rhein und Ruhr. Die Größe der jüdischen Minderheit hingegen änderte sich kaum. Ihr Anteil in Westfalen schrumpfte und lag um 1925 nur noch bei etwa 0,5 %.

Von der Gesamtbevölkerung in Westfalen unterschied sich die jüdische Minderheit durch einige wirtschaftliche und soziale Besonderheiten, die letztlich auf jahrhundertelange Einschränkungen und Reglementierungen zurückzuführen sind. So war der Anteil der Selbstständigen unter den Juden um 1900 doppelt so hoch wie in der Gesamtbevölkerung – das war so nicht nur in Westfalen, sondern in allen preußischen Provinzen. Der Anteil der Arbeiter und Angestellten hingegen war niedrig.
Eine weitere Besonderheit: Kaum ein Zehntel (9,5 %) der westfälischen Gesamtbevölkerung verdiente das Einkommen in Gastronomie, Handel und Verkehr – unter den Juden Westfalens hingegen lag dieser Anteil mit 57,2 % ungewöhnlich hoch.

Landwirtschaft als Haupteinkommen

Und schließlich: Westfalen war, trotz der Industrialisierung an Rhein und Ruhr, in weiten Landstrichen nach wie vor agrarisch geprägt. Mehr als ein Fünftel der Gesamtbevölkerung Westfalens (21,7 %) erzielte um 1900 das Einkommen in und mit der Landwirtschaft.
Für die Juden Westfalens hingegen spielten Ackerbau und Viehhaltung – als Haupteinkommen – nur eine geringe Rolle. Gerade einmal 2,7 % aller jüdischen Erwerbstätigen in Westfalen lebten von und in der Landwirtschaft. Ihr Anteil war damit zwar etwa doppelt so hoch wie im gesamtpreußischen Durchschnitt. Doch dort wie hier war und blieb der Anteil jüdischer Landwirte verschwindend gering.
Warum war das so? Lag es, wie die Antisemiten behaupteten, am fehlenden Willen „der Juden" zur vermeintlich echten Handarbeit auf dem Felde und im Stall?

Zunächst einmal: Land zu besitzen, war Juden hierzulande seit Jahrhunderten verwehrt und wurde ihnen erst im 19. Jahrhundert erlaubt, in Teilen Westfalens sogar erst 1847. Tradition in der Landwirtschaft und Erfahrungswissen fehlten ihnen also, das war nicht binnen weniger Jahre aufzubauen. Den allermeisten Juden fehlte überdies das Kapital, um Grund und Boden für einen bäuerlichen Betrieb zu erwerben.

Und schließlich: Für einen Neubeginn ausgerechnet in der Landwirtschaft waren die Zeiten seit dem preußischen Emanzipationsgesetz ungünstig. Schwere Agrarkrisen belasteten vor allem zwischen 1817 und 1847/48 die Bevölkerung gerade im ländlichen Westfalen, verschärften die Massenarmut und lösten flächendeckende Auswanderungswellen nach Amerika aus. Warum sollten sich diesem krisengeschüttelten Wirtschaftszweig, der zum Einstieg nicht gerade einlud, ausgerechnet die Juden zuwenden? „Ihr Instinkt und gesunder Menschenverstand", so hat der Historiker Arthur Prinz geurteilt, „bewahrten sie davor, in einer Zeit, in der die deutsche Landwirtschaft den großen bäuerlichen Nachwuchs nicht auf dem Lande zu halten vermochte, sondern Millionen von Menschen teils durch Auswanderung, teils durch Abwanderung in die Städte verlor, gegen den Strom zu schwimmen."

Hinzu kamen Anfeindungen und Beschränkungen von außen – und das heißt zuallererst: von staatlicher Seite. Vinckes „Judendenkschrift" und die berüchtigte Kabinettsorder von 1836, die im vorangegangenen Kapitel näher erläutert worden sind, wirkten lange nach.

„Und dabey den Ackerbau"

In der Minderheit der Juden Westfalens spielte die Landwirtschaft also nur eine geringe Rolle. Wenn überhaupt, dann wurde in den kleinen, mit wenig Land ausgestatteten Haushalten jüdischer Familien, die in den Dörfern und Kleinstädten Westfalens lebten, allenfalls „nebenbei" Ackerbau und Viehhaltung betrieben. Der Ertrag ging nur selten über den eigenen Bedarf hinaus.

Jüdische Bauern im „Vollerwerb", um diesen modernen Begriff zu verwenden, waren hingegen selten. Sie bildeten eine Minderheit in der Minderheit der westfälischen Juden. Doch entgegen einem weit verbreiteten, auch in der historischen Forschung gängigen Vorurteil gab es im 19. und im ersten Drittel des 20. Jahrhunderts durchaus jüdische Landwirte in Westfalen – und sie waren, so weit erkennbar, mit Erfolg in der „Oeconomie" tätig.

Einige jüdische Landwirte verzeichnet bereits 1820 eine preußische Denkschrift für den Regierungsbezirk Arnsberg. Demnach lebten im südlichen Teil Westfalens 378 000 Einwohner, unter ihnen 3 489 „Israeliten", das entsprach etwa 580 Haushalten. In Brilon und in Oedingen bei Arnsberg lebten zwei jüdische Haushalte ausschließlich „vom Landbau". Zwei weitere jüdische Vollerwerbsbetriebe werden dort für Soest genannt. Doch der Bericht betont, dass die jüdischen Landwirte in der Soester Börde Ausnahmen waren: „Außer den beiden mit Landbau Beschäftigten beschränkt sich das Grundeigenthum der hiesigen Israeliten zum Theil nur auf den Raum, worauf ihre Wohnungen stehen, und die dazu gehörigen Gärten; mehrere wohnen zur Miethe."

Neben den wenigen praktischen Landwirten gab es im südlichen Westfalen auch einige jüdische Hofeigentümer, etwa in Hagen und in Iserlohn. Die Bauernhöfe, die sich in ihrem Eigentum befanden, hatten sie weiterverpachtet.

Deutlich stärker verbreitet war die Landwirtschaft als Zuerwerb. Sie trug einen – nicht genau zu gewichtenden – Teil zum Haushaltseinkommen der jüdischen Kleinhandwerker und Händler bei. Aus dem Amt Bilstein etwa heißt es: „..Von den hier weniger zahlreichen Israeliten treibt nur einer, und zwar in der Stadt Attendorn wohnend, einen bedeutenden Handel in seinem Hause, und dabey den Ackerbau."

Aus Medebach wiederum wird berichtet, einige Juden ließen „so viel Ackerbau für sich treiben, als zu ihrem Haushalt erforderlich ist". Darin dürften sie sich kaum von etlichen kleineren Höfen und Kotten ihrer christlichen Nachbarn unterschieden haben. Auf den Zuerwerb und eine eher karge Landnutzung weist die Notiz für das Wittgensteiner Land hin: „Etwas Ackerbau treiben drei Israeliten, ohne sich aber davon zu ernähren."

Jüdische Landwirte gab es vereinzelt auch im östlichen Westfalen des 19. Jahrhunderts. In Lübbecke im Mindener Land beispielsweise bewirtschaftete die Familie Rosenberg um 1850 ein Hofgut mit 10,6 ha Landbesitz. Über eine ähnliche Flächenausstattung verfügte die jüdische Eigentümerfamilie des Cornberg'schen Hofes, ebenfalls in Lübbecke.

Im Paderborner Land und am Hellweg zeigte sich ein dichteres Bild. Felix Löwenstein in Borgholz (bei Borgentreich, Kreis Höxter) wurde „als einer der ersten Juden in Westfalen Landwirt", so der Befund der Historikerin Margit Naarmann. Nach ihren Recherchen hat Löwenstein in der ersten Hälfte des 19. Jahrhunderts eine ausgedehnte Schafzucht aufgebaut und betrieben.

In Peckelsheim, Kreis Höxter, sind für das 19. Jahrhundert sechs jüdische Landwirte namentlich bekannt. Ihre Betriebe waren zum Teil mehrere 100 Morgen groß und von Ackerbau, Milchviehhaltung und Pferdezucht geprägt, wie der Bericht von 1901 bestätigt.

Siddinghausen: „Obschon er Jude war"

Südlich von Büren, bei Siddinghausen, baute der Kaufmann Heinemann Aronstein ab 1852 ein eigenes Gut auf, dem er den Namen „Edelborn" gab. Damit würdigte er seine Ehefrau Edel Aronstein, geb. Herzsohn, und verwies auf eine Wasserquelle („Born") in der Nähe. Die Landausstattung stammte aus erworbenem Besitz und Zuteilungen nach der Markenteilung.

In einer Ortschronik war später über den Gutsgründer zu lesen: „Aronstein soll, obschon er Jude war, ein sehr tüch-

„SEHR ROUTINIERTE JÜDISCHE LANDWIRTHE“

Im Juli 1901 veröffentlichte die „Allgemeine Zeitung des Judenthums“ eine Zuschrift aus Dortmund. Verfasst hatte sie der Lehrer Emanuel Goldschmidt (geb. 1867 in Sterbfritz/Sinntal – gestorben am 2. Juni 1943 im KZ Theresienstadt). Darin schildert er zunächst seine Kindheit in einem Dorf im ländlichen Hessen, südlich von Fulda, in dem alle jüdischen Einwohner Landwirtschaft betrieben hätten und er selbst viele Tätigkeiten „in Garten, Wiese, Hof und Feld“ ausgeübt habe. Goldschmidt fährt fort:

„In der Paderborner Gegend, in der ich bis vor einem Jahre lebte, habe ich sehr viele und darunter sehr routinierte jüdische Landwirthe angetroffen, die oft die besten Ernten erzielen. Ihre Produkte verwerthen sie in Molkereien, Zuckerfabriken und ähnlichen Einrichtungen.

Dabei betreiben die Einen Pferdezucht – und ich kenne jüdische Landwirthe (die Herren Gebrüder Heineberg-Brakel), denen bisher fast auf jedem landwirtschaftlichen Fest, das sie beschickten, ein Preis oder eine Auszeichnung auf diesem Gebiete zuerkannt wurde – die Andern betreiben Vieh- oder Schaf-, auch Geflügelzucht, ja selbst an der Schweinemast betheiligten sich unsere Glaubensgenossen, wie sie sich denn überhaupt als Landwirthe fühlen und sich als solche an jeder berechtigten Bewegung, die die Verbesserung ihrer Lage bezweckt, betheiligen. Wenn ich nicht falsch unterrichtet bin, so war sogar ein jüdischer Oekonom (der vor einigen Jahren in Minden verstorbene Herr Lilienthal aus Steinheim) der Mitbegründer des jetzt noch existierenden Landwirthschaftlichen Kreisvereins Höxter, dessen Vorstand derselbe Jahrzehnte lang angehörte. Des Weiteren sei noch erwähnt, dass das Rauschoff'sche Gut in Peckelsheim weit und breit als eine Musterwirtschaft bekannt ist. In dem genannten westfälischen Städtchen besitzt noch ein anderer Glaubensgenosse, Herr Max Weinberg, ein sehr schönes Bauerngut, und vom frühen Morgen bis zum späten Abend kann man den fleißigen Landwirt selbsthätig bei seinen Arbeitern im Felde treffen.

Zwei andere Glaubensgenossen daselbst, die Herren Gebrüder A und J. Heineberg, haben ein größeres, mehrere hundert Morgen umfassendes Stück wüsten Landes vor Jahren von der Kommune Peckelsheim gepachtet und den sterilen Boden im Schweiße ihres Angesichts unter Aufwendung ungeheurer Mühe und Opfer urbar gemacht. Das Areal, dessen Werth sich durch die Kultur mehr wie verdoppelt hat, wird demnächst nach Ablauf der Pachtzeit wieder in den Besitz der Stadt zurückgehen. Ob wohl die Agrarierzeitung von solchen Thatsachen auch Notiz nehmen wird?“

65. Jahrgang. Nr. 31. **Allgemeine Zeitung des Judenthums.** Berlin, 2. August 1901.

Ein unparteiisches Organ für alles jüdische Interesse.

Begründet von Rabbiner Dr. Ludwig Philippson-Bonn.

Verlags-Expedition: Berlin, Jerusalemerstr. 48/49.

Diese Zeitung erscheint wöchentlich. Abonnements-Preis Durch Buchhandel, Post oder direkt von der Expedition in Berlin unter Streifband bezogen vierteljährl. 3 M. Redacteur: Gustav Karpeles.

Alle Zusendungen für Redaktion und Expedition sind an die Adresse Verlag der „Allgem. Zeitung des Judenthums“, Berlin SW., Jerusalemer Straße 48/49 zu richten. Verlag von Rudolf Mosse, Berlin.

Annoncen pro Zeile 30 Pf. Alleinige Annahme bei Rudolf Mosse, Annoncen-Expedition Berlin, Breslau, Cöln a. Rh., Dresden, Frankfurt a. M., Halle a. S., Hamburg, Hannover, Leipzig, Magdeburg, Mannheim, München, Nürnberg, Prag, Stuttgart, Wien, Zürich

„Erste internationale **Kantoren-Schule** zu Berlin“. Begründet 1894. Seit 1901 bedeutend vergrössert.

Kantoren-Seminar mit Konservatorium für Musik. Direktion: Kantor Alexander Frommermann. Berlin C., Auguststr. 46.

Das Institut erstrebt nebst dem praktischen, auch das ideale Ziel, den gesammten Kantorenstand auf die ihm gebührende Stufe zu bringen! (Prospekt, Abs. 1). Die Schüler — Herren aller Länder — werden durch ein geregeltes gründliches Studium nach jeder Richtung hin derart aufs Vollkommenste ausgebildet, dass auch sie, als zukünftige Kantoren, in den Stand gesetzt werden, vor einer Prüfungskommission, bestehend aus mehreren Rabbinern, Kantoren, Musikern, dem gesammten Lehrerkollegium und geladenen Sachverständigen, ein ehrenvolles, öffentliches Examen absolviren zu können. — Die Reife- und Abgangszeugnisse werden laut Begutachtung der Prüfungskommission ausgestellt, Fleiss und Leistungen durch Ehrenpreise ausgezeichnet und dies sodann in der gesammten jüd. Presse veröffentlicht. Bestbewährte Lehrkräfte! Methode leichtfasslich! Honorar mässig! Lehrfächer: 1. Hebräisch: Lesen, Grammatik, Uebersetzen, sowie קריאת התורה, מגלת אסתר, איכה, דיני תפלה ודיני ברכות etc. 2. Musik: Stimmbildung, vom Blatt lesen, Theorie, Klavier, Chorleitung, Recitiren u. Vortrag. 3. Ausbildung als מוהל und שוחט. 4. Vorlesungen über Jüdische Geschichte, Musikgeschichte, Liturgie, Homiletik etc. Beginn des Wintersemesters 8 Tage nach dem Laubhüttenfeste. Aufnahmen, auch für Ferienkurse und Einzelunterricht, sowie zur Ausbildung auch nur für ראש השנה ,יום כפור finden zu jeder Zeit statt. — Schriftliche und mündliche Auskünfte werden auf Wunsch zu jeder Zeit gern ertheilt. Sprechst. 11—1 Uhr Vormittag. Die Direktion.

!!! An die Gemeinden !!!

Diejenigen verehrlichen Gemeinden, die für die kommenden hohen Festtage Kantoren (Vorbeter) benöthigen, werden hierdurch ergebenst aufmerksam gemacht, dass eine Anzahl vorzüglicher Schüler der „Ersten Internationalen Kantoren-Schule zu Berlin“ (s. obenstehendes Inserat) zu diesem Zwecke zur gefl. Verfügung stehen. — Auf Wunsch werden dieselben auch entsprechend der in den betreffenden Gemeinden sonst üblichen Gesänge gerne herangebildet.

Die verehrten Gemeinden werden somit in ihrem eignen Interesse höfl. gebeten, diesbezügliche Meldungen, worin, wenn möglich, die Funktion, die Art der Gesänge, ob Chor ob Orgel, und endlich die Höhe des Honorars genau ersehen werden kann, möglichst rechtzeitig ergehen lassen zu wollen. Die Direktion. Berlin C., Auguststr. 46.

Wochen-Kalender.

Magine Reim (Verein zu gegenseitiger Hülfe.)

Der Vorstand hat sich in folgender Weise konstituirt:
1. Moritz Manheimer, Vorsitzender,
2. Hermann Landsberger, stellvertretender Vorsitzender,
3. Synd. Dr. Minden, Schriftführer und Archivar,
4. Emil Pincus, Schatzmeister,
5. Louis Aaron,
6. Louis M. Bamberger, Pflegeväter,
7. Kommerzienrath Emil Jacob, Kontrolleur,
8. Stadtverordneter Hermann Bamberg, Schatzmeister der Wittwenkasse,
9. Geh. Sanitätsrath Dr. Jul. Blumenthal, zu 8 u. 9 Beisitzer und Deputirter der Wittwen- und Waisenkasse.

Jüdische Reform-Gemeinde. Sonntag, den 4. August, Vorm. 10 Uhr Gottesdienst. Predigt Herr Dr. Jelski.

Jüdische Gemeinde.

Hebräische Buchhandlung **JAKOB B. BRANDEIS** Breslau, Carlsstr. 30

Gebe- und Andachtsbücher · Machsorim · Talesim in Wolle und Seide · Silbertressen.

SACHS, MAYER & Co Leinen-Tischzeug- und Wäschelager. Anfertigung completer Ausstattungen in jeder Preislage. Leipzigerstrasse 114

Titelseite der „Allgemeinen Zeitung des Judenthums“ von 1901.

Eine der wenigen historischen Aufnahmen des Gutes Edelborn bei Büren – die Fotografie entstand um 1940.

tiger Landwirt gewesen sein, und kam daher bald zu guten Verhältnissen."

Obschon er Jude war: In dieser zeitgenössischen Notiz schwingt ein Hauch von Bewunderung, vor allem aber das tiefsitzende antijüdische Ressentiment sowie das Misstrauen gegenüber dem Kaufmann mit, der sich eben auch als Landwirt betätigte – und das mit Erfolg: Nach und nach erwarb Aronstein weitere Acker- und Waldflächen, sodass das Gut bei seinem Tod 1878 rund 100 ha Land umfasste.

Nach dem Tod des Vaters übernahm sein Sohn Hermann Aronstein das Gut, das er mit seiner Frau Julia, geb. Heimann, von Büren aus bewirtschaftete. In einer Ortschronik aus den 1990er-Jahren heißt es über ihn: „Er führte das Leben eines Gutsbesitzers und Landwirts, blieb aber in Büren wohnhaft, wo er Stadtrat und Vorsteher der Judengemeinde war. Täglich fuhr er mit seinem Gig, einem einspännigen Kutschwagen, nach Edelborn. Er hieß bei den Bürenern mit Spitznamen ‚Donnerwetter', weil er diesen Kraftausdruck oft gebrauchte."

Da nach seinem Tod 1909 keines seiner fünf Kinder dieses Erbe anzutreten bereit war, wurde Gut Edelborn parzelliert und an bäuerliche Nachbarn verkauft. Ein Restgut mit den Wohn- und Wirtschaftsgebäuden blieb erhalten.

Geseke: „Hat den Acker selbst bestellt"

Auf dem jüdischen Friedhof der Hellwegstadt Geseke erinnert ein Grabstein an den Landwirt Hermann Rosenthal,

Grabstein des Landwirts Hermann Rosenthal (1854–1895) auf dem jüdischen Friedhof in Geseke.

Die Rückseite des Grabsteins: Die hebräische Inschrift unter dem steinernen Symbol der segnenden Hände lautet übersetzt: „Hier ist begraben jung an Tagen und lauteren Weges der Kohen Zwi, Sohn des Menachem, gestorben 29. Tischri 656 der kleinen Zählung. Seine Seele sei eingebunden in das Bündel des Lebens."

Gut Baum in Ergste: Ein Backsteinbau im Villenstil diente seit 1882 als Wohnhaus. Er wurde Ende der 1960er-Jahre abgerissen.

geboren am 12. März 1854, gestorben am 17. Oktober 1895. Eine Chronik der Familie teilt mit, Hermann sei „der einzige jüdische Landwirt in Geseke" gewesen.

Sein Vater Emanuel Rosenthal war Getreidehändler, bewohnte mit seiner Familie in Geseke ein Haus am Hellweg und hatte laut Chronik „zahlreiche Aecker und Gärten" erworben. Im Zuge eines Flurbereinigungsverfahrens, damals Separation genannt, wurden diese Flächen ab etwa 1870 zusammengelegt. Der entstandene Hof sei von Emanuel Rosenthal „fleißig bewirtschaftet" worden, heißt es in der Chronik. Und weiter: „Emanuel erfreute sich zeitlebens des allerbesten Rufes, wie noch im Jahre 1933 von dem Ortsältesten, dem 90-jährigen Landwirt Josef Lappe zu Geseke, Viehstraße, bestätigt wurde."

Emanuel Rosenthal starb 1879, seine Ehefrau zwei Jahre später. Die Söhne Karl und Hermann traten das Erbe an. Während sich Karl auf den Getreidehandel konzentrierte, kümmerte sich Hermann um die Landwirtschaft, die er durch Landkäufe erweiterte. In der Chronik der Familie heißt es über ihn: „Nach Auskunft des bereits vorerwähnten Ortsältesten Lappe sowie auch des Landwirts Lappe jun. hat Hermann, der der einzige jüdische Landwirt in Geseke gewesen sei, seinen Acker selbst bestellt und seinen umfangreichen Besitz mit seinen Knechten tadellos in Ordnung gehalten. Hermann sei sehr geachtet und beliebt und auch Vorstandsmitglied des Landwirtschaftlichen Ortsvereins gewesen. Für ein ihm, Lappe, gewährtes Darlehn habe er keine Zinsen genommen."

Gut Baum in Ergste an der Ruhr

Auch an der Ruhr, in Ergste bei Schwerte, befand sich ein Gut im Eigentum eines jüdischen Landwirts. Er hieß Philipp Baum, stammte aus Huckarde und hatte sich lange im Viehhandel betätigt. 1902 erwarben er und seine Frau Martha, geb. Herz, die Hofstelle. Aus dem Gut Beckhausen, wie sie bis dahin hieß, wurde „Gut Baum". Fast drei Jahrzehnte lebten die Eheleute Baum dort, ehe sie es im Februar 1930, ein Jahr vor Philipp Baums Tod, aus Altersgründen verpachteten. Zu diesem Zeitpunkt gehörten zur Gutswirtschaft 111 ha Land, davon 22 ha Wald und 25 ha Ackerland, der Rest diente als Grünland. In den Ställen standen acht Pferde, 45 Stück Rindvieh, davon 26 Milchkühe, sowie auch 19 Schweine. Mit diesen Betriebsdaten zählte „Gut Baum" zu den größten im damaligen Landkreis Iserlohn.

Hugo Sternberg, der als Viehhändler in Schwerte lebte und wie die Eheleute Baum zur jüdischen Gemeinde gehörte, erinnerte sich später: „Herr Baum hatte eine große Viehzucht und einen ausgedehnten Viehhandel und hat deshalb einen erheblichen Teil des Gutes als Weideland benutzt. Daneben wurden jedoch Getreide, Kartoffeln, Hackfrüchte, Futter etc. angebaut. Das gesamte Gut bestand aus gutem, fruchtbarem Boden, der sowohl als Ackerland als auch als Weideland geeignet war. Herr Baum hatte auch eine umfangreiche Milchwirtschaft auf dem Gut betrieben. Es wurde außerdem stets eine Anzahl von schweren Ackerpferden auf dem Gut zur Bebauung des Bodens gehalten. Das Gut hatte alle zu einem Gutshof gehörigen Baulichkeiten, nämlich ein großes Wohnhaus, Stallungen, Scheune und Nebengebäude."

In die Reihe jüdischer Landwirte und Gutsbesitzer in Westfalen gehören auch der bekennende „Oekonom" Levi Lilienthal aus Steinheim und die Familie Marks-Loeb auf Gut Caldenhof bei Hamm. Ihnen sind auf den folgenden Seiten zwei eigenständige Kapitel gewidmet. Denn Lilienthal hat einen besonderen, wenig bekannten Beitrag zur agrarischen Entwicklung Westfalens geleistet. In der Kaufmanns- und Gutsfamilie Marks-Loeb hingegen zeigt sich wie in einem Brennglas der Weg der jüdischen Minderheit Westfalens im 19. und 20. Jahrhundert: Der Aufstieg durch rechtliche Gleichstellung und wirtschaftlichen Erfolg, der ein wegweisendes soziales und kulturelles Engagement ermöglichte, nämlich die Gründung der westfalenweit wirkenden Marks-Haindorf-Stiftung. All das aber konnte weder die Bruchlinien sozialer Anerkennung ausgleichen noch die Ausgrenzung und brutale Verfolgung verhindern.

„Auf möglichst praktische Weise zugewendet“

Der Kaufmann und Landwirt Levi Lilienthal (1810–1880) und die Gründung des Landwirtschaftlichen Kreisvereins Höxter

„Für den Kreis Höxter hat sich ein landwirtschaftlicher Kreis-Verein gebildet.“ Diese Worte eröffnen die Gründungssatzung des Landwirtschaftlichen Kreisvereins Höxter, der anfangs „Kultur- und Gewerbe-Verein“ hieß und vom preußischen Oberpräsidenten Ludwig von Vincke 1837 genehmigt wurde. Zweck des Vereins, so hieß es in der Satzung, sei die „Beförderung der Sittlichkeit, Verbesserung und größere Vervollkommnung der Kultur und Industrie und dadurch bedingte Vermehrung des Wohlstandes der Landbewohner des Kreises“.

Die Honoratioren vom Land

Gründungsmitglieder waren – wie überall in Westfalen jener Jahre – einflussreiche, zumeist adlige Männer, die große Güter besaßen: von Metternich, von Bömelburg, von Haxthausen oder von Bocholtz-Asseburg, um einige Beteiligte zu nennen. Hinzu kamen Bürgermeister und Amtsräte. In der Liste der Gründer findet sich auch der Name Levi Lilienthal. Er war Kaufmann, Landwirt und Mitglied der jüdischen Gemeinde in Steinheim, einer Landstadt mit damals rund 2000 Einwohnern.

Lilienthal, geboren am 3. September 1810 in Steinheim, war der Sohn des dortigen Kaufmanns Lippmann Lilienthal und dessen Ehefrau Johanna Katzenstein. Der junge Levi erlebte mit, wie sein Vater in den 1820er- und 1830er-Jahren gemeinsam mit anderen Bauern des Ortes Grundstücke kaufte oder pachtete. 1839 erwarb sein Vater den Paradieshof in Steinheim. Diesen großbäuerlich wirkenden Landsitz hatte der Paderborner Fürstbischof mehr als 100 Jahre zuvor als Amtshof für seinen Rentmeister errichtet. Zum Hof gehörten ein Wohnhaus, eine Branntweinbrennerei, eine Scheune sowie 21 ha Ackerland, Wiesen und Weiden. Lippmann Lilienthal bewirtschaftete mit einem Knecht den landwirtschaftlichen Betrieb, blieb aber weiterhin auch als Kaufmann tätig.

1844 übernahm sein Sohn Levi Lilienthal das Erbe und erwarb weitere 9 ha hinzu. Doch der Sohn muss zuvor schon landwirtschaftlich

Der Paradieshof in Steinheim, Kreis Höxter, wurde von der Familie Lilienthal bewirtschaftet. Das Foto zeigt eine Ansicht des 1729 erbauten Haupthauses.

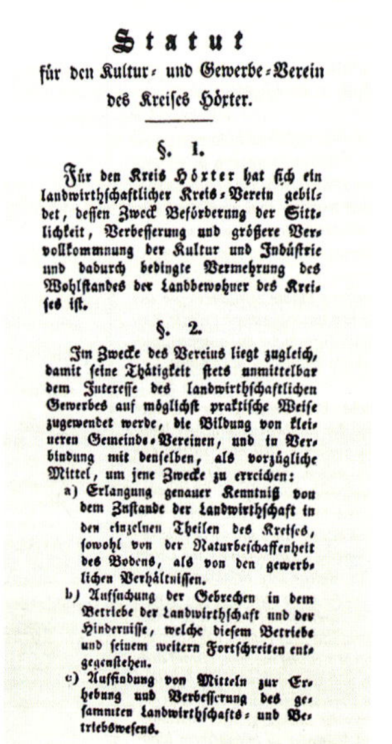

Statut
für den Kultur- und Gewerbe-Verein
des Kreises Höxter.

§. 1.

Für den Kreis Höxter hat sich ein landwirthschaftlicher Kreis-Verein gebildet, dessen Zweck Beförderung der Sittlichkeit, Verbesserung und größere Vervollkommnung der Kultur und Indüstrie und dadurch bedingte Vermehrung des Wohlstandes der Landbewohner des Kreises ist.

§. 2.

Im Zwecke des Vereins liegt zugleich, damit seine Thätigkeit stets unmittelbar dem Interesse des landwirthschaftlichen Gewerbes auf möglichst praktische Weise zugewendet werde, die Bildung von kleineren Gemeinde-Vereinen, und in Verbindung mit denselben, als vorzügliche Mittel, um jene Zwecke zu erreichen:

a) Erlangung genauer Kenntniß von dem Zustande der Landwirthschaft in den einzelnen Theilen des Kreises, sowohl von der Naturbeschaffenheit des Bodens, als von den gewerblichen Verhältnissen.

b) Aufsuchung der Gebrechen in dem Betriebe der Landwirthschaft und der Hindernisse, welche diesem Betriebe und seinem weitern Fortschreiten entgegenstehen.

c) Auffindung von Mitteln zur Erhebung und Verbesserung des gesammten Landwirthschafts- und Betriebswesens.

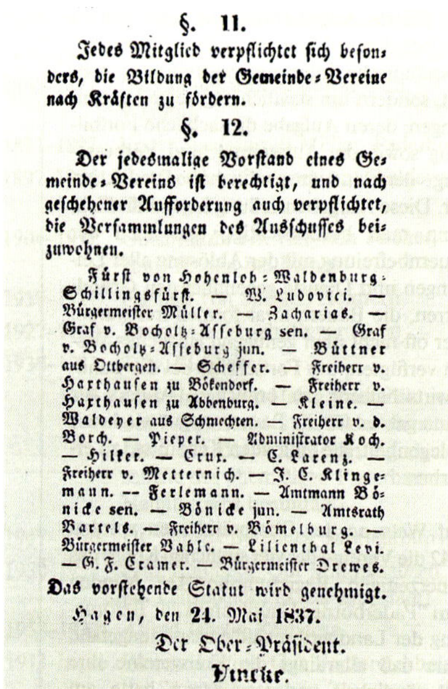

§. 11.

Jedes Mitglied verpflichtet sich besonders, die Bildung der Gemeinde-Vereine nach Kräften zu fördern.

§. 12.

Der jedesmalige Vorstand eines Gemeinde-Vereins ist berechtigt, und nach geschehener Aufforderung auch verpflichtet, die Versammlungen des Ausschusses beizuwohnen.

Fürst von Hohenloh-Waldenburg-Schillingsfürst. — W. Ludovici. — Bürgermeister Müller. — Zacharias. — Graf v. Bocholtz-Asseburg sen. — Graf v. Bocholtz-Asseburg jun. — Büttner aus Ottbergen. — Scheffer. — Freiherr v. Haxthausen zu Bökendorf. — Freiherr v. Haxthausen zu Abbenburg. — Kleine. — Waldeyer aus Schmechten. — Freiherr v. d. Borch. — Pieper. — Administrator Koch. — Hilker. — Crux. — C. Larenz. — Freiherr v. Metternich. — J. C. Klingemann. — Ferlemann. — Amtmann Bönicke sen. — Bönicke jun. — Amtsrath Bartels. — Freiherr v. Bömelburg. — Bürgermeister Wahle. — Lilienthal Levi. — G. F. Cramer. — Bürgermeister Drewes.

Das vorstehende Statut wird genehmigt.

Hagen, den 24. Mai 1837.

Der Ober-Präsident.
Vincke.

Die Satzung des Landwirtschaftlichen Kreisvereins Höxter von 1838 – Titelseite und Ausschnitt mit den Namen der Gründungsmitglieder

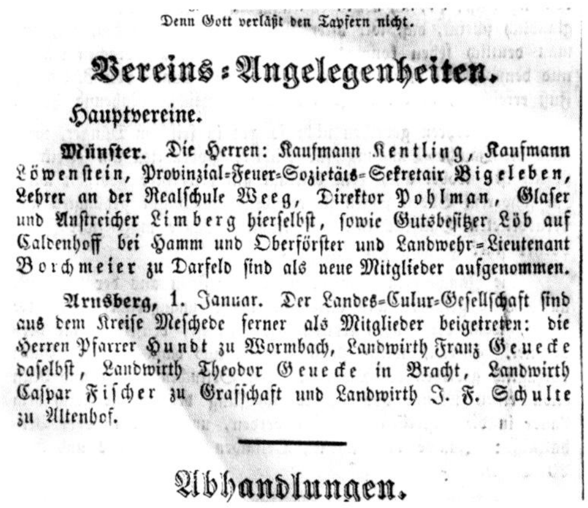

Denn Gott verläßt den Tapfern nicht.

Vereins-Angelegenheiten.

Hauptvereine.

Münster. Die Herren: Kaufmann Kentling, Kaufmann Löwenstein, Provinzial-Feuer-Sozietäts-Sekretair Bigeleben, Lehrer an der Realschule Weeg, Direktor Pohlman, Glaser und Anstreicher Limberg hierselbst, sowie Gutsbesitzer Löb auf Caldenhoff bei Hamm und Oberförster und Landwehr-Lieutenant Borchmeier zu Darfeld sind als neue Mitglieder aufgenommen.

Arnsberg, 1. Januar. Der Landes-Cultur-Gesellschaft sind aus dem Kreise Meschede ferner als Mitglieder beigetreten: die Herren Pfarrer Hundt zu Wormbach, Landwirth Franz Geuecke daselbst, Landwirth Theodor Geuecke in Bracht, Landwirth Caspar Fischer zu Grafschaft und Landwirth J. F. Schulte zu Altenhof.

Abhandlungen.

Jacob Loeb, Eigentümer des Ritterguts Caldenhof bei Hamm, und Marcus Löwenstein, Kaufmann in Münster, werden auf der Titelseite der „Landwirtschaftlichen Zeitung für Westfalen und Lippe" 1855 als neue Mitglieder des Landwirtschaftlichen Hauptvereins Münster genannt.

aktiv gewesen sein. Anders ist seine prominente Rolle bei der Gründung des Kreisvereins kaum zu erklären. Jahrzehntelang, so hat später ein Augenzeuge berichtet (siehe Seite 37), soll Lilienthal dem Vorstand angehört haben. In dieser Position dürfte er die Arbeit des Kreisvereins maßgeblich mitgestaltet haben. Darauf deutet unter anderem sein Einsatz für die damals aufkommenden landwirtschaftlichen Versicherungen hin. Im Juli 1846 weist das „Fürstlich Lippische Regierungs- und Anzeige-Blatt" auf die Versicherung für Pferde und Rinder hin, die kurz zuvor in Homburg vor der Höhe gegründet worden ist. In der Liste der Vertreter findet sich, neben zwei Landwirten und zwei Tierärzten aus Lippe, auch „Herr Oekonom Lilienthal in Steinheim".

Gegen Feuer und Hagel versichern?

1853 eröffnete Lilienthal eine Vertretung der „Berliner Feuer-Versicherungs-Anstalt", kurz darauf eine Vertretung der „Kölnischen Hagelversicherungs-Gesellschaft". Für heutige Ohren mag das kaum aufregend klingen, schließlich ist in jeder kleineren Stadt auf dem Land ein Versicherungsbüro zu finden. Damals aber war schon das Prinzip einer Versicherung nahezu unbekannt. Gegen schwere Tierkrankheiten war kaum ein Kraut gewachsen, gegen Blitzschlag und Hagelschäden zündete man Kerzen an und sprach Gebete. Die moderne Idee, sich gegen diese Risiken zu versichern, musste erst mühselig vermittelt und erlernt werden.

Zu den frühen Vermittlern auf dem Land gehörte Lilienthal. Damit betätigte er sich ganz im Sinne des jungen Kreisvereins. Dessen Gründer hatten sich vorgenommen, „stets unmittelbar dem Interesse des landwirtschaftlichen Gewerbes auf möglichst praktische Weise zugewendet" zu sein und nach Mitteln „zur Erhebung und Verbesserung des gesamten Landwirtschafts- und Betriebswesens" zu suchen, wie es in Paragraf 2 der von Lilienthal unterzeichneten und vermutlich auch mitverfassten Satzung hieß.

Lilienthal war zweimal verheiratet. Aus der ersten Ehe mit der aus Steinheim gebürtigen Bertha Weiler ging 1845 der Sohn Albert hervor. Nach ihrem Tod heiratete Lilienthal die aus Rheda stammende Philippine Rosenberg. 1855 wurde aus dieser Ehe die Tochter Franziska geboren.

Sechs Jahre später gab Lilienthal die Landwirtschaft auf. Die Gründe sind unbekannt. Die Hofstelle verkaufte er an eine Bauernfamilie, die Ländereien an einen Gutspächter. Die Eheleute verzogen nach Minden. Dort starb Philippine Lilienthal am 8. Dezember 1875, Levi Lilienthal gut zehn Jahre später am 28. August 1886.

Zeitlebens hat er sich offenbar weniger als Kaufmann, sondern zuallererst als Landwirt gesehen. Das geht noch aus den Mindener Meldeunterlagen hervor. In ihnen hatte er, etwa für die „Volkszählung vom 1. Dezember 1880", sich ausdrücklich als „Oekonom" eintragen lassen. Es war die damals übliche und durchaus mit Renommee verbundene Berufsbezeichnung eines Landwirts.

LILIENTHAL WAR NICHT ALLEIN

Die Landwirtschaftlichen Vereine, die in den 1830er-Jahren in Westfalen entstanden, sind nicht mit den späteren agrarischen Interessenverbänden wie dem Westfälischen Bauernverein oder dem Westfälischen Landbund zu verwechseln. Die Vereine waren vielmehr halbstaatliche, von der preußischen Agrarverwaltung ins Leben gerufene und finanziell unterstützte Organe. Sie widmeten sich vor allem der landwirtschaftlichen Ausbildung und Förderung, etwa durch Prämierungen, Mustervorführungen oder Fachausstellungen. Die Kreisvereine schlossen sich unter dem Dach regionaler Hauptvereine zusammen, die später unter einen westfalenweiten Hauptverein zusammenfanden und 1899 schließlich zur Gründung der Landwirtschaftskammer führten.

Mitglieder in den halbstaatlichen Vereinen waren Landwirte und Gutsbesitzer, aber ebenso auch Bürgermeister, Rechtsanwälte, Unternehmer, Handwerker und Kaufleute. Von Beginn an standen die landwirtschaftlichen Vereine auch jüdischen Mitgliedern offen:

- Nathan Spanjer-Herford (1775–1868) aus Detmold war im Vorstand des 1844 gegründeten Landwirtschaftlichen Hauptvereins des Fürstentums Lippe aktiv.
- Isaak Fritzler, Kaufmann in Hüsten, gehörte seit 1855 dem Hauptverein für das Sauerland, der Arnsberger „Landes-Kultur-Gesellschaft", an.
- Marcus Löwenstein (1802–1880), Kaufmann in Münster, und Jacob Loeb (1810–1891), Gutsbesitzer des Hauses Caldenhof bei Hamm, waren seit 1855 Mitglieder im Landwirtschaftlichen Hauptverein Münster.

„Zur Betreibung nützlicher Handwerke aufmuntern“

Die Marks-Haindorf-Stiftung in Münster und die Familie Marks-Loeb auf Gut Caldenhof bei Hamm

Seit Beginn des 19. Jahrhunderts kam es in Deutschland zu einer Gründungswelle jüdischer Vereine und Initiativen, die sich der Vermittlung handwerklichen und landwirtschaftlichen Fachwissens verschrieben. Diese Initiativen waren Teil einer Reformbewegung und griffen die Impulse der Aufklärung und der rechtlichen Gleichstellung auf. Sie kümmerten sich vor allem darum, das arg vernachlässigte jüdische Schulwesen zu reorganisieren. Gleichzeitig stellten sie sich dem weit verbreiteten Vorurteil entgegen, dass Juden angeblich nur als Kaufleute, Pfandleiher und Händler tätig seien. „Berufsumschichtung“ wurde zu einem Schlagwort – und zu einem Auftrag.

Die Ausbildung zum Handwerk und zur Landwirtschaft fand sich auffallend häufig schon im Namenstitel dieser Schulgründungen. Bereits 1802 hatte sich in Kassel, der Hauptstadt des napoleonischen Königreiches Westphalen, die „Gesellschaft für Humanität zur Förderung von Ackerbau und Handwerk“ gegründet. Ein Jahrzehnt später, 1812, folgte in Berlin die „Gesellschaft zur Verbreitung der Handwerke und des Ackerbaues unter den Juden im preußischen Staate“.

Vor allem diese Berliner Gründung wirkte tief ins Land. Im folgenden halben Jahrhundert entstanden in nahezu allen Territorien Deutschlands weitere 50 Schulen oder schulähnliche Einrichtungen mit ähnlicher Zielsetzung. Sie wurden getragen von Vereinen oder Stiftungen mit Titeln wie

- „Verein zur Beförderung des Ackerbaues“ (Baden 1821),
- „Verein zur Beförderung von Ackerbau, Handwerken, Kunst und Wissenschaften unter den Juden“ (Anhalt-Bernburg 1831),
- „Verein zur Beförderung von Handwerken unter den Juden der Synagogen-Gemeinde und des Landrabbinats“ (Hildesheim 1838) oder auch
- „Jakob von Hirsch'sche Stiftung für Aufmunterung der Israeliten zum Betriebe der Landwirtschaft“ (Würzburg 1840).

Alexander Haindorf mit seinen Enkelkindern Robert und Agnes. Das Gemälde von Caspar Görke entstand 1854.

In Westfalen gab es mehrere solcher Initiativen. 1814 ist eine solche Gründung für Beverungen, zehn Jahre später eine weitere für Minden bezeugt, wo sich ein „Verein zur Beförderung von Handwerken unter den Israeliten“ konstituierte. Ein Verein ähnlichen Titels gründete sich in Detmold 1841 für das Fürstentum Lippe.

Erfolgreiche Schulgründung in Westfalen

Viele dieser Initiativen waren nur von kurzer Dauer. Mehr als ein Jahrhundert hingegen existierte die mit Abstand erfolgreichste Schulgründung dieser Art, die 1825 in der westfälischen Provinzhauptstadt Münster entstand. Sie war geprägt vom tatkräftigen Engagement ihres Gründers Alexander Haindorf (1784–1862). Sein Schulverein hätte allerdings kaum so erfolgreich agieren können ohne die Unterstützung seines Schwiegervaters, des Kaufmanns und Gutsbesitzers Elias Marks (1765–1854), und dessen Erben. Die Marks'sche Gutswirtschaft bei Hamm sowie ein breiter Güter- und Landbesitz zwischen Hamm und Welver blieben auf das Engste mit den Geschicken der Schule verbunden, die für mehr als ein Jahrhundert weit über die Provinz hinaus ihre Wirkung entfaltete.

Ihr Gründer, der jüdische Schriftsteller, Mediziner und Pädagoge Alexander Haindorf, stammte aus dem kleinen Dorf Lenhausen bei Finnentrop im Sauerland. Nach dem frühen Tod seiner Eltern wuchs er in der Familie seiner Mutter in Hamm auf. Sein Onkel, der liberale Hammer Rabbiner Anschel Hertz, sorgte dafür, dass Alexander Haindorf – als erster jüdischer Schüler in der Stadt – das Gymnasium besuchen konnte.

Danach wandte sich Haindorf dem Studium der Geisteswissenschaften und der Medizin zu. Früh beschäftigte er sich mit psychologischen Grundfragen. So schrieb er seine Habilitationsschrift über die „Pathologie und Therapie der Gemüts- und Geisteskrankheiten".

Eine Universitätsprofessur blieb ihm aufgrund seines jüdischen Glaubens verwehrt. Haindorf wurde Lazarettarzt in preußischen Diensten, arbeitete zeitweilig an der Universität zu Münster und praktizierte als Nervenarzt in westfälischen Adelsfamilien.

Haindorfs dreifacher Plan

Bildung und praktisches, handwerkliches Wissen waren für Haindorf der Schlüssel zur gesellschaftlichen Anerkennung der jüdischen Minderheit, zu ihrer „Amalgamierung und Veredlung", wie er einmal schrieb. Es galt vor allem, das Bildungswesen zu stärken und das weitgehend daniederliegende jüdische Schulwesen zu reformieren.

1825 wandte sich Haindorf an die preußische Regierung in Münster. Er bat um Genehmigung für seinen Plan, Jugendliche „zur Erlernung und Betreibung nützlicher Handwerke aufzumuntern". Zu diesem Zweck beabsichtige er, einen Verein zu gründen – den „Verein zur Beförderung von Handwerkern unter den Juden und zur Errichtung einer Schulanstalt, worin sowohl arme und verwaisete Kinder unentgeltlich unterrichtet als auch künftige brauchbare Schullehrer, unter Anleitung eines zuvor in einem Seminarium auszubildenden Lehrers vorbereitet werden sollen".

Haindorfs Plan war also ein dreifacher: Er wollte jüdische Jugendliche zu Handwerkern ausbilden, eine Elementarschule für Kinder eröffnen und eine Art Lehrerseminar einrichten.

Schon seine Elementarschule überwand viele unsichtbare Grenzen. So wurden dort Mädchen und Jungen koedukativ unterrichtet, unabhängig auch von ihrer sozialen Herkunft und von ihrer Religion. 1836 besuchten 61 evangelische, 25 katholische und 23 jüdische Kinder die Schule des Haindorf'schen Vereins. Diese überkonfessionelle Ausrichtung wies weit in die Zukunft, wurde aber 1839 schlagartig durch die preußische Regierung untersagt. Fortan war die Schule auf jüdische Kinder begrenzt.

Auf dem Lehrplan standen vor allem die „Realien", wie man damals sagte, also die für die Berufspraxis so wichtigen Fächer wie Deutsch, Mathematik, Landeskunde, Geschichte, Naturlehre und Französisch sowie vor allem handwerkliche Fertigkeiten. Bis 1836 hatten bereits 105 „Zöglinge" eine Lehre absolviert: als Klempner, Tischler, Anstreicher, Schlosser, Schuhmacher, Sattler, Drechsler, Schneider oder Uhrmacher, wie aus den frühen Jahresberichten hervorgeht.

Landwirtschaftliche Themen standen, anders als bei den anderen eingangs erwähnten Schulgründungen,

Der Grabstein des Kaufmanns und Gutsbesitzers Elias Marks auf dem Ostenfriedhof in Hamm

Jakob Loeb (hinten, Mitte) und Sophie Loeb, geb. Marks (vordere Reihe, mit Haube), im Kreis ihrer Kinder

im Haindorf'schen Verein nicht auf dem Schulplan. Das hätte beim Blick auf das agrarisch geprägte Umland der Stadt Münster, aber auch beim Blick auf die familiäre Vorgeschichte und den finanziellen Hintergrund der Schule durchaus anders ausfallen können.

Wer war Elias Marks?

Für den Auftakt des Bildungsexperimentes und für den langfristigen finanziellen Bestand der Schule war eine weitere Person ebenso wichtig: Elias Marks, Kaufmann und Gutsbesitzer in Hamm und Schwiegervater Haindorfs. Seine Familie hatte es durch das Pfandleihgeschäft zu erheblichem Wohlstand gebracht und zählte, wie der Historiker Arno Herzig bilanziert, „mit zu den vermögendsten Juden in der Grafschaft Mark".

Elias Marks, am 20. Juni 1765 in Kamen geboren, hatte wie seine Vorfahren als Kaufmann und Bankier geschäftlichen Erfolg. Wenig Glück indes hatte er in seinem Privatleben. 1789 heiratete er seine Cousine Henriette Hertz. Sie gebar ein Jahr später die einzige Tochter, Sophie Marks.

1810 verlobten sich Sophie Marks und Alexander Haindorf. Fünf Jahre später heirateten die beiden. Sophie Marks gebar ein Kind und starb 1817, also gerade 27 Jahre alt, noch im Kindbett. Wenig später verschied auch noch Elias Marks' Ehefrau.

Marks blieb also allein mit seiner Enkelin, die ebenfalls Sophie hieß, und seinem Schwiegersohn. Das Schicksal hatte die beiden Männer auf das Engste verbunden.

Der inzwischen 55-jährige Kaufmann Marks erwarb 1821 das Rittergut Haus Caldenhof bei Hamm. Es war unter seinen Vorbesitzern, der Familie von Wolframsdorff, in Konkurs geraten und zum Verkauf angeboten worden.

Auf das Gut zog sich Marks mit seiner (Rest-)Familie und einer Erzieherin für die Enkeltochter zurück. Später erwarb er noch weitere Güter und Ländereien zwischen Hamm und der Soester Börde. Den Caldenhof hat Marks zumindest zeitweilig selbst bewirtschaftet oder durch einen Verwalter bewirtschaften lassen. Die übrigen Güter hat er verpachtet.

Aus dem Vermögen der Familie und den Einnahmen aus der Gutswirtschaft unterstützte Elias Marks von Beginn an den Schulverein seines Schwiegersohnes. 1835 ging Marks noch einen Schritt weiter: Er errichtete eine Stiftung, die mit der stattlichen Summe von 25 000 Talern dotiert war. Zum Vergleich: Das Gut Caldenhof mit seinen umfangreichen Ländereien hatte er 14 Jahre zuvor für 184 871 Taler erworben. Aus der Stiftung, so bestimmte er, solle ein jährlicher Zinsertrag von 4 % zugunsten der Schule ausgeschüttet werden.

Elias Marks starb 1854 in Hamm. Kurz zuvor hatte er noch verfügt, dass ein Teil seines Vermögens in eine weitere Stiftung fließen sollte, deren Erträge Hilfsbedürftigen unabhängig von ihrem Glauben oder ihrer Konfession zugutekommen sollten.

Die Entwicklung auf Gut Caldenhof

Das Eigentum am Gut Caldenhof ging auf seinen Schwiegersohn Alexander Haindorf über, nach dessen Tod 1862 an die Enkelin Sophie Marks und deren Ehemann, den aus Mülheim stammenden Forstmeister Jakob Loeb. Haindorf hatte ihn der Familienüberlieferung zufolge für eher unfähig gehalten, die Aufgaben auf dem Gut wahrnehmen zu können. Doch der Großvater Elias Marks hatte das anders gesehen und den jungen, aus eher wenig bemittelten Verhältnissen stammenden Loeb nach Kräften gefördert. So hat er unter anderem dafür gesorgt, dass Loeb eine landwirtschaftliche Ausbildung absolvierte, unter anderem auf Gut Ickern des westfäli-

schen Oberpräsidenten Ludwig von Vincke und an der „Königlich Sächsischen Akademie für Forst- und Landwirthe" in Tharandt.
Der Großvater scheint mit seiner Einschätzung richtig gelegen zu haben. Jakob Loeb bewirtschaftete das landwirtschaftliche Familieneigentum mit Erfolg und konnte es durch Landkauf stark erweitern. Um die Jahrhundertwende umfasste es mehr als 570 ha Eigentum. Neben Gut Caldenhof mit 70 ha gehörten dazu

- das ehemalige Klostergut Kentrop in Hamm,
- das Rittergut Haus Mark in Rhynern,
- drei Höfe in Westtönnen und Scheidingen sowie
- ein Rittergut, ebenfalls in Scheidingen.

Bereits 1854 hatte Jakob Loeb offiziell die Leitung des Haindorf'schen Vereins in Münster übernommen. Dieser Verein wurde 1866 in die „Marks-Haindorf-Stiftung" umgewandelt. In den Satzungen von Verein und Stiftung firmierte Jakob Loeb stets und vermutlich nicht ohne Stolz als „Gutsbesitzer".

Wandel, Erfolge, gewaltsame Auflösung

In der zweiten Hälfte des 19. Jahrhunderts entfernte sich die Marks-Haindorf-Stiftung vom ursprünglichen Angebot der Handwerksausbildung. Sie hatte ohnehin nie einen starken Zuspruch erfahren. Überdies verblassten die Aussichten des traditionellen Handwerks durch die Industrialisierung. Der einstige Auftrag der handwerklichen „Berufsumschichtung" schien seine Kraft eingebüßt, seinen Anlass verloren zu haben.
Erheblich stärkere Wirkung entfalteten die jüdische Elementarschule und mehr noch das Lehrerseminar der Marks-Haindorf-Stiftung. Hier wurden in mehr als 100 Jahren ihrer Existenz insgesamt 430 jüdische Lehrer ausgebildet. „Sie trugen", wie die Historikerin Susanne Freund resümiert hat, „den von der Stiftung propagierten ‚Akkulturationsanspruch' mit Multiplikatorenwirkung in die westfälischen, zum Teil auch in die rheinischen jüdischen Schulen. Das Lehrerseminar ist als erfolgreichste Stiftungsabteilung anzusehen."
Das NS-Regime erzwang 1940 die Auflösung der Marks-Haindorf-Stiftung. Ihr letzter Leiter, der Pädagoge und Rabbiner Julius Voos, soll noch bis Frühjahr 1942 unterrichtet haben. Ein Jahr später wurde Voos in das Vernichtungslager Auschwitz deportiert, wo er am 2. Januar 1944 starb, durch Zwangsarbeit und Misshandlung entkräftet.

Das verschmähte „Judengut"

Abschließend noch einmal zurück nach Hamm, zum Haus Caldenhof: Das starke Engagement der Familie Marks-Loeb für das Berufs- und Bildungswesen in Westfalen konnte nicht verhindern, dass Haus Caldenhof als „Judengut" geschmäht wurde. Das änderte sich auch nicht, als Jakob Loebs Sohn Richard zum Protestantismus konvertierte und den umfangreichen Landbesitz zu einem Fideikommiss zusammenführte, also zu einem Vermögen, das nur geschlossen innerhalb der Familie vererbt werden konnte.
Noch der letzte Eigentümer, der Jurist Ernst Theodor Loeb-Caldenhof (1881–1964), hatte unter Schmähungen und brutaler Verfolgung zu leiden. Er arbeitete als Regierungsrat im Berliner Landwirtschaftsministerium und wurde kurz nach Ende des Ersten Weltkrieges zum Landrat des Kreises Hameln ernannt. Dieses Amt hatte er bis zum Beginn des NS-Regimes inne, ehe er „aus rassischen Gründen" abgesetzt wurde.
Der Jurist zog sich auf Gut Caldenhof zurück. Dort wurde er im Oktober 1944 verhaftet und zur Zwangsarbeit in ein Lager in Hünfeld/Hessen verschleppt. Im Frühjahr 1945 wurde er von US-Soldaten befreit.
Am Dreikönigstag 1961 schenkte der betagte Landrat das Gut dem Evangelischen Kirchenkreis Hamm. Für Mission und Diakonie, so sein Wunsch, solle die Schenkung verwendet werden. Mission und Diakonie – das klingt wie ein ferner Nachhall der Stiftungsgründung von 1825.

Drei und dreißigster Bericht
über die
Marks-Haindorf'sche Stiftung
zur
Bildung von Elementarlehrern
und
Beförderung von Handwerken und Künsten
unter den Juden.
Herausgegeben
von dem
Kuratorium der gedachten Stiftung.
Münster (Westf.), 1886.
E. C. Brunn's Buchdruckerei.

Titelseite des Jahresberichts der Marks-Haindorf-Stiftung von 1886. Das Bild zeigt die Vorderansicht des Schulgebäudes. Es war ein Jahr zuvor errichtet worden – allerdings nicht in der Altstadt, sondern „am Kanonengraben" außerhalb der ehemaligen Stadtmauer.

„Die meisten hatten etwas Land, das sie bebauten“

Jüdische Kleinbauern, Viehhändler und eine besondere Ökonomie

1913 in Herzebrock: Der dreijährige Walter Brill auf einem Stier – neben ihm drei Mitarbeiter der Schlachterei des Vaters Hugo Brill.

Der Handel mit Pferden und Vieh sowie, damit eng verbunden, die Tätigkeit als Schlachter oder Metzger zählten zu den wenigen Gewerben, die Juden auf dem Land und in den Kleinstädten der Frühen Neuzeit zugestanden wurden. Die „Judenordnung“ für das Paderborner Land von 1719 etwa erlaubte ihnen, „mit Pferd, Rind, Schaf und anderen Viehen [...] Kauff und Verkauff zu treiben und zu handelen“. Gestattet war ihnen auch der Handel mit ungegerbten Tierhäuten und Fellen sowie der Verkauf „von allerley farben Tücher in ihren Häuseren ellenweise“. Alle anderen wirtschaftlichen Tätigkeiten zwischen Landwirtschaft und Handwerk waren ihnen indes verboten.

Die Regelungen zum Vieh- und Fleischhandel nahmen Rücksicht auf die rituellen Speisegebote des Judentums, die auf den biblischen Texten der Thora gründen. So durften Juden Fleisch nur verzehren, wenn das Blut möglichst vollständig herausgeflossen war, wenn also die Tiere nach besonderen Regeln geschlachtet („geschächtet“) und das Fleisch nach entsprechenden Vorschriften zerlegt, gereinigt und aufbereitet war. Auch für die Haltung und den Erwerb des Viehs galten feste Regeln. Das alles führte dazu, dass Juden das Vieh selbst kaufen und, zumindest zeitweise, auch versorgen oder über längere Zeit auf Futterflächen mästen mussten, bevor sie die Tiere schlachteten und das Fleisch weiterverarbeiteten.

Die Eheleute Sophie und Dagobert Haas aus Rahden im Lübbecker Land um 1930.

Der Viehhändler und Landwirt Dagobert Haas pflegte sonntags zu seinen Feldern zu radeln.

Aus dieser Tradition entwickelte sich im 18. und 19. Jahrhundert ein besonderer Typus auf dem Land: der des selbstständigen jüdischen Viehhändlers, der vielerorts auch als Metzger tätig war. Er findet sich in vielen Ortsgeschichten jüdischer Gemeinden in Westfalen.

Genaue Zahlen zu den jüdischen Viehhändlern gibt es allerdings weder für Westfalen noch für das Deutsche Reich. Auch die Anteile jüdischer und christlicher Viehhändler sind nicht bekannt. Zitiert werden häufig die Zahlen, die Hermann Daniel, jüdischer Kaufmann und Vorsitzender des Bundes der Viehhändler in Deutschland, 1917 genannt hat. Demnach gab es damals 40 000 Viehhandelsunternehmen in Deutschland, davon 25 000, also etwa zwei Drittel, im Eigentum jüdischer Händler. Diese Zahlen sind allerdings statistisch nicht gesichert. Außerdem stammen sie aus einer interessegeleiteten Verbandsrede im Ersten Weltkrieg, als es galt, Antisemiten entgegenzutreten, die den Beitrag der Juden zur Vaterlandsverteidigung und zur Lebensmittelversorgung an der „Heimatfront“ infrage stellten.

Ein abweichendes Bild hat vor einigen Jahren die Historikerin Stefanie Fischer für Mittelfranken ermittelt. Demnach gab es dort in den 1920er-Jahren 430 Viehhandelsbetriebe. Mehr als die Hälfte befand sich in christlicher, gut ein Drittel in jüdischer Hand. Bei 31 Geschäftsinhabern ließ sich die Religionszugehörigkeit nicht klären.

Weder Dominanz noch Monopol

Bei aller statistischen Unschärfe ist dennoch eines offensichtlich: Im schmalen, eng begrenzten Wirtschaftszweig des Viehhandels waren Juden, im Vergleich zu ihrem Anteil an der Gesamtbevölkerung, um ein Vielfaches überrepräsentiert – das galt vor 1933 besonders für Westfalen und für das Rheinland, ferner für Hessen, Franken, Württemberg und Baden, aber keineswegs für ganz Deutschland. Im Norden und Osten etwa war der Typus des jüdischen Viehhändlers selten zu finden.

Von einer bestimmenden Dominanz, gar von einem Beherrschen des Vieh- und Fleischmarktes, wie die antisemitische Propaganda behauptete, konnte ohnehin keine Rede sein. Denn zum einen handelten jüdische Viehhändler zu keinem Zeitpunkt als geschlossene Gruppe oder gar als festes, überregionales Monopol. Zum anderen war eine übergroße Zahl der jüdischen Viehhändler ausschließlich im örtlichen, allenfalls im regionalen Handel tätig. Hinzu kam, dass der Handel mit Pferden und Rindvieh oft nur einen Teil ihrer wirtschaftlichen Existenz ausmachte. Die Mehrzahl von ihnen war auf weitere Einnahmequellen angewiesen. Dazu zählten das Metzgerhandwerk, der Textilhandel und die Landwirtschaft.

Ohne Landwirtschaft kein Viehhandel

Der Viehhandel war unter den Bedingungen des 19. und der ersten Hälfte des 20. Jahrhunderts eng mit dem Besitz von Land, vor allem von Futterweiden, verknüpft. Auf ihnen wurden die Pferde gehalten, und auch das Handelsvieh wurde vor dem Weiterverkauf oder der Lieferung an den Schlachthof auf den Weiden zeitweise ausgetrieben und gemästet. So erwuchs aus dem Geschäftsfeld des Viehhandels nicht nur eine besondere Nähe zu den Bauern, sondern auch eine eigene Form der Landbewirtschaftung, vor allem der Grünlandnutzung.

Deutlich erkennbar wird das beim Blick auf die Viehhändlerfamilie Haas in Rahden im Kreis Lübbecke. Ihr Handelsunternehmen war um 1880 von den Brüdern Hermann und Dagobert Haas gegründet worden. Walter Hoffmann, ein Enkel von Dagobert Haas, hat mehr als 100 Jahre später die Entwicklung des Unternehmens eindrucksvoll und detailreich geschildert:

„Im Jahre 1906 bauten die Gebrüder Haas ein Zweifamilienhaus an der Bahnhofstraße 393 in Rahden, mit Stall für etwa 30 bis 40 Kopf Großvieh, Remise und Heuboden, anliegend größeres Weideland für das Vieh und angren-

„DER BODEN IST DANKBARER ALS DIE MENSCHEN“

Simon Grünewald, geboren 1868 in Pömbsen und gestorben 1961 in Israel, hat eindrucksvolle Kindheitserinnerungen verfasst. Darin schildert er die überschaubare Lebenswelt des Dorfes und der orthodoxen jüdischen Gemeinde, vor allem aber den Alltag im Elternhaus, dessen Einkünfte aus einer Metzgerei und dem kleinen Warenhandel stammten. Hinzu kam die Nutzung von Land, wie Grünewald schreibt:
„Am meisten Freude machte Vater die Landwirtschaft. Oft sagte er: ‚Der Boden ist dankbarer als die Menschen.‘ Wir hatten außer dem Garten rund ums Haus noch zwei große Gärten und ein Feld, ‚Gänsefuß‘ genannt wegen seiner dreieckigen Gestalt. Außer Pflügen, Dünger fahren und Mähen machte die Familie alle andere Arbeit. Das Umgraben des fetten Bodens war besonders schwer.
Wir hatten stets mit die besten Früchte im Dorf. Einmal fiel im Juni noch tiefer Schnee, als das Gemüse schon hoch stand. Viele Bauern kehrten den Schnee ab. Nicht so Vater. Er sagte: ‚Unser Herrgott weiß, was gut für uns ist ...‘ Er erntete vorzügliche Früchte, während die der Bauern zum Teil verkrüppelten.
Wir bewohnten ein früheres Bauernhaus. Unten waren drei Wohnstuben, Küche und Stall, eine große Diele und hinten in einem Raum die Mikwe für die Gemeinde. Im zweiten Stock waren die Schlafräume, die Rauchkammer und ein Speicher für Getreide. Darüber war der große Boden für Heu und Stroh.“

zenden Garten für Obst und Gemüse. Ein weiterer Garten lag auf dem Grundstück des heutigen Amtsgerichts. Diese Gärten ermöglichten eine Selbstversorgung der Familien. Das Geschäft entwickelte sich zu einem der größten in Westfalen. Das Geheimnis des Erfolges: Es wurde immer mit Barem gezahlt und per Handschlag, der das Geschäft besiegelte. Handschlag bedeutete mehr als notarielle Verträge. Später wurden etliche Viehaufkäufer eingestellt. Aus denen wurden dann später alle erfolgreiche Viehhändler. Dagobert und Hermann waren die ganze Woche unterwegs, um Vieh zu kaufen, unterstützt durch zwei Aufkäufer sowie einen Viehpfleger. Jeden Montag fuhren die Gebrüder Haas immer mit dem ersten Zug, der Rahden verließ. Der Schwerpunkt des Tätigkeitsbereiches der Gebrüder Haas lag in der Provinz Hannover in der Gegend um Schwaförden und Sudwalde, 30 bis 40 km nördlich von Rahden. Dort wurde später eine Weide in der Größe von 30 Morgen (ca. 7,6 ha) erworben, die an drei Straßen lag. Im Frühjahr wurde auf diese Weide Vieh gebracht, das dann im Herbst als Schlachtvieh verkauft wurde.
Freitags kamen die Gebrüder Haas dann nach Rahden zurück, und das Vieh wurde auch freitags mit der Bahn nach Rahden geliefert. Gewöhnlich handelte es sich um 40 bis 50 Stück Großvieh. Am Samstag kamen dann die Kunden, Großmetzger aus dem Raum Bielefeld und Bünde. [...] Was nicht verkauft wurde, ging auf die Viehmärkte nach Dortmund und Essen. [...] Die Firma Haas war Erzeuger eigener landwirtschaftlicher Produkte für Vieh und Hausgebrauch, teils auf eigenem oder gepachtetem Boden. Eine besondere Freude war es immer für meinen lieben Großvater Dagobert, wenn er des Sonntags auf die Felder radelte und seinen Roggen usw. beschaute. Alles wurde getan, um eine gute Ernte herbeizuführen. Er war immer für den Betrieb da. Wenn es die Zeit erlaubte, überwachte er die Fütterung und Pflege seiner Kühe. Er war rüstig und voller Energie selbst im hohen Alter, wo andere im Lehnstuhl sitzen.
Natürlich hatte die Fa. Haas auch ihre Neider, und mein Großvater bekam etliche Male die Polizei ins Haus geschickt, da er unter Verdacht stand (nach Anzeige), sonntags Geschäfte zu machen. Der Grund war, dass er des Sonntags gern zu den Bauern ging, um mit diesen zu schmusen oder zu küern, wie es auf Platt heißt.“

Von großem und kleinem Landeigentum

Dass Viehhandel und Landwirtschaft eng verbunden waren, zeigen weitere Beispiele aus Westfalen vor 1933:

- Die Familie Humberg, seit den 1880er-Jahren in Dingden bei Bocholt im westlichen Münsterland ansässig, lebte vor allem vom Textilhandel und einer Metzgerei, besaß dazu auch eigenes Vieh und 10 ha Land.
- Die Viehhändlerfamilie Steinfeld in Versmold bewirtschaftete 15 ha Land, überwiegend als Viehweide.
- Der Münsteraner Viehhändler Salomon Gumprich besaß bei Lüdinghausen ein Landgut von rund 150 ha. Die Flächen nutzte er vornehmlich zur Pferdehaltung. Dort wurden alljährlich im Frühjahr die Pferde auf die Weiden getrieben und im Herbst verkauft. In Münster bewohnte Gumprich mit seiner Familie ein ansehnliches Bürgerhaus an der Neubrückenstraße und betrieb neben seinem Viehhandel eine Manufakturwarenhandlung.
- Der Viehhändler Hugo Hertz betrieb von Münster aus Pferdehandel im überregionalen Maßstab, teils sogar nach Frankreich, Russland und Persien. Hertz besaß landwirtschaftliches Eigentum außerhalb der Stadt sowie Gartenland und „Stallungen für hunderte von Pferden“ in der Nähe seines Wohnsitzes an der Annenstraße, in der Nähe also von Bahnhof und Kanalhafen, die den überregionalen Handelstransport der Tiere ermöglichten.

Handwerkerumzug 1934 am Markt in Harsewinkel im östlichen Münsterland. Das Haus gehörte bis 1938 der Familie Mendels, die eine Textilhandlung, einen Pferde- und Schlachtviehhandel sowie eine kleine Landwirtschaft betrieb.

Die genannten Familien und Unternehmen hoben sich mit ihrem Landbesitz von der Mehrheit der jüdischen Viehhändler, Dorfkaufleute und Metzger Westfalens ab. Denn die meisten verfügten allenfalls über kleinteiligen Besitz, der nur selten eine Gesamtgröße von 2 ha überschritt.

Doch ob groß oder klein: Das Acker- und Weideland musste bewirtschaftet und gepflegt werden. Diese Arbeiten wurden, wenn sie nicht als Auftrag an Nachbarn oder Bauern im Dorf vergeben wurden, von den Händlern, ihren Familienmitgliedern sowie Knechten und Mägden erledigt. Damit waren die Eigentümer, auch wenn sie vornehmlich als Viehhändler oder Kaufleute galten, eben auch landwirtschaftlich tätig und mit diesem Wirtschaftssektor eng verbunden – enger jedenfalls, als es ihre amtliche Einordnung als Kaufmann oder Händler ahnen lässt.

Gerade im ländlich-kleinstädtisch geprägten Milieu Westfalens waren Handel und Landwirtschaft kaum voneinander zu trennen. Das zeigt auch der Blick auf die Familie Mendels in Harsewinkel im östlichen Münsterland. Bis zur erzwungenen Emigration 1939 lebte die Familie, die der jüdischen Gemeinde im benachbarten Gütersloh angehörte, von Textilhandel, Viehhandel und Landwirtschaft. Sie besaß 4,2 ha Land, laut Grundbuch bestehend aus acht Parzellen „Weide", „Viehweide" und „Acker". Die Frau des Eigentümers, Katharina bzw. Kate Mendels, hat später mit wenigen Strichen die ineinandergreifenden wirtschaftlichen Aktivitäten beschrieben, als sie – nach der Emigration nach Australien – im Rückblick notierte:

„Wir hatten [in Harsewinkel] ein großes Haus mit drei Stockwerken. Der Tuchwarenladen lag dahinter, dann das Vieh- und Pferdehandelsgeschäft, was bedeutete, dass wir immer Tiere in unseren Pferdeställen hatten, im Sommer auch auf unserer Pferdekoppel in der Stadt. Außerdem hatten wir einen großen Obst- und Gemüsegarten hinter dem Haus und einen weiteren, der etwa eine halbe Stunde entfernt lag. Dort waren auch die großen Felder mit Rüben, Möhren und Kartoffeln, die wir als Futter für das Vieh benötigten. Wir hatten immer zwei Bauernmädchen, von denen eine immer bei der Feldarbeit zu helfen hatte, sowie auch einen jungen Mann als Knecht beschäftigt."

Nähe zum bäuerlichen Lebensalltag

Nicht erst der Handel mit Agrarprodukten, sondern schon diese landwirtschaftlichen Tätigkeiten verschafften den Landjuden eine Nähe zum Lebensalltag der Bauern und der ländlichen Bevölkerung. Darüber erhielten sie von den lokalen oder regionalen landwirtschaftlichen Verhältnissen eine intensive Kenntnis, ohne die wiederum die Abläufe im Vieh- und Getreidehandel kaum zu organisieren waren. Diese Nähe zur agrarischen Praxis erklärt auch, dass Juden vor 1933 im landwirtschaftlichen Sachverständigen- und Schiedsgerichtswesen überproportional stark vertreten waren.

Mit den Vorgaben preußischer Statistik war diese komplexe Mischökonomie, waren diese wechselseitig sich ergänzenden, ja bedingenden Tätigkeiten im primären und sekundären, bisweilen auch im tertiärem Sektor kaum zu erfassen. Dabei bildete gerade diese Mischökonomie eine Besonderheit jüdischen Lebens auf dem Land. Sie schien Stabilität in ökonomischen Krisen zu versprechen und barg zu allen Seiten hin Entwicklungsmöglichkeiten. Der Lehrer Hugo Rosenthal, 1887 in Lage geboren und bis 1910 in Gütersloh tätig, hat diese agrarische Mischwirtschaft und ihr Potenzial auf den Punkt gebracht, als er schrieb:

„Die Mitglieder meiner kleinen Gemeinde waren fast durchweg Viehhändler und Metzger. Die meisten hatten etwas Land, das sie selbst bebauten, in der Hauptsache mit Futterrüben oder ähnlichem Viehfutter. Wirkliche Landwirtschaft betrieb keiner, aber sie hätten alle gute Landwirte sein können."

„Ungeheure Aufwühlung der Leidenschaften“

Judenfeindschaft und landwirtschaftliche Interessen: Burghard von Schorlemer-Alst, Johann Breuker und der Westfälische Bauernverein

Burghard Freiherr von Schorlemer-Alst (1825–1895) gilt bis heute als „Westfälischer Bauernkönig“. In den 1860er-Jahren stieß er die Gründung des ersten Bauernvereins an, des ersten staatsunabhängigen Interessenverbandes in Deutschland – ein Akt, der ihn weit über Westfalen hinaus bekannt gemacht hat.

Schorlemer-Alst war prominenter Mitgründer der katholischen Zentrumspartei und langjähriger Abgeordneter im Reichstag und im preußischen Herrenhaus. In seiner politischen Haltung war er altkonservativ bis ins Mark, einen organischen Ständestaat nach mittelalterlichem Vorbild anstrebend. Andererseits schlug er sich auf die Seite der Bergleute im Ruhrrevier. So attackierte er mit flammenden Reden im Reichstag ihre „Ausbeutung durch das Kapital“ und wies auf die schlimmsten Missstände unter Tage hin. Maßgeblich beteiligt war er auch am „Antrag Galen“, mit dem die katholische Zentrumspartei von der Reichsregierung ein Verbot der Sonntagsarbeit sowie die Einschränkung der Kinderarbeit und der Gewerbefreiheit forderte.

Polemik im Parlament

Weithin vergessen ist dagegen, dass Schorlemer auch durch eine dezidiert antijüdische Haltung auffiel. Sie trug zu seinem heftigen Konflikt mit Ludwig Windthorst bei, dem liberalen Vorsitzenden der Zentrumspartei, der auch die ständischen Staatsvorstellungen Schorlemers ablehnte.

Am 31. März 1879 beispielsweise sagte Schorlemer im Reichstag: „Lassen Sie dann die Rothschild und wie sie heißen, sich gegenseitig bewuchern, das kann uns kalt lassen, das geht uns nichts an.“

Als wenig später eine Gruppe von Antisemiten forderte, der Reichstag solle die Einwanderung von Juden unterbinden, ihnen den Zugang zu öffentlichen Berufen verweigern und jüdische Geschäftsleute und Händler mit einer „Judensteuer“ belegen, da zählten die Organisatoren auch auf Schorlemer. Er habe zwar „direkte Hilfe abgelehnt“, sei aber mit den Sympathien „bei uns“, teilte im Juli 1880 einer der Organisatoren, Bernhard Förster, einem adligen Gesinnungsgenossen mit.

Die Diskussionen zu dieser Antisemiten-Petition sorgten unter den Zentrumsabgeordneten für erregte Auseinandersetzungen. Julius Bachem berichtete später aus dem inneren Zirkel der Partei: „Schorlemer und die große Mehrheit der Fraktion verlangten, dass gegen die Juden ‚scharf losgezogen‘ werden sollte.“ Diesem Ansinnen habe sich Windthorst mit Erfolg widersetzt.

Am 22. März 1893 schließlich behauptete Schorlemer im preußischen Herrenhaus: „Ich glaube, ich brauche nicht erst zu versichern, dass ich namentlich mein ganzes Leben lang die vielen Ausschreitungen, die die Juden sich im geschäftlichen Verkehr, im Handel und sonst zu Schulden kommen lassen, aufs Energischste bekämpft habe“, um dann, rhetorisch einschränkend, fortzufahren: „wobei ich allerdings leider auch bestätigen muss, dass vielfach von Christen dieselben abscheulichen Geschäfte betrieben werden wie von den Juden – das muss ich der Gerechtigkeit halber aussprechen.“

Diese Äußerung verdrehte nachgerade die Fakten, wie sie die amtliche Kriminalstatistik des Kaiserreiches dokumentierte. So waren zwischen 1882 und 1892 wegen Wuchers 100 Juden, aber 447 Christen rechtskräftig verurteilt worden. Das entsprach einem Verhältnis von 1:4,5.

Von Jahr zu Jahr ging die Zahl der Urteile wegen Wuchers zurück, der Anteil christlicher Täter aber nahm zu. Zwischen 1899 und 1910 wurden 13 Juden, aber 89 Christen wegen Wuchers verurteilt, was einem Verhältnis von 1:6,8 entsprach.

Burghard von Schorlemer-Alst

Johann Breuker

Die Urteile bezogen sich auf Verstöße gegen das „Gesetz betreffend den Wucher", das der Reichstag 1880 in Kraft gesetzt hatte. Demnach stand unter Strafe, wenn jemand „unter Ausbeutung der Notlage, des Leichtsinns oder der Unerfahrenheit eines Anderen" Darlehen vergeben und den üblichen Zinssatz überschritten hatte, sodass die „Vermögensvorteile in auffälligem Missverhältnisse zu der Leistung stehen".
Die Enquete-Kommissionen und Parlamentsdebatten, die dem Gesetz vorausgegangen waren, spiegelten vor allem allgemeine Mängel des personalgebundenen und unorganisierten Kreditsystems auf dem Lande. Diese Mängel wurden, wie die Historikerin Maria Blömer geurteilt hat, „selten bei der eigenen Unfähigkeit oder bei einzelnen Schuldigen gesucht, sondern ganz unreflektiert bei allen handelstreibenden Juden".
Im ländlichen Westfalen des 19. Jahrhunderts betätigten sich Juden am Vieh-, Fleisch- und Warenhandel sowie, damit eng verbunden, an der Gewährung von Krediten. In diesen Wirtschaftszweigen waren sie stärker vertreten, als es ihrem Anteil an der Gesamtgesellschaft entsprochen hätte. Das hatte historische Gründe, wurde aber von Antisemiten genutzt, um „den Juden" pauschal mit „Schacher" und „Wucher" gleichzusetzen – zwei ebenso unscharfen wie emotionsbeladenen Kampfbegriffen, denen auch mit Fakten aus der kaiserlichen Kriminalstatistik kaum beizukommen war. Die allmählich abnehmende Zahl von Gerichtsverfahren wegen Wuchers zeigt, dass das Problem der Kreditversorgung auf dem Land in langen Schritten gelöst werden konnte. Die Figur des „Wucherjuden" indes blieb. Sie wurde zum Sinnbild der liberalen kapitalistischen Wirtschaftsordnung, wie sie der altkonservative Landadelige Schorlemer von Grund auf ablehnte. Aus dieser Ablehnung speiste sich sein Einsatz für die Bergleute, seine Sozialpolitik im „Antrag Galen", seine Polemik gegen die Juden – und nicht zuletzt auch der Impuls zur Gründung des Bauernvereins.

Breukers Schrift: „Buer et is Tied!"

In dieser Haltung war sich Schorlemer mit dem Landwirt Johann Breuker (1817–1885) aus Kirchhellen einig, mit dem er den „Westfälischen Bauernverein" aufbaute. Breuker hatte 1869 eine vielbeachtete und in Westfalen vielgelesene Programmschrift veröffentlicht, die den Titel trug: „Buer et is Tied! Rechte und Pflichten des Bauernstandes oder: Bauer muß Bauer sein und bleiben". Darin kritisierte Breuker die heraufziehende Industriegesellschaft, den modernen (Wirtschafts-)Liberalismus und das kapitalistische Wirtschaftssystem, das alle Stände und Traditionen hinwegfege und auch vor bäuerlichem Erbe nicht haltmache. Vertreter und Nutznießer dieses neuen Wirtschaftssystems seien „die" Juden. Breuker schrieb:
„Die Macht des Kapitals soll ganz frei und jede Schranke seiner Entwicklung niedergebrochen werden. Man hat die früheren Stände aufgelöst, alle Bande [...] zerrissen und so die ganze menschliche Gesellschaft in hilf-, rat- und heimatlose Einzelwesen aufgelöst, den Wucherern und Juden gehörig."
Antijüdische Vorurteile tauchen wiederholt in der sozialreformerischen Schrift Breukers auf. So stellt er den liberalen Reichstagsabgeordneten Eduard Lasker (1829–1884) seinen bäuerlichen Lesern ausschließlich als „der Jude Lasker" vor. An anderer Stelle fragt Breuker rhetorisch:
„Wäre es zum Wohle des ganzen Staates nicht besser, den Bauern behilflich zu sein, Mittel und Wege zu zeigen, dass sie ihre Freiheit und Selbständigkeit im eigenen wie im Interesse der ganzen menschlichen Gesellschaft gebrauchen, als dass man ihnen behülflich ist, dieselbe im Inter-

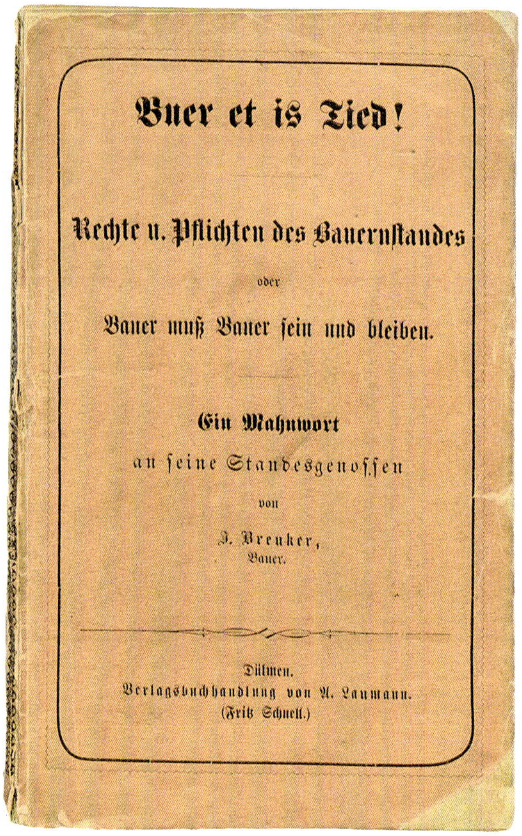

Buer et is Tied!

Rechte u. Pflichten des Bauernstandes

oder

Bauer muß Bauer sein und bleiben.

Ein Mahnwort

an seine Standesgenossen

von

J. Breuker,

Bauer.

Dülmen.

Verlagsbuchhandlung von A. Laumann.

(Fritz Schnell.)

Titelseite der Schrift „Buer et is Tied!" von Johann Breuker.

esse der großen Schacherjuden missbrauchen zu können, dass diese, statt der Bauern, die Ernährer und Volksbeglücker werden?"

Breuker entwarf das Zerrbild, dass der Bauernstand zurückgesetzt und abhängig werde „von Wucherern und Juden, daß diese seine Stelle einnehmen können, gerade als wenn die Interessen des Kapitals die einzigen wahren Interessen der Menschheit sind". Und weiter: „Wird das Volk dann besser ernährt werden, wenn diese aus großen Gläsern die Schweißtropfen der zu Pächtern und Tagelöhnern herabgesunkenen Bauern trinken?"

Aus dieser Perspektive hielt Breuker die Bildung von Bauernvereinen für „absolut notwendig". Er betrachtete sie als Selbsthilfe- und auch als Kampforganisationen. Eine drohende Übermacht des Großkapitals müsse verhindert werden, damit nicht am Ende der Grundbesitz „auf seine selbständige Stellung, seine Freiheit verzichten und, den Wucherern und Juden gehörig, […] in das Proletariat herabsinken muss".

Fundamentale Kapitalismuskritik, Judenfeindschaft, religiös wie wirtschaftlich motiviert, und eine Verschwörungserzählung sind in Breukers Ausführungen untrennbar miteinander verschmolzen. Die jüdische Minderheit sollte keinen Platz in der christlichen Ständegesellschaft haben, wie sie ihm als politisches Ziel vorschwebte: „Die Geistlichkeit, der Adel, der Bürger- und Handwerkerstand, alle werden sich um unsere Freundschaft gar sehr bemühen und Schutz suchen beim mächtigen Bauernstande, sich an ihn anlehnen und gemeinschaftlich mit ihm protestieren wollen gegen den alles überwuchernden und auswuchernden antichristlichen Zeitgeist."

Mit diesem Programm einer christlichen Ständegesellschaft erschien es Breuker wie Schorlemer folgerichtig, Juden aus dem Bauernverein auszuschließen. Einer der ersten Sätze in den Gründungsstatuten des ersten Bauernvereins im Münsterland 1862 legte fest:

„Der Aufzunehmende muss einer der beiden christlichen Konfessionen angehören, und zwar nicht bloß dem Namen nach." In einer späteren Fassung des provinzweiten, 1871 gegründeten Westfälischen Bauernvereins lautete der Passus: „Jedes wirkliche Mitglied muss einer der beiden christlichen Konfessionen angehören, deren Vorschriften erfüllen, einen sittlichen und nüchternen Lebenswandel führen."

Das war indirekt formuliert, aber eindeutig: Juden war, anders als bei den halbstaatlichen landwirtschaftlichen Vereinen, der Zugang zum Westfälischen Bauernverein prinzipiell und ohne Ausnahme verschlossen. Bis 1933 änderte sich das nicht.

Der Ausschluss wirkte nach innen, in die Mitgliedschaft des Bauernvereins und seine Politik, und er wirkte nach außen. Die jüdischen Landwirte und Nebenerwerbsbauern sowie die jüdischen Getreide- und Viehhändler in Westfalen, die ja ebenfalls oft Land bewirtschafteten, wurden auf deutliche Distanz gehalten. Mit dem Ausschluss wurde ihnen die quasi-offizielle Anerkennung ihrer christlichen Berufskollegen verwehrt.

Die Rechte wieder entziehen?

Diese Antihaltung zielte noch gegen die Religion und die wirtschaftliche Betätigung der Juden. Seit den 1870er-Jahren verbreitete sich in Deutschland eine neue, erheblich aggressiver auftretende Form der Ablehnung: der rassische Antisemitismus. Seine Wortführer und Anhänger bedienten sich aus dem Vorrat der jahrhundertealten antijüdischen Vorurteile, beriefen sich aber, das war das Neue, auf biologistisch-völkische, rassenideologische Vorstellungen. Im Schatten des Börsenkrachs von 1873 und der nachfolgenden Wirtschaftskrise erhielt diese Bewegung erheblichen Auftrieb, quer durch alle Bevölkerungsschichten des Reiches. Mit ihr entstand überhaupt erst der Begriff „Antisemitismus". Das neue politische Schlagwort tauchte erstmals 1879 auf und setzte sich rasch durch.

Die Antisemiten-Bewegung jener Jahre wandte sich mit allen propagandistischen Mitteln gegen die kurz zuvor erfolgte rechtliche Gleichstellung der Juden. Sie müsse aufgehoben werden, lautete eine ihrer zentralen Forderungen. Schorlemer teilte sie nicht, auch wenn er die liberalen preußischen Gesetze zur Judenemanzipation

„DIE RELIGIÖSE UEBERZEUGUNG ANDERSDENKENDER ZU ACHTEN“

Gegenüber der jüdischen Minderheit im Land legte Burghard von Schorlemer-Alst eine durchaus widersprüchliche Haltung an den Tag. Das geht aus einem Beitrag hervor, der 1895 in der Zeitschrift „Der Israelit – Centralorgan für das orthodoxe Judenthum“ erschienen ist. Wenige Tage nach Schorlemers Tod am 17. März 1895 hatte sich in der Redaktion ein Leserbriefschreiber aus „Bork (Westphalen)“ gemeldet. Er teilte mit, Schorlemer habe zum Bau der 1887 eingeweihten Synagoge in Rheine „durch persönliche Beisteuer und Sammlung das nette Sümmchen von 2000 Mark“ beigetragen. Der Leserbriefschreiber, dessen Name nicht genannt ist, habe daraufhin mit Schorlemer korrespondiert und ihn gebeten, seinen Einfluss „zum Schutze unserer Confession durch Einwirkung zunächst auf die intolerante Presse“ geltend zu machen.

Veröffentlicht ist auch die Antwort Schorlemers vom 20. Mai 1891. Demnach habe er dem Briefautor „die Macht Ihrer nationalen Verbindungen“ bescheinigt – damit übernahm Schorlemer die von Antisemiten behauptete angebliche „jüdische Dominanz“ im Land. Andererseits habe Schorlemer, mit Verweis auf seine Erfahrungen im Kulturkampf zwischen preußischem Staat und dem Katholizismus, auch bekannt:

„Was uns heilig und ehrwürdig war, wie wurde es und wird es noch heute in den Koth gezogen. Ich habe daraus umso mehr gelernt, die religiöse Ueberzeugung Andersdenkender zu achten und darf sagen, daß ich dieselbe niemals in Wort und Schrift, auch nicht in Gedanken verletzt habe. Daß Sie selbst die gleiche Gesinnung hegen, sagt mir Ihr Brief und [ich] begrüße das mit Freuden.“

XXXVI. Jahrgang. № 26.

Der Israelit.

Ein Central-Organ für das orthodoxe Judenthum.

Begründet von Dr. Lehmann in Mainz.

Montag, den 1. April 5655 (1895).

Titelseite von „Der Israelit“ aus dem Jahr 1895

ablehnte. Seine Haltung, die sich letztlich am geltenden Recht orientierte, verdeutlichte er im preußischen Herrenhaus 1893 mit diesen Worten:

„Es wird doch nicht möglich sein, – wenn man auch die Emancipation der Juden als einen Fehler betrachtet –, nachdem man einmal den Juden die staatsbürgerlichen Rechte gegeben hat, sie ihnen wieder zu entziehen. Ich glaube, jeder darauf gerichtete Versuch wird ein Unrecht, wird vergeblich sein.“

Es könne angenehmer sein, wenn man die Juden im Staate nicht hätte, sinnierte Schorlemer, den antisemitischen Kräften weit entgegenkommend, und er fügte die rhetorische Frage hinzu: „Aber wie wollen Sie dieselben denn hinausbringen? Jeder dahin zielende Versuch wird vergeblich sein, und ich bin deshalb auch gerade der Meinung, dass die antisemitische Bewegung eine so wenig praktisch wirksame sein wird. Die ausschreitende Art, die sie hat, macht sie mir schon ganz unsympathisch.“

Die Gefahren für Leib und Leben, die für die Juden mit dem rassischen Antisemitismus heraufzogen, spielten in Schorlemers Ausführungen keine Rolle. Er sah sie wohl auch nicht. Umso stärker indes beschwor er die Gefahren, die die „ausschreitende Art“ dieser Bewegung vor allem für Monarchie, Staat und Gesellschaft darstellte. Die Bewegung verbreite dumpfe Unzufriedenheit und böse Stimmung, sie untergrabe letztlich die „Autorität des Staates und der Krone", so Schorlemer, der vor allem die Kraft der Emotionen fürchtete:

„Was ich bisher von der antisemitischen Bewegung gesehen habe, ist nur eine ungeheure Aufwühlung der Leidenschaften, eine große Verrohung des Tones, der ja auch jetzt schon im Parlament sich gezeigt hat, und wenn einmal ein solcher abschüssiger Weg betreten ist, so wird man darin noch weiter kommen.“

Schorlemer schloss seine Rede mit einer Warnung, die nur vier Jahrzehnte später düstere Realität werden sollte – und aus der Rückschau gespenstisch wirkt:

„Es ist in der Tat schon an dumpfer Unzufriedenheit und böser Stimmung so viel vorhanden, dass man vor allen Dingen dem entgegenarbeiten sollte, dass noch mehr Brennstoff sich ansammelt. Denn wir können nicht wissen, zu welcher Explosion das führen wird.“

Mittelalterliche Bildsymbolik, um 1900 wiederbelebt: „Christentum", mit Krone, Kreuz und Kelch triumphierend, und ...

„Zum Silvester wieder ein Judencrawall"

Christliche Judenfeindschaft, rassischer Antisemitismus und die Macht der Gerüchte: Enniger 1873 und Versmold 1899

Der Norddeutsche Bund, zu dem auch Preußen und damit Westfalen gehörte, beschloss 1869: „Alle noch bestehenden, aus der Verschiedenheit des religiösen Bekenntnisses hergeleiteten Beschränkungen der bürgerlichen und staatsbürgerlichen Rechte werden hierdurch aufgehoben." Mit diesem Gesetz, das seit 1871 für das gesamte Deutsche Reich galt, erlangte die jüdische Minderheit in Westfalen ihre rechtliche Gleichstellung.

Die Sprache der Bilder und Skulpturen

Gleichwohl sahen sich Jüdinnen und Juden weiterhin Vorurteilen und Ablehnung bis hin zu offener Feindschaft ausgesetzt. Das war zunächst und vor allem religiös begründet und speiste sich insbesondere aus dem jahrhundertealten Vorwurf, die Juden seien „blind" und „verstockt", würden den Messias nicht erkennen und seien schuld am Tod Jesu, des Gottessohnes. Der religiöse Judenhass war eng mit wirtschaftlichen Vorurteilen verknüpft. So wurden Juden pauschal des „Zinswuchers" oder des Betrugs beschuldigt. Begriffe wie „Mauscheljude" oder „Geldjude" gehörten zum Alltagsvokabular und hielten die entsprechenden Einstellungen wach.

Die religiös motivierten Vorwürfe wurden in den christlichen Gemeinden in regelmäßigen Abständen aufs Neue belebt: etwa in der Liturgie der vorösterlichen Karwoche oder am protestantischen „Israel-Sonntag", außerdem in kirchlichen Predigten, frommen Zeitschriften und theologischen Traktaten. Die mittelalterlichen Skulpturen, Altar- und Tafelbilder in den Domen und Dorfkirchen bewahrten die jahrhundertealte Bildsprache christlicher Judenfeindschaft.

Aber nun, in den Jahrzehnten nach der oben genannten rechtlichen Gleichstellung, griffen auffallend viele Kirchenkünstler gerade bei sakralen Neu- und Umbauten im ländlichen Westfalen erneut zu diesem mittelalterlichen Motivvorrat. So fand das Gegenüber von triumphierender „Ecclesia" und abwertend dargestellter „Synagoga" – mit den Attributen der verbundenen Augen und des gebrochenen Stabes – Eingang in etliche Kirchenfenster dörflicher oder kleinstädtischer Gemeinden, unter anderem

- 1910 im Querschiff der Kirche St. Elisabeth in Rimbeck in der Warburger Börde,
- 1911 im Erweiterungsbau der Kirche St. Blasius in Balve im Sauerland,

… „Judentum", mit verbundenen Augen und geknicktem Stab, im Fenster der Pfarrkirche St. Elisabeth in Rimbeck bei Warburg.

• 1913–14 im Neubau der Kirche St. Johannes der Täufer in Lette bei Coesfeld im Münsterland,
• 1920 in der Kirche St. Anna in Nuttlar im Sauerland; das dortige Motiv der Synagoga wurde noch 1973 als Fragment in die Neuverglasung aufgenommen.
• Auch in der westfälischen Provinzialhauptstadt Münster wurde nachweislich erst um 1910 an prominenter Stelle ein Skulpturenensemble mit judenfeindlicher Botschaft angebracht. An der südöstlichen Seite der Marktkirche St. Lamberti wurden über dem Chorportal die steinernen Figuren des leidenden Gottesmanns, der aufrecht stehenden, triumphierenden Ecclesia zu seiner Rechten und der sich abwendenden Synagoga zu seiner Linken errichtet, die mit mehrfach gebrochenem Stab und verbundenen Augen dargestellt ist.

Wer diese Skulpturengruppe geschaffen, wer ihre Aufstellung initiiert und wer sie finanziert hat, ist bis heute unbekannt. Schriftliche Quellen sind nicht erhalten. Die Theologie-Professorin Marie-Theres Wacker konnte nachweisen, dass die Figurengruppe „nicht etwa nach vorhandenen, wenn auch verwitterten mittelalterlichen Originalen gestaltet, sondern ohne lokale Vorbilder und ohne

„Ecclesia" und „Synagoga" in der 1911 erweiterten Kirche St. Blasius in Balve im Sauerland

Diese Skulpturengruppe wurde um 1910 an der Marktkirche St. Lamberti in Münster angebracht. Links die Figur der „Ecclesia", aufrecht stehend und triumphierend, rechts die Figur der „Synagoga", mit gebrochenem Stab und verbundenen Augen dargestellt.

Anhalt an einschlägigen spätmittelalterlichen Quellen neu entwickelt und vor Ort neu geschaffen" worden sind. Die Darstellungen aus Stein und Glas überlieferten jahrhundertealte antijüdische Stereotype und hoben sie in die Gegenwart der Jahrhundertwende. In einer Zeit, in der das Wort der Kirche gerade auf dem Land ein überaus hohes Gewicht besaß, verliehen die neu aufgestellten Skulpturen und die frisch eingesetzten Glasfenster der Judenfeindschaft eine geradezu sakrale Legitimation. Sie trugen dazu bei, unter den christlichen Gläubigen die Distanz gegenüber der jüdischen Minderheit zu vergrößern und die Vorbehalte bis hin zur offenen Ablehnung zu stärken.

Predigten, Traktate, Wahlreden

Auf lange Sicht noch verheerender wirkten christliche Pfarrer und Theologen beider Konfessionen, die in den Jahrzehnten nach dem eingangs genannten Emanzipationsgesetz von 1869 mit judenfeindlichen Predigten, Traktaten und Wahlreden an die Öffentlichkeit traten. Sie haben damit eine kaum zu unterschätzende, massenmedial erheblich verstärkte Aufmerksamkeit weiter Bevölkerungsschichten in den Städten, Kleinstädten und Dörfern gefunden.

Für Westfalen auf protestantischer Seite zu nennen ist der Hofprediger Adolf Stoecker (1835–1909). Er gründete 1878 eine „Christlich-soziale Arbeiterpartei" und wandte sich damit an Arbeiterschaft und Handwerker. Deren Existenzsorgen, in der Gründerkrise der 1870er-Jahre entfacht, beantwortete Stoecker mit einem Sozialprogramm – und mit Schuldzuweisungen an „die Juden". Sie hätten den Geist der Offenbarung in einen Welt- und Geldgeist verwandelt, polemisierte Stoecker. Die rechtliche Gleichstellung ermögliche es ihnen, mittels Geld und Presse eine „jüdische Weltherrschaft" zu errichten. Und weiter:

„Nun haben wir in Deutschland den merkwürdigen Zustand, dass einerseits die übelsten Vertreter des mammonistischen Geistes Juden waren und demnach auch die Unzufriedenheit der arbeitenden Klasse hervorriefen, und dass andererseits die übelsten Vertreter des Umsturzes gleichfalls Juden waren, die aus der Aufregung und Verhetzung des Volks ein Geschäft machten. Also an den beiden Polen, wo die elektrischen Entladungen des sozialen und wirtschaftlichen Ungewitters stattfanden, waren jüdische Elemente am stärksten vorhanden. Es ist wohl ohne Beispiel in der Weltgeschichte, dass ein großes Volk einem Haufen von Fremdlingen gestattete, eine solche Rolle zu spielen und dass kein Staatsmann, kein Fürst Hand anlegte, das Volk vor den Schauspielern dieser Tragödie zu behüten."

Der evangelische Theologe und Politiker Adolf Stoecker

August Rohling, Bauernsohn aus Neuenkirchen bei Rheine, war katholischer Geistlicher und Professor für Theologie in Münster.

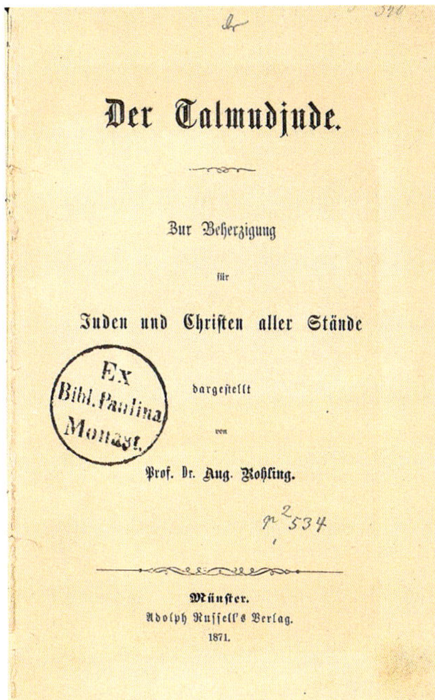

Der Talmudjude.

Zur Beherzigung
für
Juden und Christen aller Stände
dargestellt
von
Prof. Dr. Aug. Rohling.

Münster.
Adolph Russell's Verlag.
1871.

Titelseite der Schrift „Der Talmudjude", die auf dem Land starke Beachtung gefunden hat.

Mit solchen aggressiven antijüdischen Reden suchte sich Stoecker innerhalb der Konservativen Partei von seinen bürgerlich-städtischen Kontrahenten abzusetzen. Stoecker wandte sich vor allem an die ländliche Bevölkerung seiner Wahlkreise im Minden-Ravensberger Land und im Siegerland. Bei den Reichstagswahlen erzielte er vor allem in der dörflich-landwirtschaftlichen Bevölkerung hohe Zustimmung. „Ganze Bauerschaften stimmten wie ein Mann für den geschmähten Hofprediger", fasste kurz nach seinem Wahlsieg 1881 das Evangelische Monatsblatt zusammen.

Seine Kampfreden wurden in hoher Auflage durch Zeitungen, Redebroschüren und Buchpublikationen verbreitet. Inhaltlich bewegte sich Stoecker zwischen dem traditionellen, religiös und wirtschaftlich motivierten Antijudaismus und dem neuen, völkisch-rassischen Antisemitismus. Der Pfarrer vergiftete damit nicht nur in seinen westfälischen Wahlkreisen auf längere Sicht das Klima. In das oben angeführte Zitat, so schränkt der Historiker Arno Herzig ein, seien zwar „keine Vernichtungsfantasien" hineinzuinterpretieren, aber: „Es provozierte sicher auch kein Widerstandspotenzial gegen den ‚Staatsmann', der dreißig Jahre, nachdem dieser Text für fromme Christen geschrieben worden war, daran ging, das ‚Volk' von dieser angeblichen ‚Tragödie' zu befreien".

„Gefürchtete Reibungen"

Für Westfalen auf katholischer Seite zu nennen sind der sauerländische Pfarrer Josef Rebbert (1837–1897) im Bistum Paderborn und, erheblich bekannter und auch länger anhaltend in der Wirkung, der Theologieprofessor August Rohling (1839–1931) im Bistum Münster. Rohling, Bauernsohn aus Neuenkirchen bei Rheine, veröffentlichte 1871 in Münster die Schrift „Der Talmudjude – zur Beherzigung für Juden und Christen aller Stände dargestellt". Darin behauptete er, der Talmud treibe die Juden zu „Schacher und Wucher", zu Betrug, Mord und Gewalt. Sie würden angeblich Land in großem Stil kaufen, um die Bauern umso wirkungsvoller auspressen zu können. Sogar die mittelalterliche Gräuellegende des Ritualmordes erweckte Rohling zu neuem Leben. Der katholische Theologe raunte von einer „sehr beträchtlichen Zahl von Männern, Weibern und Kindern, die in gewissen großen Städten Europas zum größten Entsetzen ihrer Umgebung auf immer verschwinden, ohne auch nur eine Spur zu hinterlassen". Solche Sätze mussten ihre vergiftende Wirkung entfalten.

Eine argumentative Auseinandersetzung mit Rohlings Publikation seitens der universitären Theologie, des Bistums oder der konfessionell gebundenen Pressemedien gab es nicht. So blieben der Rabbiner und Leiter der Marks-Haindorf-Stiftung in Münster, Theodor Kroner, sowie weitere jüdische Autoren allein mit ihrem Widerspruch. In eilig publizierten Artikeln und Gegenschriften widerlegten sie Rohlings Ausführungen, erreichten aber bei Weitem nicht das Lesepublikum, das der Theologieprofessor binnen kurzer Zeit gewinnen konnte. So unterstützte der katholische Bonifatius-Verein Rohling nach Kräften und ließ schon von der ersten Auflage 38 000 Exemplare kostenlos verteilen.

Später wurde Rohling nachgewiesen, dass er kaum des Hebräischen mächtig war, die Originalschriften des Talmud also nicht auslegen konnte. Aus anderen Gründen verlor der Theologe später seine kirchliche Lehrbefugnis. Eine Publikation von ihm landete sogar auf dem kirchlichen Index verbotener Schriften, nicht jedoch sein „Talmudjude". Die Hetzschrift konnte weiterhin die „alte" Judenfeindschaft befeuern – und bald auch den neuen, rassisch geprägten Antisemitismus.

Ausschreitungen in Telgte und Ahaus

Rohlings Pamphlet wurde binnen weniger Jahre mehrfach nachgedruckt. Bis 1922 sollen 17 Auflagen erschienen sein. Noch 1933 wurde Rohlings „Talmudjude" in einem Nachdruck publiziert.

Im August 1871, kurz nach Erscheinen der Rohlingschen Schrift, notierte der Stadtarchivar von Münster, Adolf Hechelmann: „Das Buch des christlichen Autors fand selbst bei der Landbevölkerung eine immer steigende Verbreitung, aber zu gefürchteten Reibungen trieb man die Judenabneigungen nicht." Doch nur wenige Wochen später eskalierte die Stimmung im katholischen Münsterland. „Eine ausgebrochene Judenhetze in dem 2 Stunden von Münster entfernten Wallfahrtsorte Telgte" konnte nur durch Androhung des preußischen Militärs beendet werden – und durch „die Aussicht, die Regierung würde das ergiebige Wallfahrtsgeschäft schließen", berichtete später die „Israelitische Wochenzeitschrift für die religiösen und socialen Interessen des Judenthums". Bald darauf, so ergänzte das Blatt, „wurden zu Ahaus böswillige Excesse gegen die Synagoge vom rohen Pöbel verübt".

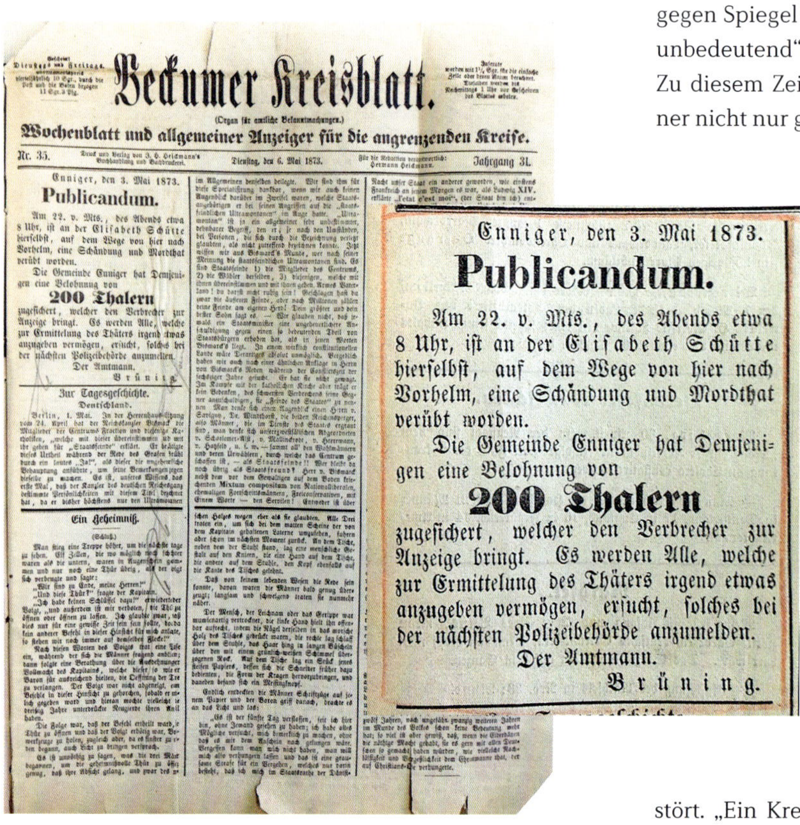

Beckumer Kreisblatt.

(Organ für amtliche Bekanntmachungen.)

Wochenblatt und allgemeiner Anzeiger für die angrenzenden Kreise.

Nr. 35. Dienstag, den 6. Mai 1873. Jahrgang 31.

Enniger, den 3. Mai 1873.

Publicandum.

Am 22. v. Mts., des Abends etwa 8 Uhr, ist an der Elisabeth Schütte hierselbst, auf dem Wege von hier nach Vorhelm, eine Schändung und Mordthat verübt worden.

Die Gemeinde Enniger hat Demjenigen eine Belohnung von

200 Thalern

zugesichert, welcher den Verbrecher zur Anzeige bringt. Es werden Alle, welche zur Ermittelung des Thäters irgend etwas anzugeben vermögen, ersucht, solches bei der nächsten Polizeibehörde anzumelden.

Der Amtmann.

Brüning.

Anzeige auf der Titelseite des „Beckumer Kreisblattes"

Pogromstimmung in Enniger

Rohlings Schrift bildete auch den Hintergrund zu den pogromartigen Ausschreitungen im münsterländischen Dorf Enniger. Dort war am Abend des 22. April 1873, zehn Tage nach dem Osterfest, eine 32-jährige Frau namens Elisabeth Schütte von einem Unbekannten überfallen, vergewaltigt und ermordet worden. Franz Anton Brüning (1812–1895), der als Amtmann die Polizeigewalt ausübte, agierte bei seinen Ermittlungen hilflos und zögernd. Tatspuren wurden nicht gesichert, frühe Hinweise nicht verfolgt, Unschuldige verdächtigt. Im Sommer 1873 geriet der jüdische Kleinhändler Herz Spiegel aus Enniger, der sich anfangs als Zeuge gemeldet hatte, unter Tatverdacht. Kurz vor Weihnachten 1873 wies die Staatsanwaltschaft Münster die Vorwürfe zurück. Nach eingehenden Untersuchungen war sie zu dem Schluss gekommen, dass alle gegen Spiegel vorgebrachten Verdachtsmomente „höchst unbedeutend" seien.

Zu diesem Zeitpunkt aber war die Wut der Dorfbewohner nicht nur gegen Spiegel, sondern gegen alle jüdischen Nachbarn im Dorf längst entfacht. Am Vorabend des 19. November kam es in Enniger „zu einem Volksauflauf gegen die Juden", wie Amtmann Brüning später berichtete. Die Beteiligten pöbelten, lärmten und zündeten Feuerwerk. Sie griffen Herz Spiegel im Dorf auf, schlugen auf ihn ein und verletzten ihn mit einem Messer am Bein. Nur mit Mühe konnte Spiegel entkommen. Der örtliche Gastwirt soll beherzt eingegriffen und ihn versteckt haben.

Spiegels Haus und auch die Häuser anderer Juden im Dorf wurden mit Steinen beworfen. In der kleinen, erst 1870 erbauten Dorfsynagoge wurden sämtliche Glasfenster zerstört. „Ein Kreuz wurde auf die Tür gemalt und auf die Wände ‚St.-Elisabeth-Kapelle' geschrieben", berichtete

WEGE ÜBER DAS LAND: DIE FAMILIE SPIEGEL

Die Familie Spiegel zog 1890, nach dem Tod Herz Spiegels, von Enniger in das rund 10 km entfernte Ahlen. Ein anderer Zweig der Familie ließ sich in Versmold nieder.
Einer der Nachfahren war der Ahlener Viehhändler Siegmund Spiegel (1899–1982). Als er mit seiner Frau Marga (1912–2014) und der Tochter Karin (geb. 1938) „in den Osten" deportiert werden sollte, wurden die drei von Bauern im Münsterland unter Lebensgefahr versteckt gehalten, wie in einem folgenden Kapitel dieses Buches ausführlich dargestellt ist. Marga Spiegel hat den Rettern ihrer Familie später ein Denkmal gesetzt in ihrem Buch „Retter in der Nacht". Die Eheleute Spiegel haben auch dafür gesorgt, dass ihre Retter vom Staat Israel als „Gerechte der Völker" geehrt wurden.
Zu den Nachfahren des seinerzeit zu Unrecht verdächtigten Herz Spiegel aus Enniger zählt auch Paul Spiegel (1937–2006), von 2000 bis 2006 Präsident des Zentralrates der Juden in Deutschland. Seine familiäre Linie geht auf Levi Spiegel zurück, der sich 1890, aus Enniger kommend, in Versmold niedergelassen hatte. Die Familie war dort und später in Warendorf im Viehhandel und Schlachtgewerbe tätig.

die Westfälische Provinzial-Zeitung und unterstrich damit die katholische Prägung der Pogromatmosphäre. Die Dorfbewohner hätten „vor allem" gefordert, es „müsse die neue Synagoge zur Sühne und zu Ehren der Verstorbenen in eine Capelle umgewandelt werden".
Der katholische Hintergrund der Ausschreitungen spiegelte sich auch im Datum. Denn der 19. November war der Namenstag der ermordeten Elisabeth Schütte. In katholischen Gegenden wie dem Münsterland wurde das Namenstagsfest traditionell gefeiert. Der Brauch gründete auf der starken Rolle der Heiligenverehrung und zählte zum Kernbestand katholischer Volksfrömmigkeit, während er im Protestantismus kaum und im Judentum gar nicht bekannt war. Das gewählte Datum war also auch eine Demonstration der katholischen Mehrheit gegenüber der jüdischen Minderheit.
Der Verdacht gegen Spiegel zog Kreise. Im Dorf wurden abstruse Gerüchte, Geschichten und Erlebnisse erzählt, aufgeladen mit antijüdischem Ressentiment. In einem Dossier berichtete Amtmann Brüning von den kursierenden Vorwürfen, die er sich selbst auch zu eigen machte: Die Juden seien arm ins Dorf gekommen, nun seien sie alle reich. Spiegel habe sein eigenes Elternhaus angezündet, habe dafür Geld kassiert und sei dann nach Enniger verzogen. In den Wirtshäusern würden „die" Juden „das große Wort schwingen". Den Bauernsöhnen würden dort „unverheiratete Judenburschen" den Rang streitig machen. All das sollte die vermeintliche „jüdische Raffgier" belegen, von der Brüning überzeugt war.
Sogar die aus dem Mittelalter stammende Legende des jüdischen Ritualmordes wurde in Enniger neu belebt. Brüning stritt das zwar gegenüber dem Staatsanwalt ab – „dass die Juden zur Einweihung ihrer Synagoge Christenblut gebrauchten, glaubt in Enniger niemand". Doch seine tatsächliche Einstellung verriet er mit dem unmittelbar folgenden Nachtrag „[...] obgleich den Juden nach dem neuerdings allgemein bekannt gewordenen Talmud vieles erlaubt sein soll, was den Christen ihre Religion verbietet." Ohne Zweifel spielte der Amtmann damit auf die seinerzeit vielgelesene Hetzschrift „Der Talmudjude" des Theologieprofessors Rohling an.

Eine anonyme Warnung

Zur Jahreswende 1873/74 bereiteten Dorfbewohner in Enniger weitere Aktionen gegen die jüdische Gemeinde vor. In einem anonymen Brief wurde der Landrat gewarnt, „dass zum Silvester wieder ein Judencrawall statthaben soll". Und weiter: „Meinen Namen darf ich nicht nennen, da, wenn man hier von dieser Anzeige hörte, es mir noch schlimmer als den Juden ging." Der Verfasser blieb unbekannt. Er stammte offenkundig aus Enniger und war, soweit erkennbar, der einzige, der sich aktiv den antijüdischen Exzessen entgegenzustellen versuchte.
Auch die Vertreter der jüdischen Minderheit setzten sich zur Wehr. Moses Spiegel aus Warendorf, ein Verwandter des verdächtigten Handelsmannes, informierte den Landrat über das umlaufende Gerücht, „dass von Seiten christlicher Bewohner Ennigers die Neujahrsnacht zu neuen Excessen bestimmt sei". Er warnte den Landrat und forderte Gegenmaßnahmen, „um die besagten Juden gegen neue Gewalttätigkeiten zu schützen".

Der Druck der Dorfstraße

Auf diese Warnungen hin wurde Polizei herbeigerufen, die die Ausschreitungen der Silvesternacht unterband – zumindest für einige Stunden. Früh am Neujahrsmorgen 1874 feuerten Unbekannte dann doch noch mehrere Pistolenschüsse auf das Haus des Herz Spiegel ab. Amtmann Brüning tat in den folgenden Tagen alles, um auch diesen Anschlag herunterzuspielen.

Weder der oder die Täter der „Judencrawalle“ noch der Mörder der Elisabeth Schütte wurden je gefunden. Herz Spiegel aber wurde, wie alle jüdische Dorfbewohner, weiterhin heftig angefeindet. Nächtliche Steinwürfe auf die Häuser jüdischer Familien waren begleitet von einem Hetzruf: „He hät't doch daohn! – Er hat es doch getan!“
Bereits um die Jahreswende 1873/74 verließ die erste jüdische Familie Enniger. Alle weiteren folgten in den kommenden Jahren. Lediglich der Hauptverdächtige Herz Spiegel hielt mit seinen Angehörigen stand, als wollte er seine Unschuld beweisen, indem er blieb und nicht gewillt war, sich dem Druck der Dorfstraße zu beugen.
Die kleine Dorfsynagoge stand bald ungenutzt. Es kamen kaum noch Juden in das Gotteshaus. Herz Spiegel selbst stellte 1890 den Antrag, die Synagoge abreißen zu lassen. Wenig später verließen mit der Familie Spiegel die letzten Juden das Dorf. In einem Brief an den Beckumer Landrat schrieb ihnen Amtmann Franz Brüning am 17. Juni 1890 hinterher: „Es wird in absehbarer Zeit keine Judenfamilie wieder nach Enniger kommen!“

Ritualmordlegende in Xanten

Enniger war, wegen des unmittelbaren Zusammenhangs mit der Rohling-Schrift, ein besonderer Fall. Aber es war kein Einzelfall. Ähnliche Ausschreitungen, verbunden mit dem Vorwurf des Ritualmordes, hatte es bereits im ersten Drittel des 19. Jahrhunderts in katholischen Dörfern und Kleinstädten des Rheinlandes gegeben, von der Eifel bis zum Niederrhein. Zu einem ähnlichen, reichsweit besonders stark beachteten Fall kam es 1891, also fast zwei Jahrzehnte nach den Ereignissen von Enniger, in der damals rund 3800 Einwohner zählenden Kleinstadt Xanten am Niederrhein. Dort löste der Mord an einem fünfjährigen Jungen in der Bevölkerung den Verdacht aus, es handele sich um einen Ritualmord. Beschuldigt wurde ein jüdischer Viehhändler und Metzger namens Adolf Buschhoff. Wie in Enniger, so kam es auch in Xanten zu Ausschreitungen gegen den Verdächtigten, seine Familie und auch gegen die jüdische Gemeinde. Doch anders als in Enniger fanden die Xantener Ereignisse ein deutschlandweit überaus reges Echo in den Medien, insbesondere in den nationalkonservativen Zeitungen, in der katholischen Zentrumspresse sowie in den Blättern der Antisemitenparteien.
Und auch das war anders als in Enniger: In Xanten kam es zu einem Gerichtsprozess. An dessen Ausgang wurde der Beschuldigte freigesprochen. Angesichts der fortdauernden antisemitischen Anfeindungen musste Buschhoff mit seiner Familie den Ort verlassen. Auch die jüdische Gemeinde der katholischen Kleinstadt geriet unter erheblichen Druck seitens der kleinstädtischen Mehrheit und schrumpfte von 80 Mitgliedern (1890) auf gerade einmal 14 Mitglieder (1925).
Zwischen den Ereignissen im westfälischen Dorf Enniger und der niederrheinischen Kleinstadt Xanten gab es Unter-

Versmold um 1925: Rechts ist das Ladengeschäft der Brüder Bergfeld zu erkennen.

schiede, aber auch Parallelen, zu denen nicht zuletzt auch die katholische Konfession der Mehrheitsbevölkerung zählte. Doch der Glaube an antijüdische Gerüchte und Ritualmordlegenden war keine Frage der Konfession. Das zeigt ein Blick auf Ereignisse im Spätherbst 1899 in Versmold (Kreis Halle), einer ländlichen Kleinstadt mit 1600 Einwohnern im protestantisch geprägten Ravensberger Land.

Ein Gerücht ging um in Versmold

In Versmold war der Bau einer Synagoge ins Stocken geraten, weil es bei der amtlichen Baugenehmigung ein Missverständnis zwischen dem örtlichen Amtmann und der Regierungsverwaltung in Minden gegeben hatte. Je länger die Baupause andauerte, desto stärker fand das Gerücht Verbreitung, „die Juden könnten die Synagoge nicht weiter bauen, weil dazu Christenblut nöthig sei", wie es die liberale „Bielefelder Zeitung – Der Wächter" zusammenfasste. Wer das Gerücht in die Welt gesetzt hatte, war und blieb ungeklärt. War es anfangs noch halbwegs allgemein gefasst, so nahm es bald konkretere Züge an. In den Mittelpunkt rückte das Ladengeschäft der Versmolder Kaufleute Carl und Oscar Eduard Bergfeld, zweier Mitglieder der örtlichen Synagogengemeinde. Im Keller ihres Landgeschäftes sitze „ein Jude mit langem schwarzen Barte und Brille, der mit einem langen Messer bewaffnet sei, um einen Christen zu schlachten, durch dessen Blut der Weiterbau der Synagoge gefördert werden solle". Mit diesen Worten schilderte einer der beiden Brüder das umlaufende Gerücht für die Leserschaft der Zeitschrift „Im deutschen Reich – Zeitschrift des Centralvereins Deutscher Staatsbürger jüdischen Glaubens". Dem Versmolder Kaufmann zufolge sei die Blutgeschichte von Dorfkindern und Landarbeitern, von einer Köttersfrau, einem Briefträger und einem Schneider erzählt worden; letzter habe unter anderem in der Gastwirtschaft nach Aussage mehrerer Zeugen „den Fall für verbürgt erzählt".

Das Gerücht verbreitete sich binnen weniger Wochen auch über die politischen und konfessionellen Grenzen: ins benachbarte katholische Münsterland auf der einen Seite, ins Hannoversche nach Melle, Iburg und Dissen auf der anderen Seite.

Das Geschäft Bergfeld verzeichnete eine „bedeutende Mindereinnahme" gegenüber dem Vorjahr, wie der Kaufmann zusammenfasste. „Auch konnten wir feststellen, dass wirklich in letzter Zeit sehr wenige Kinder und Frauen zu uns gekommen waren und dass es nach 8 Uhr fast nichts mehr zu tun gegeben hatte."

Zu einer Pogromstimmung oder gar einem Ausbruch offener Gewalt kam es aber, anders als in Xanten oder Enniger, in Versmold nicht. Den Grund sah die „Bielefelder Zeitung – der Wächter" darin, dass „selbst die vom Wahne Betörten sich nicht zu Gewalttätigkeiten hinreißen ließen, sondern von Vernünftigeren rechtzeitig eines Besseren belehrt wurden". Vor allem die Vertreter der dörflichen Elite hatten früh und klar Position bezogen. So konnten sich die Kaufleute Bergfeld auf die öffentliche Unterstützung des Landrates Clemens August von Korff-Schmising und vor allem auch des Versmolder Amtmanns Ernst Graßhof verlassen. Als örtlicher Vertreter der Polizeibehörde unterzeichnete Graßhof am 23. November 1899 einen Artikel, der im Haller Kreisblatt und auch im benachbarten Iburger Kreisblatt erschien. Kaufmann Bergfeld wies das Gerücht als „ebenso unwahr wie böswillig und unsinnig" zurück und setzte 500 Mark Belohnung für Hinweise auf den Urheber des Gerüchts aus.

Enniger war nicht der erste, Versmold war nicht der letzte Fall dieser Art. Allein im Jahrzehnt zwischen 1893 und 1902 soll es an 38 Orten in Deutschland zwischen Niederrhein und Oberschlesien zu ähnlichen Ritualmordvorwürfen gekommen sein, in Dörfern und ländlichen Kleinstädten ebenso wie in großen Städten wie Braunschweig oder Breslau. Ohne den christlich geprägten Antijudaismus waren sie kaum denkbar, ohne die Propaganda der neuen Antisemitenparteien und -prediger hätten sie kaum diese hohe Zahl erreicht.

„Ein Stück Mittelalter"?

„Und das am Ende des 19. Jahrhunderts!", so stöhnte ein westfälischer Redakteur über die Versmolder Ereignisse, die ihm wie „ein Stück Mittelalter" vorkamen. Die antisemitischen Gräuellegenden und Gerüchte schienen nicht mehr in eine Epoche zu passen, die von Industrialisierung und Urbanisierung, von Wissenschaft und moderner Technik geprägt war. Doch es war umgekehrt. Der Modernisierungsschub in der Zeit des Kaiserreiches hatte eine Gegenbewegung provoziert, in der sich lebensreformerische Strömungen sowie Esoterik, Okkultismus und Geisterglauben bündelten. Im städtisch-bürgerlichen Milieu bildete sich eine Subkultur von Forschern, Publizisten, Vereinen und Verlagen heraus. Sogar Vertreter von Disziplinen wie Psychologie, Philosophie, Volkskunde oder auch der Kriminalforschung suchten okkulte Fragen mit wissenschaftlichen Methoden zu beantworten. In Westfalen etwa überprüften Wissenschaftler regionale Erzählungen wie die „Endzeitschlacht am Birkenbaum" oder das „Zweite Gesicht" und überhöhten deren angeblichen Realitätsgehalt.

Solche Deutungen, in Zeitungsartikeln und Schriften mit hohen Auflagen verbreitet, befeuerten am Ende die Bereitschaft, das Unglaubliche für glaubhaft und das Unheimliche für möglich zu halten. Es entstand ein diffuser Raum, in dem sich Glauben und Aberglauben, Wissenschaft, Rasse- und Volkstumsideologie vermengen und jahrhundertealte Erzählmotive christlicher und volkstümlicher Provenienz neue Wirkung entfalten konnten, gerade auch in antisemitischen Gerüchten und Beschuldigungen.

Viehmarkt auf dem Marktplatz in Soest, um 1900: Wer zu Markte ging, tat gut daran, sich mit den dortigen Gepflogenheiten und dem gängigen Jargon vertraut zu machen. Das galt für Händler wie für Bauern, für Juden wie für Nichtjuden.

„Beis meis schiwwen schuck für die beheime“

Jüdische Sprachwelten in Westfalen um 1900: Zwischen Platt und Hochdeutsch, Hebräisch und „Jüdischdeutsch“

An diesem Dorfe, an seinen Menschen, seinen Bergen, Wäldern, Feldern und Wiesen, an seinem klaren Himmel, seinen kalten Winden, an seinem Plattdeutsch, seinen scharfen Witzen und Redensarten hing ich mit ganzer Seele bis in mein Alter hinein.“

So schreibt der spätere Lehrer Simon Grünewald (1868–1961) in seinen Erinnerungen an die Kindheitsjahre in Pömbsen, einem Dorf bei Driburg im östlichen Westfalen. Grünewalds Urgroßvater Mosche (1760–1839) hatte zu Beginn des 19. Jahrhunderts ein Bauernhaus im Dorf erworben, in dem die folgenden Generationen der Familie lebten – „darin wurde ich geboren“, schreibt Grünewald. Das Fachwerkhaus mit Wohntrakt, Ladenraum und Stallungen sei im Dorf „Meoschkens“ genannt worden, was so viel bedeutete wie „Moses' Haus“.

Eine kleine Landwirtschaft sowie Warenhandel und eine Metzgerei nennt Grünewald als Einnahmequellen seiner Eltern. Er beschreibt den Lebensalltag seiner Familie zwischen ländlicher Natur und dörflichem Alltag, zwischen Ressentiment, teils auch dumpfem Antijudaismus der Umgebung und den orthodoxen Gepflogenheiten seiner Familie und der kleinen jüdischen Gemeinde Pömbsens.

Diese Vielfalt spiegelt sich auch in der vielschichtigen Sprachwelt, in der Grünewald aufwuchs und in der er sich mit seiner Familie bewegt hat. Es war ein Nebeneinander durchaus unterschiedlicher Sprachen, das in ähnlicher Form den Alltag vieler Landjuden in Westfalen im 18. und 19. Jahrhundert geprägt haben dürfte.

Da war zunächst und vor allem die Alltagssprache des Dorfes und der Nachbarn: das Niederdeutsche, das westfälische Platt. Es sei tief in seinem Gedächtnis haften geblieben, bemerkt Grünewald mehrmals in seinen Erinnerungen, die er im Alter niedergeschrieben hat. An einer Stelle unterstreicht er: „Zu Hause sprachen wir gutes Hochdeutsch, verstanden und sprachen aber auch Plattdeutsch. Es ist mir heute noch vollkommen geläufig.“

Das Niederdeutsche war im ländlichen Westfalen seit Jahrhunderten die Alltagssprache schlechthin, und das war sie selbstverständlich auch für die auf dem Land lebenden Jüdinnen und Juden. Ohne Niederdeutsch zu verstehen und zu sprechen, wäre ihnen das Leben im Dorf nicht möglich gewesen.

Hebräisch lesen lernen

Zum Hochdeutschen und Plattdeutschen kam für Simon Grünewald schon im frühen Kindesalter das Hebräische hinzu. Es war nicht die Sprache des alltäglichen Austausches, sondern es war die Sprache der Religion, der Gebete und rituellen Gegenstände, die Grünewald in seinen hochdeutschen Erinnerungen erläuterte. Es war auch die Sprache seiner ersten Lektüre:

„Der Vater lehrte uns und auch die Schwestern hebräisch zu lesen. Vom dritten Jahr ab bekamen wir Knaben ein Arba Kanfoth (kleiner Gebetsmantel), und es wurde uns jeden Morgen ein kurzes Gebet (Birchot Haschachar) zum Nachsprechen vorgesagt. Als wir etwas älter waren, mussten wir das ganze Morgengebet verrichten, und vom ersten Jahr ab auch Tefillin (Gebetsriemen) dabei anlegen und auch die Fasttage halten. Jeden Schabbathnachmittag lasen wir dem Vater die Sabbatpsalmen im Winter und die Sprüche der Väter im Sommer laut vor. Er verbesserte dann die Lesefehler, während er Kaffee trank. Denn er kannte das alles und große Teile des Tanach (Bibel) aus dem Kopfe."

In vielen Alltagsmomenten habe der Vater Zitate aus der Bibel, des Talmud oder auch des mittelalterlichen jüdischen Gelehrten Raschi eingestreut – Werke, „die er ausgezeichnet beherrschte", wie sein Sohn sich noch Jahrzehnte später voller Respekt erinnerte.

Reden wie die Pferde- und Viehhändler

In Pömbsen gab es eine weitere Sprachwelt, die sich zwischen den drei bislang genannten bewegte und die Grünewald folgendermaßen beschreibt:

„Im Handel wurde viel gemauschelt, und hebräische Wörter [wurden] falsch angewandt. Rad = Taler, Kessef Tak = Silbergroschen, Poschet = Pfennig, und anderswo hörte ich ‚Schuk' für Mark."

Grünewald zitiert auch einen Beispielsatz und fügt dessen Übertragung gleich an: „Der Nuzze Schor ist auf'n Schulchen gehanlecht und hat die ganze Milchome zerschabert. – Der Federochs (Hahn) ist auf den Tisch geflogen und hat die Krüge zerbrochen."

Das war die Sprache der Pferde- und Viehhändler. Vor allem im ländlichen Westfalen war ihr sonderbarer Tonfall vielerorts zu hören: auf dem Fettmarkt in Warendorf, auf dem Pollhansmarkt in Schloss Holte, auf dem Allerheiligenmarkt in Soest, auf Wilbasen bei Blomberg und auf all den vielen anderen regionalen und örtlichen Vieh- und Handelsmärkten. „Viehhändlersprache" wurde – und wird – sie häufig genannt. Sie zog aber noch eine Vielzahl weiterer Bezeichnungen auf sich: Westjiddisch, Händler-Hebräisch, Lotegorisch, Lachodisch oder, wie Grünewald für das östliche Westfalen berichtet, „Peckelsheimer Loschen Kaudesch". Dahinter verbarg sich, stark verballhornt, das hebräische „Laschon Ha Kodesch", was so viel bedeutet wie„heilige Zunge", die Selbstbezeichnung des Hebräischen.

Der aus Rheda stammende Sprachwissenschaftler Werner Weinberg (1915–1997), der als einer der ersten die Sondersprache und ihre westfälischen Besonderheiten systematisch erforscht hat, legte hingegen großen Wert auf die Bezeichnung „Jüdischdeutsch". Denn, so lautete sein Argument: Die deutsche Sprache bildet das grammatische Grundgerüst des Satzbaus und prägt auch die Wortbildung. Viele Wörter und Redewendungen sind über Jahrhunderte aus dem Hebräischen oder Jiddischen eingesickert und haben sich durch den alltäglichen Gebrauch nahtlos eingefügt. Am Ende, so Weinberg, sei „fast immer eine harmonische Symbiose zwischen hebräischem Stamm und deutscher Struktur" entstanden.

Eine besondere Sprachgeschichte

Diese Sondersprache hat ihre ganz eigene Geschichte. Seit dem 18. Jahrhundert lag der Handel mit Pferden, später auch mit Rindvieh, vielfach in Händen jüdischer Viehhändler. Das hatte historische Gründe, wie an anderer Stelle geschildert, und war im Württembergischen oder in Franken ähnlich ausgeprägt wie in Hessen, Ostfriesland – oder eben in Westfalen. Wurden Tiere ver- oder gekauft, mischten sich die jeweiligen Dialekte, in Westfalen das Plattdeutsche, mit dem Hochdeutschen und mit Wörtern oder Redewendungen aus der hebräischen Sprache oder aus dem Jiddischen. Diese Sprachvariante des Deutschen wiederum hatte sich seit dem Mittelalter unter denjenigen Juden entwickelt, die aus Deutschland nach Osteuropa geflohen waren und an der Sprache ihrer damaligen Heimat, dem Mittelhochdeutschen, festhielten.

Wer zu Markte ging, tat gut daran, sich mit den dortigen Gepflogenheiten und dem gängigen Jargon vertraut zu machen. Das galt für Händler und Bauern, für Käufer und Verkäufer, für Juden und Nichtjuden. Wichtig zu wissen waren vor allem die Zahl- und Spezialwörter, aber auch die Satzformeln, ferner die Gesten von Kopf, Hand und Körper beim Aushandeln eines Kaufs. Dieses Wissen wurde von Händlern wie von Bauern zumeist mündlich an die nächstfolgende Generation, an vertraute Geschäftspartner oder auch an Nachbarn weitergegeben.

Auf Außenstehende mochte das alles fremd oder gar geheimnisvoll wirken, für die Beteiligten war es das in der Regel nicht. Wer die Gesten und Regeln, die Wörter und Redeweisen nicht kannte, musste sie erlernen. Dabei halfen aufmerksames Zuhören und ein Blick in eine der vielen umlaufenden Wortlisten. Manche waren von Hand

Der
vollkommene
Pferde-Kenner,
welcher nicht nur
alle Schönheiten, Fehler und verschiedene
Landes-Arten der Pferde zu erkennen giebt,
sondern auch anweiset,
Wie man mit dem Pferd von seinem Ursprung an umgehen muß; wie es zum Reiten und Fahren anzugewöhnen ist; wie Sattel, Zäumung und Beschläg beschaffen seyn muß; wie alle Krankheiten zu erkennen und mit denen bewährtesten Mitteln zu heilen sind; wie man bey dem Wallachen, Englisiren und andern chirurgischen Operationen an denen Pferden verfähret, nebst einem alphabetischen Verzeichnis derer von denen Juden sonderlich auf Roß-Märkten gebräuchlichen hebräischen Wörter, Redens-Arten und ihrer Art zu zählen,
durchgesehen und mit einer Vorrede begleitet
von
Wolf Ehrenfried von Reizenstein,
Seiner Hochfürstl. Durchlaucht
des
regierenden Herrn Marggrafen
zu Brandenburg-Onolzbach
Hochbetrauten Geheimen Rath und Obrist-Stallmeister,
dann
Ober-Amtmann zu Uffenheim und denen incorporirten
Aemtern rc.

Uffenheim, gedruckt bey Joh. Simon Meyer, Hochfürstl. privil. Buchd. 1764.

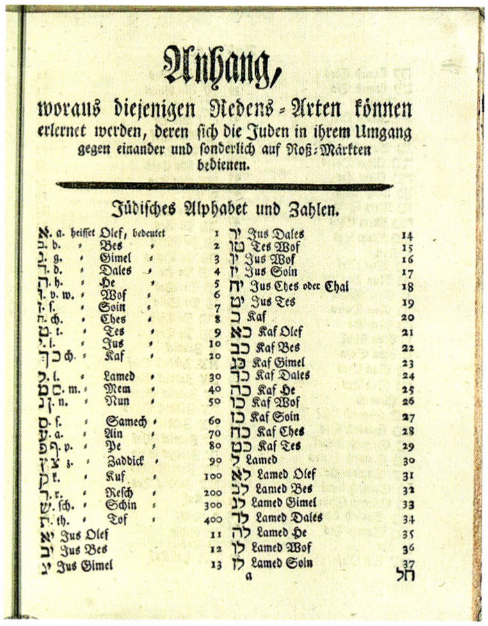

Anhang,
woraus diejenigen Redens-Arten können erlernet werden, deren sich die Juden in ihrem Umgang gegen einander und sonderlich auf Roß-Märkten bedienen.

Jüdisches Alphabet und Zahlen.

א	a. heisset	Olef, bedeutet	1	יד	Jus Dales	14
ב	b.	Bes	2	טו	Tes Wof	15
ג	g.	Gimel	3	יו	Jus Wof	16
ד	d.	Dales	4	יז	Jus Soin	17
ה	h.	He	5	יח	Jus Ches oder Chai	18
ו	v. w.	Wof	6	יט	Jus Tes	19
ז	s.	Soin	7	כ	Kaf	20
ח	ch.	Ches	8	כא	Kaf Olef	21
ט	t.	Tes	9	כב	Kaf Bes	22
י	j.	Jus	10	כג	Kaf Gimel	23
כ ך	ch.	Kaf	20	כד	Kaf Dales	24
ל	l.	Lamed	30	כה	Kaf He	25
מ ם	m.	Mem	40	כו	Kaf Wof	26
נ ן	n.	Nun	50	כז	Kaf Soin	27
ס	s.	Sameck	60	כח	Kaf Ches	28
ע	a.	Ain	70	כט	Kaf Tes	29
פ ף	p.	Pe	80	ל	Lamed	30
צ ץ	z.	Zaddick	90	לא	Lamed Olef	31
ק	k.	Kuf	100	לב	Lamed Bes	32
ר	r.	Resch	200	לג	Lamed Gimel	33
ש	sch.	Schin	300	לד	Lamed Dales	34
ת	th.	Tof	400	לה	Lamed He	35
יא		Jus Olef	11	לו	Lamed Wof	36
יב		Jus Bes	12	לז	Lamed Soin	37
יג		Jus Gimel	13			

a חל

Das Buch „Der vollkommene Pferdekenner“ von 1764 enthält eine Liste der Zahlen, Wörter und Redensarten, „deren sich die Juden in ihrem Umgang gegen einander und sonderlich auf Roß-Märkten bedienen“.

abgeschrieben, andere im handlichen Format gedruckt und gefaltet, sodass Bauern und Händler sie auf den Viehmärkten rasch hervorziehen konnten.

Das Hilfslexikon eines Oberstallmeisters

Die ersten dieser Übersetzungshilfen gab es, seit jüdische Händler auf dem Land lebten, also seit dem frühen 18. Jahrhundert. Eine der ältesten bekannten Schriften dieser Art stammt aus dem Jahr 1715. Ihr Titel lautete, im Stil der Zeit: „Jüdischer Sprachmeister: oder Erklärung, was zwischen zweyen Juden, als einen Rabbinen und Handelsmann, in einem Discours von unterschiedlichen Sachen, auf ihre gewöhnliche Redens=Art abgehandelt wird“. Der Verfasser ist unbekannt, entstanden ist es vermutlich im Rheinland. Darauf zumindest deuten die Ortsnamen Köln, Kreuznach und Mainz hin, die im Vorwort aufgeführt sind.

Im Laufe des 18. Jahrhunderts entstanden ähnliche Werke mit Titeln wie

- „Vocabularium hebraicum“ (Nürnberg 1728),
- „Kurtze und gründliche Anweisung zur Teutsch-Jüdischen Sprache“ (Freiberg/Sachsen 1733) oder auch
- „Jüdischer Sprachmeister oder Hebräisch-Teutsches Wörter=Buch, Darinnen Zur Erlernung derjenigen Redens-Arten, deren sich die Juden in ihrem Umgang gegen einander zu bedienen pflegen“ (Frankfurt und Leipzig 1742).

In diese Reihe gehört auch ein zweibändiges Handbuch zur Pferdehaltung mit dem Titel „Der vollkommene Pferdekenner“ (1764, verfasst von Wolf Ehrenfried von Reitzenstein (1712–1778). Der Autor, ein süddeutscher Adliger, stand als Oberstallmeister in Diensten des Markgrafen Karl Alexander von Brandenburg-Ansbach in Franken. In diesem Buch widmet sich Reitzenstein allen Fragen der Pferdezucht und -haltung. Er beschreibt Mittel und Methoden der Tiergesundheit, empfiehlt geeignetes Zaumzeug und Beschlag sowie auch „Mittel, durch welche das Pferd ein gutes Ansehen bekommt“.

Nicht im Inhaltsverzeichnis aufgeführt und versteckt im zweiten Teil des Handbuches findet sich ein „Anhang, woraus diejenigen Redens-Arten können erlernt werden, deren sich die Juden in ihrem Umgang gegen einander und sonderlich auf Roß-Märkten bedienen“. Auf 25 unpaginierten Seiten ist eine Art Hilfslexikon veröffentlicht, das die hebräischen Zahlen auflistet sowie rund 1500 jiddische bzw. jüdischdeutsche Begriffe ins Hochdeutsche übersetzt. Im Anschluss sind fünf fiktive Gespräche „zwischen zween Juden“ oder auch zwischen jüdischen und christlichen Händlern oder Landwirten abgedruckt. Während sich diese konstruierten Gespräche im weiteren Sinn um den Handel mit Pferden drehen, stammen viele Begriffe des Wörterbuches auch aus anderen Feldern des Alltagslebens wie etwa Ernährung, Bräuche, Familienleben, jüdische Festtage oder Lebensführung.

Eine judenfeindliche Umdeutung

Barocke Buchwerke wie dieses dienten vornehmlich der Aufklärung, dem Erlernen der Sprache und dem Austausch, der Verständigung. Das änderte sich im 19. Jahrhundert mit dem „Lexicon der jüdischen Geschäfts- und Umgangssprache“. Es ist erstmals 1833 in München erschienen. Als Verfasser wird ein gewisser Itzig Feitel Stern genannt. Dieser Name war ein Pseudonym. Er sollte eine vermeintlich jüdische Herkunft nahelegen und damit das „Lexicon“ glaubwürdiger wirken lassen.

Der bis heute unbekannt gebliebene Autor verknüpfte sein Wortverzeichnis mit einer antijüdischen Stoßrichtung, wie schon die ersten Sätze des Bändchens erkennen lassen: „Die lussnekoudische oder jüdisch-deutsche (eigentlich heilige) Sprache ist ein verworrenes Gemenge von verunstalteten hebräischen und deutschen Urwörtern, welche nach den Regeln der deutschen Sprache sowohl in der Deklination als in der Conjugation, mit wenigen Ausnahmen, gebeugt werden. Die Juden bedienen sich ihrer untereinander, um im Handel und Wandel den Christen unverständlich zu bleiben und ihre Geheimnisse, Pläne und Absichten vor Letzteren sorgfältig verschleiert zu halten."

Aus dem Jüdischdeutschen war eine „dunkle, geheime Geschäftssprache" geworden, aus dem Marktjargon eine intrigante Handelstaktik und aus dem christlichen Bauern oder Handelskunden ein potenzielles Opfer, hilflos gegenüber angeblich verborgenen Mächten, die sich, so die Behauptung, mittels ihrer Geheimsprache über seinen Kopf hinweg verständigten. Kurzum: Der gesamte Tonfall des „Lexicons" war eindeutig judenfeindlich.

מדרשספר
לתנהקדש אשקנז ואשקנס לתנהקדש׃
Lexicon
der
jüdischen Geschäfts- und Umgangs-Sprache
von
Itzig Feitel Stern.
Jüdisch deutsch und deutsch jüdisch.

Medrasch Sefer
(aff mer habst Kenservaziumslexekum)
Minha Lussnekodesch aschkenas ve aschkenas Lussnekodesch.
Bes Plaget.
El Kizer Dakdek, lussnekoudisch ze lamdene.
Chittisch Meloche
vun
Itzig Feitel Stern.

Jüdisch af deutsches unn deutsch af jüdisches
Kenservaziuns-Lexekum
vun
Itzig Feitel Stern,
beduchen Sophri Jehudim.

Titelseite des Buches, das ein anonymer Verfasser unter dem Namen „Itzig Feitel Stern" erstmals 1833 veröffentlicht hat.

Geheim blieb allein der Verfasser

Diese manipulative Umdeutung des Jüdischdeutschen verschaffte dem Traktat bis 1920 mindestens 20 Neuauflagen – zweifellos ein einträgliches Geschäft für den Verlag und den unbekannten Verfasser, der unter seinem Pseudonym noch einige weitere antijüdische Hetzgeschichten publiziert hat. Was das „Lexicon" den jüdischen Händlern unterstellte, bezog sich aber eher auf den anonymen Autor und sein Druckhaus selbst: Verfasser und Verlag waren es, die „ihre Geheimnisse sorgfältig verschleiert" halten konnten. Bis heute konnte die Forschung nicht zweifelsfrei klären, wer sich hinter dem Pseudonym „Itzig Feitel Stern" verbarg.

Nach dem Vorbild dieses „Lexicons" erschienen zahlreiche ähnliche Wortlisten und Broschüren. Hier die Auswahl einiger Titel:

- „Die geheime Geschäftssprache der Israeliten: ein Hand- und Hilfsbuch für Alle, welche mit Israeliten in Geschäftsverbindung stehen und der hebräischen Sprache (der s. g. Marktsprache) unkundig sind" (Neustadt an der Aisch, um 1878; allein bis 1894 zwölf Neuauflagen),
- „Die Geheimsprache der Handelsleute oder Dolmetscher und Wörterbuch zur Entzifferung aller beim Handel und Wandel vorkommenden jüdischen und jargonischen Wörter und Redensarten für Metzger, Viehhändler, Ökonomen und Gewerbetreibende aller Art" (Leipzig 1879),
- „Sem und Japhet, die Wörter der jüdischdeutschen Umgangssprache" (Leipzig 1882),
- „Dolmetsch der Geheimsprache – bearbeitet nach dem Avé-Lallemant für Beamte, Gerichtspersonen und besonders Kaufleute" (Leipzig 1889),
- „Jüdisch-Deutscher Dolmetscher – ein praktisches Jargon-Wörterbuch nebst kurzer Grammatik und Gespräche, Erzählungen, Redensarten und Kalender, Zahl-, Mass-, Münz- und Gewichtstafel" (Leipzig 1901),
- „Wörterbuch der jüdischen Geschäfts- und Umgangs-Sprache" (Nürnberg, um 1920).

Dieses zuletzt genannte „Wörterbuch" wurde wiederholt nachgedruckt. Stark gekürzt war es noch 2021 über einen Versandhandel für den Bedarf landwirtschaftlicher Tierhaltung im Münsterland sowie über den Fachverlag „Vieh und Fleisch" der Deutschen Viehhandelsgesellschaft in Bonn erhältlich. Ein Vorwort oder eine einführende Erläuterung fehlt, das Wörterbuch gibt sich betont sachlich.

Anders die älteren Schriften: Titelillustrationen karikieren in abwertendem Stil jüdische Händler. In anonymen Einleitungen wird ihnen pauschal „Preiswucher" oder „Mauschelei" unterstellt. Dieses jüdischdeutsche Wort, das Simon Grünewald in seinen Erinnerungen an Pömbsen wertfrei verwandte, bedeutete ursprünglich so viel wie „Gleichnisse erzählen". Doch seit dem 19. Jahrhundert war es auch zum antisemitischen Kampfbegriff geworden. 1882 nannte das von den Brüdern Grimm gegründete „Deutsche Wörterbuch" unter „mauscheln" ausschließlich diese Bedeutungen: „wie ein schacherjude verfahren; im handeln: täuscheln und mäuscheln, sich mit heimlichen und unerlaubten geschäftchen abgeben".

Ein „Geheimnis", das viele kannten

Die Unterstellung des Manipulativen blieb am Jüdischdeutschen ebenso haften wie seine Herkunft „von unten". Es galt als Sprache der Gasse und der Gastwirtschaften, als Alltagsjargon der Viehmärkte, Schlachthöfe und Lagerhallen. Ärzte hingegen, Rechtsanwälte, Fabrikanten, Großkaufleute und andere Vertreter der arrivierten bürgerlichen Oberschicht nahmen die Wörter und Redewendungen kaum in den Mund. „Diese Schicht", so Werner Weinberg in seinem Rückblick, „distanzierte sich manchmal bewusst von ihm [dem Jüdischdeutschen] und leugnete oft jede Kenntnis des Vokabulars ab. So wurde es ganz überwiegend in den mittleren und unteren Schichten gebraucht, also von Wein-, Getreide-, Hopfen-, Fell- und Viehhändlern, von Ladenbesitzern und Reisenden in der Textilbranche, von Handwerkern und von Hausierern. In diesen Kreisen wurde das jüdisch-deutsche Idiom als Erbe der Väter erhalten und sogar gepflegt. Hier diente es auch der Unterscheidung von den Nichtjuden, als Quelle für Spaß und Witze und manchmal auch als Geheimsprache. Jedoch beherrschte mancher christliche Bauer oder Metzger selbst einen guten Teil des Vokabulars."

Das angebliche Geheimnis hatte also seine Grenzen. Letztlich kannten es viele. So geheim, wie die Antisemiten behaupteten, war die Sprache nie.

Auf den Viehmärkten war und blieb das Jüdischdeutsche der gängige Jargon unter Händlern und Bauern, selbst über den Bruch der NS-Zeit hinaus: „Ich erinnere mich an die 1950er-Jahre, in denen ich nach der Schule gelegentlich meinen Vater zu den Viehmärkten begleitete", schreibt Paul Spiegel, der aus Warendorf gebürtige spätere Präsident des Zentralrates der Juden in Deutschland. „Da hörte ich, wie er und seine christlichen Geschäftspartner, aber auch nicht-jüdische Viehhändler

EIN LEXIKON ALS GEDENKSTEIN

Werner Weinberg – das Foto entstand 1975 bei der 100-Jahr-Feier des Hebrew Union College in Cincinnati, an dem Weinberg als Professor für hebräische Sprache und Literatur tätig war.

Der jüdische Händler sagt: „Ich gebe beis meis schiwwen schuck für die beheime – ich gebe 270 Mark für die Kuh."

Darauf antwortet der christliche Bauer: „Willste mich beseibeln? Mei ratt oder kein massematten!" – Willst du mich beschwindeln? Hundert Taler oder kein Handel!"

Diesen Wortwechsel hat der Sprachforscher Werner Weinberg wiedergegeben. Er war einer der ersten, der nach dem Zweiten Weltkrieg die Sprache der Landjuden Westfalens systematisch erforscht hat.

Weinberg (1915–1997) stammte aus Rheda. Dort war er als jüngstes von vier Kindern im Haushalt einer Händlerfamilie aufgewachsen. „Eine jüdische Kindheit wie meine war wohl nur in kleinen Städten möglich", schrieb er später. „Rheda hatte damals 5000 Einwohner, eine Kirche und eine Schule für seine Katholiken, dasselbe für seine Protestanten und auch eine Synagoge für seine Juden." Weinberg beschreibt Neckereien und Reibereien, blendet die Spannungen zwischen den Bevölkerungsgruppen der Kleinstadt nicht aus, betont aber auch: „Eine eigentliche ‚Entfremdung' gab es zwischen dem jüdischen Bevölkerungsteil, der in den 1920er- und 1930er-Jahren etwa 50 Familien umfasste, und dem christlichen Teil unseres Städtchens nicht."

Nach dem Abitur wurde Weinberg Lehrer und Vorbeter in Rheda, dann in Hannover. 1939 floh er vor der NS-Verfolgung in die Niederlande. Dort engagierte er sich in der Hachschara-Bewegung für jüdische Auswanderer. Deutsche Besatzer nahmen ihn 1943 fest und verschleppten ihn in das KZ Bergen-Belsen. Weinberg überlebte die Haft und zog nach der Befreiung zunächst in die Niederlande, dann in die USA. Nach seiner Promotion wurde er Professor für hebräische Sprache und Literatur am Hebrew Union College in Cincinnati/Ohio, dem ältesten Rabbinerseminar der USA.

In seinem ersten großen Forschungsprojekt begann er in den 1960er-Jahren von den USA aus, die Sprache der Viehhändler und Landjuden Westfalens zu erkunden. Viele Überlebende, aus Westfalen in alle Welt verstreut, hatte er ausfindig gemacht und nach Wörtern, Redensarten und deren Aussprache befragt. „Das Suchen im Schatz der Erinnerung", so Weinberg, war für sie „ein Werk der Liebe und von hoher geschichtlicher Bedeutung". Und weiter: „Für sie wie für mich selbst waren jene Sitzungen weit mehr als die Beteiligung an einer linguistischen Forschung. Es war eine manchmal traurige, aber oft auch fröhliche und immer ergreifende Rückreise in eine erst in unserer Zeit verschwundene Welt." Seine Studie „Die Reste des Jüdischdeutschen" erschien 1969 und widmet sich Fragen der Grammatik und der Aussprache sowie der Bedeutung und Herkunft einzelner Wörter und Redewendungen. Weinbergs Buch, so urteilte die Publizistin Salcia Landmann treffend, sei „ein Lexikon als Gedenkstein".

sich untereinander in ihrer traditionellen deutsch-jiddischen Sprache unterhielten."
Gleichwohl hält sich selbst in der Fachwissenschaft die Bezeichnung des Jüdischdeutschen als „Geheimsprache", mit der sich die Händler nur untereinander verständigt hätten. Vor einigen Jahren hat ein Wissenschaftler sie sogar als „Sprache der Komplizenschaft" bezeichnet.
Dieser Sicht widerspricht die Historikerin Stefanie Fischer, die sich eingehend mit den jüdischen Viehhändlern am Beispiel Franken befasst hat. Sie weist daraufhin, dass die Viehhändlersprache „kein spezifisch jüdisches Handelsinstrumentarium" gewesen sei. Vielmehr hätten sich alle am Viehhandel beteiligten Gruppen dieser Sondersprache bedient – die jüdischen und nichtjüdischen Viehhändler wie auch die Bauern. Und weiter:
„Die Viehhändlersprache fungierte nicht als exkludierende oder gar manipulative Handelspraxis, sondern vielmehr als eine inkludierende, die jeden, der sie benutzte, in den Vertrauenskreis des Viehhandels einschloss. Wie nützlich sie den Händlern war, zeigt, dass sie noch in den 1950er-Jahren auf Viehhändlerschulen unterrichtet wurde, obwohl zu dieser Zeit nur noch vereinzelt Juden im Viehhandel tätig waren."

AUSBALDOWERN BIS ZOSSE

Auswahl einiger Wörter und Redewendungen aus dem Jüdischdeutschen, die Werner Weinberg zusammengetragen hat

ausbaldowern: herausfinden,
betucht, auch: **betuch, betuach**: wohlhabend, geachtet. „Er ist schwer betuch(t)" – sehr vermögend, „ein betuchter sege" – ein reicher Mensch,
boker: Rind,
chigger, **chicker, chigge**, auch **chiggerig**: lahm, besonders von Pferden,
chutzpe: Frechheit, Unverschämtheit,
geseire, gesere: böser Zustand, Verhängnis, Plage, Sorge, Missgeschick; auch: Schwierigkeit, Aufwand; „Eine schöne geseire" – eine unangenehme Geschichte, „Mach nicht so viel geseires" – mach nicht so viel Schwierigkeiten,
Ische: Frau; auch: Dame im Kartenspiel; „'ne toffte ische" – gut aussehende Frau,
jofe, auch **jofel**: schön; „jofele schickse" – schönes Mädchen; „Jofene schickse" und „jofener goi" bezeichneten auch freundliche, nichtantisemitische Christen,
kaff: Dorf, Kleinstadt; auch verächtlich für: Provinzstadt,
kaffer, auch: **kafronem**, **kafriejem**: Bauer, ungehobelte Person, Landpomeranze; Bube im Kartenspiel,
katzew, auch **kazowe**: Schlachter,
knass, auch **Knast**: Strafe,
koscher: in Ordnung, richtig, gut; wörtlich: rituell zulässig; „Der ist nicht (ganz) koscher" – dem kann man nicht trauen,
koten: klein, Kleiner, kleines Kind,
lau: nicht, nein, kein; „für lau" – umsonst,
laumann, **laumänner**, **laumeier**: Nichtsnutz, Betrüger; auch: Pferd, das nicht ziehen will,
macke: Schlag, Unglück, Fehler, Gebrechen,
massel: Glück,
vermasseln: verderben, vereiteln; wie in: „er hat mir das Geschäft gründlich vermasselt",
mauscheln: Jüdischdeutsch reden, auch: jüdische Gesten oder Intonation gebrauchen, undeutlich sprechen; das Wort wurde im verächtlichen Sinne von Juden und Nichtjuden gebraucht,
mechulle: erledigt, zu Ende gegangen, bankrott,
Meirew: angenehmer Mensch; Bauer, mit dem man gut handeln kann,
meloche, **maloche**: Arbeit,
meschugge: verrückt,
mies: hässlich, schlecht, unwohl,
mischpoche: Familie, Verwandtschaft,
mos, **meies**: Geld,
reiwach, **reibach**, **rebach**: Verdienst, Gewinn,
schicker: betrunken, Trinker,
schlamassel: Unglück, Pech,
schmu machen: schwindeln, betrügen,
schmus: Unsinn, leere Rede, Redensart, unwahre Geschichte; wörtlich: Nachricht, Kunde, Gerücht. „Mach keinen Schmus" – red keinen Unsinn",
schofel: gemein, niedrig, schlecht, gemeine Person; auch: Antisemit,
schuck: Mark,
schucken: kosten, wert sein; „was schuckt die pore?" – Wie viel kostet die Kuh?",
stieke: Ruhe, ruhig; „er hat's in der stieke getan" – im Stillen,
stuss: Unsinn, Torheit, dumme Rede, dummer Streich,
tack: Groschen; „wo hat der seine tacken her?" – sein Vermögen,
tinnef: Dreck, schlechte Qualität; auch: die Nachgeburt beim Vieh,
toffte, **tow**, **tauw**: gut; „toffte achiele – gutes Essen", „toffte massematten – gutes Geschäft",
zocken, **chocken** oder **schocken**: spielen, Kartenspiel,
zosse, auch **suss**, **zuss**: Pferd.

„Well röp mi dao deip in de Nacht?"

Jüdische Dichter des Niederdeutschen: Carl van der Linde und Eli Marcus

Anna und Elias „Eli" Marcus mit ihren Kindern Ernst, Käthe und Elsbeth – die Aufnahme entstand 1906 in Münster. Fünf Jahre später wurde ihr viertes Kind Julius Artur geboren.

Im Advent des Jahres 1922 erschien in der lokalen Tageszeitung der Grafschaft Bentheim namens „Zeitung und Anzeigeblatt" ein Artikel über einen Vorleseabend in der Ortschaft Emlichheim:

„War das ein Jubel und Vergnügen, als vorgestern Abend Herr van der Linde wieder seine selbstverfassten neuen Gedichte und Vertellseltjes vortrug. Andauernde Regengüsse hatten die Wege aufgeweicht und fast ungangbar gemacht. Aber trotzdem war die Landbevölkerung in großen Trupps von allen Seiten herbeigeströmt. Über ungenügenden Besuch und geringen Beifall konnte sich der plattdeutsche Dichter hier gewiss nicht beklagen, und wenn er – hoffentlich recht bald – nach Emlichheim zurückkehrt, dürfte ihm dieselbe begeisterte Aufnahme sicher sein."

Der Mann, der hier von der ländlichen Bevölkerung der Grafschaft Bentheim gefeiert wurde, war der jüdische Mundartautor Carl van der Linde (1861–1930). „Jüdisch" und „Mundart"? Diese Verbindung ist heute kaum mehr präsent. Sie zählt zu den vielen, weithin vergessenen Seiten jüdischer Alltagskultur in Westfalen und Nordwestdeutschland.

Das hat mehrere Gründe. Jüdische Niederdeutsch-Autoren haben lange vor 1933 in der traditionalistischen, jahrzehntelang auch völkisch und nationalistisch orientierten Heimatbewegung kaum ihren Platz behaupten können.

Carl van der Linde – die Aufnahme entstand in seinem Garten in Veldhausen.

Seit den 1960er-Jahren dann schwand im Nordwesten der alltägliche Gebrauch der Dialektsprache, und mit ihm der Stellenwert und die allgemeine Wahrnehmung niederdeutscher Literatur. In der jüngeren Forschung zu jüdischer Geschichte sowie auch in der Erinnerungskultur zum Landjudentum spielen die niederdeutsche Sprache und Literatur allenfalls am Rande eine Rolle.

Dabei wird übersehen, dass in vielen jüdischen Familien in Nordwestdeutschland – neben dem Hochdeutsch der Schulen und Amtsstuben und neben dem Hebräisch der Synagogen – selbstverständlich auch die alltägliche Sprache der Umgebung gesprochen wurde, und das war auf dem Land und in den Kleinstädten das Niederdeutsche. In vielen jüdischen Familien Westfalens wurden um 1900 die niederdeutschen Werke eines Schriftstellers wie Fritz Reuter gelesen und geschätzt, wie Erinnerungsberichte bezeugen.

Der niederdeutsche Dialekt war aber keineswegs nur auf dem Land zu Hause. Auch in Großstädten wie Hamburg oder Bremen oder in den Städten des Nordwestens wie Oldenburg, Münster, Minden oder Osnabrück war das Niederdeutsche allseits gängig und im Alltag der Vorkriegsjahrzehnte häufig zu hören.

Der Schritt von der gesprochenen Sprache zur Literatur war da nur kurz, auch für Angehörige der jüdischen Minderheit. Als Autoren niederdeutscher Gedichte, Erzählungen oder auch Theaterstücke bekannt wurden etwa

- der Nienburger Kaufmann Georg Steinberg (1840–1919),
- der ostfriesische Viehhändler Louis Victor Israels (1854–1922),
- der Bremer Autor, Redakteur und Verleger Harry Wolff (1900–1943, ermordet im Vernichtungslager Auschwitz) oder auch
- die Hamburger Brüder Ludwig Wolf (1867–1955), Leopold Wolf (1860–1926) und James Isaac Wolf (1870–1943, Tod im KZ Theresienstadt), deren Vater als Schlachter in der Hamburger Neustadt gearbeitet hat. Ihr 1911 geschriebenes plattdeutsches Lied „An de Eck steiht'n Jung mit'n Tüdelband" wurde zum beliebten Gassenhauer und gilt als heimliche Hymne der Hansestadt.

Für Westfalen und die angrenzende, historisch eng mit Westfalen verflochtene Grafschaft Bentheim sind vor allem der Autor und Schauspieler Eli Marcus aus Münster und der eingangs genannte Carl van der Linde zu nennen.

Carl van der Linde: Späte Dichterkarriere

Die Wurzeln der Familie van der Linde reichen tief in die Geschichte des niederländisch-nordwestdeutschen Grenzlandes zurück. Seine Vorfahren waren zu Anfang des 19. Jahrhunderts aus der benachbarten niederländischen Provinz Drenthe in die Grafschaft Bentheim gekommen und hatten sich in dem Dörfchen Veldhausen niedergelassen.

Dort wurde Carl van der Linde am 4. April 1861 geboren. Er war das jüngste von sieben Kindern der Eheleute Isaak Salomon van der Linde (um 1815–1870) und dessen aus Meppen stammender Ehefrau Friederike, geb. Cohen (1823–1887). Die Eltern bewirtschafteten, wie viele Landjuden in der Region, eine kleine Nebenerwerbslandwirtschaft und handelten mit Schafen, Schaffleisch und Fellen. Nach dem frühen Tod des Vaters lebte die Familie in ärmlichen Verhältnissen.

In einer Druckerei in Neuenhaus begann Carl van der Linde nach dem Besuch der Volksschule eine Lehre. Anschließende Wanderjahre führten ihn über die Alpen nach Venedig, von dort nach Slowenien, Ungarn und über die Slowakei, Schlesien und Sachsen-Anhalt zurück in den Norden. In Hamburg wurde er 1884 Schriftsetzer beim „Fremdenblatt", einer auch überregional bekannten

Nur wenige Wochen nach dem Tod Carl van der Lindes erschien im Mai 1930 die Gedichtsammlung „Grappen un Grillen“ mit diesem Portraitbild.

Tageszeitung. Ein Vierteljahrhundert arbeitete er in der Druckerei der Zeitung. Neben seiner Arbeit begann er mit dem Schreiben kleinerer Texte und Gedichte. Es gelang ihm sogar, manche zu publizieren, etwa in den beiden in München erscheinenden Zeitschriften „Jugend“ und in den satirischen „Fliegenden Blättern“.

1909 verlor van der Linde seine Anstellung in Hamburg. Umstrukturierungen im Druckhaus scheinen ebenso eine Rolle gespielt zu haben wie eine Nervenerkrankung. Van der Linde kehrte 1911 in sein geliebtes Heimatdorf Veldhausen zurück. Wenig später ließ er das Elternhaus abreißen und einen Neubau errichten. Dort lebte er mit seiner Schwester Sophie, die wie er unverheiratet blieb.

Jetzt erst, in Veldhausen, begann seine zweite Karriere als niederdeutscher Heimatdichter. Für private Anlässe schrieb er Verse und kurze Texte, die bald auch in der „Zeitung und Anzeigeblatt“ in Neuenhaus sowie in den Blättern des Grafschafter Heimatvereins veröffentlicht wurden. Seine Verse und Vertellsels, so hieß es später in der Einleitung der ersten Buchveröffentlichung, „eroberten sich im Fluge die Herzen der bodensässigen Bevölkerung, weil sie anmutig, leicht und verständlich im traulich klingenden Benheimer Platt, in der Sprache des Grenzvolkes, zu plaudern wussten“. Und weiter:

„Als der Dichter gegen Ende der Inflationszeit von Ort zu Ort reiste und seine Verse selbst der Menge bot, saßen die Landleute von den entlegensten Bauerschaften – die Stalllaterne für den Heimweg zwischen den Knien – erwartungsvoll zu seinen Füßen und lauschten seinen Vorträgen. Die Säle schüttelten sich oft vor Lachen, und die Begeisterten spendeten lauten Beifall.“

Van der Lindes Themen waren Brauchtum und Jahreszeiten, die kleinen und großen Schwächen der Landbevölkerung, die Natur, der Wandel im Dorf etwa durch die Elektrifizierung, bis hin zum Wetter („Giff't noch kaule Winters?“ oder „Wiehnachs-Snee“) oder Alltagsszenen („An de Theke“, „Ein Stündchen im Schlachterladen“), in denen sich seine Leserschaft wiederfand.

Van der Linde schrieb aber auch Verse politischen Inhalts. So beklagte er die Trennung Hannovers von Preußen oder er beschwor die Völkerverständigung über die Staatsgrenze hinweg:

„Holland en de Groafschupp Benthem
Hebbt gin Missgunst, kennt gin Hass.
Holland en de Groafschupp Benthem
Helpt sick wo et kump te paß.“

Auch den wachsenden Antisemitismus der 1920er-Jahre griff er auf, beispielsweise in dem Gedicht „De Reichstagswahl“ von 1920.

Dieser Blick auf die Zeitumstände, auf politische Ereignisse und Themen sei „einzigartig in der niederdeutschen Literatur seiner Zeit“, urteilte sein Biograf Siegfried Kessemeier. Und weiter: „Getragen von einem liberalen Patriotismus, sind sie voller ironisch-kritischer Züge und spiegeln Probleme jener bewegten Jahre anschaulich wider.“

DE REICHSTAGSWAHL

De erste Redner spröck nich slecht.
Foort sän de Lö: „De Mann heff Recht!“
Do kwamp nen andern Rechtsverfechter,
dor sän se all: „De heff noch rechter!“
Men aß sick nu nen Redner fünd,
De't Schmeicheln better noch verstünd
En sä: „Landlö sind noit de slecht'sten!“
Sä wy: „De Mann heff noch am recht'sten!“
Men dorby blew't nich! Kott derup
Tredd' wer nen andern Redner up,
De sä: „Wy sitt ja deep in'n Kolk,
Schuld heff dran met dat Judenvolk,
Drüm mörr y wählen de Partei,
De christlich is en judenfrei!“
Aß nu de nöächste Redner kwamp,
Mök de van anner Siet den Damp,
Sä: „De Partei vull Judenhass,
Sölvs heel versippt, verjudet was!“
My dücht, dat't altied wall soa bliff,
Dat't slecht' un gude Juden giff,
Maria, Josef en telest
D'Apostel sind ok Juden west.

Carl van der Linde

Doch gegen Ende der 1920er-Jahre verstummte van der Linde. Lesungen fanden kaum mehr statt. Die Stimmung im Land war umgeschlagen. Die völkische Bewegung mit ihrem militanten Antisemitismus erhielt wachsenden Zulauf, auch in der Grafschaft Bentheim. Carl van der Linde verlor an Rückhalt. Er sah sich auch enttäuscht von einstigen Gefährten der Heimatbewegung.

Am 13. Januar 1930 starb er in Neuenhaus-Hilten. Nur wenige Wochen nach seinem Tod, im Mai 1930, erschien sein erstes Buch „Grappen un Grillen". Bezeichnenderweise fehlen darin seine so markanten Gedichte zu den Zeitereignissen, die ihn als aufmerksamen Beobachter hatten erkennen lassen. Das kurze einleitende Lebensbild verschweigt auch seine jüdische Herkunft. Sie wird nur angedeutet, etwa wenn van der Linde beschrieben wird als „ein Ahasver, den aber doch die Heimatsehnsucht immer wieder zur Grafschaft zurücklenkte".

Eine andere Anspielung verbirgt sich hinter diesem Satz: „An einem hellen Wintertage, als die Sonne viel lichtes Gold verstreute, haben wir ihn zu seiner letzten Ruhestätte in der Lager Straße begleitet." Jeder Ortskundige wusste, dass sich dort der Friedhof der jüdischen Gemeinde befand.

Segen stiften über den Tod hinaus

In seinem Testament bedachte er nicht nur seine Schwester Sophie und die Invalidenkasse der Buchdrucker und Schriftgießer mit einer Spende, sondern auch das evangelische und das katholische Krankenhaus in Neuenhaus. Den Rest des Vermögens und sein Wohnhaus vermachte er seiner Heimatgemeinde Veldhausen. Sie solle damit eine Stiftung für Hilfsbedürftige einrichten. Ausdrücklich betonte er: „Unterschiede in konfessioneller Beziehung dürfen bei der Gabenverteilung niemals gemacht werden. Auch jemand, der nie die Kirche besucht, und Mütter von unehelichen Kindern sowie diese selbst sollen ohne Unterschied und nur in Hinsicht der Bedürftigkeit unterstützt werden." Ausgeschlossen werden sollten lediglich „richtige Säufer", wie er im Testament festhielt.

In diesen Bestimmungen zeigte sich eine unvoreingenommene Sicht van der Lindes auf seine Mitmenschen, die angesichts der konfessionellen Spaltungen und der seinerzeit geltenden Moralvorstellungen durchaus ungewöhnlich war. Deutlich erkennbar wird auch der Wunsch van der Lindes, sein Erbe möge über seinen Tod hinaus Segen stiften und das Andenken an ihn weiterleben lassen. Sein Biograf Siegfried Kessemeier erkannte darin die Spur seiner jüdischen Religiosität. Van der Linde hat sie nur selten nach außen getragen. Aber sie prägte sein Leben und sein literarisches Schaffen.

Stationen der Erinnerung

Der jüdische Niederdeutsch-Autor Carl van der Linde wurde mit Beginn des NS-Regimes 1933 von offizieller Seite verschwiegen. Wenn überhaupt, dann wurden Verse von ihm zitiert, ohne seinen Namen zu nennen. 1960, aus

VERLOAREN GLÜCK

My is soa swoar, so swoar te Sinn,
Weet nich, wa'ck sall beginnen,
Wohen ick goah en wo ick bin,
Kann'k nargens Röste finnen.
Löe froaget my:
"Wat is met dy?"
O, loat my goahn allenne!
Mien Hatte sleet
Soa bang, soa heet,
En helpen kann gineene.

Den helen Oawend dwelle ick
Still reerend doär de Stroaten
En söke mien verloren Glück –
Verloaten, o, verloaten!
Mien Hatte sleet
So bang, soa heet,
Da'ck nou stoah heel alleene.
Swieg still, mien Hatt'!
Löe hört't anpatt,
En helpen kann gineene.

De gude, lewe Nachtigall
Se singt soa moj en prachtig
Doar in de Büsche achter'n Wall
Dat gripp my an soa machtig.
Et is my net,
As fäöhlde met
Mien Elend se alleene.
Soa moj't ok lutt,
Mien Glück is fuut,
En helpen kann gineene.

Carl van der Linde

Anlass seines 30. Todestages, erinnerte die regionale Heimatzeitschrift „Grafschafter“ erstmals in einem längeren Aufsatz an sein Leben und Werk. 1971 ließ der Heimatverein der Grafschaft Bentheim auf dem jüdischen Friedhof ein Sandsteindenkmal zur Erinnerung an Carl van der Linde aufstellen.

Am 29. Januar 2004 wurde die Grund- und Hauptschule seiner Heimatgemeinde Veldhausen in „Carl-van-der-Linde-Schule“ umbenannt. Eine Ausstellung und eine Publikation seiner verstreuten Gedichte und Kurzgeschichten, angereichert mit Original-Handschriften, Fotografien und anderen Zeugnissen, begleiteten die Umbenennung und setzten dem fast vergessenen Dichter ein Denkmal.

Elias „Eli“ Marcus: Ein Kind der Stadt

Carl van der Linde war ein Kind des Dorfes. Anders hingegen der Niederdeutsch-Autor Eli Marcus: Er war ein Kind der Stadt, auch wenn seine Vorfahren einer im Münsterland seit Jahrhunderten eingesessenen Landjudenfamilie entstammten. Sein Vater Samuel Marcus war 1842 von Burgsteinfurt nach Münster gezogen. Dort hatte er seine spätere Ehefrau, die aus Bruchhausen bei Bremen stammende Betty Weingarten (1818–1893), kennengelernt. Die Familie Marcus unterhielt ein Lederwarengeschäft.

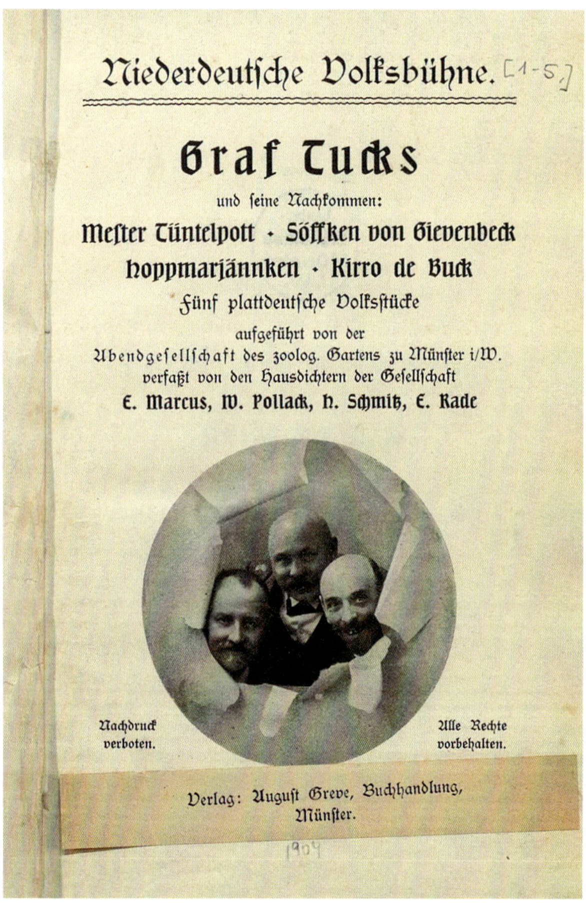

Niederdeutsche Volksbühne.

Graf Tucks

und seine Nachkommen:

Mester Tüntelpott · Söffken von Gievenbeck

Hoppmarjännken · Kirro de Buck

Fünf plattdeutsche Volksstücke

aufgeführt von der Abendgesellschaft des zoolog. Gartens zu Münster i/W.

verfaßt von den Hausdichtern der Gesellschaft

E. Marcus, W. Pollack, H. Schmitz, E. Rade

Nachdruck verboten.

Alle Rechte vorbehalten.

Verlag: August Greve, Buchhandlung, Münster.

Titelseite der 1904 in Münster gedruckten „fünf plattdeutschen Volksstücke“. Rechts im Bild: Eli Marcus als einer von drei Hausdichtern der Abendgesellschaft Münster.

Elias „Eli“ Marcus, geboren 1854 als zweites von vier Kindern, besuchte nach der Volks- und Realschule in Münster eine „Privatpensionsanstalt“ in Thüringen, ehe er in Bochum eine kaufmännische Lehre anschloss. Als 19-Jähriger trat er in das elterliche Geschäft ein. Wenig später gründete der Vater mit seinen beiden Söhnen Eli und dem ein Jahr jüngeren Julius ein Schuhgeschäft am Roggenmarkt in Münster.

Eli Marcus heiratete 1888 die aus Münster stammende Ida Ems. Diese Ehe endete kaum ein Jahr später in einer Katastrophe: Die junge Frau starb an den Folgen einer Totgeburt. Zwei Jahre später heiratete Marcus ein weiteres Mal: Aus dieser Ehe mit Anna, geb. Dinkelspiel, Tochter eines Mannheimer Kaufmanns, gingen vier Kinder hervor.

Grundlage der Familie war und blieb der Handel mit Schuhen und Lederwaren. Nach dem Tod seines Bruders Julius 1910 war Eli Marcus der alleinige Inhaber.

Prägend für sein literarisches Schaffen wurde seine Mitgliedschaft in der „Abendgesellschaft des Zoologischen Gartens“ (AZG). Hinter diesem Namen verbarg sich ein Laientheater, ins Leben gerufen von dem Geistlichen und Biologie-Professor Hermann Landois. Die Einnahmen aus den Vorführungen des Theaters flossen in den ebenfalls von Landois gegründeten Zoo.

„Tom Dautlachen in eenem Akt“

Auf der Bühne der Abendgesellschaft wurde Niederdeutsch gesprochen und gespielt – es war die Sprachwelt, die Eli Marcus von Kindesbeinen an vertraut war. Gut ein Vierteljahrhundert lang spielte und schrieb er für die Abendgesellschaft.

Seine Stücke trugen Titel wie „Söffken van Gievenbieck“, „Hiärens Fennand off Buernsuohn un Küötterjunge“ oder „Lünings Lena off Mien Een un alles – Truerige Hiärtensgeschichte tom Dautlachen in eenem Akt“. Es waren Volkstheaterstücke der leichten, unterhaltenden Art. Sie griffen Themen meist aus der ländlichen Alltagswelt des Münsterlandes auf: Liebesdinge, das Leben der Altenteiler auf einem Hof oder auch die Ungleichbehandlung der weichenden Erben im münsterländischen Anerbenrecht. Sprachwitz, Situationskomik und nicht zuletzt die geschickt eingefügten Gesangspartien lockerten die Szenen auf und sorgten für hohe Popularität.

Mit anderen Autoren der Abendgesellschaft wagte sich Eli Marcus auch an Stoffe aus der Geschichte – etwa zum Täuferreich von 1534/35 („Jan van Leyden“), zur Franzosenzeit um 1800 („Jérôme Napoleon, König von Westfalen

– oder: Morgen wird es wieder lustik") oder zur Kolonialgeschichte („King Bell oder Die Münsteraner in Afrika"). Nachdenklichere Töne schlug er in seinen Gedichten an. In ihnen setzte er seinen Zeitgenossen, dem Menschenschlag Westfalens und der Natur ein sprachliches Denkmal. Er wagte sich an Balladen nach klassischem, literarischem Vorbild ebenso wie an Liebesverse oder Kindergedichte. Anekdotisches und kurze, zumeist offenbar selbst erlebte Schnurren konnte Marcus ebenso in Gedichtform bringen wie melancholische Stimmungsbilder. Bis 1925 veröffentlichte er mehrere Bände mit Gedichten und Erzählungen. Im Kriegsjahr 1917 fiel sein ältester Sohn Ernst als Soldat in Russland. Es war, nach dem Tod seiner ersten Ehefrau, der zweite Schicksalsschlag, der das Leben des Eli Marcus veränderte. Er zog sich aus der Abendgesellschaft und dem Theaterspiel, überhaupt auch aus dem öffentlichen Leben der Stadt zurück. Er verkaufte das Schuhgeschäft der Familie, dessen Name „Marcus" aber mehr als ein Jahrhundert lang bestehen blieb, und eröffnete einen Antiquitätenhandel.

Verfemt, aber nicht vergessen

Bis 1933 hatte seine jüdische Herkunft kaum eine Rolle gespielt. Das war nun vorbei. Jüdinnen und Juden in Münster waren antisemitischen Hasstiraden und Verfolgungen ausgesetzt – sie trafen auch den einst in der Stadt und im Münsterland gefeierten Eli Marcus: Im Landesmuseum am Domplatz kritzelte ein Mitarbeiter auf den Titelumschlag seines wohl populärsten Stücks „Söffken van Gievenbieck" das Wort „Jüdisch" – damit war das Exemplar geächtet und durfte nicht mehr eingesehen werden. Als Marcus im Januar 1934 seinen 80. Geburtstag feierte, erschien in den Zeitungen der Stadt nicht eine Zeile über ihn.
Enttäuscht, verbittert und zurückgezogen starb Eli Marcus am 13. September 1935. Seine Ehefrau starb nur zehn Monate nach ihm, am 24. Juli 1936, dem Todestag ihres ältesten Sohnes. Beide wurden, wie ihr Sohn, auf dem jüdischen Friedhof in Münster bestattet. Ihren drei Kindern gelang nach Jahren der Diskriminierung, Enteignung und Verfolgung die Flucht nach England, Chile und in die USA. Im Nationalsozialistischen Kulturbetrieb Münsters und Westfalens wurde Eli Marcus bis zum Kriegsende totgeschwiegen. Aber vergessen war er nicht. 1946, bei den ersten Aufführungen nach dem Krieg, führte die Abendgesellschaft im kriegszerstörten Münster gleich zwei Stücke aus der Feder von Eli Marcus auf: „Jans Krax" und „He hät sienen Dag". Auch in den späteren Jahren wurden dort und vielerorts in Westfalen seine Stücke gespielt. Zwei Jahrzehnte später wurde sogar eine Straße in Münster nach ihm benannt. Erst mit dem langsamen Verschwinden der niederdeutschen Sprache aus dem Alltag und von den Theaterbühnen verblasste auch sein Werk.

WELL RÖP MI DAO DEIP IN DE NACHT

Well röp mi dao deip in de Nacht,
Well hät dao mienen Namen schreit?
Ick häb mi up den Daud verfacht't,
De Hiärtschlag an de Kiähl' mi geiht.

Well reip mi drei Maol düsse Nacht?
Söll dat ne Vüörgeschichte sien?
Nu ligg ick hier un holl de Wacht –
Bedüd et Glück, bedüd et Pien?

Well schreide dao so üöwerluut,
Ass wenn he seit in Angst un Naut?
Will een mi varschaun, datt et ut,
Datt bolle kümp Gevatter Daud?

Well hat dao schreit in deipe Nacht?
Steiht jüst villicht en Hiärtschlag still
Van Enen de met aller Macht
Mi noch wat Leiwes säggen will?

Nu ligg ick dao in kaollen Schweet
Un wochte datt de Muorgen lacht –
Et wiest sick ut – ick weet – ick weet,
Well nao mir reip deip in den Nacht.

Eli Marcus

„Im Baedeker drei Sterne, wir waren berühmt“

Moritz und Julius Wallach aus Westfalen, ihr „Volkskunsthaus“ in München und die Erfindung des Dirndls

Um 1905 wurde diese Aufnahme in München inszeniert: Sie zeigt Julius Wallach (vorne kniend) mit seiner Mutter Julie Wallach, geb. Zunsheim, und den Geschwistern Else, Moritz und Adolf.

Haben zwei Söhne eines jüdischen Landwirts und Getreidehändlers aus Westfalen das bayerische Dirndl erfunden? Schon diese Frage dürfte manchen Vorrat an Klischees durcheinanderwirbeln. Aber es ist wahr: 1902 – oder 1906, wie sein Bruder sich später erinnerte – erwarb der gebürtige Geseker Julius Wallach im Brixental in Tirol ein Trachtenkostüm, das er mit seinem Bruder Moritz und der Mitarbeiterin Katharina Graf in der gemeinsam betriebenen Schneiderwerkstatt in München raffiniert umgestaltete und zum Verkauf anbot. Damit war das „Dirndl“ in der Welt, das es so zuvor nicht gegeben hatte. Die Modeidee, so stellte vor einigen Jahren die Münchener Wissenschaftlerin Monika Ständecke fest, habe zwar in der Luft gelegen. So sei um 1900 vor allem in Wien die stilisierte Trachtenmode erfunden worden. Aber: „Unbestritten hat Julius Wallach mithilfe seiner Angestellten, der Directrice Katharina Graf, Dirndlmodelle eigenen Stils produziert und diese Kleidungsform damit weit über München hinaus populär und sogar in Paris salonfähig gemacht.“ Weiter schreibt die Forscherin über Julius Wal-

WIE DAS DIRNDL IN DIE MODEWELT KAM

„1906 hatte Julius aus dem Brixental in Tirol ein Trachtenkostüm mitgebracht. Mir kam der Gedanke, dass sich daraus eine kleidsame Tracht für die Damen in der Stadt entwickeln ließ. So entstand mit Hilfe unserer Directrice (= leitende Schneiderin) Fräulein Graf das erste Dirndlkleid, das sich bald großer Beliebtheit erfreute und manche Nachahmer fand. Prinzessin Joachim von Preußen (gemeint ist: Marie-Auguste von Anhalt [1898–1983]) orderte das erste seidene Dirndlkleid, welches sie gelegentlich einer Festlichkeit in Paris tragen wollte. Das Kleid erregte Aufsehen, und wir haben ihm zu verdanken, dass die Pariser Modekünstler auf uns aufmerksam wurden."

Aus den Erinnerungen von Moritz Wallach

„Der Krieg 1914–1918 brachte den Rückschlag. Ich wurde Soldat, und Bruder Moritz lavierte allein durch die gegebenen Verhältnisse. Es kam die Umstellung auf Kunsthandwerk. Die Trachten verschwanden im Hintergrund, nur das Deandl blieb. Es wurde deutsche Volksmode. Schon anno 1902 hatte ich diese kleidsame Tracht aus Tirol übernommen und bin somit als Entdecker dieser kleidsamen Tracht anzusehen."

Aus den Erinnerungen von Julius Wallach

lach: „Er gefiel sich selbst als Bayer in Lederhosen, die er möglichst oft trug, sei es in der Freizeit, im Fasching, als Mitglied des Alpenvereins oder des Münchener Trachtenvereins ‚D' lustigen Wendelstoana'."

Ländliche Prägung in Westfalen

Mindestens ebenso vergessen wie diese Frühgeschichte des Dirndls ist die Geschichte und Herkunft seiner Erfinder, der Brüder Julius Wallach (1874–1965) und Moritz Wallach (1879–1963). Denn sie waren nach ihrer Herkunft und biografischen Prägung keine Bayern, sondern Westfalen. Sie stammen aus einer alteingesessenen Landjudenfamilie, deren Vorfahren seit etwa 1720 im Raum Minden, später in Wiedenbrück und in Bielefeld lebten. Julius Wallach war 1874 noch in Bielefeld geboren. Kurz nach seiner Geburt zog die Familie nach Geseke, wo sein Bruder Moritz fünf Jahre später zur Welt kam. In Geseke hatten die Eltern Heinemann Wallach und Julie, geb. Zunsheim, die Leitung eines Gutes und Getreidehandels übernommen, das die mit ihnen verwandte Familie Schüler aufgebaut hatte.

In der Stadt am Hellweg lebte die Familie Wallach in ländlich-kleinstädtischen Verhältnissen. Julius Wallach schilderte noch im hohen Alter die Begeisterung seiner Mutter für die Natur und den Dialekt Westfalens. Sie habe „Ausflüge nach allen Richtungen des Teutoburger Waldes mit uns" unternommen und den Kindern mit Begeisterung „die in Niederdeutsch geschriebenen Werke von Fritz Reuter" vorgelesen. Regelmäßige Besuche auf dem Hof des Onkels in Wiedenbrück entfachten Julius Wallachs Liebe zum Landleben: „Ich sah Land und Leute, saß als Gast in uralten Bauernhäusern bei Schinken und Steinhäger. Die prächtig geschnitzten Hausgiebel und das Mobiliar alter Deelen erregten frühzeitig meine Liebe zur alten Bauernkunst."

Dazu passten die Erfahrungen, die Wallach wenig später als Lehrling in der Firma Moses Rüdenberg in Vlotho an der Weser sammelte – „einem gediegenen, gut geführten Haus, wo noch die Bückeburger ihre Trachtenstoffe, Bänder und Tücher einkauften". In seinem Erinnerungsbericht heißt es weiter: „Die Landestracht stand noch in voller Blüte, und jede freie Stunde wurde dazu verwendet, Land und Leute kennenzulernen. Manch alter Bauernkotten mit urelterlichem Hausrat bot Anregungen. In alten Musterbüchern des Geschäftshauses wurde geblättert und gesucht."

Um 1896 zog es Julius Wallach in Richtung Süden, nach Bayern. Dort glaubte er „echtes Volkstum" zu finden. Nach einer kurzen Anstellung in einem Damenkonfektionshaus in Regensburg wechselte er nach München, um bei einem Unternehmen für Innenausstattung und Möbel weitere Erfahrungen zu sammeln.

Auch sein jüngerer Bruder Moritz war praktisch begabt. Sein Vater hatte ihm eine dreijährige Ausbildung im Getreide- und Landhandelsunternehmen Weiler, Heineberg und Flechtheim in Brakel (Kreis Höxter) verschafft. Drei Jahre verbrachte Moritz Wallach in diesem „ungemein vielseitigen Unternehmen", wie er später schrieb. „Getreide, Futtermittel, Sämereien, Destillation, Manufakturwaren, Landwirtschaft – jede Sparte für sich betrieben: (Hier) hatte ich Gelegenheit, mich auf diversen Gebieten fortzubilden."

Geschäftsgründung in München

Später arbeitete Moritz Wallach als Innenausstatter und Dekorateur in Bochum und Remscheid, ehe er 1899 zu seinem Bruder in die bayerische Landeshauptstadt zog. Am 9. November 1900 öffneten die Brüder unter dem Namen „Landestrachten Julius Wallach" ihren ersten, noch kleinen Laden in der Sendlinger Straße.

„Die Aufmachung war für die damalige Zeit seltsam", erinnerte sich Julius Wallach später. „Ein großer Alpenhintergrund mit Bauernstoffen und Tüchern erregte Aufsehen. Allein, hinter den Kulissen wohnte die Sorge. Das Geschäft ging infolge der recht beschränkten Mittel nur mäßig."

Aus Franken und aus dem Bayerischen Wald bezogen die Brüder die Stoffe, Bänder, Knöpfe und Riemen, die sie zu Trachtenkostümen schneiderten. Überdies kauften sie in kleineren Schneiderwerkstätten Lederhosen, bestickte

Mieder, Tücher und andere „Volksmode“, die sie in ihrem kleinen Laden feilboten.
Um den Verkauf und die Ausstattung des Ladengeschäftes kümmerte sich Moritz, während sein Bruder Julius als Handlungsreisender über Land zog. Von den örtlichen Alpenvereinen ließ er sich Märkte in den bayerischen Kleinstädten und Dörfern empfehlen, die er mit seinem Warenkoffer und Verkaufsstand gezielt aufsuchte.
Nach durchwachsenem Start florierten bald der Handel und die Schneiderwerkstatt. Bereits 1905 konnten die Brüder das Ladengeschäft in die Innenstadt verlegen. Zu ihrer Kundschaft zählten sie Theatergruppen, Volkstheater, größere Bühnenhäuser und Traditionsvereine, aber auch Hotels und große Brauereien, die auf der Suche nach „typisch bayerischer Dekoration“ waren.
Die beiden Brüder aus Westfalen lieferten, was gewünscht war. 1910 statteten sie sogar den Landestrachtenzug aus, der zum Jubiläum „100 Jahre Oktoberfest“ durch München zog und breite Beachtung fand. Das war ihr Durchbruch: Alles, was Namen, Rang und Klang hatte in München, ging bald „bei Wallach“ ein und aus, auf der Suche nach Alltagskleidung und Festtagstracht. Ludwig Ganghofer, Ludwig Thoma, Lena Christ, Olaf Gulbransson, Max Reinhardt – das waren nur einige der berühmten Namen auf der Stammkundenliste. Auch Adels- und Königshäuser befanden sich unter der Kundschaft. Im Briefkopf nannte sich das Handelsunternehmen nicht ohne Stolz „Deutsche Hauskunst Julius Wallach / Königlich Bayerischer Hoflieferant“.

Kriegs- und Krisenjahre

Der Schock des Kriegsausbruchs 1914 unterbrach diese Blütezeit nur vorläufig. Die Wallach-Brüder verlegten sich darauf, dem Militär Handschuhe und Gamaschen zu liefern. Bald ging es wieder bergauf. Im letzten Kriegsjahr 1918 konnten Moritz und Julius Wallach sogar in bester Lage in München ein ehemaliges Adelspalais erwerben und zum „Volkskunsthaus“ umbauen. Es war eine Mischung aus Volkskunde-Museum und Verkaufsgeschäft für ländliches Handwerk und Kunstgewerbe. Ausgestellt und zum Kauf angeboten wurden Textilien, Truhen und Tonwaren aller Art und Herkunft. Der Parcours durch das mehrstöckige Gebäude führte die Besucher unter anderem durch eine „Westfälische Deele“ im Obergeschoss, durch eine Ausstellungshalle für slawische Volkskunst, einen „friesischen Pesel“ und ähnliche Themenräume zur ländlichen Wohn- und Volkskultur.
„Die Finanzierung dieses großen Projekts war allein Moritzens Tatkraft zuzuschreiben“, räumte sein Bruder Julius im Rückblick ein. „Er interessierte die Banken, bekam entsprechende Kredite, und wir bekamen im Baedeker drei Sterne, wir waren berühmt geworden.“

Die neuen Werkstätten in Dachau

Die kleine Schneiderwerkstatt war längst zu einer umfangreichen Textil- und Möbelfirma expandiert. 1919 erwarben die Brüder die Gebäude einer früheren Pappenfabrik in Dachau bei München, die sie für ihre Zwecke umbauten. Den Aufbau und die technische Leitung übernahm ihr Bruder Max, geboren 1875 in Geseke. Er war als Ingenieur in Uruguay und Paraguay tätig gewesen – der Aufbau der Werkstätten in Dachau war „für den Pionier das richtige Programm“, wie sein Bruder Julius später in der Familienchronik urteilte. „Achtzehn Jahre lang hat Max ganz Vorbildliches geleistet. Aus einer stillgelegten Pappdeckelfabrik entstand nach mancherlei Rückschlägen ein prächtiges Werk.“
Um 1925 arbeiteten 120 Angestellte in den „Wallach Werkstätten Aktiengesellschaft“ mit Spinnerei, Weberei, Färberei, Stoffdruckerei sowie Schreiner- und Schlosserwerkstätten. Größtenteils in Handarbeit gefertigt wurden dort Trachten, Innendekorationen und ganze Möbelprogramme, gestaltet im „Volksstil“ Oberbayerns und Frankens, aber auch nach Vorlagen aus Westfalen und Norddeutschland. Nach den Mustern und Vorlagen fahndete Julius Wallach bei seinen Fahrten durch ganz Deutschland und Europa: „Ich kaufte bayerische, schwäbische, fränkische, norddeutsche und Fragmente von böhmischen, ungarischen, russischen, skandinavischen und anderen Gebieten. Möbel, Vertäfelungen, Kacheln, Beleuchtungskörper – kurz: alles, was zur Einrichtung von Bauernstuben notwendig war. Viel Interesse war für diese Dinge

Blick in die Wallach-Werkstätten in Dachau: Um 1925 arbeiteten dort rund 120 Männer und Frauen in der Spinnerei und Weberei, in den Färbe- und Stoffdruckwerkstätten, in der Schreinerei und in der Schlosserwerkstatt.

nicht vorhanden, und daher war es möglich, eine interessante Sammlung mehr und mehr zu komplettieren."

In Geiselhaft beim Hitler-Putsch 1923

Am 9. November 1923 griff Adolf Hitler mit seiner jungen völkisch-antisemitischen Partei in München erstmals nach der Macht. SA-Leute setzten prominente Münchener als „Geiseln" fest. Auch in das Ladengeschäft der Wallachs drangen sie ein und verschleppten Moritz Wallach. Gründe erfuhr er nicht. Noch am Nachmittag schlug die bayerische Polizei den Aufstand von rechts nieder. Wallach kam wieder in Freiheit. Doch die Episode war ein düsteres Vorzeichen für das, was zehn Jahre später folgen sollte.

Die Inflationszeit hinterließ ihre tiefen Spuren auch in den Rechnungsbüchern des Unternehmens. Es gelang den Brüdern nicht mehr, in und mit ihrem „Volkskunsthaus" Gewinne zu erzielen. 1926 mussten sie es schließen. Das Haus verkauften sie der Landwirtschaftsbank, die Sammlung boten sie der Stadt München und dem Land Bayern an.

1932 eröffnete Julius Wallach am Stachus in München einen kleinen Laden für Volkskunst – „ohne Textilien, um dem Stammhaus keinen Schaden zuzufügen", wie er später schrieb. Die Reichskammer der bildenden Künste habe ihn aber bald gezwungen, das Geschäft „in die Hände der Nazis" zu übergeben. Es war der Auftakt einer antijüdischen Wirtschaftspolitik, die den Wallachs mehr und mehr Schaden zufügte.

Nach der Machtübernahme der Nazis 1933 blieb das Stammgeschäft zunächst weiterhin gefragt. Den propa-

Das Ladengeschäft der Brüder Wallach in Münchens Innenstadt war über Jahrzehnte die erste Adresse für Trachten, Mode und Innenausstattung.

gierten Vorstellungen von „Blut und Boden" schien der Warenkatalog der Wallachs entgegenzukommen. Ihre in vielen Jahren in Bayern, Tirol und Österreich zusammengetragenen Stoffe und Muster entsprachen der neuen Mode, die sich am scheinbar Althergebrachten und Ländlichen orientierte. Hitler und andere Nazi-Größen fanden Gefallen an den Möbeln, Waren und Stoffen. Sogar der „Berghof", Hitlers private Residenz am Obersalzberg, wurde mit Kissen, Vorhängen und anderen textilen Dekorationen aus dem Hause Wallach ausgestattet.

Berufsverbot, Enteignung, Flucht

Während andere jüdische Firmen unter den zunehmenden Repressalien zu leiden hatten, ging es bei Wallach zunächst weiter bergauf. Doch es war eine Scheinblüte. Aufgrund ihrer jüdischen Herkunft sahen sich die Eigentümer ebenfalls wachsendem Druck ausgesetzt. Adolf Ziegler, der Präsident der NS-Reichskammer der bildenden Künste, teilte ihnen schließlich im Dezember 1937 mit, dass sie innerhalb von zwei Monaten den Geschäftsbetrieb aufzulösen hätten. Die Wallach-Brüder, die seit ihren Anfängen in Westfalen mehr als drei Jahrzehnte lang nichts anderes taten, als die Schätze der Volkskultur Mitteleuropas in Mode, Tracht und Möbelkultur zu heben, zu bewahren und neu zu gestalten, mussten zur Begründung lesen: Sie besäßen „nicht die erforderliche Eignung und Zuverlässigkeit, an der Förderung deutscher Kultur in Verantwortung gegenüber Volk und Reich mitzuwirken". 1938 schließlich wurde ihnen in einer Mischung aus Intrige, Erpressung und offener Gewaltandrohung das Eigentum entzogen. Ihr Unternehmen wechselte zum halben Wert den Eigentümer. Als Käufer des nun „arisierten" Betriebes trat ein NS-Parteigenosse namens Otto Witte auf, der nur mit Mühe den erforderlichen Sachkundenachweis zur Unternehmensführung erbringen konnte, aber Mitglied der NSDAP war und über beste Verbindungen in die Partei- und Staatsspitze verfügte.

Moritz Wallach und seine Ehefrau Meta, geb. Strauss, konnten München in letzter Minute verlassen und im März 1939 in die USA ausreisen. Ihre vier erwachsenen Kinder hatten sich dorthin bereits in Sicherheit gebracht. In einem Vorort von New York stellte Moritz Wallach mit einem Chemiker der IG Farben, der ebenfalls ins Exil geflohen war, Textilhanddrucke nach Vorbild der deutschen Volkskunst her.

Später zog er mit seiner Familie in den Bundesstaat Connecticut. Ihm gelang es, ein neues Unternehmen aufzubauen. In Connecticut betrieb er ein „Handcraft Studio" und widmete sich bis zu seinem Tod 1964 der textilen Handwerkskunst.

Moritz Wallach in seinem „Handcraft Studio" in Connecticut – eine Fotografie aus dem Jahr 1950

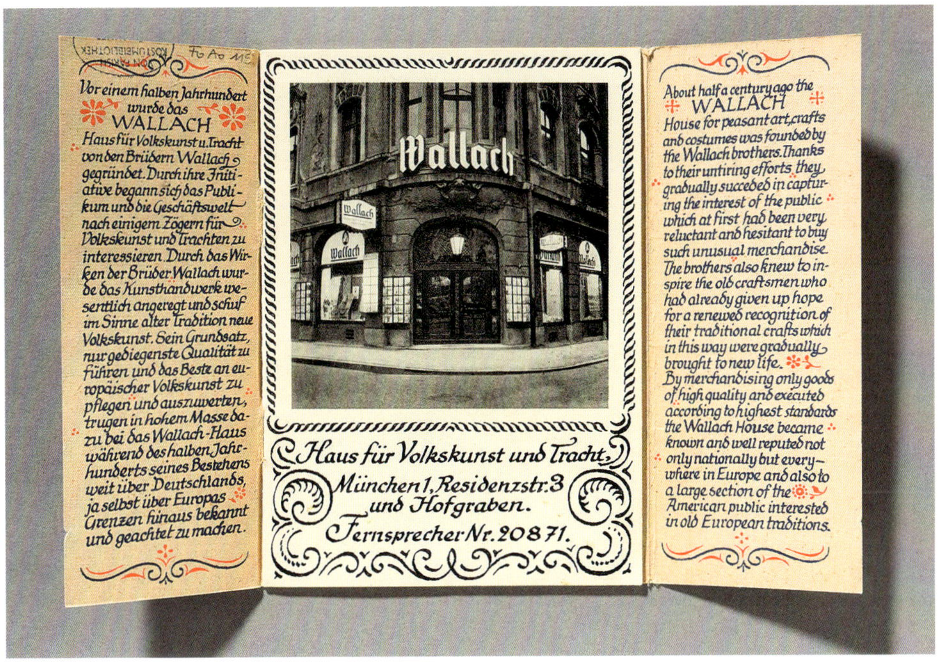

Verkaufskatalog des Hauses Wallach aus dem Jahr 1950

1949 gelang es ihm, den Verkauf in München rückgängig zu machen und sein Eigentum zurückzuerhalten. Er überantwortete einem Geschäftsführer seines Vertrauens, Max Sedlmayer, die treuhänderische Leitung und den Wiederaufbau des Unternehmens.

„Die Nazis richteten ein Werk zugrunde“

Doch noch einmal zurück in das Jahr 1938: Damals wurden auch die Werkstätten in Dachau „arisiert“ – „die Nazis spielten sich als Herren auf und richteten ein Werk zugrunde, das in mühevollen Jahren aufgebaut worden war“, resümierte Julius Wallach später.

In der Pogromnacht im November 1938 stürmten SA-Leute das Haus seines Bruders Max und zwangen ihn, mit seine Frau Melitta („Melly“), geb. Holländer, die Stadt „vor Sonnenaufgang“ zu verlassen. Die beiden flohen zu Verwandten nach Paderborn. Trotz aller Mühen blieb ihnen die Flucht ins rettende Ausland verwehrt. Es gelang ihnen lediglich, ihren einzigen Sohn Franz mit einem „Kindertransport“ nach England zu bringen.

Max und Melly Wallach wurden von Paderborn aus am 31. Juli 1942 in das KZ Theresienstadt deportiert. Ihr Schicksal galt lange als ungeklärt, bis eine Transportliste von Theresienstadt in das Vernichtungslager Auschwitz auftauchte, auf der ihre Namen stehen. Der Transport kam am 30. Oktober 1944 an. Mit an Sicherheit grenzender Wahrscheinlichkeit wurden die beiden unmittelbar nach der Ankunft in der Gaskammer ermordet.

Der Weg des anderen Firmengründers

Und Julius Wallach, der andere Firmengründer? Er konnte mit seiner zweiten Ehefrau Johanna, geb. Einstein, nur fünf Wochen vor Ausbruch des Zweiten Weltkrieges ins rettende Ausland fliehen. Die Odyssee der beiden führte über Belgien, Spanien, Italien, Portugal und die USA schließlich 1942 nach Kanada. In Toronto traf der völlig verarmte Wallach einen alten Bekannten aus Westfalen: „Ganz zuletzt fand mich Ernst Weinberg aus Rheda in Westfalen, Nachbarskind meiner großelterlichen Behausung. In seiner Fabrik (in Toronto) habe ich täglich 2000 Puppen Arme und Beine angenietet.“

In den folgenden Jahren schlug sich Julius Wallach mit Gelegenheitsarbeiten durch. Nach dem Tod seiner Frau kehrte er um 1960 nach Deutschland zurück, pflegte die Verbindungen zu seiner Verwandtschaft in Westfalen, ließ sich aber in Neubeuern (Landkreis Rosenheim) nieder. Noch im hohen Alter half er dort, wie er seinerzeit notierte, einer langjährigen Bekannten, „ihren kleinen bunten Laden zu verwalten – es wurde ein Schaustück für alte und neue Bauernkunst, Wallach im Kleinformat“.

Die Firma Wallach existierte in München bis in die 1980er-Jahre als eigenständiges Textilunternehmen, geleitet von einem Treuhänder bzw. angestellten Geschäftsführer. Doch die hohe Zeit der Volkskunst und der Trachtenkleidung war vorbei. 1983 stellten die Werkstätten in Dachau ihre Produktion ein. Das Ladengeschäft verkauften die Erben zwei Jahre später an die Firma Loden-Frey. Sie führte das Haus an der Ecke Hofgraben/Residenzstraße – wenige Schritte hinter dem Münchener Rathaus – noch bis 2004 unter dem seit Jahrzehnten eingeführten Markennamen „Wallach“.

Der Name „Wallach“ ist den Älteren nicht nur in Bayern und nicht nur in Westfalen bis heute ein Begriff. Seine besondere Geschichte, die im westfälischen Landjudentum wurzelt und Westfalen und Bayern miteinander verbindet, ist hingegen weitgehend vergessen.

Werbung per Briefkopf, um 1925: Ansicht der Landmaschinenfirma Kemper und Lonsberg in Neuenkirchen.

„Unternehmen mit Freude begrüßt“

Milchzentrifugen, Ackergeräte, Traktoren: Jüdische Landtechnikunternehmer in der Provinz

Zwischen Werbung für Schokolade und Sämaschinen, für Bier und Lederriemen veröffentlichte das „Herforder Kreisblatt“ am 10. April 1886 ein Inserat folgenden Inhalts:

„Ph. Mayfarth & Co., Frankfurt am Main, Maschinenfabrik und Eisengießerei, beehren sich anzuzeigen, dass sie, um den Verkehr mit ihrer langjährigen verehrlichen Kundschaft der Provinzen Hannover, Westfalen und der angrenzenden Gebiete zu erleichtern, eine Filiale mit Lager ihrer Fabrikate als Dresch-Maschinen jeder Art und Größe, Häcksel-Maschinen, Schrotmühlen, Reinigungs-Maschinen, eiserne Pflüge, Eggen etc. in Osnabrück, Bierstraße No. 36 unter gleicher Firma errichtet haben und bitten bei Bedarf irgend einer landwirtschaftlichen Maschine um geneigten Zuspruch.“

Die Firma Ph. Mayfarth & Co. zählte seinerzeit zu den großen, führenden Landmaschinenunternehmen in Deutschland. Unter Landwirten genossen ihre Geräte und Maschinen einen herausragenden Ruf. Kaum jemand wusste, dass ihr Eigentümer Samuel Moser ein jüdischer Unternehmer war. Moser hatte die Firma 1872 gemeinsam mit dem Kaufmann Philipp Mayfarth gegründet – zunächst mit dem Ziel, Landmaschinen zu importieren und zu vertreiben. Um die Importware für den Verkauf herzurichten, hatten sie eine Werkstatt aufgebaut, in der auch kleinere Reparaturen durchgeführt wurden. Daraus entwickelte sich recht rasch eine Firma zur Fabrikation von Landmaschinen, die wegen ihrer Leistungsstärke und hohen Fertigungsqualität bald in ganz Deutschland gefragt waren.

Philipp Mayfarth trat nach gut drei Jahren wieder aus dem Unternehmen aus, sodass Samuel Moser es zunächst allein, später mit seinem Bruder Moritz Moser sowie mit seinem Vetter gleichen Namens weiterführte.

Das Unternehmen profitierte vom Aufschwung der Landwirtschaft gerade im Nordwesten des Kaiserreiches. Die stark wachsende Bevölkerung im Industrierevier an Rhein und Ruhr hatte eine geradezu explodierende Nachfrage nach Agrarprodukten ausgelöst. Die Landwirtschaft konnte ihre Produktionsleistung unter anderem durch eine intensivere Mechanisierung steigern. So war es kein Zufall, dass das Frankfurter Landmaschinenunternehmen in dieser agrarischen Blüteregion im Nordwesten des Kaiserreiches eine ihrer ersten großen Filialen eröffnete. Die Osnabrücker Dependance wiederum bildete ein dichtes Vertriebsnetz aus, in dem Handelsvertreter die Maschinen und Geräte aus den Werkshallen der Firma Mayfarth bis ins letzte Dorf in Westfalen lieferten.

Ob „Bürener Zeitung“ oder „Lippische Post“, ob „Dortmunder Zeitung“, „Münsterische Zeitung“ oder „General-Anzeiger für die Provinz Westfalen“: Überall fanden sich um die Jahrhundertwende die Verkaufs- und Stellenangebote des Landmaschinenunternehmens aus Frankfurt. Es zählte zeitweilig mehr als 1400 Mitarbeiter und

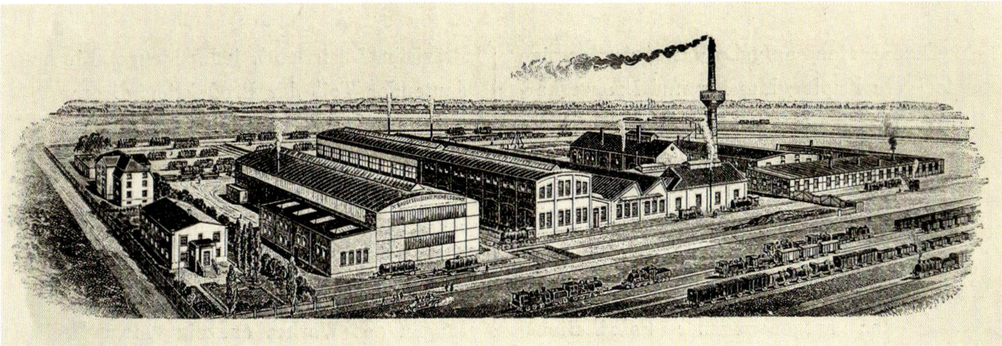

Diese Werbeanzeige aus dem Jahr 1925 zeigt die Produktionshallen der „Baugesellschaft Michelsohn" am Mittellandkanal in Minden.

unterhielt – neben Osnabrück – auch in Köln eine Filiale, also geografisch auf der entgegengesetzten Seite des Ruhrgebietes. Weitere Filialen eröffnete „Ph. Mayfarth & Co." in Breslau, Leipzig und Insterburg sowie schließlich im europäischen Ausland.

Ein vergessenes Kapitel

Der Historiker Ulf Ludßuweit hat erst vor einigen Jahren die bewegte Geschichte des Familienunternehmens Mayfarth erforscht, die selbst in Frankfurt kaum mehr bekannt war. Das NS-Regime hatte nicht nur die jüdische Unternehmerfamilie Moser enteignet und ihre Firma brutal zerschlagen, sondern am Ende auch die Erinnerung an ihre Fabrikationsstätten fast vollständig gelöscht.

Das gilt weit über Ph. Mayfarth & Co. hinaus. Die Namen jüdischer Landtechnikfabrikanten, Ingenieure und Händler sind weithin vergessen, ihr Beitrag zur Entwicklung der Landwirtschaft des 19. und 20. Jahrhunderts ist kaum erforscht. Sie zählen auch nicht unbedingt zum gängigen Bild, das von der jüdischen Minderheit und seinen wirtschaftlichen Aktivitäten gezeichnet wird.

Doch es gab sie – und es seien hier zwei weitere, seinerzeit deutschlandweit agierende Landmaschinenunternehmen im Eigentum jüdischer Unternehmer genannt:

- In Berlin existierte seit 1876 die Lokomotivfabrik „Orenstein & Koppel", gegründet von den jüdischen Unternehmern Benno Orenstein und Arthur Koppel. Das Unternehmen, seit 1897 als Aktiengesellschaft geführt, unterhielt Produktionsstätten auch in Westfalen, in Bochum und Dorstfeld bei Dortmund. Es ist vor allem als Hersteller von Dampfmaschinen und Lokomotiven sowie als Ausrüster im Eisenbahnbau bekannt geworden. Doch Orenstein & Koppel war auch auf dem Gebiet der Landtechnik tätig. So produzierte die Firma transportable Standmotoren, die sich um 1900 auf den landwirtschaftlichen Betrieben im Land ihren Platz eroberten, sowie Feld- und Kleinbahnen. Sie wurden seinerzeit in der Land- und Forstwirtschaft eingesetzt, beispielsweise zum Transport von Getreide, Düngemitteln und Holz. Orenstein & Koppel produzierte überdies Dränagebagger, die zur Bodenmelioration eingesetzt wurden, und seit den 1930er-Jahren auch Traktoren.
- In Posen, dem industriell-agrarischen Zentrum in der gleichnamigen preußischen Provinz, hatte die „Maschinenfabrik Gebr. Lesser" ihren Sitz. Diese Firma, um 1880 von den Brüdern Siegfried und Hermann Lesser gegründet, kann als weiteres Beispiel für ein deutschlandweit agierendes Landtechnikunternehmen jüdischer Unternehmer gelten. Die Maschinenfabrik Gebr. Lesser hatte zeitweilig rund 400 Beschäftigte und produzierte Pflüge, Eggen, Düngerstreuer, Schrotmühlen und Häcksler. Deutschlandweit bekannt wurden vor allem ihre in hoher Zahl produzierten Kartoffellegemaschinen und Kartoffelroder, die unter den Markennamen „Rotaria" und „Lesseria" verbreitet wurden.

1920 verkauften die Brüder Lesser ihr Werk an das polnische Agrartechnik- und Lokomobilbau-Unternehmen H. Cegielski AG. Nach dem Ersten Weltkrieg war die Provinz Posen Teil der neu gegründeten Republik Polen geworden. Das bildete den Hintergrund für den Verkauf, über den die Kölnische Zeitung am 27. Dezember 1920 meldete: „Die Firma Gebr. Lesser beabsichtigt, ihre Herstellung in kürzester Zeit nach Deutschland zu verlegen." Soweit bekannt, ist es dazu nicht mehr gekommen.

Die großen, zu ihrer Zeit namhaften Hersteller von Landmaschinen waren um die Jahrhundertwende in den urbanen Industriezentren zu finden. Dort gab es das erforderliche Reservoir an Arbeitern, Handwerkern und Ingenieuren. Dort auch stand die notwendige urbane Infrastruktur bereit, um die Zulieferung und Verarbeitung von Eisen und Stahl und den Vertrieb der Maschinen in großem Stil abzuwickeln.

Produzieren in der ländlichen Provinz

Doch nicht nur in den großen Städten wie Frankfurt, Berlin oder Posen, nicht nur in den neu entstandenen westfälischen Industrieorten wie Bochum oder Dorstfeld, sondern auch in der ländlichen Provinz gab es jüdische Unternehmer, die mit ihren Firmen auf einen agrarischen Kundenkreis setzten und Landtechnik produzierten.

Dieses Plakat aus den 1920er-Jahren wirbt für den ersten Traktor aus westfälischer Fertigung, auf den Markt gebracht von den beiden jüdischen Unternehmern Nathan und Hermann Michelsohn aus Hausberge.

Diese oftmals kleineren, für einen regionalen Markt agierenden Firmen zählen zu den weithin unbeachtet gebliebenen Seiten jüdischen Landlebens. Ihre Wirtschaftsgeschichte ist noch kaum geschrieben. Das gängige Bild ist nach wie vor vom Geld-, Getreide- und Viehhandel geprägt, in Westfalen allenfalls noch von der Rolle jüdischer Unternehmer in der Textilindustrie, wie sie sich etwa im westlichen Münsterland um die Jahrhundertwende konzentriert hat.

Unter den Firmen jüdischer Unternehmer, die sich mit Landtechnik befasst haben, ragen in Westfalen zwei besonders heraus: die „Baugesellschaft Michelsohn" in Hausberge und Minden, die in den 1920er-Jahren als erstes westfälisches Unternehmen Traktoren produziert hat, und die Firma „Kemper & Lonsberg" in Neuenkirchen bei Rietberg, die das einstige Bauerndorf und sein ländliches Umland mit der Fabrikation von Milchzentrifugen und Ackergerät in das Zeitalter der Industrialisierung geführt hat.

Der erste Traktor Westfalens

Zunächst zur Baugesellschaft Michelsohn: Die jüdische Unternehmerfamilie Michelsohn betrieb in Hausberge an der Weser einen Steinbruch und eine Tiefbaufirma, deren Anfänge auf Moses Michelsohn (1800–1869) zurückgehen. Er stammte aus einer bereits im 17. Jahrhundert bezeugten Landjudenfamilie aus Lübbecke, die nach dem Stadtbrand von 1766 nach Hausberge umgesiedelt war und sich dort zunächst im Metzgerhandwerk, später auch in der Landwirtschaft betätigte. Moses Michelsohn konnte in den 1830er-Jahren „gute Ländereien am Werder" erwerben, wie dessen Enkel Nathan Michelsohn später in seinen Aufzeichnungen zur Familiengeschichte festhielt. Außerdem betrieb jener Moses Michelsohn einen Steinbruch im Wiehengebirge. Mit seinen Lieferungen war er unter anderem an den Festungsbauten in Minden sowie am Bau der Köln-Mindener Eisenbahn 1844 beteiligt. Der Aufbau des Eisenbahnnetzes im 19. Jahrhundert und vor allem auch der Bauboom der Gründerzeit bescherten dem Unternehmen volle Auftragsbücher, sodass die Michelsohns beiderseits der Weser den begehrten Porta-Sandstein abbauten und bald weitere Steinbrüche im nahen Erder (Lippe) und bei Nettelstedt betrieben. Damit bestückten sie Brückenbauten, Uferbefestigungen, Kirchen und Postgebäude unter anderem in Berlin, Bremen und Hamburg.

Die Enkel Hermann Michelsohn (1854–1924) und Nathan Michelsohn (1864–1957) erweiterten die Firma um die Baugesellschaft Michelsohn mit Sitz in Minden. Dieses Schwesterunternehmen, gegründet 1900, spezialisierte sich auf Metallverarbeitung und Maschinenbau. Im Ersten Weltkrieg wurden auch Granaten und Teile für U-Boote produziert. Ansonsten wurden in den Mindener Werkshallen Feldloren und Kleinbahnen gebaut, Lokomotiven ausgebessert, Dampfkessel und Pumpspeicher sowie in kleiner Stückzahl auch Motorräder gebaut. Nach Werksangaben waren 500 Arbeiter beschäftigt.

1923 wagten die beiden jüdischen Unternehmer den Einstieg in die Landtechnik. Sie entwickelten einen Traktor für die Landwirtschaft. Nach den ersten Silben des Firmennamens wurde der Schlepper „Baumi" genannt. In Aussehen und Konstruktion glich er stark dem Bulldog, der kurz zuvor von der Firma Heinrich Lanz in Mannheim entwickelt worden war und mit seinen Folgemodellen bis weit in die 1950er-Jahre die Leitmaschine landwirtschaftlicher Modernisierung darstellte.

„Für schlechte Wege und schwere Arbeit"

Wie der Lanz-Bulldog, so war auch der Baumi-Traktor mit einem Glühkopfmotor ausgestattet, der auf einem gegossenen Fahrgestell montiert war. Der Motor aus Minden war mit 20 PS ein wenig stärker als sein Konkurrent aus Mannheim. Der „Baumi" hatte zwei Vorwärtsgänge und – anders als der Lanz-Bulldog – auch einen Rückwärtsgang. Er konnte eine Fahrgeschwindigkeit von 7,5 km/h erreichen. Zur Ausstattung zählte eine motorgetriebene Seilwinde mit einer Zugkraft von bis zu 1500 kg.

Das Fabrikat aus Minden lief, anders als der Bulldog, von Beginn an auf Vollgummireifen. Die Hinterräder konnten auf Wunsch auch um Zwillingsreifen oder Eisenräder ergänzt werden. „Der Baumi-Trecker ist für alle rauhen und angestrengten Betriebsverhältnisse die geeignetste Zug- und Arbeitsmaschine", warb die Firma in einem Prospekt. „Die Konstruktion ist für schlechte Wege und schwere Arbeit zugeschnitten."

Bis 1927 sollen rund 500 Baumi-Traktoren gefertigt worden sein. Daneben fertigte das Werk in Minden auch rohölbetriebene Standmotoren, die es nach Werksangaben auf eine Leistung von bis zu 50 PS brachten. Wirtschaftlicher Erfolg war der Baugesellschaft allerdings weder mit dem Traktor noch mit den Standmotoren beschieden. Im Dezember 1927 musste die Firma Konkurs anmelden.

Das Ursprungsunternehmen, die Tiefbaufirma, blieb davon einstweilen unbehelligt. Doch das änderte sich bereits in den ersten Monaten des NS-Regimes. Die jüdischen Inhaber der Firma sahen sich einem Boykott ausgesetzt. Sie erhielten keine Aufträge mehr und das Land Lippe kündigte ihnen den Nutzungsvertrag für den Steinbruch im Kalldorfer Holz. Damit war die Existenzgrundlage vollends zerstört. Das Bauunternehmen stellte im Sommer 1934 den Betrieb ein.

Nach dem Novemberpogrom 1938 gelang dem mit seiner Heimat so innig verbundenen Ehepaar Nathan Michelsohn und Bernhardine, geb. Seligmann (1867–1965), nur knapp die Flucht ins rettende Exil. Anfang August 1939 konnten sie über England nach Südafrika emigrieren, wo eine Tochter verheiratet war.

Industrialisierung in einem Bauerndorf

Das zweite Beispiel agrartechnischer Modernisierung ist das 1898 gegründete Unternehmen „Kemper & Lonsberg" in Neuenkirchen bei Rietberg. Es entwickelte sich rasch zu einem der wichtigsten Arbeitgeber in der ländlichen Region zwischen Münsterland und Paderborner Land und war dort der erste und für mehrere Jahrzehnte bedeutendste Motor der Industrialisierung. Die Produktion von Milchzentrifugen und Buttermaschinen, von Kartoffelrodern, Ackerwalzen und Göpel stand am Anfang der Firma, deren vielseitige Ausrichtung schon im offiziellen, 1913 erweiterten Namen erkennbar wird: „Neuenkirchener Eisengießerei, Maschinenfabrik & Elektricitätswerk Kemper & Lonsberg".

Als die Firma ihren Betrieb aufnahm, war Neuenkirchen ein überschaubares Bauern- und Handwerkerdorf mit etwa 1200 Einwohnern. Die übergroße Mehrheit war katholisch. Es gab auch eine kleine jüdische Gemeinde mit 33 Personen.

Neuenkirchens Lage an der Kreuzung zweier überregionaler Postwege hatte einst für regen Handel von Agrarprodukten wie Getreide, Vieh und Textilien sowie von Metallwaren gesorgt – und auch dafür, dass die Grafen von Rietberg mehrere jüdische Familien angesiedelt und sie unter ihren Schutz gestellt hatten. Bereits 1758 hatte es im Dorf die erste kleine Synagoge mit Schulstube und rituellem Bad, der Mikwe, gegeben.

Seit dem 18. Jahrhundert lebte auch die Familie des späteren Firmengründers Emil Kemper in Neuenkirchen. Sein Vorfahr Isaac Abraham hatte um 1800 den in Westfalen geläufigen Namen „Kemper" zum Familiennamen gewählt. 1895 schloss sich der Kaufmann Emil Kemper mit dem Landwirt und Handwerker Heinrich Lonsberg zusammen. Im benachbarten Druffel hatte Lonsberg seit Längerem an der Konstruktion landwirtschaftlicher Maschinen getüftelt. Eine von ihm entwickelte Milchzentrifuge hatte er sich patentieren lassen, sie war in den ersten Jahren das Hauptprodukt der Firma. Das Kaufinteresse war groß, denn die Industrialisierung an Rhein und Ruhr hatte die Nachfrage nach Milch um ein Vielfaches gesteigert, sodass in den vielerorts entstehenden Molkereien und auch auf den Bauernhöfen ein hoher Bedarf an technischem Gerät zur Milchverarbeitung entstanden war.

1901 errichteten die beiden Gründer in Neuenkirchen das erste Fabrikgebäude des Ortes. Bald erweiterten Kemper und Lonsberg ihr Unternehmen um eine eigene Gießerei. Schon im Januar 1903 war in der örtlichen Tageszeitung „Die Glocke" zu lesen: „Allgemein wird dieses Unternehmen mit Freude begrüßt, da dasselbe ein weiteres Emporblühen unseres Ortes bedeutet." Wenig später notier-

Um 1904 entstand diese Postkarten-Ansicht der Neuenkirchener Firma Kemper & Lonsberg.

te der Chronist des Dorfes: „Die vor zwei Jahren erbaute Centrifugenfabrik des Kaufmanns E. Kemper wurde in diesem Jahre durch Anbau erweitert und beschäftigte im Durchschnitt 100 Arbeiter."

Neben den Milchzentrifugen wurden recht rasch auch Buttermaschinen hergestellt. Es folgten Produkte für die Hofwirtschaft und den Ackerbau wie Göpel, Ringelwalzen und einfache, vom Pferd gezogene Kartoffelroder. Dieses Gerät wurde unter dem – durchaus selbstbewussten – Markennamen „Welt-Roder" angeboten. „Die mächtig aufstrebende Fabrik Kemper & Lonsberg Neuenkirchen war mit Aufsehen erregenden ‚Welt-Rodern' am Platze", berichtete „Die Glocke" im September 1910 vom Tierschaufest des Landwirtschaftlichen Bezirksvereins. Beinahe im Jahrestakt meldeten Kemper und Lonsberg neue Patente an, unter anderem einen „Krauthaken für Kartoffelroder" oder ein „Wurfrad für die Kartoffelerntemaschine".

Neben der Landwirtschaft verloren Emil Kemper und Heinrich Lonsberg auch das Dorf Neuenkirchen nicht aus dem Blick. So ließen sie auf dem Werksgelände ein Elektrizitätswerk errichten, das per Dampfmaschine und Generator Strom erzeugte. Damit wurde nicht nur die Fabrik, sondern darüber hinaus auch das Dorf und bis 1910 die benachbarte Stadt Rietberg mit Elektrizität versorgt.

Emil Kemper, seit 1913 als alleiniger Inhaber im Handelsregister eingetragen, erweiterte nach dem Ersten Weltkrieg und dem Ende der Inflation die Produktpalette. Neben den Landmaschinen setzte er auf Spezialmaschinen zur Lebensmittelverarbeitung, so etwa Fleisch-Mengmaschinen oder „Schnellkneter" und Mehlsiebmaschinen für gewerbliche Backstuben.

1925 arbeiteten rund 200 Beschäftigte bei Kemper & Lonsberg. Das aufblühende Unternehmen war damit etwa so groß wie „Miele & Cie." im benachbarten Gütersloh, das anfangs ebenfalls in der Hauptsache Milchzentrifugen herstellte, und deutlich größer als seinerzeit der Landmaschinenhersteller „Gebr. Claas" in Harsewinkel, in dem etwa 150 Beschäftigte arbeiteten.

Zwei Frauen leiten die Firma

Am 1. Juni 1930 starb Emil Kemper im Alter von 63 Jahren. Sein Tod war ein harter Schlag für die Familie, für das Unternehmen und für die ländliche Kommune. „Kemper gehörte 30 Jahre lang der Gemeindevertretung und fast 20 Jahre der Amtsvertretung als Mitglied an", hielt der Chronist des Dorfes fest. „Sein erfahrener Rat und seine sachliche Mitarbeit wurde von allen, die ihn kannten und mit ihm arbeiteten, geschätzt."

Kempers Ehefrau Johanna, geb. Diamant (1879–1953), und ihre Tochter Katharina (1908–2004) – sie nannte sich seit dem späteren Exil in England Kate Kemper –übernahmen die Führung des Unternehmens. Die Tochter war von Kindesbeinen an mit dem Betrieb vertraut, in dem sie seit ihrem 22. Lebensjahr als Prokuristin arbeitete. Sie konnte aber beim Tod ihres Vaters und Firmengründers nicht im Geringsten ahnen, was ihr und ihrer Mutter bevorstand.

Seit 1933, der Machtübertragung an die NSDAP im Reich, in der Provinz und in der Kommune Rietberg-Neuenkirchen, sah sich die Firma Drangsalierungen und Boykottmaßnahmen ausgesetzt. Ein „jüdisches Unternehmen", noch dazu geführt von zwei Frauen, das passte nicht in die Ideologie des NS-Regimes. „Wir erhielten kaum noch Rohstoffe, die Kredite wurden gekündigt. Es begannen die Beschimpfungen und Diffamierungen", erinnert sich Kate Kemper später. So wurde das Grab des Firmengründers auf dem jüdischen Friedhof geschändet. Wenig später, in der Nacht des zweiten Weihnachtstages 1934, wurde „bei dem Fabrikanten Kemper in Neuenkirchen eine wertvolle bunte Scheibe in mutwilliger Weise eingeworfen“, wie die Gendarmeriestation in Neuenkirchen meldete. Die Tageszeitung „Die Glocke“ veröffentlichte die Nachricht unter der verharmlosenden Überschrift „Ein Bubenstreich“.

Enteignung und Flucht nach London

Sechs Wochen vor der Pogromnacht 1938 wurden die beiden Unternehmerinnen unter Androhung von Gewalt enteignet. Die Umstände hat Kate Kemper später mit den folgenden Worten geschildert:

„Schließlich, wie alle jüdischen Betriebe, wurde unser Betrieb ‚arisiert'. Und zwar erschien am 25. September 1938 um 3 Uhr nachmittags im Büro des Unternehmens ein sich als nationalsozialistischer Kreiswirtschaftsberater vorstellender Herr Justus, Prokurist der Deutschen Bank Gütersloh. Er verlangte meine Mutter zu sehen. Als sie erschien, erklärte er ihr, sie müsse bis vor Sonnenuntergang den Betrieb an Herrn Richard Räuchle, den er gleichzeitig vorstellte, verkaufen, andernfalls würden sie und ich in das nächstgelegene Konzentrationslager gebracht. Draußen vor dem Büroeingang wartete ein Auto mit einem Fahrer in SA-Uniform.

Auf diese Weise wurde meine Mutter gezwungen, ihre Unterschrift unter einen sogenannten ‚Kaufvertrag' zu setzen; die Nazis ebenso wie die heutigen Deutschen wollten alles ‚in Ordnung' haben. Den ‚Vertrag' hatte der Kreiswirtschaftsberater Justus im Privatbüro zusammen mit dem ‚Käufer' und seinem Bruder Paul, früher ein kleiner Kommissionsverkäufer für Farben und Lacke, der gerade dreieinhalb Jahre wegen Bankunterschlagungen im Gefängnis abgesessen hatte, diktiert.

Meine Mutter musste solange zusammen mit mir und einem ebenfalls jüdischen Buchhalter, Herrn Dr. rer. pol. Harry Goldmann, im Vorzimmer warten. Dieser Vertrag – in dem die Hauptzahlen fehlten – wurde sodann meiner Mutter vorgelesen und sie mit dem wiederholten Hinweis auf das draußen wartende Auto gezwungen, ihn als Alleininhaberin zu unterschreiben. Hierauf unterschrieb ich ebenfalls als Einzelprokuristin. Dann musste noch Herr Dr. Goldmann unterschreiben, dass keine anderen Buchungen als die in den Büchern festgehaltenen existierten.“

Der im Vertrag genannte Kaufpreis sei nie gezahlt worden, berichtet Kate Kemper weiter. Der Zwangsverkauf verhinderte nicht, dass das Haus der Familie Kemper in der Pogromnacht 1938 von 50 SA-Männern gestürmt, verwüstet und geplündert wurde. In den folgenden zwei Wochen wurden Mutter und Tochter im eigenen Haus in „Schutzhaft“ festgehalten. „Einige mitleidige Leute aus dem Dorf – es gab einige wenige – brachten uns heimlich etwas zu essen.“ Haus und Garten wurden den Kempers ebenfalls in einem Scheinverkauf genommen, ihre privaten Bankkonten wurden konfisziert.

Die beiden Frauen konnten wenig später, unterstützt von Freunden und ausländischen Verwandten, über Berlin nach London fliehen. Dort gelang es Kate Kemper, mit der Hilfe von Freunden eine Firma für den Vertrieb von Maschinen, vor allem Bäckereimaschinen, aufzubauen.

Der Kampf um das Eigentum

Nach Kriegsende kämpfte sie – auch im Auftrag ihrer Mutter – von London aus um die Rückerstattung des Unternehmens in Westfalen, das in den Kriegsjahren unter anderem als Rüstungsbetrieb umgenutzt worden war.

Der Gang durch mehrere Gerichtsinstanzen endete erst im Januar 1954 mit einem Urteil vor dem internationalen Obersten Rückerstattungsgericht in Herford. Es sprach den Kempers ihr so brutal entrissenes Eigentum zu. „Zwangsweise zurückgelassen hatten wir ein gesundes Unternehmen. Zurück erhielten wir als ‚Wiedergutmachung' einen völlig ausgeplünderten und heruntergewirtschafteten Betrieb.“

Es brauchte Jahre, um ihn wieder aufzubauen. Unter anderem trennte sich die Unternehmerin Kate Kemper von den Resten der Landmaschinenproduktion. In der Firma wurden seither ausschließlich Teigknet-, Mehlsieb- und Brot- bzw. Brötchenanlagen für den Bäckereibedarf hergestellt.

Am 3. Oktober 1985 wurde Kate Kemper, mittlerweile in der Schweiz lebend, mit dem Bundesverdienstkreuz am Band ausgezeichnet. Den Orden erhielt sie, wie es in der Begründung hieß, für ihren „verdienstvollen Beitrag für den Aufbau der deutschen Wirtschaft“, aber auch „als ein Zeichen moralischer Wiedergutmachung für Sie und Ihre Familie und als ein Zeichen respektvollen Dankes des neuen, des anderen Deutschland“.

Fünf Jahre später übertrug die hochbetagte Kate Kemper das Neuenkirchener Unternehmen an eine Bielefelder Firmengruppe. Noch bis 2018 war die Gießerei in dem mehr als hundert Jahre zuvor errichteten Industriegebäude in Betrieb. Die historischen Werksanlagen wurden erst im Frühjahr 2022 vollständig abgerissen. Erhalten geblieben ist das ehemalige Wohnhaus der Familie Kemper. Es erinnert an den Absturz in Gewalt und Barbarei, aber auch an ein fast vergessenes Kapitel ländlicher Wirtschaftsgeschichte.

„Jeder muss still und ruhig in die Synagoge kommen“

Synagoge, Schule und Mikwe in Petershagen an der Weser: Blütezeiten jüdischen Landlebens und ihre gewaltsame Zerstörung

Ist das eine alte Schmiede? Eine aufgegebene Lagerhalle? Oder eine Fabrikwerkstatt? Das könnte vermuten, wer zum ersten Mal in Petershagen durch die Seitengasse im historischen Ortskern geht und das Gebäude mit seiner Backsteinfassade, den vier hohen schmalen Fenstern und den gusseisernen Fensterrahmen sieht. Zu einer Schmiede, einer Werkstatt oder einem Lager wollen allerdings die farbigen Gläser im Oberlicht der Fenster nicht so recht passen. Das Schild an der Tür sorgt für Klarheit: „Alte Synagoge Petershagen“ steht dort zu lesen. Bei dem Gebäude handelt es sich um eine der wenigen Landsynagogen, die in Westfalen die Zerstörungen während des NS-Regimes überstanden haben. Gut hundert Jahre lang war sie der religiöse und auch gesellschaftliche Mittelpunkt der Juden Petershagens und der umliegenden Dörfer.

Eine besondere Kleinstadt

Petershagen liegt an der Weser und war jahrhundertelang eine ländlich geprägte, von Dörfern umgebene Kleinstadt. Um 1900 lebten dort 1920 Einwohnerinnen und Einwohner: Etwa 1800 waren evangelisch, 66 waren katholisch, 53 jüdisch.

Obwohl der Ort recht klein war, zählte die dortige jüdische Gemeinde zu den ältesten der Neuzeit in Westfalen. Das war einer Besonderheit zu verdanken, die Petershagen aus der langen Reihe ähnlicher Kleinstädte heraushob: Der kleine Ort an der Weser war jahrhundertelang Residenzstadt und damit auch Verwaltungssitz des Territorialherrn, des Fürstbischofs von Minden.

Bereits seit dem 16. Jahrhundert lebten in Petershagen jüdische Familien und Einzelpersonen. Die ersten wurden vermutlich vom Mindener Bischof Franz von Waldeck (um 1491–1553) angeworben. Ein Jude namens Simon und dessen Sohn Jacob, so ist es für 1548/49 bezeugt, hatten dem Bischof fünf Taler jährlich zu zahlen.

Außenansicht der Synagoge in Petershagen.

Blick in das rekonstruierte Innere der einstigen Synagoge, die heute Museum und Gedenkstätte ist.

Farbiges Glas in den Fenster-Oberlichtern: Dieses Originaldetail wurde mit der Restaurierung wieder aufgegriffen.

Sein Nachfolger Bischof Georg von Braunschweig-Wolfenbüttel (1494–1566) hatte, um die landesherrliche Münzproduktion aufzubessern, auf das Fachwissen jüdischer Edelmetallhändler gesetzt, sie in Petershagen siedeln lassen und unter seinen Schutz gestellt. Sie und ihre Nachfolger verlegten sich später auch auf den Handel mit Vieh, Eisenwaren, Textilien und Getreide – einen Handel, der vor allem lokal und regional abgewickelt wurde, sich aber auch bis nach Frankfurt/Main erstrecken konnte.
Andere jüdische Familien Petershagens gründeten ihre Existenz auf ländliches Kleinhandwerk. Wie ihre christlichen Nachbarn Landwirtschaft zu betreiben, war ihnen indes untersagt.

Blicke gen Jerusalem

Mittelpunkt der kleinen Gemeinde war anfangs eine „Stubensynagoge“, wie sie erstmals 1652 bezeugt ist. Sie wird kaum mehr gewesen sein als die geheizte Stube eines Gemeindeangehörigen, in der sich die Glaubensgenossen zum Gebet und zum Austausch trafen.
1796 baute die Gemeinde erstmals eine Synagoge. Von ihr ist lediglich bekannt, dass sie wie die Nachbargebäude als Fachwerkbau errichtet worden ist. Wegen Baufälligkeit wurde sie später abgerissen und durch einen Neubau ersetzt, der 1846 eingeweiht wurde.
Das erhaltene Gebäude ist rechteckig, misst 7,80 m x 9,60 m und wird von einem Satteldach bedeckt. Die Traufenseite steht zur Gasse hin. Die Außenfassade aus Backstein weist fünf gemauerte senkrechte Vorsprünge, sogenannte Lisenen, auf. Damit sind fünf Säulen angedeutet, die symbolisch auf den Tempel in Jerusalem verweisen.
Erst auf den zweiten Blick sind in der Fassade horizontale Streifenmuster zu erkennen. Sie sind entstanden, weil in regelmäßigen Abständen dunkler gebrannte Backsteine vermauert worden sind. Ähnlich ist auch der Giebel auf der östlichen Stirnseite verziert. Oben im Giebel ist ein kreisrundes Fenster angedeutet, ein sogenanntes Misrach-Fenster. Es zeigt nach Osten, also ebenfalls nach Jerusalem.
Im Inneren weist der Synagogensaal an der Ostwand eine Nische auf. In ihr hat einst der Schrein mit der Thora gestanden. Er und auch das einstige Lesepult in der Raummitte, die sechseckige „Bima“, sind vermutlich beim Novemberpogrom 1938 herausgerissen und zerstört worden. Schrein und Bima sind heute durch eine feingliedrige Edelstahlkonstruktion im restaurierten Raum angedeutet.
Ebenfalls nicht mehr vorhanden ist die hölzerne Empore, auf der die Frauen und Kinder der Gemeinde an den Gebeten teilnahmen. Der untere Hauptsaal war den Männern vorbehalten. Spuren in den Fußbodenfliesen lassen erkennen, dass hier einmal acht Reihen an Bänken oder Pulten gestanden haben. Insgesamt fanden dort bis zu 80 Personen Platz.
An der Westseite der Synagoge duckt sich ein kleineres Gebäude, in der die jüdische Schule Platz gefunden hat. Im Fachwerkbau mit der Grundfläche von etwa 8 m x 9 m befanden sich ein Unterrichtsraum, eine Stube, ein schma-

AUS DER SYNAGOGENORDNUNG

Am 25. Dezember 1865 gab sich die Petershäger Gemeinde eine eigene Synagogenordnung. Darin waren unter anderem die Gottesdienste „an Sabbaten, Ganz- und Halbfeiertagen", die Entlassfeiern der Schulkinder oder auch die Beerdigungsfeierlichkeiten geregelt. Im Abschnitt „von der Ruhe und Ordnung während der Andacht" heißt es:

„Jeder muss still und ruhig in die Synagoge kommen, beim Öffnen und Schließen der Türen möglichst Vorsicht beobachten, und sich geräuschlos auf seinen ihm vom Vorstande angewiesenen Platz stellen.

Das Begrüßen des Eintretenden oder das Bewillkommnen eines abwesend gewesenen Mitglieds oder Freunden ist strengstens untersagt.

Es ist alles zu vermeiden, was Geräusch oder Störung der Andacht veranlassen kann, namentlich das überlaute Beten, das Mitsingen mit dem Vorbeter, das Sprechen mit dem Nachbar, Zusammenlaufen, Scharren mit den Füßen, das geräuschlose Öffnen und Schließen der Betpulte, das Herumreichen des Schnupftabaks und alle Danksagungen für alle Mitzwoth und Segenssprüche.

Das Verlassen der Synagoge muss jederzeit still und geräuschlos geschehen.

Das Stehenbleiben in den Gängen und in den Gängen des Schulhauses ist streng untersagt."

ler Flur und, wie einer alten Grundrisskarte zu entnehmen ist, eine „Badekammer". Was damit gemeint war, wurde erst 2008 bei archäologischen Untersuchungen entdeckt: eine Mikwe, die der rituellen Reinigung vor den Gebetsversammlungen diente.

In einer Ecke des kleinen, etwa 3 m x 3 m großen Raumes führt eine wendeltreppenartige Konstruktion einige Stufen tief in ein gemauertes Wasserbecken. Es wird durch das natürlich einsickernde Grundwasser gefüllt – so wie es die religiösen Vorschriften bestimmten, die für eine Mikwe „lebendiges Wasser" natürlichen Ursprungs forderten.

Mit Schule, Synagoge und Mikwe hat sich in Petershagen ein baulich geschlossenes, kultisches Ensemble erhalten. Es ist in dieser Dichte und seinem historisch-kulturellen Rang weit über Westfalen hinaus einzigartig. Eindrucksvoll legt es Zeugnis vom einst blühenden jüdischen Landleben ab.

Bis in die 1930er-Jahre bildete es den Mittelpunkt der jüdischen Gemeinde. Ihr Synagogenbezirk umfasste damals kaum mehr als hundert Männer, Frauen und Kinder. Etwa die Hälfte wohnte in Petershagen, die übrigen in den umliegenden Dörfern wie Bierde, Heimsen, Ovenstedt oder Quetzen.

Die meisten Juden des Synagogenbezirkes lebten um die Jahrhundertwende vom örtlichen, allenfalls regionalen Handel mit Getreide, Pferden und Vieh sowie mit Eisen- und Textilwaren. Einige waren im Fleischerhandwerk tätig, hatten ein kleines Ladengeschäft, manche verfügten über ein kleines Stück Land, eine Familie auch über eine kleine Gastwirtschaft.

Das rituelle Bad, die Mikwe, wurde erst 2008 bei archäologischen Grabungen entdeckt.

Hinzu kam bisweilen, als Nebentätigkeit, die Zigarrenfabrikation – im östlichen Westfalen war das eine weit verbreitete Einkommensquelle der landarmen, unterbäuerlichen Schichten. „An der Armutsgrenze", so fügt der Historiker Bernd-Wilhelm Linnemeier hinzu, „bewegten sich alleinstehende jüdische Frauen, die gezwungen waren, ihren Lebensunterhalt als Spinnerin und Arbeiterin zu sichern." Auf der anderen Seite des sozialen Spektrums befanden sich die wohlhabenden bürgerlichen Haushalte eines Rechtsanwalts, eines Kaufmanns und eines Bankiers.

Die Zerstörung einer Welt

1924 wurde die Synagoge des Landstädtchens mit antisemitischen Sprüchen beklebt. Ansonsten aber schien die Welt in Ordnung: Juden waren Stadtverordnete und Kassenrendanten, siegten beim Preisschießen des örtlichen Schützenvereins, engagierten sich im „Verschönerungsverein" oder im „Sing-Verein", betätigten sich im Roten Kreuz und trugen an Festtagen ihre Orden aus dem Ersten Weltkrieg am Revers. Und als im Februar 1930 der langjährige Gemeindevorsteher David Block starb, nahm an der Beisetzung „ein großes Trauergefolge" teil, wie sogar die Lokalzeitung berichtete, die auch die Teilnahme des Kriegervereins ausdrücklich erwähnte.

Diese scheinbare Normalität zerriss, als die NSDAP allerorten zum Sturm auf die Demokratie blies – und zum „Kampf gegen die Juden". Auch in Petershagen zeigte sich der Absturz in die Barbarei. Ein angesehener Arzt verlor bereits 1933 seine Zulassung, ein Beamter wurde aus der Verwaltung herausgedrängt, die jüdischen Viehhändler Frankenberg, Hertz und Rosenthal wurden ebenso boykottiert wie die Metzgereien Poli und Berghausen oder das Textilgeschäft Devries. Andere jüdische Händler und Handwerker wurden gemieden, jüdische Kinder von Lehrern und Mitschülern eingeschüchtert.

Beim Pogrom im November 1938 kam es zu wüsten Ausschreitungen und Brandstiftung. Mehr als sechs Jahrzehnte später haben Mitglieder der Arbeitsgemeinschaft „Alte Synagoge Petershagen" die Abläufe und Taten minutiös rekonstruieren können. Demnach drangen am Morgen des 10. November 1938 zwei Petershäger Bürger unter Aufsicht des Polizeiwachtmeisters Fritz Lampe in die Synagoge ein und schlugen mit Hammer und Axt auf die Bänke ein.

Gut zwei Stunden später besichtigte der Mindener SA-Kreisleiter Dr. Gräßner den Ort. Ihm reichten die angerichteten Schäden nicht, sie seien „unzulänglich ausgeführt". Es war der Anstoß zu weiterer Zerstörung in der Synagoge. Dabei wurden die Reste der Inneneinrichtung, darunter ein Kronleuchter, demoliert. Neben dem Thoraschrein schichteten die SA-Leute Akten der Gemeinde auf und zündeten sie an. Das Gebäude selbst wurde, anders als in vielen anderen Orten, nicht in Brand gesetzt.

Die Historikerin Elfi Pracht-Jörns berichtet, dass die Ritualgegenstände der Petershäger Synagoge gestohlen und die Thorarollen entweiht wurden. Das Zerstörungswerk sei „offenbar unter den Augen einer großen Menschenmenge" vollzogen worden. Einer der Täter, der NS-Ortsgruppenleiter Ferdinand Walting, habe bei späteren Vernehmungen von einem „Volksauflauf" gesprochen.

Am frühen Abend des 10. November 1938 fuhr eine motorisierte Gruppe von vier Männern um den SA-Standartenführer und Gehlenbecker Amtsbürgermeister Wilhelm Freimuth durch die Dörfer des Mindener Landes, um gezielt Juden anzugreifen und ihren Besitz zu zerstören. In einer Gaststätte schlossen sich ihnen mindestens sechs Männer aus Petershagen an. Nach starkem Alkoholkonsum verließ die Gruppe das Lokal und begann gegen 23 Uhr, Wohnhäuser jüdischer Familien in der Alt- und in der Neustadt in Brand zu setzen. Auch die Synagoge habe Freimuth anzünden wollen, berichtete ein Zeuge in der Nachkriegszeit. Warum es dazu nicht kam, ist unklar. Die Hausbrände wurden von den Bewohnern und der herbeigerufenen Feuerwehr gelöscht.

Deportation und Friedhofsschändung

Die letzten Petershäger Juden, denen es nicht mehr gelungen war, ins rettende Ausland zu emigrieren, wurden im Sommer 1942 nach Riga deportiert und ermordet. Es war das Ende der jahrhundertealten Landgemeinde an der Weser.

Ein Jahr später wurde der alte, bereits um 1650 erwähnte Friedhof der Gemeinde in weiten Teilen zerstört. Ab 1943 wurden dort 240 jüdische Zwangsarbeiter eines „Arbeitserziehungslagers", das sich im benachbarten Lahde befand, in Massengräbern bestattet. Dabei wurden uralte Grabsteine zerstört und zweckentfremdet – eine Schändung der Begräbnisstätte, „deren Brutalität in der Region beispiellos ist", wie der Historiker Bernd-Wilhelm Linnemeier geurteilt hat.

Das Synagogengebäude in Petershagen indes blieb stehen. Der Anbau mit der einstigen Schule wurde 1939 einem Ziegeleiarbeiter verkauft, der dort bereits zuvor gewohnt hatte und Hausmeister der Kultusgemeinde gewesen war. Die einstige Synagoge, schwer geschädigt und nur notdürftig ausgebessert, diente in den Nachkriegsjahren als Unterstellraum, als Lager eines Elektrohandels und einer Fahrradfabrik.

Erst in den 1980er-Jahren wurde sie in ihrer Einzigartigkeit wiederentdeckt, später von der Kommune erworben, unter Denkmalschutz gestellt und als Museum hergerichtet. Ein Kreis Petershäger Bürgerinnen und Bürger sorgte dafür, das Bauwerk zu erhalten, seine Geschichte zu erforschen und die Erinnerung an die jüdischen Nachbarn der Stadt und der umliegenden Dörfer wachzuhalten. Der 1999 gegründeten „Arbeitsgemeinschaft Alte Synagoge Petershagen" gelang es, Mittel aus Stadt, Land und Kreis sowie der NRW-Stiftung zusammenzutragen und die Synagoge zu einem Museum und Lernort zu gestalten. 2012 wurde das vollständig restaurierte Ensemble aus Synagoge und Schule der Öffentlichkeit übergeben.

„Nicht bauernfähig, weil er nicht ehrbar ist“

Staatlicher Antisemitismus per Gesetz: Das Reichserbhofgesetz von 1933 und seine Folgen

Am 29. September 1933, sieben Monate nach der Übertragung der Macht an Adolf Hitler und die NSDAP, erließ das NS-Regime das „Reichserbhofgesetz“. Es war eine der ersten großen agrarpolitischen Maßnahmen der Diktatur. In der Präambel heißt es: „Die Reichsregierung will unter Sicherung alter deutscher Erbsitte das Bauerntum als Blutsquelle des deutschen Volks erhalten. Die Bauernhöfe sollen vor Überschuldung und Zersplitterung im Erbgang geschützt werden, damit sie dauernd als Erbe der Sippe in der Hand freier Bauern verbleiben.“

Von „freien Bauern“ konnte allerdings nicht die Rede sein. Denn entgegen der Propaganda griff das Reichserbhofgesetz tief in die Verfügungsrechte der bäuerlichen Eigentümer ein. So durften sie einen „Erbhof“ weder verkaufen noch teilen – er sollte auf diese Weise „vor Zersplitterung geschützt“ sein. Sie durften keine Hypotheken aufnehmen, Investitionskredite waren ebenfalls stark erschwert. Das sollte vor angeblicher „Überschuldung“ schützen, bremste aber die Modernisierung der Betriebe.

Streng reguliert wurde auch die Erbfolge auf den Höfen. Der älteste Sohn eines Hofeigentümers wurde bevorzugt, während Töchter oder auch überlebende Ehefrauen bis 1942 faktisch von der Erbfolge ausgeschlossen blieben. Die Rechtsprechung über die Erbhöfe und auch die Kontrolle der ordnungsgemäßen Bewirtschaftung oblag einer eigens im NS-Staat aufgebauten Sondergerichtsbarkeit, den „Erbhofgerichten“. All diese Regelungen sorgten in der ländlichen Gesellschaft für Unruhe und Kritik, auch unter den Bedingungen der nationalsozialistischen Diktatur.

Ein neuer Begriff im deutschen Recht

In historischen Darstellungen zur Agrarpolitik des NS-Regimes, aber auch zu seiner Judenverfolgung, wird häufig ein Passus des Reichserbhofgesetzes übersehen: Laut § 13 konnte als Erbhofbauer nur anerkannt werden, „wer deutschen oder stammesgleichen Blutes ist“. Und weiter: „Deutschen oder stammesgleichen Blutes ist nicht, wer unter seinen Vorfahren väterlicher- oder mütterlicherseits jüdisches oder farbiges Blut hat. Stichtag für das Vorhandensein der Voraussetzungen […] ist der 1. Januar 1800.“

Das Reichserbhofgesetz schloss damit ausdrücklich jüdische Landwirte und Grundeigentümer von der „Erbhoffähigkeit“ aus. Es war damit das erste Gesetz des NS-Regimes, das den aus der Rassenideologie stammenden Begriff des „jüdischen Blutes“ benutzte und als maßgebliches Kriterium überhaupt erst in das NS-Recht einführte – zwei Jahre vor den berüchtigten Nürnberger Rassegesetzen.

Die antisemitische Stoßrichtung des Reichserbhofgesetzes wurde durch den neu eingeführten Begriff der „Ehrbarkeit“ noch verschärft. Sie konnte einem Erbhof-Eigentümer aberkannt werden, wenn er etwa „standeswidrige Beziehungen“ zu Juden unterhielt oder wenn er eine Jüdin heiratete. Ein eigens eingesetztes Anerbengericht, besetzt mit Agrar- und Parteifunktionären, hatte über die vermeintliche Ehrbarkeit zu befinden. Wurde sie einem Eigentümer abgesprochen, drohte ihm das „Abmeiern“, also faktisch die Enteignung seines Hofes.

Völkischer Roman als Schein-Wissenschaft

Wer sich 1933/34 als Erbhofbauer registrieren lassen wollte, benötigte einen Nachweis seiner „deutschblütigen oder stammesgleichen Herkunft“. Bauern zählten also – nach den Beamten – zu den ersten in der NS-Diktatur, die ihre sogenannte arische Abstammung nachzuweisen hatten.

Im Reichserbhofgesetz manifestierte sich zu einem frühen Zeitpunkt die völkische Ideologie des NS-Regimes. Zum ersten Mal hatte die Formel vom angeblichen „jüdischen Blut“ Eingang in die deutsche Rechtssprache gefunden. Es ist unnötig zu sagen, dass sie jeder naturwissenschaftlichen Grundlage entbehrt. Sie war ein Hirngespinst völkischer Propagandisten und gründete im Vorrat uralter antisemitischer Vorurteile.

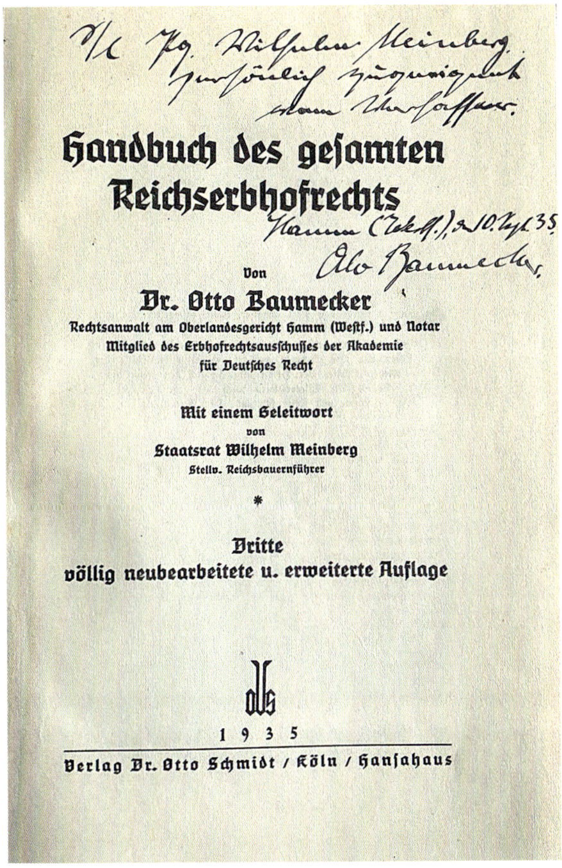

Handbuch des gesamten Reichserbhofrechts

Von

Dr. Otto Baumecker

Rechtsanwalt am Oberlandesgericht Hamm (Westf.) und Notar
Mitglied des Erbhofrechtsausschusses der Akademie für Deutsches Recht

Mit einem Geleitwort von

Staatsrat Wilhelm Meinberg
Stellv. Reichsbauernführer

*

Dritte völlig neubearbeitete u. erweiterte Auflage

1935

Verlag Dr. Otto Schmidt / Köln / Hansahaus

Der Hammer Rechtsanwalt Otto Baumecker verfasste das in der NS-Zeit maßgebliche „Handbuch des gesamten Reichserbhofrechts“. Diese Ausgabe von 1935 enthält eine Widmung des Verfassers für Wilhelm Meinberg, dem aus der Nähe von Unna stammenden Landwirt, SS-Gruppenführer und zeitweiligen Stellvertreter des NS-Reichsbauernführers Richard Walter Darré.

Die Formel vom „jüdischen Blut“ war einem Millionen-Publikum in Deutschland vor allem durch den 1917 erschienenen Roman „Sünde wider das Blut“ bekannt geworden. Der Autor Artur Dinter (1876–1948), ein früher Weggefährte Hitlers, erzählt darin die Geschichte eines Dienstmädchens, das Jahre nach einer Beziehung mit einem jüdischen Offizier einen „deutschblütigen“ jungen Mann mit bäuerlichem Hintergrund heiratet und einen Sohn zur Welt bringt, der wie ein „Judenknabe“ aussieht – so heißt es im Roman, dessen Protagonist am Ende den Soldatentod fürs Vaterland stirbt.

Dieser Stoff, so konfus er auch klingt, bewegte in den 1920er-Jahren die Massen. Bis 1933 wurde „Sünde wider das Blut“ in einer Gesamtauflage von 260 000 Exemplaren gedruckt. Der Roman gehörte zu den fünf meistverkauften Büchern der Weimarer Zeit und soll nach Schätzungen bis zu 1,5 Mio. Leserinnen und Leser erreicht haben.

Der Erzählkern des Romans stilisiert das angebliche „unreine jüdische Blut“ als eine Art von Infektion, vor der das als „unverdorben“ bezeichnete „Germanenblut“ zu bewahren sei. Im Hintergrund schwang die im Mittelalter entstandene antisemitische Legende mit, die Juden als angebliche „Brunnenvergifter“ diffamierte. Wie einst das Wasser, so werde nun das „Germanenblut“ verseucht – so die Vorstellung, die der radikal antisemitische Autor in seinem viel gelesenen Roman vermittelte.

Dinter hatte erheblichen Aufwand betrieben, um seine völkischen Fantasien wie Wissenschaft aussehen zu lassen. So ließ er dem Erzählteil mit 370 Druckseiten weitere 70 Seiten folgen, die gespickt waren mit Anmerkungen, Zahlen und Zitaten, teilweise in hebräischer Schrift, mit Literaturangaben und Zeitungsnotizen. Das wirkte seriös, schien naturwissenschaftlich begründet – und war in seiner Täuschungsabsicht von Laien nicht leicht zu erkennen.

Zeitungen und Parteischriften griffen die Formel vom „jüdischen Blut“ und die Forderung nach „Reinhaltung des germanischen Blutes“ auf. In den 1920er-Jahren zählten sie zum Kernprogramm der völkischen und antisemitischen Bewegungen im Land, insbesondere auch der Blut-und-Boden-Ideologen um den späteren NS-Reichsbauernführer Richard Walter Darré, der einer der Motoren des Reichserbhofgesetzes von 1933 war.

Aber was genau bedeutete die Formel vom „jüdischen Blut“ im Rechtssinne? Im kommentierenden „Handbuch des gesamten Reichserbhofrechts“ von 1934 schrieb Otto Baumecker, Rechtsanwalt am Oberlandesgericht Hamm: „Das ist der Fall, wenn die in Frage kommende Person unter ihren Vorfahren bis zum 1.1.1800, dem ungefähren Beginn der Judenemanzipation, sowohl väterlicher- als auch mütterlicherseits irgendwie jüdisches oder farbiges Blut hat.“ Das Wörtchen „irgendwie“ verrät, dass auch Baumecker offenbar vergeblich nach wissenschaftlich begründeten Kriterien suchte, die es gar nicht geben konnte.

Furchtbare Worte eines Juristen

Ziel der willkürlichen Regelung war letztlich, die rechtliche Gleichstellung der jüdischen Minderheit aufzuheben und ihren Stand auf die Zeit vor 1800, die Zeit vor den Emanzipationsgesetzen, zurückzudrehen. Doch es gab noch ein weiteres Ziel – und der westfälische Jurist Baumecker, NSDAP-Mitglied seit 1933, machte daraus keinen Hehl. In der Neuauflage seines Handbuchs 1935 betonte er, dass das Reichserbhofgesetz einen „bevölkerungspolitischen Grundsatz“ verfolge, nämlich den „der Bestimmung der rassemäßigen Reinerhaltung des Bauerntums“. Überhaupt sei es „nicht nur ein Gesetz des Bauerntums, sondern ein Gesetz für unser gesamtes Volkstum“. Mit Blick auf diesen umfassenderen gesellschaftlichen Anspruch fuhr der Hammer Jurist wörtlich fort:

„Die Ausscheidung aller dem deutschen Volk wesensfremden Elemente auf lange Sicht ist das Ziel Adolf Hitlers. ‚Der Staat, der im Zeitalter der Rassenvergiftung sich der Pflege seiner besten Rasseelemente widmet, muss eines Tages zum Herrn der Erde werden.‘ (aus: Mein Kampf).“

Menschen wurden also zu „Elementen“ degradiert und zur „Ausscheidung“ freigegeben – was der NS-Jurist hier auf dem Papier formulierte, war zu diesem Zeitpunkt, 1935, längst diskriminierende Realität und radikalisierte sich nur wenige Jahre später, mit Beginn des Zweiten Weltkrieges, im industriellen Massenmord an den Juden Deutschlands und Europas.

In der Geschichtsforschung zur jüdischen Minderheit und seiner Verfolgung in der NS-Zeit hat das Reichserbhofgesetz eher wenig Beachtung gefunden. Es habe 1933 kaum Bauernhöfe mit jüdischen Vorfahren gegeben, lautet ein Argument. Doch das übersieht den früh formulierten Anspruch der „rassischen Reinigung“ und der „Ausscheidung wesensfremder Elemente“, der sich im Gesetz verbarg und sich nicht nur in der Landwirtschaft, sondern weit darüber hinaus als „Gesetz für unser gesamtes Volkstum“ Geltung zu verschaffen suchte.

Zum anderen wird übersehen, dass es, anders als von der völkischen Bauerntums-Ideologie behauptet, durchaus Landwirte oder Bauernfamilien mit jüdischen Vorfahren gab: in Baden und in Franken, in Schleswig-Holstein und in Ostfriesland – und auch in Westfalen. Was dies für die einzelnen Bauernfamilien bedeuten konnte, sei an zwei Fällen dargestellt.

Der vergessene jüdische Urgroßvater

In Herrntrop, einem Dorf nahe Kirchhundem im Sauerland, erfuhr die Bauernfamilie Heinemann 1933 erst aus den Pfarrkirchenbüchern, was niemand mehr wusste: „Der Vater meiner Großmutter väterlicherseits, Franz Oppenheim, muss von Geburt Jude gewesen sein, hat sich im Alter von 26 Jahren taufen lassen und dann 18 Jahre später die Mutter unserer Großmutter väterlicherseits, die Christin und Arierin Wilhelmine Berg geheiratet.“

So teilte es im Herbst 1933 der Bauernsohn Clemens Heinemann dem Bürgermeisteramt mit. Das Anerbengericht lehnte es daraufhin ab, den Hof als Erbhof in das entsprechende Verzeichnis, die Erbhöferolle, einzutragen. Die Familie befürchtete, enteignet zu werden, und sah sich Diskriminierungen ausgesetzt. Ehestandsdarlehen wurden verweigert. Der alten Bäuerin wurde das „Mutterkreuz“ aberkannt, das ihr kurz zuvor für ihre zwölf Kinder mit großem Pomp verliehen worden war. Die Bauersleute wurden im Dorf beschimpft.

Vier der elf Söhne waren Anfang der 1930er-Jahre in die NSDAP und die SA eingetreten und wurden nun von Berlin aus aufgefordert, die Partei zu verlassen. Der angehende Hoferbe Alois Heinemann musste sich sogar, um die „Rassereinheit“ feststellen zu lassen, in Münster einer anatomischen Untersuchung unterziehen, vermittelt durch den NS-Landesbauernführer Albert Kost.

Einer der Söhne erlebte später als Lehrling bei einem jüdischen Händler in Attendorn das Grauen der Pogromnacht von 1938. Von plündernden oder gewalttätigen NS- bzw. SA-Schlägern blieb der Hof in Herrntrop verschont. Die Bauernfamilie wurde auch später weder enteignet noch verhaftet – aber die Furcht davor blieb bis Kriegsende 1945 präsent.

Verzweifelter Brief an den Bischof

Nur knapp der Deportation entging die westfälische Bauernfamilie Wester-Ebbinghaus in Verl bei Gütersloh. Sie bewirtschaftete im Ortskern der kleinen Gemeinde, die damals zum Kreis Wiedenbrück gehörte, einen etwa 90 ha großen Hof mit Milchviehhaltung und Schweinezucht. Bereits 1933 sah sich der Hofeigentümer, der 73-jährige Alois Wester-Ebbinghaus, dem Vorwurf seitens der NS-Behörden ausgesetzt, nicht „bauernfähig“ und nicht „ehrbar“ zu sein. Vorgeworfen wurde ihm seine Ehe, die er 46 Jahre zuvor geschlossen hatte.

Eine Rückblende: Am 26. Juni 1887 hatte der damals 28-jährige Bauernsohn Alois Wester-Ebbinghaus die vier Jahre jüngere Hedwig Hope geheiratet. Die jungen Eheleute kannten sich von Kindesbeinen an, denn Hedwig war im Nachbarhaus auf der anderen Straßenseite im Dorf groß geworden. Sie war das jüngste von neun Kindern der Eheleute Calman Hope und dessen aus Stromberg stammender Ehefrau Rose Feldheim. Die Händlerfamilie Hope war die einzige jüdische Familie im Dorf und dort seit mehr als zwei Jahrhunderten ansässig.

Aus der Ehe gingen zehn Kinder hervor: drei Söhne und sieben Töchter. 1918 starben Hedwig Hope und zwei ihrer Kinder an den Folgen der Spanischen Grippe. Der älteste Sohn Ferdinand, geboren am 11. April 1888, war seit Anfang der 1920er-Jahre als Hoferbe vorgesehen.

Die Hofübergabe hatte noch nicht stattgefunden, er lebte und arbeitete mit seiner Frau und sechs Kindern ebenfalls auf dem Hof in Verl, als das Reichserbhofgesetz bekannt wurde. Sein Vater Alois Wester-Ebbinghaus setzte alle Hebel in Bewegung, um Schaden von sich, von der Familie und vom Hof abzuwenden. Mitte Oktober 1933, kaum drei Wochen nach Veröffentlichung des Reichserbhofgesetzes, gelang es ihm, über entfernte Verwandte Kontakt zum Osnabrücker Bischof Wilhelm Berning aufzunehmen. Verzweifelt legte er dem „Hochwürdigsten Herrn“ seine Lage dar. Seine Frau, so schrieb er, sei in jungen Jahren zum Katholizismus konvertiert und getauft. Sie sei „eine vorbildlich religiöse katholische Frau und Mutter, welche ihre 10 Kinder zu braven katholischen deutschen Menschen erzogen hat“. Weiter schrieb er: „Seit Jahrzehnten ist der Hof völlig schuldenfrei. Erkundigungen über mich müssen ergeben, dass ich sowie auch mein ältester Sohn Ferdinand tadellos gewirtschaftet haben und der ganze Besitz in einem mustergültigen Zustand ist.“

Mit diesen Ausführungen suchte der Landwirt seine Bauernfähigkeit und Ehrbarkeit zu unterstreichen. Dabei übersah er, dass es den NS-Ideologen und -Behörden gar nicht um Sachargumente ging. Ihnen ging es vielmehr um „Blut“ und „Rassereinheit“. In dieser Wahnwelt völkischen Denkens zählten weder religiöses Bekenntnis noch

Ein Familienbild aus glücklicheren Tagen: Vorne das Ehepaar Alois und Hedwig Wester-Ebbinghaus, geb. Hope, mit ihren Kindern. Die Aufnahme entstand 1912 auf dem Bauernhof in Verl.

Erziehung, weder tadelloses Verhalten noch mustergültige Wirtschaftsführung.

Das Verdikt des Anerbengerichtes

Die NS-Behörden und Gerichte warteten nicht lange. Am 21. Februar 1934 entschied das Gütersloher Anerbengericht unter Vorsitz des Amtsgerichtsrats Dr. Wischrath: „Der Landwirt Alois Wester-Ebbinghaus in Verl ist nicht bauernfähig, weil er nicht ehrbar ist. Er hat die Ehrbarkeit durch seine im Jahre 1887 mit einer Jüdin geschlossenen Ehe verloren."

Mit diesem Satz schlug das Anerbengericht auch den Rechtsgrundsatz des Rückwirkungsverbotes in den Wind. Im Gerichtsbeschluss hieß es weiter:

„Wenn auch die Bedeutung der Rassengesetze für die Entwicklung und die Gesunderhaltung des Volkes erst durch die nationalsozialistische Bewegung und die Gesetze der nationalsozialistischen Regierung dem Volke in weitestem Umfange dargelegt und zum Bewusstsein gebracht worden ist, so hat doch in dem Bauernstand der hiesigen Gegend, so nötig der Bauer den Juden auch oft haben mochte, doch von jeher eine so starke Abneigung gegen das Judentum geherrscht, dass eine Ehe zwischen einem großen Bauern und einem Juden als undenkbar angesehen wurde und der vorliegende Fall einer solchen Mischehe für den Einzigen gehalten wird, der jemals vorgekommen ist."

Über seine Heirat mit der geliebten Tochter des Nachbarn musste Wester-Ebbinghaus im Gerichtsbeschluss auch diesen Satz lesen: „Der gesunde Rasseninstinkt des Bauern hat durch die liberalistische Gesetzgebung der Vergangenheit eben nicht unterdrückt werden können." Seine Ehe mit der Jüdin sei ein „grober Verstoß gegen die Standesehre". Und weiter: „Ein Makel, der ihn nicht vollwertig erscheinen ließ, haftete dem Alois Wester-Ebbinghaus seit der Eheschließung immer an." Über dieses Schmähurteil und den verordneten „Ehrverlust" muss Alois Wester-Ebbinghaus tief verbittert gewesen sein. Eines der letzten Fotoportraits zeigt einen von Gram gebeugten alten Mann.

Immerhin hatte ihm sein Rechtsanwalt mitgeteilt, der Hof bleibe „außerhalb des Erbhofrechts in demselben Rahmen wie bisher freiveräußerliches und vererbliches Eigentum". Das hieß: Neben dem NS-Sonderrecht, dem neuen Reichserbhofgesetz von 1933, galten weiterhin die Bestimmungen des Bürgerlichen Gesetzbuches wie etwa die Eigentumsrechte oder auch die Testierfreiheit. Auf dieser Grundlage hat Alois Wester-Ebbinghaus seinen Hof umgehend an seinen Sohn Ferdinand übertragen. Er seinerseits verfasste im April 1934 sein Testament, in dem er seinen damals achtjährigen Sohn Hans als nächsten Erben einsetzte.

Die Bedrohung für den Hof und die Familie war damit keineswegs abgewendet. Nach den Nürnberger Rasse-

1935 entstand dieses Portraitbild von Alois Wester-Ebbinghaus.

gesetzen vom 15. September 1935 galt der nunmehrige Hofeigentümer und Landwirt Ferdinand Wester-Ebbinghaus als „Mischling 1. Grades" bzw. „Halbjude". Seine Kinder galten als „Mischlinge 2. Grades". Genauso stand es auch in den amtlichen Verzeichnissen. 1937 etwa erstellte die Verler Amtsverwaltung eine „Nachweisung der im Amtsbezirk wohnhaften Juden". Darin werden unter der Überschrift „A. Volljuden" acht Personen der Kaufmanns- und Gastwirtsfamilie Hope geführt. Unter der Überschrift „B. Mischlinge 1. Grades" sind an erster Stelle der Bauer Ferdinand Wester-Ebbinghaus sowie seine in Verl gemeldeten Schwestern Gertrud und Johanna geführt.

Während des Novemberpogroms 1938 demolierten NSDAP- und SA-Leute das dem Hof gegenüberliegende Wohnhaus, den Laden und die Schankwirtschaft der Familie Hope, die sich zunächst in einem Nachbarhaushalt verstecken konnte. Die beiden Männer, Otto und Fritz Hope, wurden am nächsten Tag in das KZ Buchenwald deportiert. Ähnliches hätte, nach der Rassenlogik der Nazis, im November 1938 auch die Familie Wester-Ebbinghaus treffen können. Doch sie blieb verschont. Für dieses Mal.

Der Name auf der Deportationsliste

Sechs Jahre später zog für den Bauern Ferdinand Wester-Ebbinghaus und wohl auch für seine Familie Lebensgefahr auf, ohne dass irgendjemand etwas davon ahnte. Dass sie im Kriegsjahr 1944 nur knapp einer Deportation entgingen, erfuhren die Nachfahren der Familie erst 2007 auf Nachfrage bei der Gemeinde Verl. Im Kommunalarchiv fanden sich in einer Sammlung mit dem Titel „Judenakte" Dokumente, die Folgendes belegen:

Am 12. September 1944 ordnete die Bielefelder Gestapo den Abtransport von Juden und Mischlingen ersten Grades an. Das Ziel ist im dokumentierten Funkspruch nicht angegeben. Sicher ist, dass am 19. September 1944 ein Deportationszug Bielefeld verließ – mit dem Ziel zweier Arbeitslager in Elben und Tröglitz. Weitere „Mischlinge" wurden später in das KZ Theresienstadt deportiert.

Drei Tage vor der Deportation, am 16. September 1944, wurde in der Verler Amtsverwaltung eine Übersicht mit dem Betreff „Erfassung der jüdischen Familien" erstellt. Das Dokument für den Wiedenbrücker Landrat nennt für den Amtsbezirk den Gutsbesitzer Ferdinand Wester-Ebbinghaus. Auch seine sechs Kinder stehen als „Mischlinge II. Grades" auf der Liste, ebenso seine Ehefrau Maria, geb. Kettelhoit. Hinter ihrem Namen steht der Zusatz: „Hausfrau, Arierin".

Den Dokumenten zufolge muss der Verler NSDAP-Amtsbürgermeister Lütkewille mit dem Ortsgruppenleiter der NSDAP, dem Ortsbauernführer und dem Kreisbauernführer über „den Abtransport des Wester-Ebbinghaus" verhandelt haben. Komme es dazu, würden „für die Bewirtschaftung des großen Hofes Schwierigkeiten entstehen". Die NS-Funktionäre zogen den Bielefelder Kriminalrat Anton Kaspar hinzu, der die Deportationen mitorganisierte. Sie suchten ihn zu überzeugen, den Verler Bauern von der Deportationsliste zu streichen:

„Der Genannte bewirtschaftet einen Hof von rund 100 ha. Die deutschblütige Ehefrau ist seit Jahren kränklich und nicht voll einsatzfähig. Drei Söhne befinden sich bei der Wehrmacht. Ein 18-jähriger Sohn, der aber infolge eines Lungenrisses nur beschränkt arbeitsfähig ist, ist in der Landwirtschaft des W. tätig. Zwei Mädchen sind noch Schülerinnen und kommen für die Landwirtschaft noch nicht in Frage. Eine geeignete Ersatzkraft für den Wester-Ebbinghaus steht nicht zur Verfügung."

Fragen, die offen bleiben

Der Kriminalrat willigte ein. Die Deportation des Bauern – und vermutlich auch der gesamten Familie – war abgewendet. Aber warum? Was genau hat die beteiligten Funktionäre zu dieser Entscheidung in letzter Minute bewogen? Haben sie die Unruhe im Dorf gescheut, die durch die Verschleppung einer ortsbekannten Landwirtsfamilie ausgelöst worden wäre? Was genau wussten sie vom Ziel des Deportationszuges und dem Räderwerk der Vernichtung? Den Dokumenten zufolge muss ihnen klar gewesen sein, dass die Verschleppten nicht wiederkehren würden. Die Fragen sind anhand der wenigen überlieferten Dokumente nicht zu klären. Die eigentlichen Beweggründe der beteiligten NS-Funktionäre werden wohl unbekannt bleiben.

Sechs Monate später war der Krieg beendet, das NS-Regime besiegt. Der Alliierte Kontrollrat hob weitere zwei Jahre später, im April 1947, das Reichserbhofgesetz ersatzlos auf.

PARAGRAFEN, VERBOTE, TERROR

Das NS-Regime gab von 1933 bis 1945 rund 2000 Gesetze, Verordnungen und Erlasse heraus, um Jüdinnen und Juden auszugrenzen, zu unterdrücken, zu enteignen und ihrer Existenz zu berauben. Den Terror, der sich mit einer scheinlegalen Fassade umgab, hat der Dresdner Gelehrte Viktor Klemperer bereits im Frühjahr 1933 klar analysiert und voller Entsetzen kommentiert, als er in seinem Tagebuch notierte: „Es ist erschütternd, wie Tag für Tag nackte Gewalttat, Rechtsbruch, schrecklichste Heuchelei, barbarische Gesinnung ganz unverhüllt als Dekret hervortritt."

Hier ist eine Auswahl von Vorschriften zusammengestellt, die besonders auf Jüdinnen und Juden auf dem Land zielten.

21. April 1933
Die Reichskanzlei sowie die Reichsministerien des Innern, der Justiz und der Landwirtschaft verbieten im „Gesetz über das Schlachten von Tieren" das Schächten. § 1 lautet: „Warmblütige Tiere sind beim Schlachten vor Beginn der Blutentziehung zu betäuben."

29. September 1933
Die Reichskanzlei und die Reichsministerien für Justiz und Landwirtschaft erlassen das Reichserbhofgesetz. Es bestimmt, dass Bauer eines Erbhofes nur sein kann, wer „deutscher Staatsbürger deutschen oder stammesgleichen Blutes" und „ehrbar" ist. Deutschen oder stammesgleichen Blutes im Sinne des Gesetzes ist nicht, wer unter seinen Vorfahren „jüdisches oder farbiges Blut" hat.

19. Oktober 1933
Die Reichsministerien für Justiz und Landwirtschaft verordnen, dass zu Vorsitzenden des Anerbengerichts, zu Vorsitzenden oder richterlichen Mitgliedern des Erbhofgerichts oder zu beamteten Mitgliedern des Reichserbhofgerichts nur Personen ernannt werden dürfen, die „deutschen oder stammesgleichen Blutes" sind.

17. März 1934
Im „Gesetz über das Landjahr" werden Nichtarier vom Landjahr (verpflichtender Arbeitseinsatz in der Landwirtschaft bzw. im Dorf) ausgeschlossen.

12. Februar 1935
Das Reichsarbeitsministerium bestimmt per Erlass, dass Kleinsiedler und ihre Frauen arischer Abstammung im Sinne des Gesetzes zur Wiederherstellung des Berufsbeamtentums sein müssen. „Die Prüfung der rassischen Eignung der Bewerber für die Siedlung ist mit besonderer Sorgfalt vorzunehmen."

27. Februar 1935
Das Reichsministerium für Landwirtschaft bestimmt in einer „Verordnung zur Regelung des Verkehrs mit Schlachtvieh", dass nicht deutschstämmige Staatenlose nicht als Händler mit Schlachtvieh auf Viehgroßmärkten zugelassen werden dürfen.

18. Juni 1935
Das Reichsministerium für Wissenschaft, Erziehung und Volksbildung legt fest, dass nur Personen arischer Abstammung zur Diplomprüfung für Landwirte zugelassen werden dürfen.

24. September 1935
Der Präsident der Reichsanstalt für Arbeitsvermittlung und Arbeitsversicherung bestimmt, dass jüdische Schüler nicht als Volontäre in der Landwirtschaft zugelassen werden.

22. November 1935
Das Reichsarbeitsministerium legt in einem Erlass fest, dass bei der Förderung des Bauens von Eigenheimen für ländliche Handwerker und Arbeiter sowie von Heuerlingswohnungen die arische Abstammung des Antragstellers und der Mitglieder seiner Familie Bedingung für den Empfang von Darlehen ist.

7. Juli 1936
Das Reichsministerium der Justiz bestimmt in einem Rundschreiben, dass die Eröffnung eines landwirtschaftlichen Entschuldungsverfahrens abzulehnen oder ein bereits eröffnetes Verfahren aufzuheben ist, wenn der Betriebsinhaber Jude ist. „Ein Jude bietet durch seine Persönlichkeit nicht die Gewähr für eine erfolgreiche Durchführung des Verfahrens."

7. Juli 1936
Das Reichswirtschaftsministerium und das Reichsministerium der Justiz schließen in der Verordnung über öffentlich bestellte Wirtschaftsprüfer im Genossenschaftswesen Juden von der Zulassung zur Fachprüfung für genossenschaftliche Wirtschaftsprüfer aus.

25. Januar 1937
Das Reichsministerium für Ernährung und Landwirtschaft bestimmt in der „Verordnung über den Handel mit Vieh":
1. Betriebe, die mit Vieh Handel treiben und künftig treiben wollen, bedürfen der Zulassung.
2. Die Zulassung ist von verschiedenen sachlichen Voraussetzungen und persönlicher Zuverlässigkeit abhängig.
3. Betriebsinhaber und Betriebsleiter müssen, wenn sie staatenlos sind, deutschstämmig sein.

5. Februar 1937
Der Reichsjägermeister, das Reichsministerium der Justiz und das Reichsministerium für Landwirtschaft legen in der zweiten Durchführungsverordnung zum Reichsjagdgesetz fest: „Personen, die nicht das Reichsbürgerrecht besitzen, dürfen nur mit Genehmigung des Reichsjägermeisters zur Pachtung zugelassen werden."

2. August 1937
Die Reichsstelle für Devisenbewirtschaftung verfügt in einem Runderlass, dass die Freigabe auch eigener Sperrguthaben für den Ankauf deutschen Grundbesitzes durch Juden unerwünscht ist. „Derartige Anträge sind abzulehnen." Bei Anträgen auf Aufnahme von Sperrguthabendarlehen zum Erwerb von Grundstücken oder zur Errichtung von Neubauten durch Juden sei „entsprechend zu verfahren".

14. September 1937
Das Reichsarbeitsministerium legt fest, dass „alle ehrbaren minderbemittelten Volksgenossen" als Siedlungsanwärter zugelassen werden können, wenn sie „ebenso wie ihre Ehefrauen deutsche Reichsangehörige deutschen oder artverwandten Blutes sind".

22. März 1938
Das Reichsarbeitsministerium legt fest, dass als Kleingärtner alle „ehrbaren Volksgenossen" ausgewählt werden können, „die ebenso wie ihre Frauen deutsche Reichsangehörige deutschen oder artverwandten Blutes sind".

11. Mai 1938
Das Reichsministerium der Justiz legt in einer Verfügung fest, dass Richter an Amtsgerichten und Notare, die sich mit Grundstücksveräußerungen befassen, über jedes Geschäft Bericht zu erstatten haben, bei dem Anlass für die Vermutung eines Devisenvergehens besteht. „Geschäfte dieser und ähnlicher Art, an denen Juden oder jüdische Organisationen beteiligt sind, geben immer Grund für einen solchen Verdacht, und es ist über sie Bericht zu erstatten."

12. Mai 1938
Das Reichswirtschaftsministerium bestimmt in einem Erlass, dass Genehmigungen zur Verwaltung von Grundbesitz, das im Inland liegt, aber devisenrechtlich Personen im Ausland gehört, nicht mehr erteilt werden.

6. Juli 1938
Das „Gesetz zur Änderung der Gewerbeordnung für das Deutsche Reich" verbietet Juden den Hausierhandel (Warenhandel von Haus zu Haus) und die Ausübung eines Gewerbes außerhalb des Ortes ihrer Niederlassung. Das zielt vor allem auf ihre Tätigkeit im Viehhandel sowie im Wander- und Kleinhandel. Untersagt wird ihnen außerdem das Handeln mit Grundstücken sowie die Vermittlung von Immobilienverträgen und Darlehen.

7. Juli 1938
Das Reichsfinanzministerium, das Reichsministerium für Landwirtschaft und der Beauftragte für den Vierjahresplan verordnen, dass Einrichtungsdarlehen und -zuschüsse zur Förderung der Landbevölkerung nur gewährt werden, wenn beide Ehegatten deutsche Staatsangehörige deutschen oder artverwandten Blutes sind.

12. November 1938
Die „Verordnung zur Ausschaltung der Juden aus dem deutschen Wirtschaftsleben" des Beauftragten für den Vierjahresplan, Hermann Göring, untersagt es Juden ab 1. Januar 1939, auf Märkten, Messen oder Ausstellungen Waren oder gewerbliche Leistungen anzubieten oder Bestellungen anzunehmen. Der Betrieb eines Handwerks ist ihnen verboten, ebenso der Betrieb von Einzelhandelsgeschäften, Versandgeschäften oder Bestellkontoren. Außerdem heißt es in § 3: „Ein Jude kann nicht Mitglied einer Genossenschaft sein. Jüdische Mitglieder von Genossenschaften scheiden zum 31. Dezember 1938 aus. Eine besondere Kündigung ist nicht erforderlich."

3. Dezember 1938
Im Einvernehmen mit den beteiligten Reichsministern erlässt Hermann Göring als Beauftragter für den Vierjahresplan eine „Verordnung über den Einsatz des jüdischen Vermögens", dessen §§ 6 und 7 bestimmen: „Einem Juden kann aufgegeben werden, seinen land- oder forstwirtschaftlichen Betrieb, sein anderes land- oder forstwirtschaftliches Vermögen, sein sonstiges Grundeigentum oder andere Vermögensteile ganz oder teilweise binnen einer bestimmten Frist zu veräußern." Und: „Juden können Grundstücke, grundstücksgleiche Rechte und Rechte an Grundstücken nicht

durch Rechtsgeschäft erwerben. Bei der Zwangsversteigerung von Grundstücken hat das Vollstreckungsgericht Gebote zurückzuweisen, wenn Anlass zu der Annahme besteht, dass der Bieter Jude ist."

28. Januar 1939
Das Reichswirtschaftsministerium verbietet es Juden, auf Märkten zu verkaufen. Ein vollständiger Ausschluss von Juden von Käufen auf Märkten sei hingegen „nicht gesetzmäßig".

29. März 1939
Der Reichsjägermeister, die Reichsministerien der Justiz und des Innern bestimmen in der „IV. Verordnung zur Ausführung des Reichsjagdgesetzes", dass Juden von der Pachtung von Jagdrevieren ausgeschlossen sind und keinen Jagdschein erhalten.

12. September 1939
Der Chef der Sicherheitspolizei und SS-Reichsführer Heinrich Himmler weist Juden in einem Erlass besondere Ladengeschäfte für den Ankauf von Lebensmitteln zu. „Die Wiedereinführung rein jüdischer Geschäfte kommt nicht in Betracht." Wo Juden noch in kleineren Gruppen wohnen, „ist eine Durchsuchung nach Hamsterwaren vorzunehmen". Sollte ein Jude im Besitz solcher Waren sein, sind sie zu beschlagnahmen, er selbst ist in Schutzhaft zu nehmen.

24. Oktober 1939
In einer Verordnung zum „Gesetz über das Feuerlöschwesen" bestimmt das Reichsinnenministerium, dass Juden nicht der Freiwilligen Feuerwehr angehören dürfen. Jüdische Mischlinge können nicht Vorgesetzte sein. Jeder der beitreten will, ist über den Begriff des Juden zu unterrichten und hat zu erklären, dass er kein Jude ist.

11. März 1940
Das Reichsministerium für Ernährung und Landwirtschaft schreibt in einem Runderlass vor, dass Lebensmittelkarten für Juden mit dem Buchstaben J gekennzeichnet werden sollen. Die Grundrationen für Normalverbraucher sowie die speziellen Zuteilungen für Kinder werden nicht gekürzt. Juden sind aber vom Erhalt nicht rationierter Lebensmittel wie Huhn, Fisch oder geräucherter Lebensmittel ausgeschlossen.

24. Oktober 1940
Nach einem Runderlass des Reichsministeriums für Ernährung und Landwirtschaft erhalten Juden nur dann Sonderzuteilungen von Lebensmitteln, wenn sie im Ersten Weltkrieg gedient haben und verwundet wurden – „aber auch das nur, wenn dies nicht dem gesunden Volksempfinden widerspricht".

1. September 1941
Das Reichsministerium des Innern veröffentlicht die „Polizeiverordnung über die Kennzeichnung der Juden", die am 13. September 1941 in Kraft tritt. Demnach müssen alle im Deutschen Reich lebenden Jüdinnen und Juden ab dem sechsten Lebensjahr in der Öffentlichkeit einen gelben Stern mit der Aufschrift „Jude" tragen. Eine Ergänzung bestimmt am 12. September 1941, dass mit dem „Judenstern" gekennzeichnete Personen Märkte und Messen nicht besuchen dürfen.

17. Oktober 1941
Das Reichsarbeitsministerium untersagt in einem Erlass den Einsatz von Juden in landwirtschaftlichen Erzeugerbetrieben, in Unternehmen der Ernährungswirtschaft und in Nahrungs- und Genussmittelbetrieben.

15. Februar 1942
Juden ist es untersagt, Haustiere zu halten.

13. März 1942
Das Reichssicherheitshauptamt weist per Erlass an, dass Juden ihre Wohnungen mit einem schwarzen „Judenstern" an der Eingangstür kennzeichnen müssen.

12. Juni 1942
Das Reichsfinanzministerium bestimmt, dass der Erwerb von Grundstücken von Staatsfeinden oder abgeschobenen Juden von der Grunderwerbssteuer befreit ist.

18. September 1942
Der Reichsminister für Ernährung und Landwirtschaft ordnet an, dass die Versorgung von Juden mit Fleisch, Fleischprodukten, Eiern, Milch und anderen zugeteilten Lebensmitteln eingestellt wird. Lebensmittelrationen für jüdische Kinder werden gekürzt. Die Lebensmittelkarten von Juden werden gesondert gekennzeichnet. Lebensmittelpakete werden von den Zuteilungen abgezogen. Für Juden werden spezielle Einkaufszeiten festgelegt „zur Vermeidung von Unzuträglichkeiten bei der Versorgung der arischen Bevölkerung".

5. November 1942
Der Reichsführer SS und Chef der deutschen Polizei, Heinrich Himmler, ordnet an: „Alle im Reich gelegenen Konzentrationslager sind judenfrei zu machen und sämtliche Juden sind nach Auschwitz und Lublin zu deportieren."

„Die Fortführung des Betriebes untersagt“

Jüdische Viehhändler in Westfalen nach 1933 zwischen Boykott und Berufsverbot

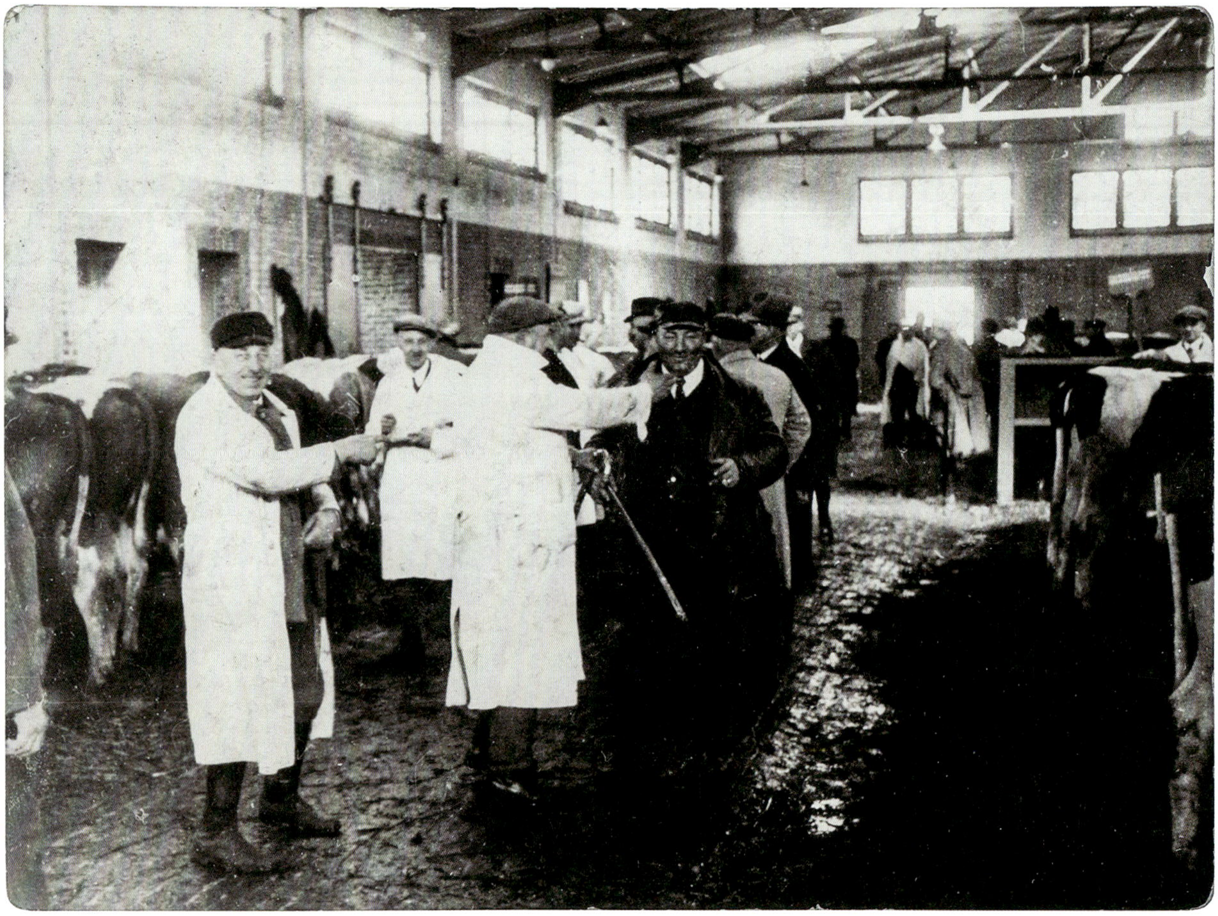

Der Viehhändler und Metzger Hugo Brill (1886–1956) in seiner Schlachterei in Herzebrock, damals Kreis Wiedenbrück. Die Aufnahme entstand im April 1929.

In den 1930er-Jahren kannten die sauerländischen Bauern rund um Attendorn und die Bürger der Stadt den Herbstviehmarkt nur noch vom Hörensagen. Jahrzehntelang hatte er nicht mehr stattgefunden, der örtliche und regionale Viehhandel hatte sich längst andere Orte und Wege gesucht. 1933 aber wurde in der einstigen Hansestadt im Sauerland der Versuch unternommen, die Tradition des Viehmarktes wiederzubeleben. Der Bürgermeister bilanzierte später kühl: Zwei Drittel der aufgetriebenen Tiere stammten von zwei jüdischen Viehhändlern. Der Rest war „von mehreren Landwirten und kleineren Händlern aufgetrieben“.

Dieser Marktanteil war sicher nicht repräsentativ, aber durchaus bezeichnend für die Rolle jüdischer Viehhändler nicht nur im Sauerland. In weiten Teilen Westfalens lag ein stattlicher Teil des örtlichen und regionalen Viehhandels in Händen alteingesessener Landjudenfamilien. Wie an anderer Stelle geschildert,

waren die auf dem Land, in den Dörfern und Kleinstädten lebenden jüdischen Familien seit Generationen in diese wirtschaftliche Rolle gedrängt worden. Nach Inkrafttreten der rechtlichen Gleichstellung führten nicht alle, aber doch viele Landjuden in Westfalen diese familiäre Tradition in staunenswerter Kontinuität weiter.
Allerdings: Es gibt so gut wie keine gesicherten statistischen Daten zum Viehhandel in Westfalen und seinen jüdischen wie nichtjüdischen Akteuren vor 1933. So ist für diesen Zeitraum weder die Zahl aller Viehhändler noch der Anteil der jüdischen Händler und deren Anteil am Vieh- und Fleischmarkt in Westfalen exakt ermittelt.
Für einzelne Regionen und Orte Westfalens wird ihre Zahl auf bis zu zwei Drittel aller Viehhändler geschätzt. Aber nach allem, was in örtlichen Chroniken jüdischer Gemeinden dokumentiert ist, gab es in der Größe ihres Betriebes, in ihrer regionalen Orientierung und auch in der Intensität ihres Handels erhebliche Unterschiede. Zum Teil lebten sie in den Städten und reisten über Land, um bei den Bauern Vieh in großen Stückzahlen aufzukaufen, das dann den städtischen Schlachthöfen angedient wurde. Deutlich weiter verbreitet waren die jüdischen Viehhändler, die mit ihren Familien auf dem Land, in den Dörfern und Kleinstädten Westfalens lebten und einen lokalen, allenfalls regionalen Abnehmer- und Kundenkreis bedienten. Diese Form des ländlichen Viehhandels war nicht selten mit einer eigenen Metzgerei verbunden, in der die Tiere geschlachtet und das Fleisch zum weiteren Verkauf verarbeitet wurde.

Schlachthof Dortmund: Zutritt verboten

Gegen die jüdische Geschäftskonkurrenz hatten Handels- und Mittelstandsverbände nicht nur in Westfalen seit Ausgang des 19. Jahrhunderts wiederholt mobil gemacht. In den 1920er- und 1930er-Jahren griff die NSDAP ihre Attacken auf und verschärfte sie, gemeinsam mit den von ihr dominierten Verbänden wie dem „Bund nationaler Viehhändler" oder dem „Kampfbund des gewerblichen Mittelstandes".
1933 konnten aber weder die NS-Behörden noch die Instanzen des entstehenden NS-Reichsnährstandes den Vieh- und Fleischmarkt über Nacht ändern. Der Ausschluss sämtlicher jüdischer Händler, eine Kernforderung der völkischen Radikalen, hätte zu Engpässen oder gar zu einer Versorgungskrise geführt. Das zeigte sich bereits im April 1933, als im Zuge der ersten Boykottmaßnahmen am Schlachthof in Dortmund den jüdischen Viehhändlern der Zutritt untersagt wurde. Das unterbrach recht rasch die Lieferketten. Das Aufkommen an Vieh und Fleisch schrumpfte binnen weniger Tage zusammen. Um die Versorgung der Bevölkerung nicht zu gefährden, mussten die NS-Funktionäre keine vier Wochen später das Verbot revidieren. Zunächst durften vier, kurz darauf fünf jüdische Viehhändler den Schlachthof wieder betreten.
Ein ähnliches Bild vermittelt der Aufruf des westfälischen NS-Bezirksbauernführers Werner Berendes aus Brakel im August 1933. Darin hieß es: „Jeder Bauer ist verpflichtet, möglichst nur mit Genossenschaften, Kornhäusern und christlichen Händlern zu arbeiten." Das Wort „möglichst" deutete an, dass der Boykottaufruf in Westfalen, zumal im Paderborner Land, an seine Grenzen stieß. Der NS-Agrarfunktionär räumte das sogar selbst ein. Er sprach zwar „ein strengstes Verbot" für Bauern aus, mit Juden zu handeln – schränkte allerdings sofort ein, dass das nur im Handel mit Getreide, Düngemitteln und Kraftfutter galt, nicht jedoch für den Handel mit Milchvieh und Pferden. Das sei erst künftig möglich, wenn Viehverwertungsgenossenschaften aufgebaut seien. Berendes musste sogar ausdrücklich eingestehen: „Nur solange diese noch nicht voll ausgebaut sind, wird ausnahmsweise zugegeben, sich der bisherigen Händler zu bedienen."

Beruflicher Ausschluss und Schikanen

Wenige Wochen später, im Herbst 1933, formierte der entstehende NS-Staat die bisherigen Interessenverbände und Organisationen der Land- und Ernährungswirtschaft zum NS-Reichsnährstand. Protest erhob sich dagegen kaum, die meisten Agrarverbände und -organisationen begrüßten diesen Schritt und fügten sich in einem Akt der Selbstgleichschaltung. Binnen kurzer Zeit entstand der „Reichsnährstand", ein neues, gigantisches Agrar- und Ernährungskartell mit insgesamt rund 17 Mio. Mitgliedern. Ihm waren unter anderem auch die Getreide-, Vieh- und Vermarktungsgenossenschaften angeschlossen. Juden waren von einer Mitgliedschaft im Reichsnährstand prinzipiell ausgeschlossen.
Der Reichsnährstand und seine regionalen Unterorganisationen, die Landes- und Kreisbauernschaften, ergriffen ebenso wie die NSDAP und der Sicherheitsapparat zahlreiche Maßnahmen, um jüdische Viehhändler bei den Landwirten in Verruf zu bringen. Das Wochenblatt der Landesbauernschaft Westfalen und andere NS-Zeitungen warfen

den jüdischen Viehhändlern Tierquälerei, Kreditbetrug, sexuelle Vergehen und andere ehrabschneidende Taten vor. Zeitungsartikel, Plakate und Schilder auf Dorfplätzen und Viehmärkten riefen die Bauern zum Boykott auf. Wer sich daran nicht hielt, lief Gefahr, von SA-Leuten fotografiert und öffentlich bloßgestellt zu werden. Lokale Amts- und Veterinärbehörden, außerdem SA-, SS- oder auch HJ-Trupps schikanierten jüdische Händler mit Kontrollen und bürokratischen Vorschriften. Nicht selten wurde ihnen auch ihr Zutritt zu regionalen Viehmärkten erschwert.

HÄNDLER, BAUERN UND EIN GEHEIMER BEOBACHTER

Sozialdemokraten im Prager Exil bauten 1933/34 ein dichtes Netz von Vertrauensleuten auf, die ihnen bis kurz nach Kriegsbeginn Informationen aus dem Inneren der NS-Diktatur lieferten. Ein anonym gebliebener Beobachter, nach eigener Auskunft „ständig mit Landwirten in Fühlung", verfasste im Sommer 1936 über die Lage auf dem Lande im Rheinland und in Westfalen einen Geheimbericht. Darin heißt es unter anderem: „Der Bauer legt größten Wert auf guten Verdienst. Er hasst deshalb auch jede gebundene Wirtschaft, die ihm nicht gestattet, sein Vieh, seine Milch und die sonstigen Produkte dort zu verkaufen, wo er die höchsten Preise bekommen kann. Die Juden sind gar nicht so verhasst bei den Bauern, wie das die Nazis hinstellen. Der Bauer kennt sich lange mit dem jüdischen Viehhändler, er kennt seine Methode des Handels und des Handelns, ja er hat sie sich selbst im Laufe von Generationen angeeignet. Dabei ist er gar nicht schlecht gefahren, und es sind keine Einzelfälle, in denen der Bauer für sein Vieh beim Juden immer mehr bekam als beim christlichen Viehhändler."

„Sonst ginge der Markt kaputt"

Trotz dieser Schikanen gelang es in den ersten Jahren des NS-Regimes vielen, wenn auch nicht mehr allen jüdischen Viehhändlern, ihre wirtschaftliche Stellung zu behaupten. „Der Viehhandel liegt heute noch zum größten Teil in Judenhänden", befand etwa die NSDAP-Kreisleitung Lüdinghausen im August 1935 in einem Bericht an die NS-Gauleitung Westfalen Nord. „Auf dem Dortmunder Magerviehhof zum Beispiel sind heute noch 9/10 aller Händler Juden. Solange der jüdische Viehhändler noch sämtliche Märkte beherrscht, ist auch beim besten Wollen der Käufer in sehr vielen Fällen oft gezwungen, seinen Bedarf auf dem Viehmarkt beim Juden zu decken, wenn er nicht selbst schweren wirtschaftlichen Schaden erleiden will. Die Maßnahme zur Bekämpfung der Juden, wie auf dem Viehmarkt in Lingen/Ems, wo die Käufer, die bei Juden kauften, von SS-Männern fotografiert wurden, wird darum von den nationalbewussten Käufern als ungerechte Bloßstellung und falsches Vorgehen gegen Juden empfunden. Da es eine andere Möglichkeit, ihren Viehbedarf zu decken, kaum gibt, müsste darauf hingewiesen werden, dass die Regierung eine allgemeine Regelung für die Betätigung der Juden auf öffentlichen Märkten erlässt."

Ebenfalls im August 1935 berichtete die Osnabrücker Gestapo: „Das Übel ist, dass sich die jüdischen Viehhändler – zum Beispiel im Kreise Bersenbrück – zum Teil steigender Beliebtheit bei den Bauern erfreuen. In einem Falle haben sich sogar Bauern über jene Maßnahmen aufgeregt. Der Ortsbauernführer Rixmann in Ankum im Kreise Bersenbrück soll selber erklärt haben, ohne die Juden könnte ein Markt dort nicht abgehalten werden; sonst ginge der Markt ‚kaputt'."

Im Januar 1936, nach drei Jahren NS-Herrschaft und pausenloser antisemitischer Propaganda, stellte die „Politische Polizei" im NS-Jargon fest, dass sich die Verhältnisse im ländlichen Westfalen noch kaum geändert hätten: „Im Viehhandel nimmt der Jude noch immer eine überragende Stellung ein. Er befördert durch umfangreiche Vieheinkäufe einen Teil des Schlachtviehs aus den Landkreisen heraus, sodass die ortsansässigen Metzger häufig kein Vieh mehr erhalten können."

Drangsalieren und überwachen

Auf allen Ebenen, bis hinunter in die NS-Ortsbauernschaften, setzten die NS-Behörden alles daran, die jüdischen Viehhändler zu drangsalieren, ihre Geschäfte zu behindern und ihnen ihre wirtschaftliche Existenz zu entziehen. Mit welchen Methoden das auf regionaler und lokaler Ebene durchgesetzt wurde, hat der Historiker Arnold M. Klein für den Kreis Olpe untersucht. Demnach kontrollierten die lokalen NS-Behörden die Geschäftsbücher der jüdischen Viehhändler und Metzger, um bei geringsten Verstößen drastische Strafen zu verhängen. Der Altenhundemer Viehhändler Ernst Winter etwa musste im Frühjahr 1935 wegen „Nichtführen des Kontrollbuches" eine unverhältnismäßig hohe Geldstrafe von 100 Reichsmark zahlen. Außerdem wurde er seither vom örtlichen Gendarmerie-Hauptwachtmeister „sehr scharf überwacht", wie es in einem Bericht im Gemeindearchiv Kirchhundem heißt.

Am 11. Januar 1936 erließ der Arnsberger Regierungspräsident Ludwig Runte eine Verfügung mit dem Titel: „Zur genauen Einhaltung der festgesetzten Viehhöchstpreise". Darauf wurden dann wenig später, im Beisein von Polizeibeamten, die Viehhändler des Kreises eingeschworen, unter ihnen als einziger Jude wiederum Ernst Winter aus Altenhundem.

Trotz aller Repressalien hielten nicht wenige Bauern am Handel mit „ihrem" jüdischen Viehhändler fest. Im Kreis Olpe habe sich „ein schwunghafter nächtlicher jüdischer Viehhandel und Viehtransport" entwickelt, schrieb der Kreisveterinär Dr. Leicht. „Der judenfreundliche Bauer bzw. sein Vertrauter führt das Stück Vieh außerhalb des Dorfes bis zu einer einsamen verschwiegenen Stelle im Walde und übergibt es hier dem Juden oder seinem Beauftragten, der es dann oft stundenweit zum Verladen bis zu einer Bahnstation führt, wo der Viehführer und evtl. auch der Verlader unbekannt sind." Kreisveterinär Leicht forderte, die nächtlichen Polizeikontrollen zu verschärfen und ein Viehhandelskontrollbuch einzuführen, das jeder „Transportführer" bei sich tragen solle.

Betreuen, entfernen, ausschalten

Im Juni 1936 schlug die Landesbauernschaft Westfalen, die regionale Unterinstanz des Reichsnährstandes, deutlich radikalere Töne an. Die „Ausschaltung unbrauchbarer Elemente" gab der NS-Agrarfunktionär Dr. Reichelt auf einer Tagung in Unna-Königsborn vor. Dazu seien die Kontrollen zwischen Landwirten, Handel und Verbrauchern zu „straffen". Für 17 Agrarprodukte, darunter Getreide, Fleisch und Milch, seien enge Kontrollketten aufzubauen – Reichelt sprach von „Fachschaften", die die Handelswege der Agrarprodukte zu „betreuen" hätten. Ziel jeder Fachschaft sei es, eine „gleichgerichtete Gemeinschaft zu schaffen, indem alle unzuverlässigen und unlauteren Elemente aus derselben entfernt werden". Und weiter: „Jeder einzelne muss sich dafür einsetzen, dass in rücksichtslosem Kampf die Sauberkeit des Geschäfts und die Ehre des Berufsstandes wiederhergestellt und erhalten wird."

Ausdrücklich bezog sich der NS-Agrarfunktionär dabei auf den Handel mit Vieh und Fleisch. Bei „festgestellter Unzuverlässigkeit" könne Viehhändlern, Schlachtbetrieben und Metzgern „die Fortführung des Betriebes auf Zeit oder dauernd untersagt" werden.

Aus Sicht der Landesbauernschaft war klar, was das bedeutete: Die noch verbliebenen jüdischen Viehhändler waren zum Aufgeben zu zwingen und endgültig aus dem Wirtschaftsleben zu verdrängen. Der Druck auf die Händler und auch auf die Landwirte nahm erheblich zu. Gleichwohl fanden sich, zumal in schwer kontrollierbaren ländlichen Gegenden, noch immer Lücken. Im April 1937 beispielsweise wurde die Olper NSDAP-Kreisleitung gewahr, dass Bauern aus dem Mescheder Raum Vieh zum Umschlagplatz Grevenbrück brachten, um es an einen jüdischen Viehhändler namens Bär aus Hamm an der Sieg zu verkaufen. Die Kreisbauernschaft solle das unterbinden und dafür sorgen, dass die Bauern ihr Vieh an die örtliche Viehgenossenschaft verkauften. Das müsse endlich „offiziell geregelt" werden, drängte die Olper NSDAP-Kreisleitung. Sie forderte zweimonatliche Verkaufsveranstaltungen auf genossenschaftlicher Basis – „der jüdische Viehhandel kann nur dadurch abgeschafft werden".

Schritte zum Berufsverbot

Das NS-Regime schränkte den Viehhandel der im Land noch verbliebenen Juden schließlich mit einer Kette scheinlegaler Verordnungen ein:

- Am 8. April 1936 wurde eine „Verordnung zur Regelung des Verkehrs mit Schlachtvieh" in Kraft gesetzt. Ihr zufolge konnte ein Viehhändler seine Handelserlaubnis verlieren, wenn ein Viehwirtschaftsverband eine Verwarnung etwa wegen „Preiswucher" aussprach.
- Eine weitere Verordnung untersagte Juden das Betreiben von Viehzucht und den Handel mit Zuchtvieh. Die Händler durften also ihre eigenen wertvollen Zuchttiere nur noch als Schlachtvieh verkaufen. Per Federstrich entstand ihnen damit ein enormer wirtschaftlicher Schaden.
- Am 25. Januar 1937 folgte die „Verordnung über den Handel mit Vieh". Danach erhielt jemand nur dann eine Handelserlaubnis, wenn die – vom NS-Reichsnährstand beherrschten – Viehwirtschaftsverbände zustimmten. Sie bekamen damit ein mächtiges Instrument in die Hände, um „unzuverlässige Händler" auszugrenzen. Für jüdische Viehhändler wurde es erheblich erschwert, die notwendige Gewerbelegitimationskarte zu erhalten.
- Prinzipiell untersagt schließlich wurde ihnen der Viehhandel mit dem „Gesetz zur Änderung der Gewerbeordnung für das Deutsche Reich" vom 6. Juli 1938. Es untersagte Juden den Hausierhandel sowie die Ausübung ihres Gewerbes außerhalb des Ortes ihrer Niederlassung. Damit war ihnen der Viehhandel ohne Ausnahme verboten.

Nur wenige Wochen nach diesem Berufsverbot ließ das NS-Regime jeden restlichen Anschein von Legalität fallen. Im November 1938 folgte die offene Gewalt, der reichsweite frontale Angriff auf die Jüdinnen und Juden in den Städten und auf dem Land.

„Die Bestallung als Tierarzt ist zu versagen“

Diskriminierung, Verfolgung, Flucht: Jüdische Tierärzte in Westfalen

Was konnte ihm schon passieren? Dr. Hermann Blumenfeld, Tierarzt in Paderborn, scheint sich noch um das Jahr 1933 seiner Sache recht sicher gewesen zu sein. Nur der Herkunft nach war er Jude, geboren 1884 in Salzkotten als Sohn des jüdischen Viehhändlers Gottschalk Blumenfeld und dessen Ehefrau Nettchen, geborene Winterberger. Die religiöse Erziehung der Eltern hatte er bereits zu Beginn seines Studiums weit hinter sich gelassen. Hermann Blumenfeld hatte eine grundsolide akademische Ausbildung an den Hochschulen in Hannover, Berlin und München absolviert, hatte mit Promotion abgeschlossen – und er hatte im Ersten Weltkrieg als Frontkämpfer gekämpft. Sogar Oberveterinär beim seinerzeit hochrenommierten I. Ulanenregiment war er gewesen. Das konnten nicht viele von sich sagen. Er war das, was man seinerzeit „einen gemachten Mann“ nannte.

Dr. Hermann Blumenfeld war bis 1938 Tierarzt in Paderborn. Die Aufnahme entstand ein Jahrzehnt später in Israel.

Bereits 1912 hatte er in Paderborn in guter Lage unweit des Bahnhofs (Grunigerstraße 3) eine Tierarztpraxis eröffnet. Einen vorzüglichen Ruf als Tierarzt muss er sich dann in den 1920er- und 1930er-Jahren erarbeitet haben. Blumenfeld habe „viel Rückhalt bei den ländlichen Kunden“ gehabt – so fasste es Georg Möllers aus Rheine zusammen, der die Geschichte der jüdischen Tierärzte in Deutschland zwischen 1918 und 1945 erforscht hat. Was konnte einem Mann wie Dr. Blumenfeld schon passieren?

Herkunft aus dem ländlichen Milieu

Blumenfeld war einer von 98 jüdischen Tierärzten, die 1933, zu Beginn des NS-Regimes, in Deutschland praktizierten. Nicht alle, aber doch ein auffallend großer Teil von ihnen entstammte dem Landjudentum. Sie waren die Söhne von Kaufleuten, von Vieh- und Pferdehändlern, von Fleischern oder Metzgern, von Gastwirten – zwei waren auch Söhne jüdischer Landwirte. Die meisten also waren in einem ländlichen Umfeld groß geworden, von Kindesbeinen an vertraut im Umgang mit Nutztieren – und ebenso kannten sie die nahe landwirtschaftliche Arbeits- und Lebenswelt und den alltäglichen Austausch mit Landwirten.

98 von insgesamt mehr als 6300 in Deutschland praktizierenden Tierärzten: Das waren gerade einmal 1,6 %. Dennoch schlug den jüdischen Tierärzten die Ablehnung und der Hass völkisch-antisemitischer Bewegungen und der NS-Propaganda entgegen. In den akademischen Ausbildungsstätten, den renommierten Tierärztlichen Hochschulen in Hannover, München oder Berlin, war das antisemitische Ressentiment lange vor 1933 in der Professorenschaft und unter den Studenten stark verbreitet.

Ab 1933: Zutritt verboten

Obwohl ihre Berufsgruppe vergleichsweise klein und überschaubar war, drängte das NS-Regime die jüdischen Tierärzte ab 1933 in kleinen Schritten, aber systematisch aus ihren Ämtern und Aufgaben. Die Tierseuchenkassen gaben ihnen keine Aufträge mehr. Kommunale Schlachthöfe entzogen ihnen die Fleischbeschau. Örtliche Bürgermeister ließen sie bei der Lebensmittelüberwachung leer ausgehen und beriefen stattdessen einen „Vertreter". Mancherorts verwehrten ihnen SA-Leute bereits im Frühjahr 1933 den Zutritt zum städtischen Schlachthof. Als zwei Jahre später das „Gesetz zur Wiederherstellung des Berufsbeamtentums" von allen Beamten einen sogenannten Ariernachweis forderte, verloren Tierärzte, die im öffentlichen Dienst tätig waren, ihre Stellung.

Aus den Bildungsstätten, etwa den Tierärztlichen Hochschulen in Hannover oder Berlin, wurden sie ebenfalls systematisch verdrängt und entlassen. Der Entzug des Doktortitels durch die Hochschulen war ein weiteres Mittel der Schikane. Auch aus der akademischen Ausbildung wurden jüdische Studenten verdrängt. Ab Sommer 1934 wurden zur Prüfung nur noch Personen zugelassen, die nachwiesen, „dass sie in enger Verbindung und Gemeinschaft mit allen Ständen und Berufen des deutschen Volkes leben" und „dass sie Arbeitsdienst geleistet haben" – zu dem Juden nicht zugelassen waren. Wenige Monate später, im April 1935, entfiel dieser Umweg. Die Zulassung zu den Prüfungen und die Erteilung der Approbation wurde an den Nachweis der „arischen Abstammung" geknüpft. „Ausnahmen können nur aus besonderen Gründen gestattet werden."

Ein Jahr später zählten dann nicht mehr nur die eigenen Vorfahren, sondern auch die der Ehepartner als Ausschlussgrund. „Die Bestallung als Tierarzt ist zu versagen", so hieß es in der Reichstierärzteverordnung, „wenn der Bewerber wegen seiner oder seines Ehegatten Abstammung nicht Beamter werden kann."

Von all diesen kleinen und großen Schikanen blieb der eingangs genannte Tierarzt Blumenfeld in Paderborn zumindest in den ersten Jahren des NS-Regimes verschont. „Trotz aller Behinderungen konnte er seine Praxis unter anderem durch die Anerkennung als Frontkämpfer bis zum Januar 1939 weiterbetreiben", schreibt Georg Möllers.

Eine Urne aus Buchenwald

An Auswanderung scheint Blumenfeld zumindest in den ersten Jahren nicht gedacht zu haben. Spätestens aber die Ereignisse in der Pogromnacht vom November 1938 stimmten ihn um. Paderborner Nazis stürmten sein Wohnhaus und die Praxis und demolierten sie. Blumenfeld selbst wurde verhaftet und ins KZ Buchenwald transportiert. Möllers: „Seine Frau Cora, geb. Kabaker, Tochter eines Zigarrenfabrikanten aus Lemgo, bekam eine Urne zugestellt, in der angeblich die Asche ihres Mannes war. Doch Ende November 1938 kam er überraschend frei. Hermann Blumenfeld sprach später nie über das, was er im KZ erlebt hatte."

Nur wenige Wochen später folgte das erzwungene Ende seiner Tierarztpraxis. Ihm und allen seinen jüdischen Berufskollegen im Reich wurde jede weitere Betätigung untersagt. Gekleidet war das Berufsverbot in scheinbar sachliche Rechtssprache: Mit der „Achten Verordnung zum Reichsbürgergesetz" verfügten Reichsinnenminister Hermann Göring und Rudolf Hess als Stellvertreter des Führers, dass Bestallungen, Approbationen und Diplome jüdischer Tierärzte am 31. Januar 1939 „erlöschen". Gleiches galt für jüdische Apotheker und Zahnärzte. Mietverträge, an denen die genannten Berufsangehörigen beteiligt waren, konnten gekündigt werden.

Die Flucht nach Palästina gelang knapp

Die Eheleute Blumenfeld beeilten sich, Deutschland zu verlassen. Aber wie? Auf verwickelten Wegen ergatterten sie über die Reichsvereinigung der Juden in Deutschland einen Platz auf einem der letzten Transporte ins damalige Palästina. Am 13. August 1939, knapp drei Wochen vor

Kriegsbeginn, flohen sie aus Berlin nach Wien. Von dort gelangten sie auf ebenso abenteuerlichen wie beschwerlichen Wegen an die Schwarzmeerküste, wo sie tatsächlich ein Schiff nach Palästina besteigen konnten.
Kurz vor dem Ziel, die Küstenlinie Palästinas war in Sichtweite, kam es zu einer Explosion auf ihrem Schiff. Dabei handelte es sich ausgerechnet um eine verunglückte Sabotageaktion der jüdischen Untergrundarmee Haganah. Der Hintergrund: Die britische Militärverwaltung hatte den Flüchtlingen die Einreise ins Mandatgebiet Palästina verweigert und wollte das Schiff in Richtung Mauritius weiterschicken. Die Untergrundarmee versuchte, das zu verhindern. Ein Kommando schlich sich an Bord des Schiffes, um mit einer Bombe den Schiffsmotor zu zerstören. Dabei wurde offenbar die Sprengwirkung unterschätzt. Die Detonation riss ein breites Loch in den Rumpf. Das Schiff sank zur Hälfte. Dabei starben 260 Menschen. 1500 Flüchtlinge überlebten, unter ihnen auch die Eheleute Blumenfeld.

Zu Fuß zu den Siedlern

Die erste Zeit verbrachten sie in einem Internierungslager unter britischem Mandat. Später zogen die Eheleute in ein Dorf namens Givatayim. Dort eröffnete Blumenfeld erneut eine tierärztliche Praxis. Anfangs habe er sich zu Fuß, mit Medikamenten und Instrumenten im Rucksack, auf den Weg zu den Siedlern und Bauern gemacht, bevor er sich ein Auto zulegen konnte, wie Georg Möllers berichtet. „Die Praxis entwickelte sich und Hermann Blumenfeld wurde ein allseits bekannter Tierarzt in Israel. Die Praxis war so groß, dass sich nach seiner Pensionierung drei Tierärzte die Arbeit teilen konnten."
Gut 15 Jahre nach der überstürzten Flucht starb Blumenfeld am 26. Januar 1957. Sein Enkel, Tomi Sadeh, folgte dem großväterlichen Erbe, wurde ebenfalls Tierarzt und leitete später das Veterinäramt in Jerusalem.

Nach den Recherchen von Georg Möllers zählt Blumenfeld zu den 54 jüdischen Tierärzten, denen es gelungen war, NS-Deutschland zu verlassen und zu emigrieren. Für weitere 37 Berufskollegen ließ sich ihr Schicksal nicht ermitteln. Möllers weiter:
„20 jüdische Tiermediziner starben einen gewaltsamen Tod in den Gaskammern der Konzentrationslager oder erlagen den Misshandlungen, Hunger und Folgekrankheiten in Ghettos und Lagern. Zwei begingen unter dem Druck der Verfolgung Selbstmord."

Überleben in NS-Deutschland

Nur wenigen jüdischen Tierärzten gelang es, im nationalsozialistischen Deutschland zu überleben. Einer von ihnen, Dr. Ludwig Simon, konnte für mehr als zwei Jahre in Berlin untertauchen. Zwei mutige Familien versteckten ihn in einer Gartenlaube mitten in der Reichshauptstadt.
Zu den Überlebenden zählte auch Dr. Kurt Neuwerth, geboren 1897 in Hannover. Er galt wegen seines jüdischen Vaters als „Mischling 1. Grades". Dennoch genoss er die Fürsprache des „Reichstierarztes" und Ministerialdirigenten Dr. Friedrich Weber (1892–1955), der seit 1933 NS-Beauftragter zur Gleichschaltung der Tierärzteschaft war. Neuwerth hatte am Schlachthof in Dortmund die Auslandsfleischbeschau geleitet, war dann in Köln als Polizeitierarzt und im Kreis Paderborn sogar kurzzeitig als Regierungsveterinärrat tätig. Als dies auf den Widerstand der NSDAP stieg, wurde Neuwerth an die Reichsanstalt für Tierseuchenbekämpfung in Wien-Mödling versetzt, wo er das Kriegsende erlebte.
1945 kam Dr. Kurt Neuwerth ein weiteres Mal nach Westfalen: In Delbrück im Paderborner Land wurde er als Veterinärrat tätig. Dort betätigte sich Neuwerth unter anderem auch als Gründungsvorsitzender des Reit- und Fahrvereins Delbrücker Land in Westenholz.

Deportation westfälischer Juden im Dezember 1941: Auf dem Foto, entstanden auf dem Bielefelder Bahnhof, ist links mit Hut und Brille der Tierarzt Leo Pins (1884–1944) aus Höxter zu erkennen.

TIERARZT LEO PINS IN HÖXTER

In Höxter praktizierte von 1911 bis zu seinem Berufsverbot 1938 der Tierarzt Dr. Leo Pins (1884–1944).
Er stammte aus Dülmen im Münsterland und war, wie viele seiner jüdischen Berufskollegen, in einer ländlichen Viehhändlerfamilie groß geworden. Die Vorfahren der Familie Pins waren sephardische Juden aus Spanien, die über die Niederlande nach Westfalen gekommen waren und sich in Dülmen über Generationen als Textil- und -Viehhändler sowie als Metzger betätigt hatten.
Leo Pins studierte nach dem Abitur in Coesfeld an den veterinärmedizinischen Hochschulen in München und Hannover. 1910 wurde er mit einer Arbeit über das Milchkontrollwesen promoviert. Die Wahl gerade dieses Themas unterstreicht seine Nähe zur Landwirtschaft in Westfalen, die sich damals intensiv mit Fragen der Leistungssteigerung und Vermarktung in der Milchviehzucht auseinandersetzte.
1911 ließ sich Leo Pins als Tierarzt in Höxter an der Weser nieder. Fünf Jahre später heiratete er Ida Lipper, Tochter einer jüdischen Textilhändlerfamilie in Höxter. Aus dieser Ehe gingen die Söhne Otto (geb. 1917, später genannt Jacob) und Rudolph (geb. 1920) hervor.
Nach einigen Jahren in Lüdinghausen kehrte die Familie Pins nach Höxter zurück. Im Textilgeschäft Lipper richtete Pins „eine typisch ländliche Tierarztpraxis mit hauptsächlich bäuerlichen Kunden“ ein, wie sein Biograf Fritz Ostkämper zusammengefasst hat.
Nach der Pogromnacht 1938 war Pins wochenlang im KZ Buchenwald inhaftiert. Im Dezember 1941 wurden die Eheleute Leo und Ida Pins von Höxter über Bielefeld in das Ghetto Riga deportiert. Nach Jahren der Zwangsarbeit und brutalster Gewalt wurden sie bei der Auflösung des Ghettos im Juli 1944 ermordet.
Ihren beiden Söhnen hatten sie rechtzeitig ins Ausland verhelfen können. Der 14jährige Sohn Rudi, 1934 von einer Familie in den USA aufgenommen, trat später in den Dienst der US-Armee und war unter anderem Vernehmungsoffizier bei den Nürnberger Kriegsverbrecherprozessen. Anschließend war er im US-Außenministerium tätig. Seinem älteren Bruder Otto (genannt Jacob) gelang 1936 – nach dem Aufenthalt in einem Hachschara-Lager – die Flucht nach Palästina, wo er nach einem Kunststudium erfolgreicher Maler und Professor für Kunst und Design wurde.

„Auf das Leben als ‚Pioneers' in Palästina vorbereitet"

Selbstbehauptung durch landwirtschaftliche Ausbildung: Hachschara bei Hameln, Schermbeck und Westerkappeln

Dieser Hof in der Bauerschaft Westerbeck bei Westerkappeln im Münsterland diente jüdischen Jugendlichen fünf Jahre lang als Ausbildungsstätte und Zufluchtsort.

Hachschara – dieses hebräische Wort bedeutet so viel wie „Vorbereitung" oder auch „Tauglichmachung". Seit den 1920er-Jahren stand das Wort für ein Programm der zionistischen Jugendbewegung. Auf Bauernhöfen und Gütern in Deutschland sollten jüdische Jugendliche all das lernen, was sie benötigten, um nach Palästina auszuwandern und in einem Kibbuz leben und arbeiten zu können. Ackerbau, Gartenbau und Hauswirtschaft standen dabei ebenso auf dem Programm wie jüdische Geschichte, Literatur oder auch Iwrit, das als Sprache aus dem Hebräischen entwickelt worden ist.

Nach 1933 konnten die Ausbildungsstätten einige Jahre weiter existieren. Es waren Orte jüdischer Selbsthilfe und Selbstbehauptung. Als „schützende Inseln" stellten sie für die jungen Leute eine der wenigen Möglichkeiten dar, der Verfolgung durch das NS-Regime zu entkommen und ins rettende Ausland zu fliehen.

Auch in Westfalen gab es zwischen 1934 und 1938 eine landwirtschaftliche Hachschara-Lehrstätte. Sie befand sich auf einem Hof in der Bauerschaft Westerbeck bei Westerkappeln, damals Landkreis Tecklenburg, im Münsterland und war die einzige ihrer Art in der einstigen

Der „Hof Stern“ bei Westerkappeln um 1935: Er gehörte dem Viehhändler Rudolf Stern aus Osnabrück.

preußischen Provinz Westfalen. Die Jugendlichen selbst nannten den Hof in den 1930er-Jahren „Kibbuz Westerbeck“, obwohl er sich nicht in ihrem gemeinschaftlichen Eigentum befand, sondern einem Viehhändler in Osnabrück gehörte. Er hatte ihnen den Hof gegen Pacht überlassen: zur Bewirtschaftung, als Ausbildungsstätte und als Zufluchtsort.

Jüdischer Bauer werden

Doch zunächst ein Blick in die Vorgeschichte der Idee, jüdische Jugendliche für die Landwirtschaft auszubilden. Sie reicht bis in das frühe 19. Jahrhundert zurück und erlebte eine Renaissance, als sich 1897 in Berlin ein „Verein zur Förderung der Bodenkultur unter den Juden Deutschlands“ formierte. Er warb unter anderem für die landwirtschaftliche Ausbildung, um auf längere Sicht die besondere berufliche Struktur der jüdischen Minderheit zu verändern. Dadurch sollte ihre Integration gestärkt und gleichzeitig antisemitischen Vorbehalten entgegengetreten werden. Im Jahresbericht des Vereins für 1911/1912 ist zu lesen:

„Sollten in dem jedem Lande unentbehrlichsten [Stand], dem Bauernstand, gerade nur die Juden fehlen, während sie sonst in allen Berufsarten reichlich, sogar überreichlich vertreten sind, so könnten – und dann sogar mit unbestreitbarem Recht – verhängnisvolle Schlussfolgerungen hieraus gezogen werden. Ein solcher Staat oder dessen Leiter und Gesetzgeber könnten dann, und zwar logisch unbestreitbar, behaupten: ‚Eine Klasse von Staatsbürgern, die sich zu einer der allerwichtigsten Berufsarten, und noch dazu zu dem unentbehrlichsten, weder eignet noch willens ist, hat auch keine vollen Anrechte auf alle Freiheiten, Würden, Ämter und Rechte, die den übrigen Landesbewohnern gewährleistet sind.‘“

Gut zehn Jahre nach seiner Gründung verfügte der Bodenkultur-Verein, wie er kurz genannt wurde, über 1500 Mitglieder, unter ihnen 24 mit Wohnsitz in Westfalen. Sie wohnten in ländlichen Kleinstädten oder Dörfern wie Büren, Dülmen, Haaren oder Pömbsen, vor allem aber in Industriestädten wie Dortmund, Recklinghausen, Wanne-Eickel oder Hattingen.

Wie die Mehrheit der Mitglieder, so war auch der Kreis der Vereinsgründer städtisch-bürgerlich geprägt. Unter ihnen waren ein Oberamtmann und ein Rechtsanwalt aus Berlin, ein Rabbiner aus Frankfurt und ein Konsul aus Hannover. Der einzige landwirtschaftliche Praktiker im Gründungsvorstand kam aus Westfalen: Es war der Kaufmann und Gutsbesitzer Hermann Aronstein aus Siddinghausen bei Büren.

Um 1907 gelang es dem Verein, bei Celle ein Gut mit 220 ha Nutzfläche zu erwerben. Deren größerer Teil, 150 ha, bestand aus Moor und Heide und musste kultiviert werden. Der Betrieb wurde zum „Land- und Lehrgut“ umgebaut, in dem jährlich 15 landwirtschaftliche Lehrlinge („Eleven“) jüdischer Herkunft unterrichtet wurden.

Die Wirkung des Vereins blieb begrenzt. Dazu trugen interne Richtungsdebatten ebenso bei wie eine agrarromantisch eingefärbte Realitätsferne im Vereinsvorstand, wie sie in den Jahresberichten deutlich erkennbar ist. Fern der Wirklichkeit war vor allem das Kernziel des Vereins, das die Realitäten des ausgehenden Kaiserreiches gerade für Angehörige der jüdischen Minderheit

Arbeitspause am Feldrand und Ausritt – diese beiden Fotografien entstanden 1928 auf dem Bauernhof Knoke in Griessem, zu dem die jüdischen Jugendlichen des „Brit Haolim“ eine enge Beziehung entwickelten.

übersah: Den jungen Leuten boten sich in den Städten ungleich bessere Aussichten auf wirtschaftlichen und sozialen Aufstieg als auf dem Land und im agrarischen Sektor.

Als Pioniere nach Palästina

In den 1920er-Jahren erhielt die alte Idee der „jüdischen Landwirtschaft“ eine andere, vollkommen neue Perspektive. Vorausgegangen war die Balfour-Deklaration von 1917, die alles änderte: Der britische Außenminister Arthur James Balfour erklärte erstmals, dass Großbritannien die zionistische Idee einer „nationalen Heimstätte für das jüdische Volk“ in Palästina unterstütze, unter Wahrung der Rechte der nichtjüdischen Gemeinschaften.
Nun waren es vor allem bündische Jugendgruppen und zionistisch geprägte Vereinigungen, die sich für eine landwirtschaftliche Ausbildung jüdischer Jugendlicher einsetzten. Sie sahen ihre Zukunft nicht mehr als Landwirte in Deutschland, sondern als Pioniere des Aufbaus und als Siedler in Palästina.
Nicht mehr bleiben, sondern gehen? Wegen dieser Frage spaltete sich in den 1920er-Jahren vom „Jung-Jüdischen Wanderbund“ eine Gruppe ab, die sich den Namen „Brit Haolim“ gab, zu Deutsch: Bund der Auswanderer. Während der oben genannte Bodenkultur-Verein erhebliche Zeit verwendet hatte, um ein geeignetes Landgut zu erwerben, entwickelten die Jugendlichen des Brit Haolim ein anderes Modell: Sie suchten nahe beieinanderliegende Bauernhöfe, um eine landwirtschaftliche Lehre zu absolvieren und sich an freien Tagen zu bündischen Treffen zusammenzufinden.
Dieses Modell setzte der Brit Haolim seit 1926 in den Dörfern rund um Hameln um. „Kibbuz Cherut“ nannten die etwa 30 Mitglieder ihren Zusammenschluss. Das

„LANDHALBJAHR" IN HAUS BERTA

Nur 14 Monate, von August 1934 bis Dezember 1935, existierte zwischen Dorsten und Schermbeck, an der Landesgrenze zwischen Westfalen und der Rheinprovinz, das Ferienheim „Haus Berta". Die schlichte Barackenanlage in der weitläufigen Heide- und Waldlandschaft Üfter Mark war auf Initiative des Gelsenkirchener Unternehmers Leo Gompertz erbaut worden. Haus Berta, vom Reichsbund jüdischer Frontsoldaten (RjF) getragen, war als Erholungs- und Ferienheim geplant, entwickelte sich aber unter dem Druck der NS-Verfolgung zu einem Ort praktischer Berufsorientierung für jüdische Jugendliche. Über das dort angebotene „Landhalbjahr" hieß es in der RjF-Zeitschrift „Schild":
„Zwanzig Jungen und Mädel arbeiteten ein halbes Jahr im Heim, im Garten, auf dem Acker, im Wald, auf der Heide. Zwanzig Jungen und Mädel bauten am Erweiterungsbau mit, an einem Geräteschuppen, einem großen Vogelgehege, wurden zu Ausschachtungs-, Planierungs- und Kanalisationsarbeiten herangezogen, schufen unter Anleitung eines Schreiners 80 neue Spinde, bauten die Küche und den Waschraum aus, wurden mit Anstreicher-, Elektrotechniker-Arbeiten vertraut gemacht, rodeten in der Heide und im Wald, bauten Wege."
Dieses Arbeitsprogramm, ergänzt um Angebote zu Bildung, Erziehung und Religion, machte aus dem Ferienheim „eine richtige Hachschara", wie die Zeitschrift „Der Israelit" seinerzeit urteilte. Das erste und einzige Landhalbjahr von Mai bis Oktober 1935 absolvierten 17 Mädchen und Jungen. Haus Berta diente außerdem als Versammlungs- und Gebetsort für Jüdinnen und Juden aus den umliegenden Orten.
Die Gestapo ordnete im November 1935 die Schließung des Hauses an und beschlagnahmte das Gelände. Bis Ende 1937 unternahm die Zionistische Vereinigung für Deutschland mehrere Versuche, „das noch immer geschlossene Heim" wieder zu eröffnen, um „ein Landarbeitsjahr für ca. 100 jüdische Jugendliche" durchzuführen. Hans Fischer, der Leiter der Gestapo in Münster, wies das rigoros zurück. Er hielt es „für untragbar, wenn durch eine etwaige Wiedereröffnung des Heimes jüdische Insassen des Ferienheimes die hiesige Gegend bevölkern". Im Novemberpogrom 1938 wurden die seit drei Jahren leerstehenden Baracken in Brand gesetzt.

Wort „Cherut" – Freiheit – griff den alten bündischen Aufbruchsimpuls „aus grauer Städte Mauern" auf. Vor allem aber bezog es sich auf eine Rede des Religionsphilosophen Martin Buber, die er 1918 über Jugend und Religion gehalten hatte.
Die Ausbildungshöfe des Kibbuz Cherut lagen verstreut zwischen Hameln im Norden und Lügde im Süden. Die Treffen mit Spiel, Sport und Vorträgen, insbesondere zu Fragen des Zionismus und zur Situation in Palästina, fanden in Dorfkneipen in Aerzen, Linde oder Holzhausen statt, später in der frisch eröffneten Jugendherberge auf der Riepenburg, zwischen Hameln und Aerzen gelegen.
Ebenfalls in den 1920er-Jahren verbreitete sich die Bewegung des „Hechaluz" (wörtlich: der Pionier), aus Ostmitteleuropa kommend, in Deutschland. Auch sie setzte auf praktische Ausbildung in Landwirtschaft und Handwerk mit dem Ziel, gemeinschaftlich nach Palästina auszuwandern und einen Kibbuz aufzubauen. Weitere Hachschara-Stätten entstanden, auf denen die „Chaluzim" (Pioniere) bzw „Chawerim" (Freunde), wie sie sich selbst nannten, das notwendige Wissen erwarben.

NS-Regime und jüdische Selbsthilfe

Mit dem Beginn des NS-Regimes wandelten sich die Vorzeichen dieser Initiativen grundsätzlich. Das zionistische Projekt, das noch auf Freiwilligkeit, Engagement und idealistischem Tatendrang beruhte, wurde von der „Reichsvertretung der deutschen Juden" zu einem umfassenden System jüdischer Selbsthilfe ausgebaut. Die so geschaffenen Hachschara-Ausbildungsorte in Landwirtschaft, Gartenbau und Handwerk waren bald die einzigen Lehrstätten, die jüdischen Jugendlichen überhaupt noch offenstanden. Unter dem Druck der massiven NS-Verfolgung dienten die Stätten der schulischen und beruflichen

Die Aufnahmen dieser Doppelseite stammen aus einem Fotoalbum des Osnabrücker Fotografen Alfred E. Wertheim. Mit weißem Stift hat er auf das schwarze Albumblatt geschrieben: „Kibbuz Westerbeck, Mai 1935“.

Ausbildung, der Erziehung und vor allem auch der Hilfe zur Auswanderung.

Dieses Ziel – und nur dieses – deckte sich für einige Jahre mit dem des NS-Regimes, das bis 1938 die „restlose Auswanderung der Juden“ anstrebte. Die Umschulung der Juden auf landwirtschaftliche und handwerkliche Berufe, so stellte ein Memorandum des Sicherheitsdienstes (SD) fest, sei „zu dulden, solange sie in geschlossenen Lehrgängen und nicht bei deutschen Bauern und Handwerkern erfolgt und soweit sie die Auswanderung vorbereiten soll“.

Diese Anweisung schloss nicht aus, dass örtliche und regionale Partei- und SA-Führer sowie Gestapo und Polizei die einzelnen Lehrstätten drangsalierten. Trotz der sich verschärfenden antijüdischen Maßnahmen seitens des NS-Regimes erreichte die jüdische Selbsthilfe und Selbstorganisation ein bemerkenswertes Ausmaß. Bis 1938 konnten mehr als 18 000 jüdische Jugendliche aus Deutschland emigrieren, die meisten von ihnen nach Palästina. Das war etwa jeder Vierte aus der Generation der 6- bis 25-Jährigen.

Kurz vor dem Novemberpogrom 1938 zählte die Reichsvertretung der deutschen Juden in Deutschland 35 Hachschara-Lehrbetriebe für Landwirtschaft und Gärtnerei mit mehr als 1500 Ausbildungsplätzen. Die meisten dieser Höfe und Güter befanden sich in Brandenburg, Schlesien und Hessen. Hinzu kamen 15 handwerkliche Ausbildungsstätten mit 1600 Plätzen sowie weitere 880 Ausbildungsplätze, die für Haus-

wirtschaft, Kinderpflege und Erziehung in 20 jüdischen Waisenhäusern, Frauenvereinen, Haushaltungs- oder „Frauenschulen" zur Verfügung standen.

Die Zahl der landwirtschaftlichen Hachschara-Lehrstätten, die bis 1938 im Deutschen Reich existieren konnten, dürfte aber höher gelegen haben. Denn einige haben nur kurze Zeit bestanden. Andere boten nur wenige Ausbildungsplätze und tauchen deshalb oder aus anderen, unbekannten Gründen selbst in den Verzeichnissen der Reichsvertretung nicht auf. Das gilt etwa für das Horster Grashaus, einem landwirtschaftlichen Betrieb der jüdischen Bauernfamilie de Taube bei Neustadtgödens in Ostfriesland. Das trifft aber auch auf die einzige Einrichtung dieser Art in Westfalen zu, den „Hof Stern" bei Westerkappeln im nordöstlichen Münsterland.

Hachschara in Westerkappeln

Der Hof, bereits im frühen 19. Jahrhundert erwähnt, befand sich seit Ende 1932 im Eigentum des Osnabrücker Pferdehändlers Rudolf Stern und seines Bruders, des ebenfalls in Osnabrück tätigen Kaufmanns Leo Stern. Die beiden hatten im Zuge einer Zwangsversteigerung den Hof mit Wohnhaus, Stallungen und Scheunen sowie Ackerland, Weiden und Wald erworben. Nach einer späteren Aufstellung von 1938 gehörten knapp 24 ha Nutzflache zum Hof.

Die Brüder Stern verpachteten den Hof über die Reichsvertretung bzw. über den preußischen Landesverband jüdischer Gemeinden an den Pfadfinderbund „Makkabi Hazair". Dieser Bund gestaltete den Hof in Westfalen zu einer Ausbildungsstätte der „Mittleren Hachschara" (MiHa). Sie wandte sich an jüdische Schulabgänger im Alter von etwa 15 bis 17 Jahren, denen das NS-Regime eine geregelte berufliche Ausbildung verwehrte.

Dem Pfadfinderbund Makkabi Hazair, 1934 aus einer Fusion entstanden, gelang es, binnen weniger Monate mehrere eigene „Zentren" aufzubauen. Ein Rechenschaftsbericht des Pfadfinderbundes nennt im Jahr 1936 „Westerbeck" – ohne weitere Angaben – neben drei weiteren Zentren in Altkarbe in der Neumark, Trockenfeld und Quenzsee bei Brandenburg.

Die „Erziehung der jüdischen Jugend in Deutschland für den Aufbau Erez Israels" zählte Makkabi Hazair zu seinen Hauptaufgaben. Der Pfadfinderbund sah sich der „Erziehung des Einzelnen", dem Leistungsprinzip und dem „Primat des Nationalen" im Sinne des Zionismus verpflichtet:

VIER LEBENSWEGE ÜBER WESTERBECK

Frieda „Friedel“ Stern
(16. Januar 1917 Berlin–29. Oktober 2006 Tel Aviv)
Die Grafikerin und Karikaturistin hatte die Höhere Töchterschule und die Kunstgewerbeschule in Leipzig besucht und sich – offenbar auf Anraten ihrer Mutter – der zionistischen Bewegung angeschlossen. Am 20. März 1936 kam sie auf dem Hof Stern in Westerbeck an. Nach den Meldeunterlagen blieb sie drei Monate, ehe sie am 20. Juni 1936 nach Leipzig zurückreiste. Im August 1936 gelangte sie über Italien per Schiff nach Palästina. Dort arbeitete sie kurzzeitig in einem Kibbuz, bevor sie ein Studium an der Kunsthochschule in Jerusalem aufnahm. Später wurde Friedel Stern eine der bekanntesten Karikaturistinnen Israels.

Kurt Lewin
(18. August 1907 Berlin–19. Januar 1971 Bangkok)
Der spätere Diplomat hatte sich während seines Studiums der Rechtswissenschaften in Berlin, Freiburg, Heidelberg, Paris und Basel im jüdischen Sportclub Makkabi-Bar Kochba engagiert und war seit 1936 Vorstandsmitglied der Makkabi-Jugendbewegung. Zwischen September 1937 und Februar 1938 hielt sich Kurt Lewin als Leiter einer Hachschara-Jugendgruppe in Westerbeck auf. Nach den Novemberpogromen 1938 wurde er inhaftiert und in das KZ Sachsenhausen deportiert. Im Dezember 1938 gelang ihm die Emigration nach Palästina. 1945 kehrte er als Delegationsleiter der Jewish Agency nach Deutschland zurück und engagierte sich in der Hilfsaktion „Exodus“, der Ausreise der jüdischen Überlebenden nach Palästina. Später war Lewin Diplomat Israels in Wien, Japan, Korea und Den Haag.

Gert Löllbach
(5. März 1919 Elz–5. November 1997 Stockholm)
Gert Löllbach war der Sohn eines Unternehmers und später leitenden Angestellten bei AEG und wuchs in Elz bei Limburg sowie in Berlin auf. Er verlor 1932 seine Eltern, die bei einem Schiffsunglück ums Leben kamen. Der 13-Jährige kam zu Verwandten nach Bad Kreuznach und schloss sich dort der zionistischen Jugendbewegung an. Im Juli 1936 gelangte Löllbach als Leiter einer Jugendgruppe nach Westerbeck, wo er bis Februar 1938 blieb. Nach dem Novemberpogrom, den Löllbach in Essen erlebte, gelang es ihm, nach Schweden zu entkommen. Dort arbeitete er in der Landwirtschaft und engagierte sich im zionistischen Jugendverband Hechaluz. Unter anderem war er aktiv bei der Rettung dänischer Juden 1943 nach Schweden. Löllbach organisierte eines der Fischerboote, mit denen insgesamt rund 7000 Männer, Frauen und Kinder über den Öresund gelangten. Für seine Tätigkeit im Widerstand wurde Löllbach 1948 vom Staat Israel ausgezeichnet. Über seine spätere berufliche Tätigkeit ist nichts bekannt.

Kurt Nathan
(27. Juni 1920 Essen–7. Oktober 2016 New Brunswick/New Jersey, USA)
Aus einer bürgerlichen Familie in Essen stammend, lebte und arbeitete Kurt Nathan von Juni 1936 bis Ende Oktober 1937 fast anderthalb Jahre auf dem Hof in Westerbeck, so lange wie nur wenige andere Pioniere dort. Noch 1937 konnte Nathan mit seinen Eltern in die USA auswandern. In Bucks County (Pennsylvania) absolvierte er bis 1943 eine Ausbildung in Landwirtschaft und Gartenbau. Nach dem Studium am College of Agriculture der Cornell University in Ithaca (New York) unterrichtete er dort und von 1948 bis 1951 am Delaware Valley College in Doylestown (Pennsylvania) Landwirtschaft, Landtechnik, Mathematik und deutsche Sprache. Von 1955 bis 1982 war er Professor für Agrarwissenschaft an der Rutgers University in New Brunswick (New Jersey). In seinen Forschungen beschäftigte sich Kurt Nathan vor allem mit Fragen der künstlichen Be- und Entwässerung der Landwirtschaft, der Urbanisierung ländlicher Räume sowie der Landtechnik.

In seinen Hachschara-Zentren strebte Makkabi Hazair „eine gründliche und gediegene Berufsausbildung" sowie ein intensives sportliches Training an. Da der Pfadfinderbund eng mit der jüdischen Sportbewegung „Makkabi" verflochten war, wurde dem Sport eine hohe Bedeutung beigemessen. Er galt dem Bund als „Erziehungsmittel für die charakterliche Ausbildung".

Inwieweit dieses Programm in Westerbeck umgesetzt wurde, lässt sich mangels Quellen kaum verlässlich bestimmen. Der Osnabrücker Hans Leichtentritt erinnert sich später, er habe auf dem Hof Stern „gemeinsam mit ca. 20 jungen Glaubensgenossen gegen Entgelt eine dürftige landwirtschaftliche Ausbildung bekommen", um „auf das Leben als sogenannte ‚pioneers' in Palästina vorbereitet" zu werden.

Woher kamen die Jugendlichen?

Leichtentritt war einer von 97 Jugendlichen und jungen Erwachsenen, die von der Eröffnung im Januar 1934 bis zur gewaltsamen Schließung 1938/39 auf dem Hof lebten und lernten. Diese Zahl ergibt sich aus den Meldekarten, die bei der Westerkappelner Amtsverwaltung geführt wurden und für den Hof in Westerbeck jeden Zuzug und jeden Wegzug registrierten. Aufgrund dieser Angaben lässt sich ein recht genaues Gruppenbild der Chawerim auf dem Hof Stern zeichnen. Demnach waren 31 weiblich, 66 männlich. Bei Ankunft waren sie im Durchschnitt 19 Jahre alt, die jüngsten waren gerade einmal 14 Jahre alt.

Die meisten waren städtisch geprägt und kamen aus Berlin (19 Personen), Essen (8), Leipzig (7), Köln (5) und Düsseldorf (4). Vertreten waren aber auch Jugendliche mit ländlicher Herkunft. Sie kamen aus Kleinstädten wie Burgsteinfurt, Herzlake, Jever, Warburg und Westerstede oder aus Dörfern wie Madfeld bei Brilon, Klafeld bei Geisweid (Siegen) oder Volzel in der Grafschaft Bentheim. Bei sieben Personen ist vermerkt, dass sie aus anderen Hachschara-Einrichtungen wie Altkarbe, Ahlem, Ahrensdorf oder Harksheide nach Westerbeck gekommen waren – ein Hinweis auf die Verbindungen, die innerhalb der Hachschara-Bewegung aufrechterhalten werden konnten.

Verwaltet wurde der Hof – nach mehreren Wechseln – zuletzt von dem aus Syke bei Bremen stammenden Ehepaar Dora und Siegfried Löwenstein, die dort mit ihrer 1922 geborenen Tochter Grete lebten. Hinzu kamen, zumindest zeitweise, ein Landwirtschaftslehrer, ein Knecht bzw. Gärtner sowie eine Wirtschafterin, die für das Kochen und den Haushalt zuständig war.

Kurse mit festem Beginn und Ende gab es offenbar nicht. Den Meldekarten zufolge herrschte vielmehr ein ständiges Kommen und Gehen. Manche Chawerim blieben nur wenige Tage, andere hingegen lebten bis zu anderthalb Jahre lang auf dem Hof. Im statistischen Durchschnitt blieben sie 190 Tage, auch das lässt sich aufgrund der Meldekarten ermitteln. Die nüchternen Einträge lassen nur erahnen, dass die jungen Leute immer auf dem Sprung gewesen sein müssen. Wenn sich ihnen eine Möglichkeit zur Auswanderung bot, verließen sie den Hof Stern.

Die weiteren Lebenswege sind nur von einigen Chawerim bekannt. So flohen sie von Westerbeck aus kreuz und quer durch Deutschland und Europa. Auf zum Teil abenteuerlichen Wegen gelangten sie – teilweise allein, teilweise mit Geschwistern oder auch mit ihren Eltern – in die Schweiz, nach Großbritannien, in die USA oder nach Palästina.

Mindestens zehn entkamen nicht. Ihre Namen finden sich im Verzeichnis der Shoah-Opfer in Yad Vashem und im Gedenkbuch des Bundesarchivs, das an sämtliche Deutsche jüdischen Glaubens erinnert, die zwischen 1939 und 1945 im Holocaust ermordet wurden. Demnach wurden diese zehn jungen Leute ermordet in den KZ Stutthof bei Danzig oder Zasavica westlich von Belgrad, in den Ghettos von Warschau und Minsk und in den Vernichtungslagern Sobibor und Auschwitz.

Gestapo beobachtete den Hof

Zwischen 1933 und 1938/39 wurde das Geschehen auf dem Hof nicht nur von den Nachbarn und von der Einwohnerschaft des Ortes, sondern sehr genau auch von den Meldebehörden, den örtlichen und regionalen NS-Funktionären und von der Polizei beobachtet. Am 1. August 1935 erfuhr die Staatspolizeileitstelle in Münster vom stellvertretenden

Um die Jahreswende 1937/38 entstand diese Aufnahme auf dem Hof Stern: Es zeigt die Hofverwalterin Dora Löwenstein mit drei Männern aus der Nachbarschaft, die einen erlegten Fuchs präsentieren.

Tecklenburger Landrat: „Die Bevölkerung ist über das Umschulungslager erregt, insbesondere darüber, dass der Hof in jüdischen Händen ist. Ich würde jede Möglichkeit, diesen Hof wieder in deutschen Besitz zu bringen, begrüßen."
Wenig später ließ die Münsteraner Staatspolizeileitstelle den Landrat des Kreises Tecklenburg wissen, man habe „beim Geheimen Staatspolizeiamt in Berlin die Auflösung des jüdischen Umschulungslagers in Westerkappeln-Westerbeck im Interesse der öffentlichen Sicherheit und Ordnung angeregt". Doch die Versuche von NS-Verwaltung und Gestapo, die Hachschara auf dem Hof zu beenden, liefen aus bislang nicht bekannten Gründen ins Leere.
Bis 1938 konnten Jugendliche und das Verwalterehepaar auf dem Hof leben. Unbehelligt aber blieben die Chawerim keineswegs, im Gegenteil. So wurden sie regelmäßig von der Belegschaft eines SA-Arbeitslagers bedroht, das in der Nähe des Hofes lag. „Mit Gesang und geschultertem Spaten marschierten die Arbeitsmänner an uns vorbei, wenn wir auf dem Felde arbeiteten", erinnerte sich später Gert Löllbach, der sich von Juli 1936 bis Februar 1938 auf dem Hof in Westerbeck als Gruppenleiter aufgehalten hat. „Solange sie in Kolonne waren, ging das zackig vorüber, aber wenn sie nicht marschierten, wurde es gefährlich. Sie verfolgten uns einzeln und belagerten uns alle in unserem Haus. Ihre mehrfachen brutalen Versuche, unsere Mädchen in ihre Gewalt zu bekommen, konnten wir verhindern. Aber die Angst, wie das weitergehen sollte, hat mich in der Verantwortung dort immer verfolgt."

Brutales Ende in der Pogromnacht

Im zeitigen Frühjahr 1938 zeichnete sich ein Ende der Duldung ab. Auf dem Hof war offenbar spürbar, dass sich die Verfolgung der NS-Behörden radikalisierte. Im Februar 1938 verließ eine Gruppe von 18 Personen Westerbeck. Bis August kamen, den Meldeunterlagen zufolge, lediglich fünf Chawerim auf den Hof. Im Juli und August 1938 verbrachten neun Jungen zwischen 10 und 14 Jahren, die aus Darmstadt, Essen, Hannover und Osnabrück kamen, als „Ferienkinder" einige Wochen auf dem Hof.

Wenige Wochen nach ihrer Abreise folgte das brutale Ende der Hachschara in Westerbeck. In der Pogromnacht vom 9./10. November 1938 überfielen Mitglieder der SA den Hof. „Es waren alles Leute aus Westerkappeln und sogar aus Westerbeck", erinnerte sich später ein Landwirt aus der Nachbarschaft. Die Männer misshandelten das Verwalterehepaar Löwenstein brutal, zerstörten das Mobiliar und zerschlugen die Fensterscheiben.
Vier junge Erwachsene lebten zu diesem Zeitpunkt noch auf dem Hof. Sie wurden ebenso wie der Verwalter Siegfried Löwenstein festgenommen und in Westerkappeln inhaftiert. Während Löwenstein nach einer Woche Haft auf den Hof zurückkehren konnte, wurden die vier jungen Männer ins KZ Buchenwald verschleppt. Kurzzeitig konnten sie offenbar noch einmal auf den Hof Stern zurückkehren, den sie dann im Februar 1939 endgültig in Richtung Gelsenkirchen, Bremen und Warburg verließen. Einem der vier, Rudi Frank, gelang es, sich vor weiterer Verfolgung in Sicherheit zu bringen. Nicht jedoch den anderen drei jungen Leuten – und auch nicht der Verwalterfamilie Löwenstein:

- Hans Bensew, geboren 1921 in Wunstorf, wurde erneut ins KZ Buchenwald deportiert und dort am 13. August 1942 ermordet. „Auf der Flucht erschossen" ist auf seinem Totenschein notiert.
- Julius Weinberg, geboren 1921 in Warburg/Westfalen, wurde am 13. Dezember 1941 in das Ghetto in Riga deportiert. Sein Todesdatum ist unbekannt.
- Fritz Goldschmidt, geboren 1913 in Madfeld bei Brilon, fuhr nach der Haftentlassung nach Gelsenkirchen, wo er sich 1939 mit Grete Löwenstein, der damals 16-jährigen Tochter des Westerbecker-Verwalterehepaars, verlobte. Die beiden hatten sich auf dem Hof Stern kennengelernt. Versuche des jungen Paares, sich 1939 nach England oder in die USA zu retten, scheiterten. Am 27. Januar 1942 wurden die beiden nach Riga deportiert. Im dortigen Ghetto überlebten sie mehr als zwei Jahre, bevor sie ins KZ Stutthof verschleppt wurden. Dort enden im Herbst 1944 die Lebensspuren der beiden, die später für tot erklärt worden sind.

• Das Verwalterehepaar Siegfried und Dora Löwenstein, 49 und 50 Jahre alt, verließ Anfang 1939 den Hof Stern. Die beiden kehrten nach Syke zurück. Von Bremen wurden sie am 18. November 1941 nach Weißrussland deportiert. Wenig später, vermutlich im Juli 1942, starben beide im Ghetto von Minsk.

Erpresster Verkauf und Rückerstattung

Der Osnabrücker Viehhändler und Hofeigentümer Rudolf Stern, dessen Bruder im Frühjahr 1938 gestorben war, wurde in der Pogromnacht verhaftet und in das KZ Buchenwald verschleppt. Stern, der die Verfolgung überlebt hat, notierte später: „Während meiner Inhaftierung 1938 im KZ Buchenwald zwang mich die Gestapo – um lebend wieder aus dem Konzentrationslager herauszukommen – den Hof durch einen Auktionator verkaufen zu lassen."

Der Besitzerwechsel in Westerbeck 1938/39 war ein Politikum ersten Ranges. An der Auswahl möglicher Käufer und am Verkaufsakt waren unter anderem die Kreis- und die Landesbauernschaft, das Landeskulturamt, das Oberpräsidium Westfalen sowie die Reichsumsiedlungsgesellschaft (RUGES) beteiligt. Sie vermittelte Landwirten, die ihre Höfe durch die Ausweisung von Heeres-Übungsplätzen aufgeben mussten, neue Siedelstellen.

Als Käufer des Hofes in der Bauerschaft Westerbeck war bei der RUGES zunächst ein Landwirt aus dem benachbarten Mettingen im Gespräch. Doch im Dezember 1938 wurde die Hofstätte an den Landwirt Heinrich Pöppelwerth aus Haustenbeck/Lippe verkauft. Er hatte seinen dortigen Hof aufgrund der Erweiterung des Truppenübungsplatzes in der Senne durch die Wehrmacht aufgeben müssen.

Ghetto, KZ und SS-Sonderlager

Rudolf Stern hatte den Hof nur unter Zwang verkauft. Doch auch das hatte nicht verhindert, dass er 1941 in das Ghetto Riga und im September 1944 über das KZ Stutthof in das SS-Sonderlager Libau (Liepaja, Lettland) deportiert wurde. Schwer gezeichnet von den Qualen der Haft, überlebte er das Kriegsende in Kiel in einem Außenlager des KZ Neuengamme.

Im Februar 1946 kehrte Rudolf Stern nach Osnabrück zurück. Wenig später forderte er die Rückerstattung seines Hofes. Das Landgericht Münster gab ihm im März 1952 Recht, erklärte den Verkaufsakt von 1938 für nichtig und sprach Stern das volle Eigentumsrecht am Hof zu. Kurz nach diesem Urteilsspruch verständigten sich Stern und Pöppelwerth auf einen außergerichtlichen Vergleich. Dessen Details sind nicht bekannt.

Im Grundbuch wurde Rudolf Stern wieder als Eigentümer des Hofes eingetragen. Nach seinem Tod am 20. Januar 1957 wurde „auf Grund des Erbscheins des Amtsgerichts Osnabrück" seine zweite, aus Haaren im Paderborner Land stammende Ehefrau Herta Stern, geb. Emmerich, alleinige Erbin seines Vermögens und damit auch Eigentümerin des Hofes. Von ihr erwarb der Landwirt Heinrich Pöppelwerth um 1960 die Hofstätte. Dessen Nachfahren sind heute Eigentümer des Hofes.

Verdrängt und vergessen

In der lokalen und regionalhistorischen Forschung zur jüdischen Geschichte Westfalens war die Hachschara auf dem Hof im Tecklenburger Land lange Zeit ein weißer Fleck. Das hat verschiedene Gründe. Wie beschrieben, findet sich der „Kibbuz Westerbeck" in zeitgenössischen Verzeichnissen etwa der Reichsvereinigung oder anderen einschlägigen Listen entweder gar nicht oder allenfalls am Rande erwähnt. Damit war er lange für die Forschung unsichtbar.

In und um Westerkappeln hingegen blieb die Erinnerung an den „Judenhof", wie er dort genannt wurde, durchaus wach, wurde aber allenfalls mündlich und hinter vorgehaltener Hand tradiert. Die Geschichte des Hofes und seiner jüdischen Bewohner war mit einem starken Tabu belegt und wurde entweder verschwiegen oder verharmlost.

Diese Haltung zeigt sich bereits im November 1946. Damals organisierte die jüdische „Central Historical Commission" in München eine deutschlandweite Umfrage zur NS-Zeit und zu den jüdischen Gemeinden. Der Tecklenburger Landrat und die Westerkappelner Gemeindeverwaltung antworteten am 4. November 1946 für Westerkappeln, es habe dort eine „Abwanderung der Juden ins Ausland nach der Judenverfolgung am 10. November 1938" gegeben. Von ihnen sei „bis zum heutigen Tage nichts bekannt geworden", behaupteten die kommunalen Verantwortungsträger aus Westfalen. Weiter heißt es in dem Brief, „die Juden" hätten in Westerbeck „ein eigenes landwirtschaftliches Schulungslager" unterhalten. „Dieses Lager wurde nach der Judenaktion aufgelöst."

Was sich hinter dem Wort der „Auflösung" tatsächlich verbarg, wird nicht mitgeteilt. Auch das Wort von der „Abwanderung" verharmloste und verfälschte die tatsächlichen Ereignisse. Die Formulierungen, anderthalb Jahre nach Kriegsende niedergeschrieben, zeigen bereits ein Muster des Beschweigens, der Verdrängung und der Umdeutung, das für Jahrzehnte nicht nur in Westerkappeln, sondern auch überregional wirksam blieb.

„In einer Nacht Freiheit und Eigentum verloren"

Der Novemberpogrom 1938 auf dem Land

Auf dem Bauernhof Stern bei Westerkappeln ließ sich seit dem Sommer 1935 die 24-jährige Ilse Bähr ausbilden. Sie, die Tochter eines Viehhändlers aus Bassum im Landkreis Diepholz, absolvierte auf dem Hof in Westfalen von Juli bis Dezember 1935 die „Hachschara", ehe sich ihr eine Möglichkeit bot, nach Palästina auszuwandern. Ihr Bruder folgte wenig später. Ilse Bähr heiratete und ließ sich mit ihrem Mann Hans Joseph in Pardes Hannah in Palästina nieder. Beide arbeiteten dort in der Landwirtschaft.

Drei Jahre später erhielten die jungen Eheleute einen Brief aus Deutschland, abgestempelt in Bassum am 11. November 1938. Die Briefmarke klebte kopfüber auf dem Umschlag, ein Absender war nicht angegeben. Doch die Tochter wird sofort die Handschrift ihrer Mutter erkannt haben. Auf dem Briefblatt, offenbar in Eile von einem Schreibblock abgerissen, las sie folgende Sätze (hier unverändert wiedergegeben):

„Meine lieben Kinder! Mit schwerem Herzen muss ich Abschied von Euch nehmen. Gestern hat man erst Vater u. da mich geholt Vater hat man dort behalten. Inzwischen hat man alles bei uns fortgeholt die ganzen Buecher wer weiss was man dabei findet. Meine lieben Kinder weint nicht der Allgütige hat es so mit uns beschlossen es haben so so ewig viele diesen Weg gewaehlt. Dabei wird bestimmt was gefunden. Vater der so gut und lieb war zu uns. der nie im Leben ein Buch gelesen hat. dieses alles kann ich nicht mehr ueberwinden."

SA-Männer hatten in der Pogromnacht vom 9./10. November 1938 das Haus der Eheleute Bähr überfallen und demoliert. Den 65-jährigen Viehhändler Leopold Bähr, der auch Vorsteher der kleinen jüdischen Gemeinde war, hatten sie misshandelt und in das KZ Buchenwald deportiert. Seine Ehefrau, die 56-jährige Josephina Bähr, blieb verletzt zurück. Allein in dem verwüsteten Haus, verfasste sie den Abschiedsbrief an ihre Kinder. Am 11. November gab sie ihn auf dem Dorfpostamt in Bassum auf. Noch am selben Tag nahm sich Josephina Bähr in Bassum das Leben, in den Tod getrieben durch das in der Novembernacht Erlittene.

„Es tut mir unsaechlich leid, Euch diesen großen Kummer zufuegen müssen. Doch eine Qual für alle. Gott wird es mir verzeihen. Haltet gut zusammen u. wenn unser geliebter Vater noch mal zu Euch kommen sollte, gibt ihm die ganze Liebe, die Ihr fuer mich mit hattet. Meine letzten Gedanken seit Ihr und mein ueber alles geliebter Mann. Eure in Ewigkeit weilende Mutti."

Radikalisierung der Gewalt

Jüdinnen und Juden auf dem Land hatten seit Beginn des „Dritten Reiches" eine lange Reihe an Verfolgungsmaßnahmen erlebt und erlitten: Diskriminierung, Erniedrigung, Boykott, rechtliche Ausgrenzung, wirtschaftliche Schikanen, erzwungene Enteignungen. Viele, vor allem die Jüngeren, hatten, wo es möglich war, die Flucht ins rettende Ausland ergriffen.

Doch im November 1938 geschah etwas Neues, Radikaleres, Gewaltsameres, das alles, was bisher geschehen war, in den Schatten stellte. Überall im Land wurden Synagogen gestürmt und in Brand gesetzt, wurden des Nachts und auch am hellichten Tage Häuser und Wohnungen gestürmt und demoliert, wurden Jüdinnen und Juden öffentlich gedemütigt, misshandelt, in den Tod getrieben, ermordet. Das alles geschah, auch das war neu, binnen kurzer Zeit und landesweit, also nicht nur in den Metropolen und Städten, sondern in nahezu jedem Dorf, in dem es eine Synagoge gab oder eine jüdische Familie lebte. Und schließlich: Der Angriff auf die jüdische Minderheit erfolgte keineswegs nur „von oben", aus Partei, SS und SA, sondern es beteiligten sich Schaulustige, Nachbarn, ehemalige Vereinsfreunde, sogar auch Jugendliche und Kinder.

Jüdinnen und Juden, die diesen Angriff überlebten, versuchten, Deutschland so schnell wie möglich zu verlassen. Das Landjudentum, soweit es bis dahin in Westfalen noch existierte, wurde in diesen Tagen im Herbst 1938 endgültig zerstört.

Die Kette der Ereignisse, die zum Novemberpogrom geführt hat, begann im Frühjahr 1938. In Österreich war mit dem Einmarsch der Wehrmacht und dem „Anschluss" eine breite Welle antisemitischen Terrors durch das Land gerollt, organisiert vom Sicherheitsdienst der SS und gestützt von großen Teilen der Bevölkerung. Die Parteiobe-

Die „Westfälische Landeszeitung", das Organ der NSDAP im Gau Westfalen-Süd, veröffentlichte am 22. Oktober 1938 diese beiden Fotos vom Abbruch der Dortmunder Synagoge. Der Begleittext schließt mit der Bemerkung: „Und so wird denn in wenigen Tagen der ehemalige Judentempel, der sicherlich das Stadtbild Dortmunds nicht verschönert hat, vom Erdboden verschwinden."

ZUM ABRISS FREIGEGEBEN

Das NS-Regime radikalisierte seit Frühjahr 1938 seine antisemitische Politik und Propaganda. Die Gewaltbereitschaft schien keine Grenzen mehr zu kennen. Das zeigte sich in vielen diskriminierenden Maßnahmen – und besonders symbolträchtig im erzwungenen Abriss von vier großen jüdischen Gotteshäusern. Bereits Wochen vor dem Novemberpogrom zerstört wurden

- die Hauptsynagoge in München im Juni 1938,
- die Hauptsynagoge in Nürnberg im August 1938,
- die Synagoge in Kaiserslautern im August 1938 sowie
- die Synagoge in Dortmund im Oktober 1938.

Die Dortmunder Synagoge, 1898 errichtet, war mit 1270 Sitzplätzen eine der größten Synagogen im nordwestdeutschen Raum – „eine Zierde der Stadt für ewige Zeiten, ein Monumentalbau, für Jahrhunderte berechnet", so hatte Oberbürgermeister Schmieding bei der Einweihung ausgerufen. Davon blieb nun, 40 Jahre später, nichts mehr übrig. Im Sommer 1938 hatte sich der Dortmunder NS-Kreisleiter Friedrich Hesseldieck des Rückhalts von Rudolf Hess, des „Stellvertreters" Hitlers, versichert. Wenig später eröffnete Hesseldieck den Vertretern der jüdischen Gemeinde in Dortmund, dass die Synagoge abgerissen werde. Auf ihren entsetzten Protest antwortete der Kreisleiter mit einer Drohung: Es werde ihm ein Leichtes sein, die Mitgliederzahl der jüdischen Gemeinde „innerhalb weniger Wochen auf 600 herunterzubringen".

Kurz vor dem Abriss beraumte NS-Kreisleiter Hesseldieck eine „Feierstunde" vor der Synagoge an, um die jüdische Gemeinde, eine der ältesten und größten in Westfalen, noch einmal öffentlich zu demütigen. Anfang Oktober begannen Bauarbeiter mit der Zerstörung. Am 19. Oktober 1938 wurden die letzten Gewölbe gesprengt.

Die Historikerin Elfi Pracht-Jörns urteilt über den Abbruch in Dortmund: „Wie die Einweihung des Gotteshauses fast vier Jahrzehnte zuvor Stolz und Selbstbewusstsein der Gemeindemitglieder zum Ausdruck brachte, weckte das Verschwinden des Gebäudes Depressionen und Zukunftsängste. Die Menschen waren zutiefst entmutigt."

Die gleichgeschaltete NS-Presse jubelte über das Abreißen der Gotteshäuser und vermittelte vor allem eine Botschaft: Für das NS-Regime stand nun jede jüdische Betstube, jede Synagoge zur Disposition. Und mehr noch: Die Berichte konnten als Aufruf verstanden werden, Gleiches in der eigenen Stadt, im eigenen Dorf zu tun. Dieses negative Vorbild wirkte bereits Wochen vor dem Novemberpogrom rasch und tief in die ländliche Provinz:

- Die Landgemeinde Nümbrecht im Bergischen Land ließ im Sommer 1938 die Synagoge abreißen. Das Gotteshaus, eine ehemalige Lagerscheune, hatte den Juden, die in den umliegenden Dörfern verstreut lebten, 110 Jahre lang als Ort des Gebets und der Versammlung gedient.
- Im münsterländischen Lüdinghausen erpressten im Oktober 1938 der NS-Kreispropagandaleiter und ein örtlicher Polizeiwachtmeister die jüdische Gemeinde, ihre Synagoge abzugeben, damit sie zu einem Altersheim umgebaut werden könne. Tatsächlich war von vorneherein geplant, das Gotteshaus als Lagerschuppen zu nutzen.
- Auch im benachbarten Coesfeld wurde die jüdische Gemeinde zum Verkauf ihrer Synagoge gezwungen, der sich bis in die Wochen nach dem Pogrom hinzog.
- Die Stadt Kamen am Hellweg erwarb im Juli 1938 die 1901 errichtete Synagoge – die Umstände des Kaufs sind nicht bekannt. Am 29. Oktober 1938 meldete die NSDAP in ihrer „Westfälischen Landeszeitung" aus Kamen: „Der Dachstuhl ist bereits abgetragen. In den nächsten Tagen wird mit dem Abbruch der Mauern und Dächer begonnen." Im Dezember 1938 jubelte das „Volksblatt", die Kamener Synagoge sei „beinahe dem Boden gleich gemacht".

ren der NSDAP sahen sich ermuntert, Ähnliches im Reich gegen die jüdische Minderheit zu entfachen. „Nicht Gesetz ist die Parole, sondern Schikane", notierte Propagandaminister Goebbels in seinem Tagebuch.

Das zeigte sich in vielen Repressalien durch Partei und NS-Staat, am augenfälligsten im Abriss der Synagogen, der in aller Öffentlichkeit der NS-Volksgemeinschaft gefeiert wurde. Das zeigte sich aber auch in der großen Zahl antisemitischer Ausschreitungen „von unten", wie beispielhaft der Blick in das Hochstift Paderborn des Jahres 1938 zeigt:

- In Fürstenau bei Höxter brachen Unbekannte im Sommer mehrfach nachts in das jüdische Bethaus ein. Sie entwendeten Thorarollen, Gebetsmäntel und andere religiöse Gegenstände und verstreuten sie auf den Dorfstraßen.
- Der Sicherheitsdienst der SS meldete für den 20. und 22. September Einbrüche in Synagogen in Beverungen an der Weser und in Neuenkirchen bei Rietberg. Die Einrichtungen seien zerstört, auch die jüdischen Friedhöfe seien geschändet worden.
- In Vörden beschmierten Unbekannte im Oktober 1938 das Haus der Familie Bacharach.
- In Steinheim drangen Unbekannte in die Synagoge ein, verwüsteten das Mobiliar und zerrissen religiöse Schriften.

Nordhessen: Pogrom vor dem Pogrom

Zur Vorgeschichte des Novemberpogroms gehört eine weitere Frage, die mit dem „Anschluss" Österreichs eskalierte und die sogenannten Ostjuden betraf. Die Regierung in Warschau hatte die Flucht von rund 20 000 in Österreich lebenden Juden polnischer Staatsangehörigkeit befürchtet und die Einreisebestimmungen verschärft. Sie setzte eine Regelung in Kraft, die in der Konsequenz auch die in Deutschland lebenden polnischen Juden bis Ende Oktober 1938 als staatenlos erklärt hätte. Darauf reagierte das NS-Regime mit der ebenso brutalen wie blitzartigen Verschleppung von 17 000 Jüdinnen und Juden mit polnischem Pass, die in Deutschland lebten, nicht wenige von ihnen in den Industriestädten an Rhein und Ruhr.

Zu den Verschleppten gehörten auch die Eltern eines jungen Mannes namens Herschel Grynszpan, der in Paris lebte. Aus Protest schoss er am 7. November 1938 auf den Botschaftsrat und NSDAP-Parteigenossen Ernst von Rath – nicht im geringsten ahnend, wie das NS-Regime diese Tat ausschlachten würde.

In Nordhessen, also unweit der Landesgrenze zu Westfalen, begann noch am selben Abend, als das Radio die Attentatsmeldung ausstrahlte, ein Pogrom vor dem Pogrom. In der Regierungs- und Gauhauptstadt Kassel sammelten sich am Abend des 7. November Nationalsozialisten, SA-Leute sowie „auffällig viele Gestalten, die nach ihrem Äußeren und ihrem Verhalten der Bewegung fernstehen", zu einer Menge von „etwa 1000 Personen", wie die Gestapo später berichtete. Sie stürmten die Hauptsynagoge und verwüsteten sie. Der Versuch, das Gotteshaus in Brand zu setzen, scheiterte. Überfallen und verwüstet wurden auch Wohnungen und Häuser jüdischer Familien in Kassel.

Die erste Dorfsynagoge brennt

Nicht nur Kassel, sondern auch in 24 Kleinstädten und Dörfern des ländlichen Umlands kam es bereits am 7. und 8. November zu Ausschreitungen gegen die jüdischen Einwohner. Fensterscheiben ihrer Wohnhäuser und Ladengeschäfte wurden eingeschlagen, Synagogen etwa in Niederaula, Rotenburg und Zierenberg wurden gestürmt und im Innern erheblich beschädigt. In Felsberg, damals eine 1300 Einwohner zählende ländliche Kleinstadt, zogen SA-Leute und Jugendliche der HJ den schwer erkrankten Textilhändler Robert Weinstein aus seinem Haus und trieben ihn unter den Augen vieler Einwohner durch die Straßen des Ortes. Er erlitt einen Herzschlag und starb – Weinstein war der erste Tote des Novemberpogroms.

In Rhoden im Diemeltal, einer 1300 Einwohner zählenden Ortschaft nahe der westfälischen Landesgrenze, kam es am Abend des 8. November 1938 ebenfalls zu Ausschreitungen. SS- und SA-Leute aus Arolsen überfielen gemeinsam mit Dorfbewohnern die wenigen jüdischen Familien des Ortes. Sie warfen Fensterscheiben jüdischer Geschäftshäuser ein, schleuderten Lebensmittel, Porzellan und Glas aus den Ladengeschäften auf die Straße. Rhodener Juden wurden, so heißt es in einem 2018 veröffentlichten Bericht, „im Nachthemd durch die Scherben auf die Straße getrieben und geschlagen".

Das alles reichte den Tätern offenbar nicht. Am Morgen des 9. November setzten sie ihr Zerstörungswerk in Rhoden fort. Sie stürmten die Synagoge, einen kleinen Fachwerkbau mitten im Dorf, warfen die Thorarolle auf die Straße und setzten das Gebäude in Brand. Das Feuer in der Rhodener Synagoge war deutschlandweit eines der ersten, das in diesen Novembertagen in einem jüdischen Gotteshaus loderte und es bis auf die Grundmauer zerstörte.

Bis heute ist nicht endgültig geklärt, in welchem Ausmaß dieser frühe Gewaltexzess in Nordhessen organisiert war und von wo der entscheidende Impuls gekommen ist. Alle Quellen deuten auf die Kasseler NS-Gauleitung sowie auf SS- und SA-Einheiten in der Gauhauptstadt, deren Aktionen sich dann Teile der Bevölkerung angeschlossen haben.

Die Ereignisse in Nordhessen wurden zum Muster für den unmittelbar folgenden reichsweiten Pogrom. Am frühen Abend des 9. November 1938 starb von Rath in Paris. Für die NSDAP-Führung hätte es kaum ein geeigneteres Datum

Am Abend des 10. November 1938 ging mitten in der ländlichen Kleinstadt Salzkotten die aus Fachwerk und Ziegelstein errichtete Synagoge in Flammen auf. SA-Leute hatten sie in der Nacht zuvor bereits aufgebrochen, geplündert und geschändet.

geben können, um den lange geplanten Angriff gegen die jüdische Minderheit in die Tat umzusetzen. Denn überall im Land waren die regionalen Parteifunktionäre und Mitglieder versammelt, um an Gedenkfeiern zum Jahrestag des gescheiterten Hitler-Putsches vom 9. November 1923 teilzunehmen. Die Führung der NSDAP war in München, der „Hauptstadt der Bewegung", zusammengekommen. Hitler und Goebbels nutzten die Nachricht vom Tod des Botschaftsrates, um Partei und SA zum Losschlagen anzustiften. Goebbels informierte die Parteifunktionäre über den Tod des Botschaftsrates, erwähnte die antijüdischen Pogrome vom Vortag in Hessen sowie in Magdeburg-Anhalt und sagte: Der Führer habe „entschieden, dass derartige Demonstrationen von der Partei weder vorzubereiten noch zu organisieren seien, soweit sie spontan entstünden, sei ihnen aber auch nicht entgegenzutreten".

Alle Anwesenden verstanden die Botschaft. Es war eine kaum verhohlene Aufforderung zur Gewalt gegen die jüdische Minderheit. Als die Versammlung in München gegen 22.30 Uhr beendet war, eilten die Parteifunktionäre an die Telefone, um ihre heimischen Gauführungen zu informieren. In einer weiteren Rede in München feuerte der aus Bevergern in Westfalen stammende SA-Chef Viktor Lutze die versammelte SA-Führung an. Kurz vor Mitternacht wandte sich die Berliner Gestapo per Fernschreiben an die höheren NS-Funktionäre im Land. Darin hieß es unter anderem: „Es werden in kürzester Frist in ganz Deutschland Aktionen gegen Juden, insbesondere gegen deren Synagogen, stattfinden. Sie sind nicht zu stören, jedoch ist im Benehmen mit der Ordnungspolizei sicherzustellen, dass Plünderungen und sonstige besondere Ausschreitungen unterbunden werden können." Außerdem, so hieß es weiter, sei die Festnahme von bis zu 30 000 Juden vorzubereiten – „es sind auszuwählen vor allem vermögende Juden". Noch in der Nacht bildeten sich Aktionstrupps von Parteifunktionären und SA-Leuten. Was folgte, waren Stunden und Tage entfesselter Gewalt, des Plünderns und Mordens, der Misshandlungen und öffentlichen Demütigungen: in den Städten ebenso wie auf dem Land, in den Kleinstädten, Kirchspielen und Dörfern.

Pogrom in Salzkotten

In einem vorhergehenden Kapitel sind die Abläufe jener Nacht am Beispiel der Landgemeinde Petershagen und seiner umliegenden Ortschaften im protestantisch geprägten Minden-Ravensberger Land dargestellt (siehe Seite 89). Als weiteres Beispiel sei im Folgenden das Geschehen in Salzkotten im katholischen Paderborner Land beleuchtet, damals eine ländlich geprägte Kleinstadt mit etwa 3900 Einwohnern. Die dortigen Ereignisse haben die Theologen Marie-Theres Wacker und Bernd Wacker rekonstruieren können. Sie stützen sich unter anderem auf Akten eines Gerichtsprozesses, in dem 1949 die Zerstörung der örtlichen Synagoge geahndet worden ist.

Am Abend des 9. November 1938 haben sich demnach führende Parteifunktionäre und SA-Leute des Amtsbezirks im „Westfälischen Hof" in Salzkotten zur Gedenkfeier versammelt. Kurz nach Mitternacht, die meisten hatten die Versammlung bereits verlassen, meldete sich der NS-Kreisorganisationsleiter Bernhard Brokinkel in Salzkotten. Die Gauleitung habe befohlen, dass unverzüglich die Synagoge im Ort anzuzünden und die Fenster der Häuser und Geschäfte jüdischer Familien einzuschlagen seien.
Eine Gruppe von SA-Leuten zog daraufhin vom „Westfälischen Hof" zur Synagoge. Mit Äxten und Stemmeisen, zwischenzeitlich herbeigeholt, brachen die Männer die Türen der Synagoge auf. Binnen Kurzem verwüsteten sie das Innere des Gotteshauses. Sie brachen das Geländer der Frauenempore ab, zerschlugen Bänke und Lesepulte und zerschmetterten den Thoraschrein. Die Schriftrollen rissen sie heraus und warfen sie auf den Boden. Auch sämtliche Fenster des Gotteshauses zerstörten sie. Nach vollbrachter Tat zogen die Männer durch den nächtlichen Ort und warfen die Fenster mehrerer jüdischer Wohnhäuser ein.

Ausschreitungen am hellichten Tag

Als es hell wurde, gingen die Ausschreitungen weiter. Und mehr noch: Sie weiteten sich zu einem Plünderungszug aus, ehe der Tag mit dem Niederbrennen der Synagoge und mit dem Totschlag eines wehrlosen 80-jährigen Mannes endete. Dieses Mal, so Bernd und Marie-Theres Wacker, waren „keineswegs nur Angehörige der örtlichen Parteiformationen oder auswärtige SA- und SS-Leute beteiligt". Der Mob stürmte am Vormittag erneut die Synagoge, die Wohnungen jüdischer Familien sowie vor allem ihre Ladengeschäfte. Das auf Eisenwaren, Saatgut und Futtermittel spezialisierte Handelsgeschäft Auerbach, prominent am Marktplatz gelegen, wurde am hellichten Tag von Plünderern heimgesucht.
Wenige Schritte weiter lag das Textil- und Konfektionsgeschäft Hecht. Dort wurden die fünf großen Schaufenster eingeschlagen, bevor alles entwendet wurde, was nicht niet- und nagelfest war. „Die gestohlenen Waren bestanden aus Stückware, Herrenanzügen, Herrenhosen, Arbeitergarderobe, Wollgarnen und verschiedenen Kurzwaren", gab der in die USA geflohene Eigentümer Julius Hecht im September 1956 an. Allein den Plünderungsschaden schätzte Hecht auf die enorme Summe von 12 200 Mark. Der Salzkottener Amtsdirektor bezeichnete diese Angaben als „richtig und durchaus angemessen" und wies darauf hin, dass Beweisunterlagen nicht beigebracht werden könnten, „da die Bevölkerung sich in diesen Fragen sehr reserviert verhält und sich weigert, Verhandlungsniederschriften oder Protokolle zu unterschreiben". Noch fast 20 Jahre nach den Plünderungen herrschte Schweigen im Ort über die Täter, Mittäter und Zuschauer.

Brandstiftung und ein Toter

Früh am Morgen des 10. November 1938 hatte der Salzkottener NS-Bürgermeister Seidler Besuch erhalten: Es waren zwei Gestapo-Beamte, begleitet von einer Gruppe von SS-Leuten der nahen „SS-Schule Haus Wewelsburg". Sie beschlagnahmten die Kraftfahrzeuge der beiden Viehhändler Herz und Josef Blumenfeld. Vor allem aber nahmen sie 15 Salzkottener Juden in „Schutzhaft" und verschleppten sie zur Wewelsburg. Im dortigen „Hexenkeller" wurden die Männer ohne jede Versorgung festgehalten und am nächsten Tag, gemeinsam mit zehn aus Büren verschleppten Juden, nach Bielefeld deportiert. Ein Schulgebäude diente dort als Sammelpunkt für die insgesamt mehr als 440 Personen, die während der Pogromtage im östlichen Westfalen festgenommen worden waren. Sie wurden später in das KZ Buchenwald verschleppt und über Wochen hinweg qualvoll misshandelt.
In Salzkotten traf am Nachmittag des 10. November 1938 NS-Kreisorganisationsleiter Brokinkel mit etwa einem Dutzend auswärtiger SA-Leute ein. Er drängte auf das Niederbrennen der Synagoge. Sie sollte zunächst mit einem Traktor eingerissen werden, um die benachbarten Wohn- und Ackerbürgerhäuser nicht zu gefährden. Als das scheiterte, wurde das Gotteshaus am frühen Abend angezündet. Beaufsichtigt von der örtlichen Feuerwehr, brannte die Synagoge restlos nieder. Wer das Feuer gelegt hat und wer in anderer Verantwortung an der Zerstörung der Synagoge beteiligt war, konnte nie restlos geklärt werden.
Bis heute unbekannt geblieben sind auch die Namen der Täter, die an diesem Abend in Salzkotten den 80 Jahre alten Alex Cohn brutal niederschlugen. Schwer verletzt ließen ihn die Täter liegen und verschwanden. Erst am nächsten Morgen wurde Cohn unter einem Ackerwagen liegend gefunden. Vier Wochen später, am 12. Dezember 1938, starb er an den Folgen des Überfalls. Die Todesursache wurde mit dem offiziellen Eintrag vertuscht, Cohn sei an „Schlaganfall" gestorben.
Szenen wie in Salzkotten gab es überall in Westfalen, in den Städten wie auf dem Land: brennende Synagogen, geschändete Friedhöfe, zerstörte Häuser und Wohnungen, deren Fenster eingeschlagen und deren Möbel zerstört, deren Textilien und Hausrat geplündert oder auf die Straßen geworfen waren. Der Jurist Hans Reichmann, Syndikus des Centralvereins deutscher Bürger jüdischen Glaubens, war

als „Pogrom-Schutzhäftling“ in das KZ Sachsenhausen eingeliefert worden – gemeinsam mit Leidensgenossen aus dem südlichen Westfalen. Von ihnen berichtete er:
„Die Westfalen erzählen uns, wie sie in einer Nacht Freiheit und Eigentum verloren haben: Von Mitternacht bis zum Morgen des 10. November seien wilde Gestalten in ihre Wohnungen eingedrungen, hätten systematisch und mit pedantischer Gründlichkeit Bilder, Teppiche, Decken und Läufer zerschnitten, Möbel und Türen zertreten, Sessel zerstochen und aufgerissen und jedes Glas, jede Tasse, jeden Teller, jede Vase an die Wand geschmettert. Dreimal in dieser Nacht sei der Partei-Mob, so berichtet Rabbiner Dr. David aus Bochum, in sein Haus gestürmt, um noch einen Schlüssel, noch einen Bilderrahmen zu suchen, der vielleicht der Zerstörungswut entgangen war.“

Entwürdigt in aller Öffentlichkeit

Zur Zerstörungswut kam, so hat es der Historiker Saul Friedländer formuliert, eine unkontrollierbare Lust an der Vernichtung, eine „Explosion von Sadismus auf allen Ebenen“. Dazu zählte vor allem auch die Entehrung und Demütigung – der Psychologe und Historiker Peter Loewenberg hat die Pogrome von 1938 als „öffentliches Erniedrigungsritual“ bezeichnet. Nach Belegen braucht man auch in Westfalen nicht lange zu suchen:

- Wie in Rhoden, so wurden auch in Gütersloh Juden gezwungen, im Nachthemd durch die Straßen zu laufen, um sie dem Gespött preiszugeben.
- In Attendorn wurde das einjährige Kleinkind eines jüdischen Kaufmanns bespuckt, „sodass es von oben bis unten befleckt war“, wie ein Zeuge später berichtet hat.
- In Geseke zwang der örtliche Polizeiwachtmeister den Vorsteher der jüdischen Gemeinde, Arthur Steinberg, durch einen Ententeich zu waten und eine „Fußwaschung“ zu vollziehen.
- In Lünen wurden Möbel und Hausrat jüdischer Eigentümer sowie das demolierte Inventar der Synagoge auf dem Marktplatz aufgestapelt und angezündet. Vor einem Publikum von bis zu 200 Menschen tanzten einige Täter um das Feuer und imitierten verhöhnend jüdische Feierriten.
- Ebenfalls in Lünen wurden der 50-jährige Kaufmann Waldemar Elsoffer und sein Nachbar, der Kaufmann Hermann Aronstein, gezwungen, durch den „Jordan“, die eiskalte Lippe, zu schwimmen. Elsoffer ertrank, seine Leiche wurde drei Wochen später entdeckt. Aronstein überstand diese Demütigung und wurde anschließend gezwungen, sich auf dem Marktplatz am brennenden Inventar der Synagoge zu wärmen. An den Folgen dieser Nacht starb Aronstein auf seiner späteren Überfahrt in die USA.

In keiner anderen Stadt in Westfalen kamen während des Novemberpogroms 1938 mehr Menschen um als in Lünen. Die weiteren Opfer – neben Elsoffer und Aronstein – waren der Kaufmann Siegmund Kniebel, den der NSDAP-Ortsgruppenleiter Fritz Österreich aus kurzer Entfernung niederschoss, und der Kaufmann Albert Bruch, der von SA-Leuten in seinem Schlafzimmer erschossen wurde.
Ein fünftes Todesopfer schließlich war der Eisenwarenhändler Bernhard Samson. Nach den Schilderungen seiner Frau wurde er in der Nacht „von SA-Leuten aus dem Bett geholt, nur mit einem Hemd bekleidet durch die Straßen der Stadt Lünen geführt und schwer misshandelt. Insbesondere wurde er durch Kolbenschläge mit dem Gewehr am Kopf und Rücken schwer verletzt.“ Samson gelang noch die Flucht ins rettende Ausland, in die Dominikanische Republik. Dort starb er am 10. April 1939 an den Folgen der brutalen Misshandlung – als fünftes Todesopfer der Lünener Pogromnacht.

Maßlos untertrieben: Die Zahl der Toten

Der Blick auf die – hier beispielhaft geschilderten – Ereignisse in Salzkotten und in Lünen zeigt: Der Novemberpogrom 1938 war keineswegs nur die „Nacht der zerbrochenen Glasfenster“, was früh zum Begriff der „Kristallnacht“ geführt hat, der längst als Verharmlosung gilt. Der Novemberpogrom war auch nicht allein die „Nacht der brennenden Synagogen“, die Nacht des Mobs und der Plünderungen, sondern: Es waren Tage brutaler Gewalt und des Mordens.
Die Sicherheitspolizei Reinhard Heydrichs berichtete seinerzeit resümierend von 36 Todesfällen und 36 Schwerverletzten. Wenig später, im Februar 1939, nannte ein Geheimbericht des Obersten NS-Parteigerichts die Zahl von 91 Toten.
Diese bilanzierenden Angaben wurden jahrzehntelang weitergereicht. Bisweilen finden sie sich noch immer in Buchpublikationen, in Filmdokumentationen, die in hoher Zahl in Internetportalen wie YouTube abgerufen werden, und selbst auf den Homepages namhafter Museen. Doch die Zahl ist maßlos untertrieben. So starben allein auf dem Gebiet des heutigen Bundeslandes Nordrhein-Westfalen während des Pogroms 1938 oder an seinen Folgen mindestens 131 jüdische Frauen und Männer. Diese Zahl wurde erst 2018/19 in einem Forschungsprojekt ermittelt, das ein Wissenschaftsteam der Mahn- und Gedenkstätte Düsseldorf durchgeführt hat. Aufgenommen wurden dabei nicht nur die am 9. und 10. November Ermordeten, sondern auch diejenigen, die in den folgenden Wochen ihren Verletzungen

ERST GEPLÜNDERT, DANN GESPRENGT

Diese Zufallsaufnahme entstand am Morgen des 10. November 1938 in Steinheim (Kreis Höxter). Im Vordergrund sprechen eine Frau und ein Mann scheinbar unbeteiligt miteinander, während im Hintergrund zwei Personen das zerstörte Mobiliar der Synagoge auf einen strohbedeckten Leiterwagen laden. Die Steinheimer Synagoge, 1884 errichtet, wurde noch am selben Tag mit Dynamit befüllt und gesprengt.
Da dies scheiterte, wurde das Gotteshaus am 13. Dezember 1938 ein weiteres Mal gesprengt. Die örtliche Zeitung schrieb: „Am gestrigen Tage sprengten Pioniere aus Höxter die Kuppel der hiesigen Synagoge. Zu diesem seltenen Schauspiel hatten sich zahlreiche Zuschauer eingefunden. Leider wurden durch die Sprengung auch einige Nachbarhäuser in Mitleidenschaft gezogen."
Die jüdische Gemeinde wurde später gezwungen, das Grundstück der zerstörten Synagoge an die Stadt zu verkaufen und mit den Einnahmen die Beseitigung der Trümmer und die entstandenen Schäden an den Nachbarhäusern zu begleichen.

erlagen oder sich aus Verzweiflung selbst töteten. Mitgezählt wurden ferner die Männer, die im November 1938 in die Konzentrationslager Buchenwald, Dachau und Sachsenhausen deportiert waren und entweder dort oder an den unmittelbaren Haftfolgen starben.
Deutschlandweit ist die genaue Zahl der Toten bis heute nicht bekannt. Wissenschaftlich fundierte Schätzungen gehen von mehr als 1300 Menschen aus, die in der Pogromnacht ermordet oder – wie Josephina Bähr in Bassum – aus Verzweiflung in den Selbstmord getrieben wurden, die an den Folgen der Misshandlungen dieser Nacht oder der nachfolgenden KZ-Haft starben. Mehr als 1400 Betstuben und Synagogen wurden im November 1938 entweiht, verwüstet und in Brand gesteckt oder auf andere Weise zerstört.

Täter, Plünderer, Schaulustige

Dass der Pogrom kein „spontaner Volkszorn" gewesen ist, wie die Partei und die gleichgeschalteten Zeitungen durchgängig behaupteten, war dem größten Teil der zeitgenössischen Bevölkerung klar. Zu offenkundig waren SA-Leute, führende NSDAP-Funktionäre, SS-Gruppen und Hitlerjugend als Haupttäter erkennbar. Sie waren in der Regel, wenn auch nicht immer, ortsbekannt, sie lebten entweder in der Gemeinde oder in der näheren Umgebung.
Im ländlichen Raum steuerten oftmals auch Rollkommandos per Lkw oder auf Motorrädern die verstreuten dörflichen Tatorte an. Der Bevölkerung war nicht verborgen geblieben, dass diese Kommandos geplant vorgingen, mit Adresslisten hantierten oder andere Vorbereitungen getroffen hatten. So berichtete die Gestapo, was sich die Bevölkerung des Paderborner Landes in den Tagen nach dem Pogrom erzählte: „Man erklärt, daß von einer spontanen Volkserregung nicht die Rede sein könne, wenn eine geraume Zeit vor dem Ausbruch des Feuers in der Synagoge von der Feuerlöschpolizei zur Sicherung der angrenzenden Gebäude die Schläuche gelegt worden seien, wie das in mehreren Orten gemacht worden wäre."
Diese Berichte, unter dem Vorzeichen der Diktatur entstanden, sind mit Vorsicht zu lesen. Sie geben aber durchaus Einblick in die Sicht der Bevölkerung – wenn etwa die

Bielefelder Gestapo feststellte, dass die Glaubwürdigkeit der Parteipropaganda gefährdet sei: „Die Tatsache, daß die Aktion von oben organisiert war", sei aufgrund der „im allgemeinen einheitlichen Durchführung der Aktion nicht zu verkennen" gewesen. Die dauernde Behauptung der Presse, es handele sich um eine spontane Empörung des Volkes, wirke „geradezu lächerlich".

Andererseits hatte es sie ja nicht nur in Salzkotten und Lünen gegeben: die Schaulustigen, den applaudierenden Mob, die spontan auftretenden (Mit-)Täter und Plünderer. Bereits in der Tatnacht und häufiger noch am Folgetag des 10. November hatten sie sich eingefunden, hatten das Geschehen verfolgt und sich an Demolierungen oder Plünderungen beteiligt. Dieses Mitwirken von ursprünglich unbeteiligten Zuschauern, nicht zuletzt von jungen Erwachsenen, Jugendlichen und sogar von Kindern, taucht wiederholt in den Berichten der NS-Behörden auf. Der Warburger Landrat etwa notierte: „Besonders verurteilt man die anschließende Tätigkeit der Jugend in den bereits zerstörten Wohnungen, deren Gemüt für derartige Handlungen unnötig verroht wird."

Kinder und Jugendliche „angesetzt"

Jugendliche waren auch in Peckelsheim beteiligt, als dort die Synagoge demoliert und später die Geschäftsräume und die Wohnung des örtlichen Kaufmanns verwüstet und auch geplündert wurden. In Borgentreich hatten alkoholisierte SA-Männer unter anderem Jugendliche zur „Mithilfe" angestiftet.

Die Gestapo in Bielefeld vermerkte in durchaus distanziertem Ton: „Da die Durchführung der Aktion in den Händen der Partei lag, was in der Bevölkerung selbstverständlich allgemein bekannt ist, hat das Ansehen der Bewegung auch dadurch gelitten, dass an vielen Stellen Jugendliche für die Durchführung der Aktion angesetzt waren. So ist in einer Reihe von Fällen beobachtet worden, dass schulpflichtige Kinder sich beim Einschlagen von Fensterscheiben und sogar Anlegen von Bränden und Zerstörung von Einrichtungsgegenständen und dergleichen beteiligten."

Das Mitwirken von Kindern und Jugendlichen ist auch für andere Dörfer, Gemeinden und Städte in Westfalen belegt. In Attendorn im Sauerland etwa tauchte am Vormittag des 10. November der Lehrer einer örtlichen Volksschule mit einer Schulklasse im Gefolge auf. Kinder und Lehrer beteiligten sich dort an der Verwüstung eines Kaufhauses. In Vreden im Münsterland wiegelte der Leiter der Rektoratsschule am Vormittag des 10. November die Schülerschaft in einer Rede auf, ehe die Jugendlichen geschlossen zur bereits umgerissenen Synagoge geführt und angewiesen wurden, sich an der weiteren Demolierung zu beteiligen.

Manche Nachbarn leisteten den betroffenen jüdischen Familien Hilfe, gewährten ihnen Unterschlupf oder sorgten für medizinische Versorgung. Auch andere Zeichen des Beistands sind ausdrücklich überliefert – und das zeigt letztlich, dass sie nicht die Norm waren.

Wie hat die Mehrheit der ländlich-kleinstädtischen Bevölkerung die Ereignisse bewertet? Eine Antwort geben die internen „Stimmungsberichte" von Gestapo, SD und NS-Verwaltungsbehörden. Demnach reichten die Reaktionen von ausdrücklicher Zustimmung zum Pogrom oder „Genugtuung in Parteikreisen" über breites, betretenes Schweigen bis hin zu Kritik. Sie aber entzündete sich nicht am Angriff auf die Bürgerrechte der Jüdinnen und Juden – und damit indirekt auch auf die eigenen Bürgerrechte. Kritisiert wurde vielmehr hauptsächlich die „Vernichtung der Sachwerte", die „Zerstörung von Volkseigentum" sowie der befürchtete Statusverlust im Ausland. So hieß es etwa aus dem Kreis Höxter, der größte Teil der ländlichen Bevölkerung betrachte die Aktion als unvereinbar „mit dem deutschen Ansehen und der deutschen Würde".

Eine weitere Kritik war religiös fundiert. Die kirchennahe ländliche Bevölkerung habe die Zerstörung der Synagogen als „sehr bedenklich" aufgenommen, hielt der NS-Landrat des Kreises Höxter zehn Tage nach den Pogromen fest. Sie hege eine „Achtung vor äußeren sakralen Einrichtungen". Die Landbevölkerung betrachtete die Synagogen und Betstuben eben nicht, wie die Parteipropaganda behauptete, als „Bollwerke des internationalen Judentums", sondern – bei allem Unterschied im Bekenntnis – als „religiöse Stätten", wie der Landrat in Höxter urteilte.

Die Befürchtung, nach den Pogromen könnte Ähnliches auch den christlichen Kirchengebäuden bevorstehen, wurde seinerzeit im katholischen Paderborner Land ebenso wie im protestantischen Ravensberger Land geäußert. Der Bielefelder Landrat etwa vermerkte: „Es soll sogar dem Vernehmen nach von Personen, die wahrscheinlich sehr stark kirchlich eingestellt sind, behauptet worden sein, dass nunmehr, nachdem die Synagogen verbrannt worden seien, auch noch die Kirchen an die Reihe kämen und angezündet würden."

„Ein noch unbemerkter Anfang"

Gestapo und SD zogen aus den Ereignissen und ihrer Resonanz den Schluss, dass künftig gegen die jüdische Bevölkerung geräuschloser und effektiver vorzugehen sei und mit einem bürokratischen Plan, verbunden mit polizeilicher und militärischer Gewalt, jede noch vorhandene Nische jüdischen Lebens zu beseitigen sei. Der Novemberpogrom sorgte auch in dieser Hinsicht für einen weiteren Radikalisierungsschub.

Im Herbst 1938 zerstörte die Gewalt des NS-Regimes und seiner „Volksgemeinschaft" das jahrhundertealte jüdische Leben in den Städten und auf dem Land, und das Kommende, die systematische Ermordung der Jüdinnen und Juden, zeichnete sich bereits ab – oder wie es der Historiker Saul Friedländer formuliert hat: „Der Abriss der verbrannten Überreste der Synagogen symbolisierte ein Ende. Das Zusammentreiben der Juden in ‚Judenhäusern' kündigte einen noch unbemerkten Anfang an."

„Kein landwirtschaftlicher Besitz in jüdischer Hand“

Wie den Landjuden ihr Land genommen wurde: Die Enteignung jüdischen Grundeigentums nach 1938

Reichsnährstand

Wochenblatt der Landesbauernschaft Westfalen

Folge 52 / Jahrgang 1938 Münster (Westf.), 24. Dezbr.

Ewige Weihnacht

Nicht nachlassen im Wohnungsbau

Kein landwirtschaftlicher Besitz in jüdischer Hand!

Die restlose Entfernung der Juden aus der Landwirtschaft

Blick in das Wochenblatt vom 24. Dezember 1938: Das Blatt war Sprachrohr des nationalsozialistischen Reichsnährstandes und seiner regionalen Landesbauernschaft Westfalen.

In der Weihnachtsausgabe des „Wochenblattes der Landesbauernschaft Westfalen“ vom 24. Dezember 1938 erschien ein ausführlicher Artikel unter der Überschrift „Kein landwirtschaftlicher Besitz in jüdischer Hand! – Die restlose Entfernung der Juden aus der Landwirtschaft“. Der Verfasser Friedrich Nonhoff, seinerzeit Oberregierungsrat im Reichsministerium für Ernährung und Landwirtschaft, erwähnte mit keiner Silbe das sechs Wochen zurückliegende Pogrom, die schweren gewaltsamen Ausschreitungen gegen die jüdische Minderheit. Dabei war gerade dieses Pogrom die Voraussetzung dafür, dass nun den Juden buchstäblich der Boden entzogen wurde.

Am 12. November 1938, drei Tage nach den Ausschreitungen, hatte Göring die „Verordnung zur Ausschaltung der Juden aus dem deutschen Wirtschaftsleben“ erlassen, die von langer Hand vorbereitet war und schon Wochen zuvor fertig in den Schubladen des Ministeriums lag. Anfang Dezember 1938 folgte die „Verordnung über den Einsatz des jüdischen Vermögens". Beides bildete die scheinlegale Grundlage für die letzte Phase der „Arisierung", wie es im NS-Jargon hieß, also für die staatliche Enteignung und Zerschlagung jüdischer Unternehmen in Industrie, Handel, Gewerbe und Dienstleistungen.

Zur nationalsozialistischen „Arisierung" zählte auch die – oftmals übersehene – Enteignung land- und forstwirtschaftlicher Flächen allein aus rassischen Gründen. Dazu schrieb Oberregierungsrat Nonhoff im Wochenblatt, dem Propagandaorgan der NS-Landesbauernschaft:

„Wenn auch schon verschiedene Güter in die Hand arischer Landwirte überführt oder für Zwecke der Neubildung deutschen Bauerntums erworben worden sind, so wäre bei der Einstellung vieler jüdischer Besitzer ohne die Maßnahmen der neuen Verordnung in absehbarer Zeit keine vollständige Entfernung der Juden von der deutschen Scholle möglich gewesen." Die Verordnung gewährleiste „eine geordnete und planmäßige Entfernung der deutschen Juden aus der deutschen Wirtschaft allgemein wie auch der Landwirtschaft im Besonderen". Seine folgende juristische Darlegung schloss der Ministerialbeamte mit der Bemerkung, es werde „nur der deutsche Volksgenosse den bisher in jüdischer Hand befindlichen landwirtschaftlichen Grund und Boden erwerben können, der gewillt ist, diesen Boden als Bauer oder Landwirt selbst zu bewirtschaften."

Nonhoffs Ausführungen konnten durchaus als Offerte verstanden werden. Sätze wie diese werden unter Lesern des NS-Wochenblattes die Hoffnung geweckt haben, das Land zu besonders günstigen Bedingungen erwerben zu können. War es kalendarischer Zufall oder Ausdruck von Zynismus, dass der Text ausgerechnet in der Weihnachtsausgabe des NS-Wochenblattes erschien?

Die Ermittlung des Besitzes

„Einem Juden kann aufgegeben werden, seinen land- oder forstwirtschaftlichen Betrieb, sein land- oder forstwirtschaftliches Vermögen, sein sonstiges Grundeigentum oder andere Vermögensteile ganz oder teilweise binnen einer bestimmten Frist zu veräußern." So bestimmte es § 6 der „Verordnung über den Einsatz des jüdischen Vermögens". Für die Enteignung der Agrarflächen war das Reichsministerium für Ernährung und Landwirtschaft federführend zuständig. Doch dort stellten die zuständigen Beamten bereits Anfang Dezember 1938 fest, dass niemand das genaue Ausmaß des „jüdischen Grundbesitzes" im Reich überhaupt kannte. Zwar hatte die NS-Propaganda ständig dagegen polemisiert, und noch im Dezember 1938 hatte Oberregierungsrat Nonhoff im Wochenblatt behauptet: „Auch umfangreicher landwirtschaftlicher Grund und Boden, und nicht der schlechteste, steht in verschiedenen Gebieten auch heute noch in jüdischem Eigentum." Doch im Ministerium lagen dazu gar keine verlässlichen Angaben vor.

In den folgenden Wochen mussten Siedlungs- und Forstbehörden im Reich unter Hochdruck die statistischen Daten erst zusammentragen. Das war leichter angeordnet als erledigt. Die Schwierigkeiten steckten nicht nur im Detail, sondern generell in der Unmöglichkeit, so etwas wie „jüdisches Ackerland" oder „jüdischen Wald" überhaupt zu bestimmen. So war in den Katasterakten und Grundbüchern vieles eingetragen, aber kaum die Religionszugehörigkeit der Eigentümer und Pächter. Manche Beamten verließen sich auf ihr Vorurteil und trugen, wenn für sie der Name eines Landeigentümers „typisch jüdisch" klang, in die Zählakten „jüdisch" ein. Über den Sinn dieser Vorgehensweise wurde nachweislich in manchen Verwaltungsbüros mit vollem Ernst räsoniert, da es doch Nichtjuden mit jüdischen Nachnamen und Juden mit nichtjüdischen Namen gebe.

Für Unklarheiten sorgte vor allem auch die komplexe Mischökonomie vieler Landjuden. Wenn sie einem Gewerbe nachgingen und nebenbei etwas Ackerbau betrieben – waren diese Flächen dann „landwirtschaftlich" im Sinne der Verordnung?

Den Beamten stellten sich viele weitere Fragen. Was galt, wenn die christliche Ehefrau (Mit-)Eigentümerin der Agrarflächen war? Wie war mit Weideland im Münsterland umzugehen, das einem jüdischen Eigentümer gehörte, der jenseits der Landesgrenze in den Niederlanden lebte oder einen niederländischen Pass besaß? Wie war das Eigentum von Personen zu bewerten, die nach den Nürnberger Rassegesetzen als „Halbjuden" oder „Vierteljuden" galten?

Was die Zahlen zeigen

Erst im Juli 1939 lagen die Statistiken für das gesamte Reichsgebiet vor. In den Zahlen spiegeln sich nicht nur die geschilderten Unschärfen, sondern vor allem auch die Gewaltpolitik des NS-Regimes. Nicht wenige jüdische Familien hatten unter dem Druck der Repressalien und der Gewalt das Land bereits verlassen, hatten Haus- und auch Landeigentum vorher unter Zwang verkauft.

Gleichwohl liefern die statistischen Daten von 1939 noch einmal einen Einblick in die Struktur des land- und forstwirtschaftlichen Eigentums von Jüdinnen und Juden. Demnach besaßen sie im Reich zum Erhebungszeitpunkt insgesamt 45 900 ha Land, das sich im Eigentum von 12 000 „Besitzeinheiten" befand. Die Durchschnittsgröße einer Hofstätte in jüdischem Besitz betrug deutschlandweit 3,8 ha.

In Westfalen zählten die Beamten der Siedlungsbehörden und der regionalen NS-Landesbauernschaft 807 jüdische „Besitzeinheiten“ mit zusammen rund 1756 ha, in Lippe-Detmold kamen sie auf weitere 45 „Besitzeinheiten“ mit zusammen 113 ha. Die durchschnittliche Größe lag demnach bei rund 2,2 ha in Westfalen, bei 2,5 ha in Lippe.
Meist handelte es sich um das schmale Eigentum etwa von Obst- und Gemüsegärten in den Dörfern, von Viehweiden oder Kartoffel- und Rübenäckern, die ihren Eigentümern vornehmlich zur Eigenversorgung dienten. Rechnet man die Kleinstflächen heraus, so ergibt sich in Westfalen ein Bild, nach dem unter den jüdischen Landeigentümern bäuerlicher Mittel- und Kleinbesitz vorherrschte.

Mit Gewalt enteignet

Bereits während des Novemberpogroms 1938 und in den Tagen danach setzten die örtlichen NS-Behörden die landbesitzenden Juden unter Druck, damit sie ihre verbliebenen landwirtschaftlichen Flächen sowie Häuser und Wirtschaftsgebäude verkauften. Dem Osnabrücker Viehhändler und Hofeigentümer Rudolf Stern etwa wurde im November 1938 die Freilassung aus dem KZ Buchenwald nur zugesagt, wenn er dem Verkauf seines Haus- und Grundbesitzes zustimmte.
Wochen später folgte die oben zitierte Verordnung, die unter den verbliebenen Landjuden mit der Drohung von Gestapo-Haft und Konzentrationslager durchgesetzt wurde. Auf der scheinlegalen Grundlage dieser Verordnung wurden sie gezwungen, ihren Haus- und Landbesitz der örtlichen Gemeinde, einer Siedlungsgesellschaft oder einer ähnlichen öffentlichen Institution zum Verkauf anzubieten. Wenn sie sich weigerten, griff der NS-Staat zum Instrument, einen „Treuhänder“ einzusetzen.
Verkauft wurden die Flächen in der Regel deutlich unter ihrem tatsächlichen Verkehrswert. Das Reichslandwirtschaftsministerium befand, den jüdischen Eigentümern sei nicht der volle Verkehrswert, sondern nur ein „mäßiger Verkehrswert“ zu zahlen. Es legte sogar fest, dass dieser „mäßige“ Wert mindestens 10 % unter dem handelsüblichen Verkehrswert liegen solle. Doch wie viel er am Ende tatsächlich gedrückt werden konnte, blieb dem freien Ermessen der beteiligten Agrar- und Landesbehörden sowie den Parteistellen überlassen. Bereits im Frühjahr 1939 räumte – zumindest für einige Verkäufe – selbst das Reichslandwirtschaftsministerium ein, es seien „zu niedrige Werte eingesetzt“.
Von den ohnehin zu niedrigen Erlösen aus dem erzwungenen Landverkauf erhielten die entrechteten jüdischen Eigentümer de facto nichts oder allenfalls einen geringen Anteil. Ein Fünftel der Verkaufssumme behielt der NS-Staat als „Judenvermögensabgabe“ ein. Häufig wurden weitere Beträge zurückgehalten und mit angeblich erforderlichen Ausgleichszahlungen, mit der Reichsfluchtsteuer oder anderen vom NS-Staat erhobenen Sonderabgaben oder Gebühren nominell verrechnet. Verbliebene Restbeträge wurden auf Sperrkonten eingezahlt, auf die die jüdischen Eigentümer oder deren Erben kaum oder gar nicht zugreifen konnten. Dieses gesperrte Kapital wurde später von Finanzbehörden beschlagnahmt oder auf anderen Wegen zugunsten des NS-Staates umgebucht. Die Landjuden verloren am Ende nicht nur einen großen Teil ihres Vermögens, sondern mit den – meist kleinen – Acker- und Gartenflächen auch noch die Möglichkeit, den eigenen Bedarf an Getreide, Gemüse, Obst oder anderen Früchten zumindest notdürftig zu decken.

Wer waren die Käufer?

Als Käufer größerer und großer Güter aus vormals jüdischem Besitz kamen vor allem die halbstaatlichen Siedlungsgesellschaften oder einzelne, kapitalkräftige Interessenten infrage. Zu ihnen zählte etwa Hitlers Vizekanzler Franz von Papen, Sohn eines katholischen westfälischen Gutsbesitzers. 1939 nutzte von Papen seine Machtstellung als Botschafter in Österreich, um ein ehemals in jüdischem Eigentum befindliches Landgut deutlich unter dessen tatsächlichem Wert zu erwerben. Allerdings musste sich von Papen zwei Jahre lang mit der Landesbauernschaft auseinandersetzen, die beabsichtigt hatte, das Gut aufzuteilen und auf den Flächen Bauern anzusiedeln.
Ein weiterer zahlungskräftiger Käufer, der im Zuge der „Arisierung“ ein großes Landgut erwarb, war Fürst Leopold IV. zur Lippe, bis 1918 Regent in Detmold. Er kaufte das brandenburgische Schloss Altdöbern mit etwa 800 ha Landbesitz. Das Schloss hatte dem jüdischen Unternehmer Eugen Laib Garbáty gehört, der neun Jahre zuvor das Erbe seines Vaters, eines Berliner Zigarettenfabrikanten, angetreten hatte. Die Umstände des Eigentümerwechsels von Schloss Altdöbern hat die Historikerin Angela Verse-Herrmann aus den Akten des Reichslandwirtschaftsministeriums rekonstruiert. Demnach hatte zunächst Hitlers Leibarzt Theo Morell beabsichtigt, das Schloss zu erwerben. Morell hatte geplant, die weitläufige barocke Anlage zu einem Sanatorium für NS-Funktionäre umbauen zu lassen, war aber im Januar 1939 von diesen Plänen und seiner Kaufabsicht zurückgetreten. Kurz darauf signalisierte Fürst Leopold IV. zur Lippe sein Kaufinteresse. Über die nun folgenden Verhandlungen schreibt die Historikerin:

„Obwohl sich das Land für Siedlungszwecke gut eignete und der Fürst offen zugab, nur durch einen Verwalter Landwirtschaft betreiben zu wollen, erwarb er mit Unterstützung des lippischen Gauleiters und Reichsstatthalters [gemeint ist Dr. Alfred Meyer, Gauleiter in Westfalen-Nord und lippischer Reichsstatthalter – G.S.] das rund 800 ha große Rittergut für 785 000 RM. Im Gegenzug verpflichtete sich der Fürst, 1000 ha seines lippischen Waldbesitzes an die Wehrmacht zur Vergrößerung des Truppenübungsplatzes Sennelager abzugeben und 50 ha in Form von Äckern und Wiesen an Anlieger von Gut Altdöbern weiterzuverkaufen."

Als drittes Beispiel eines kapitalkräftigen Erwerbers aus Westfalen sei der Siegerländer Landwirtssohn und Großindustrielle Friedrich Flick genannt: Er konnte 1939 das in Westpommern liegende Schlossgut Bärfelde erwerben, das der jüdischen Bankiersfamilie Friedheim gehört hatte und seinerzeit rund 3000 ha Landbesitz umfasste. Flick galt als „Nicht-Landwirt", deswegen hatten sowohl die NS-Landesbauernschaft Kurmark als auch das Reichslandwirtschaftsministerium den Verkauf an den einflussreichen Unternehmer zunächst abgelehnt. Flick konnte sich dennoch durchsetzen – vor allem dank der machtvollen Unterstützung Hermann Görings.

Als Käufer größerer Güter oder Höfe aus ehemals jüdischem Eigentum traten höhere Parteifunktionäre, ehemalige Botschafter, Bankiers, Industrielle, die Deutsche Reichsbahn oder auch Unternehmen wie die I. G. Farben auf. Dieser Chemiekonzern etwa erwarb ein rund 410 ha großes Hofgut in der Steiermark und konnte sich gegen den Widerstand der Landesbauernschaft mit der Begründung durchsetzen, auf den Hochalpenwiesen botanische Versuche durchführen zu wollen.

DREI KÄUFER-MENTALITÄTEN

Am Beispiel der Industriestadt Hagen, der Verwaltungsstadt Arnsberg und der ländlichen Kleinstadt Marsberg-Niedermarsberg hat die Historikerin Marlene Klatt die „Arisierungen" in der gesamten Wirtschaft, also in Landwirtschaft, Handwerk, Gewerbe und Industrie untersucht. Anhand der Entschädigungsakten und der Aussagen jüdischer Voreigentümer kann sie ein schlüssiges Bild der Käufer und ihrer Motive zeichnen. Klatt fand demnach „im Großen und Ganzen" drei Käufer-Mentalitäten bestätigt, wie sie der Historiker Frank Bajohr zuvor bereits für Hamburg beschrieben hat:

- Etwa zwei Fünftel aller Erwerber in Westfalen umschreibt Klatt als „aktive und skrupellose Profiteure, die gegenüber dem jüdischen Eigentümer persönlich die Initiative ergriffen, um den Kaufpreis zu drücken und deren Zwangssituation rücksichtslos ausnutzten".
- Weitere zwei Fünftel der Erwerber hätten als „stille Teilhaber" Vorteile in Anspruch genommen, seien jedoch darüber hinaus nicht tätig geworden, um weitere Vergünstigungen zu erhalten. Hier vor allem ist auch der Typus des „Gelegenheitsprofiteurs" einzuordnen, den Klatt in den Akten aller drei westfälischen Kommunen ebenfalls nachweisen konnte.
- Ein Fünftel der Erwerber schließlich habe als „gutwillige und verständnisvolle Geschäftsleute" agiert und versucht, die jüdischen Eigentümer in irgendeiner Weise angemessen zu entschädigen.

„Bereicherungsgeschäft für Viele"

Die „Arisierung" umfasste aber nicht nur große Landgüter und Höfe. In nahezu jeder Stadt, jedem Dorf wurden jüdische Eigentümer zum Verkauf ihres Eigentums gezwungen. Kleine Wohnstätten oder stattliche Bürgerhäuser wurden veräußert, Plätze niedergerissener Synagogen aufgeteilt, sogar eingeebnete jüdische Friedhöfe standen zum Verkauf. Und verkauft wurden eben auch Gartenparzellen, Wiesen, Futterweiden, Ackerland oder Waldflächen aus ehemals jüdischem Eigentum. Das alles erreichte naturgemäß einen erheblich weiteren Kreis der Bevölkerung und wurde letztlich, wie Angela Verse-Herrmann bündig geurteilt hat, ein „Bereicherungsgeschäft für Viele".

Zu diesem Käuferkreis und den Verkaufsakten liegen statistische Daten aus dem Reichslandwirtschaftsministerium vor. Demnach waren Ende 1942, also nur etwa vier Jahre nach dem Novemberpogrom, sämtliche jüdische Grundeigentümer in Deutschland enteignet. Die Verfügungsgewalt über die Flächen lag zunächst in Händen der regionalen halbstaatlichen Siedlungsgesellschaften, die den Weiterverkauf der Flächen organisierten.

In Lippe war dieser Schritt bereits zu einem frühen Zeitpunkt abgeschlossen. Schon im Dezember 1940 waren hier sämtliche Flächen und Güter aus ehemals jüdischem Besitz verkauft bzw. „arisiert" worden – das war, sieht man von Hamburg ab, deutschlandweit einzigartig. Der Gesamtwert der Flächen wurde seinerzeit offiziell auf 151 000 Reichsmark beziffert. Knapp die Hälfte der Käufer (45,5 %) waren der offiziellen Statistik zufolge Landwirte, etwa 6,5 % gingen an kommunale Behörden, weitere 46,8 % an „sonstige Käufer".

In Westfalen wurden bis Juni 1942 84 % der Flächen aus ehemals jüdischem Besitz veräußert. Der Rest befand sich weiterhin im Eigentum bzw. in Verwaltung der landesweit agierenden Siedlungsgesellschaft „Rote Erde".

Bis zum Sommer 1942 hatten in Westfalen Flächen im Wert von 3,02 Mio. Reichsmark den Besitzer gewechselt. Landwirte stellten mit 2 % Anteil die kleinste Gruppe unter den Käufern. Es folgten die Siedlungsgesellschaft „Rote Erde" (6,8 %) sowie kommunale Behörden (13 %). Die größte Gruppe der Erwerber wies die interne amtliche Statistik mit 78 % unter dem unscharfen Begriff „sonstige Käufer" aus.

Praxis der Enteignung: Ein Gut in Ergste

Was genau aber bedeutete der abstrakte Begriff der „Arisierung" beim Blick auf die Landwirtschaft? Wie verlief diese Form der Enteignung von Haus, Hof und landwirtschaftlichem Grundeigentum? Antworten bietet der Blick auf einen der größten geschlossenen landwirtschaftlichen Komplexe, der in Westfalen 1938/39 der Enteignung anheimfiel. Gemeint ist der mehr als 110 ha große Gutshof Beckhaus in Ergste an der Ruhr, später nach seinem Eigentümer auch „Gut Baum" genannt.

Zunächst eine Rückblende: 1902 erwarb der jüdische Viehhändler Philipp Baum aus Dortmund-Huckarde den traditionsreichen, aber seinerzeit heruntergekommenen Hof unweit der Ruhr. Ergste, heute ein Stadtteil von Schwerte, war seinerzeit ein von Landwirtschaft und ländlichem Handwerk geprägter Ort mit etwa 1700 Einwohnern, aber immerhin auch Verwaltungssitz des lokalen Amtes Ergste. Für das Jahr 1931 berichtete „Niekammer's Güteradressbuch für Westfalen", dass zum Gut insgesamt 111 ha Land gehörten: davon 22 ha Wald und 25 ha Ackerland; der Rest diente als Grünland. In den Ställen standen acht Pferde, 45 Stück Rindvieh, davon 26 Milchkühe, und sogar auch 19 Schweine. Mit der Landausstattung und der für damalige Verhältnisse ansehnlichen Viehwirtschaft war Gut Baum einer der größten landwirtschaftlichen Betriebe im damaligen Landkreis Iserlohn.

Allen vorliegenden Dokumenten zufolge genoss der Viehhändler und Landwirt Philipp Baum hohes Renommee sowohl im ländlich-kleinstädtischen Kosmos in Ergste als auch in der Industriemetropole Dortmund. Im Ersten Weltkrieg sei er vom Kommunalverband mit der Lebensmittelversorgung betraut gewesen und dafür später mit einem Verdienstkreuz ausgezeichnet worden, berichtete sein Neffe, der Landwirt und Immobilienmakler Walter Herz, später rückblickend. Sein Onkel habe das Gut in Ergste erworben, um es „zu einem dauernden Familiensitz" werden lassen.

Das bestätigt ein Blick in das Testament der Eheleute Philipp Baum und seiner Frau Martha, geb. Herz. Darin hatten die beiden im September 1923 festgelegt: „Dieses Grundeigentum soll niemals verkauft werden können, auch nicht von unseren Kindern oder dessen Erbnachfolgern." Um den Wunsch zu unterstreichen, fügten sie hinzu: „Erbnachfolger sollen nur direkte Blutsverwandte werden können."

In diesen Worten wird erkennbar, welch hohen Stellenwert der Gutshof für die Eheleute Baum besaß. Mit dem Kauf des Anwesens hatten sie sich einen Lebenstraum erfüllt. Und mehr noch: Sie sahen sich offenbar anerkannt in der ländlich-kleinstädtischen Gesellschaft, für die Haus-, Hof- und Landbesitz ein zentraler Gradmesser sozialer Reputation war. Der Gutshof war also nicht nur Ruhepunkt inmitten einer ländlichen Lebenswelt, nicht nur familiärer Rückzugsort aus dem Großstadtgetümmel, sondern er war vor allem auch ein Symbol des Angekommenseins, der Integration der jüdischen Viehhändler- und Landwirtsfamilie in der nichtjüdischen Mehrheitsgesellschaft. Wie brüchig diese Integration war, sollte sich bald erweisen.

1930 hatte Philipp Baum die Arbeit im Stall und auf den Feldern aus Altersgründen aufgegeben. Das Gut verpachtete er für zwölf Jahre an einen Landwirt aus Stockum bei Unna. Ein Jahr später starb Baum. Seine Kinder bildeten nach seinem Tod eine Erbengemeinschaft, zogen sich aber ansonsten – entgegen den Wünschen des Vaters – aus der aktiven Landwirtschaft zurück.

Verkauf ohne Verkäufer

Nur eine Woche nach den Pogromen vom 9./10. November 1938 wechselte das Gut mit allen dazugehörenden Ländereien den Eigentümer. Der Verkaufsakt fand am 18. November 1938 im Büro des Schwerter Notars und Rechtsanwalts Hubert Rosenbaum statt. Neben dem Notar handelten zwei weitere Männer den Vertrag aus und unterzeichneten ihn:

- der Käufer des Gutes, Landwirt Fritz Weyergraf aus Hagen-Vorhalle, und
- Wilhelm Göckmann, Geschäftsführer des örtlichen Haus- und Grundbesitzerverbandes und „Bevollmächtigter der Erbengemeinschaft Baum". Er hatte nach dem Tod Philipp Baums die Erben vertreten und in ihrem Auftrag anfallende Grundstücks- und Pachtangelegenheiten geregelt. Eine Ermächtigung zum Verkauf des Hofes besaß er nicht.

Auch die Namen der Baum-Erben sind im Kaufvertrag säuberlich aufgelistet. Das erweckt den Anschein, als seien sie am Verkaufsakt im Schwerter Notarbüro beteiligt gewesen. Doch ein Sohn, Arthur Baum, lebte längst in den USA und besaß seit 1925 die US-Staatsbürgerschaft. Die anderen befanden sich nach dem Novemberpogrom auf der Flucht vor der Gewalt.

An diesem 18. November 1938 waren also im Notarbüro in Schwerte weder ein leibliches Kind Baums noch ein anderes Mitglied der Erbengemeinschaft noch sonstige Angehörige der Familie Baum anwesend. Wie aus dem späteren Rückerstattungsverfahren hervorgeht, widersprach Arthur Baum von den USA aus dem Verkauf und verweigerte die Auflassung, also die rechtliche Zustimmung. Der Bevollmächtigte in Ergste, Göckmann, weigerte sich daraufhin seinerseits, die Auflassung zu erklären.

An dieser Stelle griffen hohe und höchste Stellen des NS-Regimes ein – die Rückerstattungsgerichte werden später von einem „Missbrauch der Staatsgewalt" sprechen: Alfred Meyer, Gauleiter des NS-Gaues Westfalen-Nord, setzte in seiner Funktion als Oberpräsident der Provinz Westfalen einen „Treuhänder" ein, den Landwirt Otto Zimmermann aus Werdringen bei Hagen. Zimmermann war „zur rechtsverbindlichen Abgabe der dafür anstelle des Arthur Baum erforderlichen Erklärungen bestellt", hieß es gewunden, aber eindeutig im Schreiben des Oberpräsidenten. Dieser Schritt war zuvor mit dem Reichslandwirtschaftsministerium, dem Reichswirtschaftsministerium und sogar auch mit dem Auswärtigen Amt abgestimmt – schließlich hatte man es mit einem Staatsbürger der USA zu tun.

Ein Landwirt, den die Erben weder beauftragt hatten noch kannten, wurde also von Staats wegen ermächtigt, den Schlussstrich unter den erzwungenen Verkauf des Gutes Baum zu ziehen und die Rechte der tatsächlichen Eigentümer in den Wind zu schlagen. Das Rechtsprinzip des „Treuhänders" war damit in sein Gegenteil verkehrt.

Dieser Vorgang blieb der Öffentlichkeit selbstverständlich verborgen. Doch unbekannt war das scheinlegale Verfahren keineswegs. Es stand sogar in den Zeitungen. Oberregierungsrat Nonhoff hatte es im eingangs zitierten Beitrag im NS-Wochenblatt erläutert: „Die Bestellung eines Treuhänders kommt insbesondere in Frage, wenn der jüdische Eigentümer abwesend ist oder der Aufforderung zur Veräußerung innerhalb der gesetzten Frist nicht nachkommt."Angesichts der allgegenwärtig herrschenden Umstände nach dem Pogrom 1938 waren diese Worte blanker Zynismus, verkleidet in scheinbar sachlicher Verwaltungs- und Juristendiktion.

Wer war der neue Landwirt?

Der Hagener Landwirt Fritz Weyergraf erwarb das Gut Baum. Die Gründe, die aus Sicht des NS-Regimes für ihn und für seinen Werdringer Nachbarn Otto Zimmermann als „Treuhänder" sprachen, lassen sich allenfalls vermuten. In den überlieferten Akten des späteren Entschädigungsverfahrens sind sie nicht genau zu erkennen. Erhalten ist lediglich ein Dokument des Hagener NS-Kreisbauernführers Fritz Treppmann, der im April 1935 dem Landwirt Weyergraf bescheinigte, das etwa 100 ha große Pachtgut Hülsberg in Vorhalle „stets ordnungsmässig und intensiv bewirtschaftet" zu haben.

Für seinen neuen Besitz in Ergste hatte Weyergraf 205 000 Reichsmark zu zahlen. Diese Verkaufssumme bezog sich allerdings nur auf einen Teil des Gutes. Ein anderer Teil war zuvor abgetrennt und von der westfälischen Siedlungsgesellschaft „Rote Erde" übernommen worden. Kleinere Teile gingen an benachbarte Landwirte, auch der Reichsarbeitsdienst nutzte eine Parzelle. Bezahlt wurde für all das kein Pfennig. Diese Teile des Hofes seien entschädigungslos beschlagnahmt worden, stellte später einer der Erben Philipp Baums fest. Es sei nicht einmal der Wert dieses Anteils festgestellt worden.

Philipp und Martha Baum hatten vier Kinder. Deren Lebenswege im Zeichen der NS-Verfolgung und der Shoah lassen sich aus den Akten des späteren Wiedergutmachungsverfahrens nachzeichnen:

- Arthur Baum, geboren am 25. Juni 1889, lebte bereits seit 1914 in den USA und hatte 1925 die amerikanische Staatsbürgerschaft angenommen.
- Friedrich Jacob Baum, geboren am 27. August 1890, starb ein Jahr nach seinem Vater, im Dezember 1932. Seiner Frau Erna Baum, geb. Harf, gelang 1939 von Dortmund aus mit den beiden Kindern Irmgard und Werner die Flucht in die USA.
- Herbert Baum, geboren am 24. Juni 1893, wurde im Juli 1942 mit seinen Angehörigen von Dortmund aus deportiert und am 14. Oktober 1942 im KZ Theresienstadt ermordet.
- Elsa Baum, geboren am 19. Juni 1896, „verwitwete Strauss, verheiratete Kahn", war 1939/40 die Flucht gelungen. Sie lebte seit September 1940 in New York, später in San Francisco, wo sie den Familiennamen Kent führte.

Rückerstattung im September 1964

Ende Juli 1946 gingen Arthur Baum und Elsa Kahn, geb. Baum, sowie ihre Schwägerin Erna Baum von den USA aus gegen die Enteignung in Westfalen vor. Der angebliche Verkauf sei unter Zwang geschehen und somit nicht gültig, argumentierten sie. Die Summe von 205 000 Reichsmark, die Weyergraf seinerzeit gezahlt habe, stelle „nur einen Bruchteil des wahren Wertes dar", schrieb Arthur Baum. Und weiter:

„Selbst dieser festgesetzte Preis wurde nie an die Eigentümer des Grundstücks ausgehändigt, sodass das Grundstück [...] tatsächlich ohne eine Entschädigung von den Nazis enteignet wurde."

Im Laufe des Gerichtsverfahrens wurde unter anderem versucht zu klären, wo die von Weyergraf 1938 gezahlten 205 000 RM geblieben sind. Demnach hatte das Fi-

Im Rathaus in Herford (links) nahm 1955 das bundesweit zuständige Oberste Rückerstattungsgericht seine Arbeit auf.

nanzamt Dortmund seinerzeit rund 21 000 RM als sogenannte „Judenabgabe" für Herbert Baum und weitere 11 500 RM für Arthur Baum einbehalten – unabhängig davon, dass er bereits seit Jahrzehnten US-Staatsbürger war. Weitere Teile der Summe waren an den Notar Rosenbaum sowie an den Bevollmächtigten Göckmann überwiesen oder als „Eintragungsgebühr" verrechnet worden, bevor schließlich rund 101 000 RM in drei Teilen auf verschiedene Konten der Landeszentralkasse Münster überwiesen wurden. Es sollte an die Erben gelangen, kam bei ihnen aber nie an. In den 1950er-Jahren lagen die drei Teilbeträge noch immer auf Sperrkonten der Landeszentralkasse.

Kann ein Jude Landwirt sein?

Nicht nur die Geldströme waren ein zentrales Thema im Rückerstattungsverfahren. Breiten Raum nahm auch die Frage ein, ob denn Gut Baum ein „echter westfälischer Bauernhof" gewesen sei, wo es doch „einem Juden" gehört habe – eine Frage, die die Anwälte Weyergrafs im Verfahren aufgeworfen hatten. Erörtert wurde überdies, ob Baum überhaupt als Landwirt gelten könne und ob er selbst als Landwirt tätig gewesen sei. All das sollte die Klägerseite desavouieren. Ein Anwalt unterstellte den Erben Baum sogar, die Rückerstattungsgerichte als „Werkzeug einer ‚Güterschlächterei'" einzuspannen – ein Begriff antisemitischer Debatten des 19. Jahrhunderts.

Zwischen den Zeilen schwang stets der uralte antisemitische Vorwurf mit, Juden seien zu Ackerbau und Viehhaltung weder willens noch fähig – ein Vorwurf, den die Erben Baum mit zahlreichen Zeugenaussagen etwa eines früheren Nachbarn, eines befreundeten jüdischen Viehhändlers aus Schwerte oder auch eines Neffen Philipp Baums zu entkräften suchten. Letzterer gab seine Zeugenaussage ausdrücklich als Landwirt und Immobilienmakler ab.

Auch die nach Israel entkommene Tochter eines Schwerter Getreidehändlers beschrieb die Hofwirtschaft ausführlich und gab vor einem Notar in Haifa eidesstattlich zu Protokoll: „Ich erinnere mich des Gutes Baum als eines normalen westfälischen Bauernhofes, wie sie in der dortigen Gegend zu Dutzenden existiert haben."

Das Verfahren erstreckte sich über Jahre und durchlief mehrere Instanzen: vom Landgericht Hagen über das Oberlandesgericht Hamm bis zum Obersten Rückerstattungsgericht in Herford. Am Ende gaben die gewaltsame Judenpolitik des NS-Regimes, der gerade in diesem Fall deutlich erkennbare staatliche Machtmissbrauch und die damit verbundene Ungültigkeit des Verkaufs den Ausschlag für das endgültige Urteil des Obersten Rückerstattungsgerichts. Im September 1964, 26 Jahre nach dem Zwangsverkauf, erhielten die Erben Philipp Baums ihr Recht und das Eigentum des Gutes zugesprochen.

Sie verkauften das Gut wenige Monate später an einen unbeteiligten Landwirt aus Dortmund. Denn selbst dort leben und Landwirtschaft betreiben – das wollte von den Erben Baum niemand mehr. Der Traum ihrer Eltern vom „dauernden Familienbesitz" war zerstört. Für immer.

KONTROLLIERTE RÜCKERSTATTUNG

Vier Jahre und vier Tage nach Kriegsende, am 12. Mai 1949, erließ die britische Militärregierung das „Gesetz Nr. 59" zur „Rückerstattung feststellbarer Vermögensgegenstände an Opfer der nationalsozialistischen Unterdrückungsmaßnahmen". Zweck des Gesetzes war es, „in möglichst großem Umfange beschleunigt" die Rückerstattung von Vermögensgegenständen zu bewirken, die Opfern des NS-Regimes aus rassischen, religiösen, nationalen oder politischen Gründen „ungerechtfertigt entzogen" worden sind. Ein in weiten Teilen ähnliches Gesetz hatte die US-Militärregierung in ihrer Zone 1947 erlassen. Beide Regelungen bezogen sich vor allem auf die Rückerstattung oder Entschädigung mobiler und immobiler Vermögen, von deren Aneignung in der NS-Zeit vor allem Privatpersonen profitiert hatten.

Jüdinnen und Juden bzw. ihre Erben konnten auf der Grundlage dieses Gesetzes die Rückerstattung beim eigens eingerichteten „Zentralamt für Vermögensverwaltung" beantragen. Nach dem Entscheid eines örtlichen Wiedergutmachungsamtes konnten sie als nächste Instanzen die Wiedergutmachungskammern an den Landgerichten und am Oberlandgericht Hamm anrufen. Letzte Instanz war in der Britischen Zone zunächst der „Supreme Restitution Court", seit 1955 das Oberste Rückerstattungsgericht. Es hatte bis 1984 seinen Sitz in Herford, anschließend in München.

Bis zu seiner Auflösung 1990 war das Oberste Rückerstattungsgericht international besetzt. Rückerstattung war also nicht den deutschen Gerichten überlassen. Vielmehr wurde das Verfahren von den drei Siegermächten angestoßen, durchgesetzt und bis zur Wiedervereinigung Deutschlands auch kontrolliert.

Bis Ende der 1950er-Jahre haben in Westdeutschland rund 100 000 Personen Eigentum im Gesamtwert von 3,5 Mrd. DM zurückgegeben. Die staatlichen Leistungen der Bundesrepublik zum Schadensersatz umfassten 5,2 Mrd. DM.

1957 trat das westdeutsche Bundesrückerstattungsgesetz in Kraft. Auf dieser Grundlage wurden bis 1970 weitere 128 000 Fälle mit einem Volumen von 2,5 Mrd. DM reguliert, davon in NRW 9550 Fälle im Volumen von 233,4 Mio. DM.

Die Summen sind bemerkenswert, konnten aber bei Weitem nicht die materiellen Vermögenswerte ausgleichen, die den verfolgten Juden in der NS-Zeit geraubt worden waren, ganz zu schweigen von ihrem persönlichen und familiären Leiden und der unwiederbringlichen Zerstörung immaterieller Güter.

Die Verfahren zur Rückerstattung sind in der Forschung beschrieben worden als komplexer Prozess „voller ‚trial and error', voller ernstgemeinter Bemühungen vieler Beteiligter, den Opfern der NS-Verfolgung zu ihrem Recht zu verhelfen und Genugtuung zu verschaffen, aber auch gespickt mit Blindheit und Engstirnigkeit".

Die überlebenden Jüdinnen und Juden stießen mit ihren Ansprüchen auf Rückerstattung in der westdeutschen Nachkriegsgesellschaft auf Taktiken bürokratischer Verzögerung, auf Unverständnis, Abwehr oder Totalblockade. In der Nachkriegsgesellschaft erklärten sich nicht wenige selbst zum Opfer.

Hinzu kam, dass die jüdischen Kläger es mit einem „erneuten Auftreten und Zusammenwirken eines ‚Arisierungsmilieus'" zu tun bekamen, wie Marlene Klatt für Westfalen festgestellt hat: „Die jüdischen Verfolgten trafen [...] nicht nur auf die ehemaligen ‚Ariseure' in Gestalt der Rückerstattungspflichtigen, sondern meist auch auf ein Netzwerk von Nutznießern, die bereits an der ‚Arisierung' in den verschiedensten Funktionen beteiligt gewesen waren. Letztere hatten als Makler, Notare, Gutachter, Treuhänder oder in einer sonstigen Rolle hiervon profitiert. [...] Mitleid oder Verständnis für die Situation der jüdischen Verfolgten waren so gut wie nicht festzustellen, stattdessen Ignoranz und oftmals eine auffallend überhebliche Selbstgerechtigkeit und verbreitetes Selbstmitleid. Bei ihren Abwehrbemühungen griffen die Rückerstattungspflichtigen oftmals antisemitische Stereotype auf und benutzten verbreitet Redewendungen aus dem NS-Jargon."

„Wir bekommen keine Antwort“

Paula Adelsheimer aus Schermbeck:
1929 als Schützenkönigin gefeiert, 1943 in Auschwitz ermordet

Paula Adelsheimer als Schützenkönigin der „Kilian-Schützengilde von 1602“ in Schermbeck im Frühsommer 1929.

Die Getreidepreise waren niedrig, die Arbeitslosigkeit stieg. Im Frühsommer 1929 war überall die Agrar- und Wirtschaftskrise spürbar, auch im Landstädtchen Schermbeck, an der Grenze zwischen Westfalen und Rheinland, zwischen ländlichem Münsterland und industriellem Ruhrrevier. Aber ihr Schützenfest, das ließen sich die rund 1100 Bewohner des Dorfes und ihre traditionsreiche „Kilian-Schützengilde von 1602“ nicht nehmen.

In jenem Frühsommer 1929 schoss ein Mann namens Karl Schulz den Vogel ab. Zur Königin für ein Jahr erwählte er die 24-jährige Schermbeckerin Paula Adelsheimer, Tochter eines jüdischen Viehhändlers im Dorf.

Nach dem Abschluss der Schützenfest-Feierlichkeiten wurde, so war es Brauch, der Name der jungen Frau neben dem des Königs in ein Medaillon graviert, das in die Schützenkette gehängt wurde. „Karl Schulz Frl. Paula Adelsheimer 1929“ ist auf dem Medaillon zu lesen – die Erinnerung

JÜDISCHE SCHÜTZENKÖNIGINNEN UND -KÖNIGE

Schützenvereine haben in Westfalen eine bis ins Mittelalter zurückgehende Tradition. Sie waren häufig als christliche Bruderschaften organisiert. Deshalb waren Juden bis um 1800 ausgeschlossen.
Das änderte sich, als die Juden im 19. Jahrhundert volle Bürgerrechte erhielten. Über ihre Mitgliedschaft in den Schützenvereinen kam es mancherorts zu heftigen antijüdischen Konflikten, so etwa in Werl 1826 oder in Geseke 1844/45. Die dortigen Unruhen bildeten den Hintergrund für das Schauspiel „Arthur Aronymus und seine Väter“ von Else Lasker-Schüler, deren väterliche Familie aus Geseke stammte.
Nicht alle, aber doch etliche Schützenvereine öffneten sich im Laufe des 19. Jahrhunderts der Mitgliedschaft von Juden und konnten so zu Instanzen ländlicher Integration werden. Auch das in der Dorfgesellschaft herausgehobene Ehrenamt eines Schützenkönigs oder einer Schützenkönigin blieb ihnen nicht verwehrt. Das zeigt diese – vermutlich unvollständige – Liste jüdischer Schützenkönige und -königinnen in Westfalen:

Das Medaillon aus der Schermbecker Schützenkette von 1929 mit den eingravierten Namen des Schützenkönigspaars.

1832 Leopold Wittgenstein, Bielefeld
1837 N.N. Stern, Meinerzhagen
1842 Levy Auerbach, Lüdinghausen
1846 Samuel Ney, Kamen
1850 David Rosenbaum, Halle/W.
1856/57 Samuel Ney, Kamen
1863 Fanny Hope, Verl
1868 Jonas Meier, Herford
1868 Salomon Hochheimer, Steinheim
1869 Mathilde Ostwald, Salzkotten
1877 Levi Auerbach, Vreden
1878 Josef Bernstein, Fröndenberg
1882 Jacob Leeser, Dülmen
1882 Meier Moses, Wulfen
1883 Emanuel Katz, Westheim
1887 Cossman Cosmann, Legden
1891 Carl Levison, Bünde
1893 Selma Rothschild, Menden
1894 Leeser Landau, Ramsdorf
1894 David Gottschalk, Nienborg
1894 Frau N. N. Vorreuter, Extertal-Bösingfeld
1895 Moritz Winkler, Ahaus
1895 Sara Cohen, Weseke
1896 Josef Alexander, Rüthen (auch 1913 und 1926 König)
1900 Sally Jacoby, Kamen
1901 Sophie Landau, Gemen
1902 Joel Meyer, Oerlinghausen
1903 Sally Mendel, Rorup
1904 Julius Weingarten, Herford
1905 Moses Hirsch, Burgsteinfurt
1905 Ottomar Holz, Bünde
1906 Hugo Kabaker, Lemgo
1906 Albert Lebenstein, Reken
1907 Julius Rollmann, Ahlen
1910 Louis Cleffmann, Rhede
1910 Theodor Rosenbaum, Bünde
1910 Julius Löwenstein, Rietberg
1911 Dr. Georg Rosenthal, Arnsberg
1911 Johanna Oppenheim, Petershagen
1912 Otto Cohen, Burgsteinfurt
1912 Moritz Becher, Steinheim
1913 Julius Mildenberg, Lengerich (auch 1914 König)
1920 Siegfried Homberg und Elly Dalberg, Marsberg-Niedermarsberg
1921 Albert Heimann, Burgsteinfurt
1921 Ludwig Katzenstein, Körbecke
1921 Louis Steinberg, Oelde
1921 Moritz Ginsberg, Rahden
1922 Irma Bierhoff, Borgentreich
1924 Hilde Rosenberg, Freckenhorst
1924 Hilde Sternberg, Erwitte-Horn
1925 Albert Moos, Wadersloh
1925 Julius Steinmann, Burgsteinfurt
1925 Hildegard Rosenberg, Freckenhorst
1925 Eva Marx, Kreuztal-Littfeld
1925 Jacob Windmüller, Rheda
1926 Louis Frankenberg, Menden
1926 Wilhelm Humberg, Ramsdorf
1928 Else Büchter, Steinheim
1928 Felix Wichelhausen, Beverungen-Herstelle
1929 Martha Süssmann, Altenbeken
1931 Erich Jacob, Lenhausen
1932 Rosa Fischel, Rimbeck
1962 Hugo Spiegel, Warendorf

Paula Adelsheimer (links) mit Angehörigen im Garten des Hauses in Schermbeck. Das Foto entstand im Frühjahr 1933.

an ein ganz besonderes Ereignis. Ein Jahr lang wurde die junge Frau als Schützenkönigin im Dorf „respektiert und bewundert“, erinnert sich später ihre Nichte Marga Silbermann-Randall. „Zwölf Jahre später wurde Paula Adelsheimer verschleppt, in Birkenau vergast und verbrannt.“

Die Familie in der Landstadt

Paula Adelsheimer entstammte einer jüdischen Familie, deren Vorfahren seit vielen Generationen in Westfalen lebten. Die Wurzeln der Familie lagen in Lemförde – wie Schermbeck ein Ort an einer Grenze: ein Dorf zwischen Westfalen und Niedersachsen, etwa in der Mitte zwischen Osnabrück, Minden und Vechta.
Ihr Vater Gustav Adelsheimer, 1865 in Lemförde geboren, hatte den Ort verlassen und sich gemeinsam mit seiner Frau Emma in Schermbeck eine Existenz im Viehhandel aufgebaut. Er stand im guten Ruf und gehörte in Schermbeck, wie Marga Silbermann-Randall später berichtet, „zur Gruppe der angesehenen Persönlichkeiten: Geschäftsleute, Zahnarzt, Apotheker, Gasthausbesitzer, Mitglieder des Kegelvereins. Nach den Treffen rauchten sie, tranken ihren Schnaps und spielten gemeinsam Karten.“
Die Eheleute Gustav und Emma Adelsheimer bekamen einen Sohn und vier Töchter. Paula, geboren 1906, war die jüngste. „Sie war mittelgroß, hatte feine Knochen, war zierlich und trug ihr dunkles Haar in Locken um das Gesicht“, erinnert sich ihre Nichte. Und weiter:
„Sie war ruhig, bescheiden und gebildet, ganz die Tochter eines erfolgreichen Geschäftsmannes und respektierten Gemeindemitglieds. Sie war eine beliebte junge Frau, die ihr Leben und das Zusammensein mit ihren christlichen Schulfreunden genoss und an Schulausflügen aufs Land, an Picknicks und Fahrradtouren teilnahm. Sie schien rundherum glücklich zu sein.“

In der weißen Pferdekutsche

Die Familie Adelsheimer gehörte zur kleinen jüdischen Gemeinde im Ort, die um 1930 aus etwa 90 Personen bestand. Es gab sogar eine kleine Landsynagoge. Der Bau von 1810 erinnerte an frühere Glanzzeiten, als die jüdische Landgemeinde in Schermbeck noch deutlich mehr Mitglieder gehabt hatte.
Das Jahr 1929 brachte mit der Ehre der Schützenkönigin einen der letzten Höhepunkte im Alltag der Familie: „Es war wirklich eine Ehre für sie, die Heimatstadt zu repräsentieren“, sagt ihre Nichte. „Bei ihrer Krönung teilten der Schützenkönig und seine Königin mit dem Bürgermeister in Zylinder und Frack und seiner Frau die weiße Pferdekutsche. Ich kann meinen Großvater [Gustav Adelsheimer] im Türrahmen seines Hauses stehen sehen, als der Umzug mit seiner Tochter Paula vorbeikam: ihr Diadem funkelnd in der Sonne und Opa stolz wie ein Gockel, dass seiner hübschen Tochter von Hunderten von Leuten applaudiert und zugejubelt wurde.“

Misstrauen, Angst, Ausgrenzung

Bei allem Glanz war die Lage gefährdet und brüchig. Das zeigte sich nur wenige Jahre später, als die Nazis auch in Schermbeck die Macht in die Hände bekamen. Misstrauen und Angst, Ablehnung und Ausgrenzung bestimmten die Atmosphäre. Die jüdischen Familien wurden gemieden, isoliert, boykottiert, beschimpft. Gustav Adelshei-

mer war im örtlichen Kegelclub nicht mehr willkommen, Bereits 1935 musste er seinen Viehhandel einstellen. Die Schlachter durften nicht mehr bei ihm einkaufen.
In der Pogromnacht im November 1938 schließlich fielen Schlägertrupps über die Schermbecker Landsynagoge her. Auch die Häuser jüdischer Familien im Dorf suchten sie heim. Die Familie Adelsheimer konnte sich zunächst bei Nonnen im katholischen Krankenhaus verstecken, später dann mit anderen in den Wäldern des Dorfes. Am nächsten Morgen kehrten sie zurück und sahen, dass ihr Haus geplündert, das Mobiliar zertrümmert und die Fenster eingeschlagen waren. Im Wohnhaus eines benachbarten Bauern, der ihnen zu Hilfe geeilt war, waren ebenfalls alle Fensterscheiben zerschlagen.

Versuch, das Land zu verlassen

Die NS-Verfolgung zerstörte die große Familie. Arthur Adelsheimer, der Sohn des Viehhändlers, hatte mit seiner Frau und ihrem Sohn Harry bereits 1937 in die USA fliehen können. 1939 gelang das auch noch seiner Schwester Bertha mit Ehemann und zwei Kindern. Die übrigen Mitglieder der großen Familie blieben zunächst noch in Schermbeck und wurden in den Kriegsjahren in verschiedene Konzentrationslager deportiert und ermordet.
Emma und Gustav Adelsheimer und ihre Tochter Paula, die sich um ihre mittlerweile betagten Eltern kümmerte, verließen im Januar 1939 Schermbeck und zogen nach Berlin – vielleicht auch in der Hoffnung, sich in der Anonymität der Großstadt weiteren Anfeindungen eher entziehen zu können. In Berlin bezogen die drei „eine dunkle, trostlose Wohnung im zweiten Stock eines Privathauses“, heißt es in den Erinnerungen der Nichte. Die bereits erkrankte Mutter Emma Adelsheimer starb dort drei Jahre später.
Aus den letzten erhaltenen Briefen Paula Adelsheimers an Verwandte in den USA geht hervor, dass sie sich mit ihren Eltern bzw. ihrem Vater bemüht hat, von Berlin aus ins Ausland zu gelangen. Kuba, USA und Spanien nennt sie als mögliche Ziele. Ein erheblicher Teil ihrer Briefe befasst sich mit bürokratischen Hindernissen, die eine Ausreise letztlich verhinderten. Wir erfahren von einem Dickicht aus Durchreise- und Aufnahmevisa, erforderlichen ärztlichen Untersuchungen, Bürgschaften im Aufnahmeland und Geldvorauszahlungen. Diese Schlingen bürokratischer Vorschriften und Einreisebestimmungen konnten die Adelsheimers nicht mehr durchdringen. Sie steckten in einer Falle.

Anfang März 1943 schließlich wurde Paula Adelsheimer gewaltsam von ihrem Vater getrennt. Die näheren Umstände sind nicht bekannt.

In der Gaskammer vernichtet

Der Eintrag „Adelsheimer, Paula Sara 12. 4. 06 Scharmbeck“ – mit diesem falsch geschriebenen Ortsnamen – findet sich wenig später auf einer Liste zum „35. Osttransport“ in das Vernichtungslager Auschwitz-Birkenau, ausgestellt von der Staatspolizei-Leitstelle Berlin. Demnach war sie eine von 665 Jüdinnen und Juden, die am 6. März 1943 am Güterbahnhof Putlitzstraße in Berlin-Moabit in einen Transportzug gezwungen wurden.
Eine der Überlebenden dieses Transports, Else Penkuhn, geb. Muskatblatt, hat später die Umstände beschrieben:
„Bei meiner Festnahme am 5. März 1943 wurde ich nicht misshandelt und auch nicht beschimpft. Dagegen wurde ich am 6. März 1943 bei unserer Verladung am Bahnhof Putlitzstraße in Berlin von einem SS-Mann mit einem Stock über den Rücken geschlagen, und zwar deshalb, weil ich anscheinend nicht schnell genug in den Güterwagen eingestiegen bin. [...] Wir wussten lediglich, dass wir nach dem Osten kommen sollten. Wir wussten aber nicht, wohin der Transport ging. Unter uns Häftlingen wurde davon gesprochen, dass wir irgendwo in ein Ghetto kommen sollten. Wir kamen dann nach Auschwitz. Dort selbst wurden wir ausgeladen, und es wurden Frauen, Männer und Kinder je gesondert zusammengestellt. Es wurde von Frauen der SS-Männer eine Decke vor uns ausgebreitet und auf diese Decke mussten wir unseren Schmuck, Handtaschen und überhaupt unsere Habe ablegen. Nachdem wurde der größte Teil der Häftlinge, und zwar hauptsächlich Frauen und Kinder, auf Lkw verladen und weggefahren. Zunächst wussten wir nicht, wohin diese Leute kamen. Bei der Aussortierung der Häftlinge in Auschwitz wurde ich zu einem Arbeitskommando ausgesucht und viele andere auch. Als wir im Lager in Auschwitz waren, erfuhr ich dann, dass jene Frauen und Kinder, von denen ich erwähnt habe, dass sie mit Lkw weggefahren wurden, in der Gaskammer vernichtet wurden.“
Der Transport kam am 7. März 1943 in Auschwitz an. 477 Menschen, zumeist ältere Männer sowie Frauen und Kinder, wurden in die Gaskammer des Lagerteils Birkenau geschickt und dort noch am selben Tag ermordet. Eine von ihnen war Paula Adelsheimer aus Schermbeck –

eine von sechs Millionen Menschen, die in der Shoah, dem industriellen Massenmord Hitler-Deutschlands an den europäischen Juden, ermordet wurden.
Elf Tage nach der Verschleppung der Tochter wurde der 78 Jahre alte Vater am 17. März 1943 in das KZ Theresienstadt deportiert. Er starb dort am letzten Augusttag 1943.

Das Medaillon als Mahnmal

„Warum? Wir fragen warum, aber wir bekommen keine Antwort", schrieb Paula Adelsheimers Nichte Marga Silbermann-Randall später. „Wir können unsere Toten nur bis in alle Ewigkeit weiterlieben."

Was von Paula Adelsheimer blieb, sind die bewegenden Erinnerungen ihrer Nichte, einige Familienfotos aus scheinbar unbeschwerten Zeiten Schermbecker Landlebens, hilfesuchende Briefe aus Berlin, der Eintrag auf der Transportliste nach Auschwitz-Birkenau – und der eingravierte Name auf dem Medaillon, das bis heute in der Schermbecker Schützenkette hängt.
Das Medaillon sollte an ein frühsommerliches Fest erinnern und war ein Zeichen der Ehre, ein Jahr lang den Heimatort zu vertreten. Doch es wurde zum Mahnmal, zum Zeichen einer unauslöschlich eingravierten Erinnerung an Verfolgung, Deportation und Massenmord.

Bahnhof Bielefeld, 13. Dezember 1941: Aus Münster kommend, wurden mit diesem ersten Deportationszug mehr als 1000 Jüdinnen und Juden aus Westfalen in das KZ Riga deportiert.

TRANSPORTZÜGE IN DEN TOD

Jüdische Patientinnen und Patienten westfälischer Heilanstalten waren die Ersten, die in der NS-Zeit deportiert und mit Giftgas ermordet wurden. Aus Bielefeld, Gütersloh, Lemgo-Brake, Lengerich, Münster, Telgte und Warstein wurden sie im September 1940 nach Brandenburg/Havel verschleppt und im Zuge der NS-Euthanasie umgebracht.

Mehr als ein Jahr später folgten die ersten Deportationen von Jüdinnen und Juden in die Ghettos und Vernichtungslager. Zunächst waren zwischen dem 16. Oktober und dem 11. Dezember 1941 rund 6200 Jüdinnen und Juden aus dem Hunsrück, der Eifel und dem Rheinland in vier Eisenbahntransporten aus Trier, Köln und Düsseldorf nach Litzmannstadt/Łódź, Minsk und Riga verschleppt worden. Der erste Transportzug aus Westfalen folgte am 13. Dezember 1941 von Münster aus über Bielefeld mit 1031 Männern, Frauen und Kindern. Den Transportlisten zufolge stammten die verschleppten Jüdinnen und Juden aus dem Emsland, dem Osnabrücker Land, aus dem Münsterland sowie aus Ostwestfalen, Lippe und Schaumburg-Lippe. Ziel dieses Deportationszuges war das Ghetto in Riga.

Bis zum Frühjahr 1942 folgten drei weitere Transportzüge aus Westfalen: von Gelsenkirchen und Dortmund in die Ghettos in Riga, Warschau und Zamość. In diese ostpolnische Stadt wurden am 30. April 1942 von Gelsenkirchen aus 791 Jüdinnen und Juden unter brutalsten Bedingungen verschleppt. NS-Polizeibehörden hatten sie zuvor aus den Dörfern und Kleinstädten des Sauerlandes, Siegerlandes und Wittgensteiner Landes buchstäblich zusammengekarrt.

Die Gestapo-Leitstelle Münster organisierte einen weiteren Transportzug, mit dem am 31. Juli 1942 insgesamt 970 Männer, Frauen und Kinder aus Westfalen in das Ghetto Theresienstadt deportiert wurden.

Gut zwei Wochen zuvor, am 10. Juli 1942, startete in Bielefeld der erste sogenannte Sammeltransport aus NS-Deutschland in ein Vernichtungslager. Der Zug fuhr über Hamburg, Braunschweig und Berlin und transportierte 1005 Jüdinnen und Juden aus mehreren Gestapobezirken nach Auschwitz. Von ihnen stammten 103 aus Westfalen: die meisten aus kleinen Dörfern wie Alfhausen, Bösingfeld, Lütgeneder und Silixen oder auch aus ländlichen Kleinstädten wie Beverungen, Brakel, Schötmar oder Verl.

Ein weiterer Sammeltransport hielt, aus Württemberg, Baden und dem Rheinland kommend, am 2. März 1943 zunächst in Dortmund, dann in Bielefeld. Auf den Güterbahnhöfen dieser beiden Städte wurden 547 Deportierte aus Westfalen in die Waggons gepfercht. Unter ihnen waren 98 Frauen und Männer, die bei der Auflösung des jüdischen Arbeitslagers Paderborn inhaftiert und per Zug nach Bielefeld transportiert worden waren. Ein großer Teil weiterer Männer, Frauen und Kinder dieses Transports kam aus sauerländischen Dörfern und Kleinstädten wie Assinghausen und Beringhausen, Bigge und Brilon, Canstein und Madfeld, Nuttlar und Oeventrop. Allein aus Neheim und Hüsten bei Arnsberg wurden 29 Personen verschleppt und damit nahezu alle noch dort lebenden Mitglieder dieser jüdischen Gemeinde. Der Zug mit insgesamt etwa 1500 Menschen erreichte am Abend des 3. März 1943 Auschwitz. 50 Männer und 164 Frauen wurden an der Rampe zur Zwangsarbeit aussortiert, alle anderen in der Gaskammer ermordet.

Zwischen Mai 1943 und Ende Februar 1945, also noch bis kurz vor Kriegsende, wurden bei 13 weiteren Transporten noch einmal mehr als 270 Menschen aus Westfalen in das Ghetto bzw. KZ Theresienstadt verschleppt.

Die Deportationen wurden nicht „über Nacht“ angeordnet und durchgeführt. Vielmehr ging jedem Transport eine Maschinerie kleinteiliger Verwaltungsakte voraus, geplant und umgesetzt in Gestapoleitstellen, Polizeipräsidien, lokalen Polizeidienststellen, Finanzbehörden, Landrats- und Amtsverwaltungen. Einwohnermeldeämter hatten Namenslisten zusammenzustellen, Bahndirektionen und -betriebsleitungen mussten Personal und Waggons herbeischaffen, während Sparkassen und Banken das konfiszierte Vermögen der Juden sammelten und damit die Transporttarife der Reichsbahn bezahlten – die Deportierten hatten also ihre eigene Deportation zu zahlen. Vertreter der „Reichsvereinigung der Juden“ wurden sogar gezwungen, die Deportationsbefehle zu überstellen und im Zug jüdische Ordner einzusetzen.

Jedem Transport war eine ebenso perfide wie komplexe bürokratische Planung vorausgegangen, und jeder Deportation folgte das „Sicherstellen“ und Verwerten der Häuser und Wohnungen, des Mobiliars und des Vermögens. Allein in Westfalen dürften Tausende direkt oder indirekt an den Deportationen beteiligt gewesen sein.

„Die guten Taten werden im Geheimen getan“

Bauern im Münsterland versteckten von 1943 bis 1945 eine jüdische Familie aus Ahlen.

Unbesungene Helden“ – so wurden in den Nachkriegsjahren jene mutigen Menschen genannt, die in NS-Deutschland und den besetzten Ländern unter höchster Lebensgefahr Jüdinnen und Juden vor dem sicheren Tod in den NS-Vernichtungslagern retteten. Den Mut zu solcher Hilfe brachten nur verschwindend wenige Menschen auf. Zu ihnen zählen auch einige Bauernfamilien in Westfalen. Sie versteckten und versorgten über 27 Monate hinweg den Ahlener Pferdehändler Siegmund Spiegel, genannt „Menne“, seine Frau Marga Spiegel und die Tochter Karin. Die drei überlebten, versteckt auf mehreren Bauernhöfen in Nordkirchen, Herbern und Werne im Münsterland.

Die Eheleute Spiegel haben das den beteiligten Bauernfamilien nie vergessen. Als im Sommer 1960 erstmals „Kirche und Leben“, die Zeitung des Bistums Münster, auf einen der bäuerlichen Retter aufmerksam machte, meldeten sich der Viehhändler und seine Ehefrau mit einem Leserbrief zu Wort, zählten die Namen aller beteiligten Retter auf und setzten hinzu:

„Wir haben diese Heldentaten nie publik gemacht, weil wir glauben, dass solch verdienter Gotteslohn nicht durch eine Veröffentlichung oder einen Dank in der Zeitung belohnt werden kann. Unserem Glauben nach sind die guten Taten die, die im Geheimen getan werden.“ Und weiter schrieben die beiden: „Wir sind uns voll und ganz bewusst, dass wir Gottes Hilfe und all diesen wackeren deutschen Menschen unser Leben verdanken, wie es auch wohl die einzige Rettung einer volljüdischen Familie in Deutschland sein mag. Hinzufügen möchten wir noch, dass uns gerade die Überzeugung, dass nicht alle Deutschen Mörder waren, die Kraft gab, nach all dem Unmenschlichen und Unfassbaren weiter hier, wo wir geboren sind, zu leben.“

Nerven für eine solche Mutprobe?

Nach dem Tod ihres Mannes 1982 sah sich Marga Spiegel bis ins hohe Alter verpflichtet, an ihre Retter zu erinnern – und damit auch an die Barbarei, an den Zivilisationsbruch der NS-Zeit. Sie dürfe sich nie wiederholen, lautete Spiegels Credo. Unermüdlich auch betonte sie, mit Blick auf ihre eigenen Erfahrungen: „Zivilcourage ist jedem möglich." Sie bekannte aber auch:

„Ich bin mir nicht sicher, ob ich die Nerven für eine solche Mutprobe gehabt hätte; denn in jener Zeit unmenschlichen Terrors, da jeder von jedem bespitzelt wurde und schon ein Hauch Verrat bedeuten konnte, setzte man durch solche Hilfe sein Leben aufs Spiel.“

Aus Hessen nach Ahlen

Geboren wurde sie als Marga Rothschild 1912 in Oberaula, einem Dorf in Nordhessen. Nach dem Abitur hatte sie im Wintersemester 1932/33 ein Studium der Fächer Mathematik und Physik an der Universität Marburg aufgenommen. Wegen NS-Repressalien musste sie das Studium bereits nach dem ersten Semester abbrechen. 1937 heiratete sie den Pferdehändler Siegmund Spiegel aus Ahlen und zog nach Westfalen.

Marga Spiegel und ihre Tochter Karin auf dem Hof Aschoff in Herbern. Der Name der Person rechts ist nicht bekannt.

Zuvor hatte sie – angesichts der Repressalien des NS-Regimes – wiederholt ans Auswandern gedacht. So hatte sie mit einer Bekannten Pläne geschmiedet, nach Israel auszuwandern und dort eine Diätküche zu eröffnen. Sogar eine Einreisegenehmigung hielt sie zeitweilig in Händen. Ihr Mann, Kriegsfreiwilliger des Ersten Weltkrieges und Träger des Eisernen Kreuzes, glaubte sich sicher. „Mir wird man nichts antun. Keiner wird eine Hand gegen mich erheben."
So wie er dachten viele jüdische Bürger im Land bis zum Novemberpogrom 1938. Auch in Ahlen kam es zu schweren gewalttätigen Ausschreitungen, bei denen auch die Familie Spiegel in ihrer Wohnung brutal überfallen wurde. „Ich weiß, dass in dieser Nacht der Glaube meines Mannes an seine Unantastbarkeit, seinen Schutz verloren ging."
Siegmund Rothschild, der Vater Marga Spiegels, der mit ihr nach Ahlen gezogen war, war bereits im Juni 1938 inhaftiert und ins KZ Sachsenhausen verschleppt worden. Nach den Erinnerungen Marga Spiegels war das auf Anweisung des NS-Ortsgruppenleiters in Rothschilds Herkunftsort Oberaula geschehen. Ihr Vater starb in Sachsenhausen am 12. Juli 1938 angeblich „an inneren Blutungen", wie der Tochter in Ahlen offiziell mitgeteilt wurde.
Im Oktober 1939, vier Wochen nach Kriegsbeginn, mussten sämtliche Juden die Stadt verlassen. Der Ortsgruppenleiter wollte Ahlen „judenfrei" sehen. Die Familie Spiegel fand in einer Baracke in Dortmund eine neue Unterkunft. Siegmund Spiegel fand auch Arbeit bei einem Kleinunter-

Nach der Befreiung 1945: Siegmund „Menne" Spiegel mit der Tochter Karin

ES STAND IM WOCHENBLATT

Am 17. Juli 1943 veröffentlichte das Wochenblatt der NS-Landesbauernschaft Westfalen einen Leitartikel unter der Überschrift „Wir oder die Juden!", verfasst von Franz Merk aus Baden, Landwirt, SS-Sturmführer und Landesobmann im Reichsnährstand. Darin heißt es: „Die nationalsozialistisch-faschistische Neuordnung beruht auf der rassisch-völkischen Leistungs- und Schaffenskraft freier, unabhängiger Nationen im soldatischen Kampf an den Fronten. Im Schaffen auf dem Bauernacker und im Rüstungsbetrieb äußert sich die neue Volksgemeinschaft, die bereit und willens ist, sich für ein höheres Ziel und nicht bloß für das eigene Ich einzusetzen." Diese „Ordnung", so Merk, sei „der jüdischen Interessenpolitik unerträglich", deshalb müsse die „jüdische Weltdiktatur" bekämpft werden.
Und weiter: „Heute muss der Jude vernichtet werden, damit die gesunden und rassisch guten Kräfte in der Welt auf bäuerlich-natürlicher Grundlage eine neue Welt- und Lebensordnung gestalten können."
Dieser radikale Rassenhass und der offene Aufruf zu Kampf und Vernichtung waren kein Einzelfall. Seit 1933/34 hatte das NS-Wochenblatt regelmäßig die jüdische Minderheit angegriffen und zustimmend berichtet, wenn Kornhäuser im Land enteignet („arisiert") oder jüdische Händler „ausgeschaltet" wurden. Die antisemitische Propaganda, durchsetzt mit Lügen und wirren Verschwörungstheorien, radikalisierte sich in den Kriegsjahren ins Unermessliche. So wurde im Wochenblatt in aller Offenheit die „Endlösung der Judenfrage", der Massenmord an der jüdischen Minderheit, propagiert.
Ein Leitartikel am 22. Mai 1943 schlug einen besonders deutlichen Ton an. Zitiert wurde die berüchtigte Ankündigung Hitlers vom Januar 1939, dass ein weiterer Weltkrieg „nicht zur Vernichtung der arischen Menschheit, sondern zur Auslöschung der jüdischen Rasse führen werde". Dies, so hieß es nun im NS-Wochenblatt, sei „nicht mehr aufzuhalten", es sei „ein Weltproblem erster Ordnung", und: „Hier haben weichliche Erwägungen keinen Platz." Der Beitrag schloss mit einem vieldeutigen Satz: „Schon beginnt der Krieg, den sie anzettelten, ein Krieg gegen sie selbst zu werden. Als sie gegen das deutsche Volk den Plan einer totalen Vernichtung fassten, unterschrieben sie damit ihr eigenes Todesurteil. Am Ende wird die Verwirklichung der Prophezeiung des Führers stehen. Auch hier wird damit die Weltgeschichte zum Weltgericht."
Diese Sätze stammten fast wortgleich aus einem Leitartikel, den Reichspropagandaminister Joseph Goebbels am 9. Mai 1943 in der Wochenzeitschrift „Das Reich" publiziert hat. Warum diese Herkunft im Wochenblatt der Landesbauernschaft nicht genannt worden ist, bleibt unklar und öffnet Raum für Interpretationen.
Der Text im Wochenblatt ist mit dem Kürzel „F. L." unterzeichnet. Es steht mit hoher Wahrscheinlichkeit für Felix Lützkendorf (1906–1990), Mitglied der NSDAP und SS, der seit 1943 in der Leibstandarte SS Adolf Hitler als Kriegsberichterstatter sowie für das NS-Propagandaministerium gearbeitet und in der Zeitschrift „Das Reich" publiziert hatte.

WOCHENBLATT
DER LANDES BAUERNSCHAFT
Amtliches Organ des WESTFALEN Reichsnährstandes
Folge 29 — Münster (Westf.), 17. Juli — Jahrgang 1943

Wir oder die Juden!

Während auf den Schlachtfeldern der Erde der Waffenlärm tobt und während auf den europäischen Bauernäckern eine nach den Planungen der nationalsozialistischen Erzeugungsschlacht ausgesäte Ernte heranreifte, tagten irgendwo in einem sicheren USA.-Kurort die jüdischen Finanzhyänen und Bankwucherer, um über die zukünftige Handhabung des Brotkorbes aller Völker zu beraten. Der Fleiß der bäuerlichen Arbeit und der Segen des Himmels lassen bis jetzt alle Hoffnungen auf eine große Ernte 1943 offen. Wieder einmal hat der deutsche Bauernfleiß hierbei sich selbst übertroffen, und mehr und mehr hat sein Vorbild auch die übrigen Bauernvölker Europas soweit gebracht, auf ihren Äckern die jüdische Hungerblockade besiegen zu helfen. Vom Atlantik bis an die Hauptkampflinie im Osten, von der Wasserfront des Mittelmeers bis an die Eiswüsten am Nordkap sind die europäischen Bauernvölker angetreten, um über den jüdischen Hungerkrieg genau so zu siegen, wie der Soldat an den militärischen Fronten sich anschickt, dies zu tun. Drüben aber in Hot Springs, weitab vom Schuß, tagten die jüdischen Weltverschwörer und Weltdiktatoren und berieten darüber, wie sie die Bauern künftig um die Früchte ihrer Arbeit betrügen wollen!

Daß es in diesem Krieg um mehr als um Grenzen und Weltmärkte geht und um mehr als um Kohlenlager und Ölquellen, hat wohl allmählich jeder begriffen. Auch darüber braucht kein Zweifel mehr zu herrschen, daß wir nicht mehr zwischen Krieg und Frieden zu wählen haben, sondern daß Sieg und Tod, Durchhalten oder Untergang Ende und Ausgang dieser größten Weltrevolution aller Zeiten sind. Entweder erweist sich das nordisch-germanische bäuerliche Europa noch als stark genug, ein neues Zeitalter zu formen, oder die Welt geht im jüdisch-plutokratischen Händlergeist und im jüdisch-bolschewistischen Mordterror unter. Eine Zwischenlösung gibt es nicht. So wenig wie nordisch-germanisches Bauernblut in einem sklavischen Dasein leben kann oder denkbar ist, so wenig ist Ahasver, der ewige Jude, ohne seine rassisch bedingte Art der Ausbeutung, des Wuchers und Feilschens denkbar. Und weil das nordisch-germanische Bauernblut nicht länger Handlanger jüdischen Wuchers sein, sondern die Früchte seiner Arbeit selbst ernten will, muß dieser Krieg bis zur letzten Entscheidung ausgefochten werden. Diese Entscheidung heißt: Wir oder die Juden!

In Hot Springs haben die Juden beschlossen, was im Falle ihres Sieges die Bauern in Europa noch säen und ernten dürfen. Europa soll hauptsächlich Weideland und Steppe werden. Den Brotkorb Europas sollen die jüdisch-kapitalistisch geführten Weizenfarmfabriken der USA. füllen, wobei man die Völker, die nicht nach der jüdischen Pfeife tanzen, in der künftigen Weltdiktatur nach dem bolschewistischen Muster Stalins verhungern läßt. Ein jüdischer Sieg würde darin bestehen, daß man weite Teile Europas den Sowjets überläßt, mindestens das deutsche Herz unseres Erdteils, da es von „widerspenstigen" Menschen bewohnt ist. Stalin weiß ja am besten, wie man unbequeme Völker liquidiert und Landstriche so „bereinigt", daß sie für die jüdische Herrschaft reif werden. Katyn war nur die kleine Vorprobe dafür, gewissermaßen das Experiment, das man so unter sich einmal ausprobiert. Daß Adolf Hitlers Soldaten jemals in jene Gegend kommen würden, ahnte ja damals keiner der Kremljuden. Später, wenn die Juden Herren Europas und der Welt wären, würde niemand mehr solche Katyns stören und aufdecken. Das amerikanische Zeitalter, unter jüdischer Herrschaft stehend würde das Bauerntum ausrotten.

An den Fronten aber stehen die Soldaten der wertvollen und schöpferischen Völker und Menschheitsrassen, um die Diktaturpläne der jüdischen Parasiten und ihrer Handlanger abzuwehren. Neben den blonden Söhnen Germaniens stehen die dunkellockigen Nachkommen des alten römischen Imperiums und mehr und mehr die Freiwilligen selbst der östlichen Gebiete Europas, um die Versteppung abzuwehren, die aus dem Osten vordringen will. Und fern in Ostasien stehen die jungen Söhne des uralten Sonnenbanners Nippons, um das Lebensrecht ihrer Rasse und den asiatischen Kontinent vor der Raubgier der jüdischen Ausbeuter zu schützen und neuzuformen. Die Ausbeuter der Weltwirtschaft hatten fremde Lebensräume und Rohstoffquellen der Erde zusammengestohlen, nicht um sie für die Menschheit zu nutzen, sondern um sie ihr vorzuenthalten. Während auf den Feldern Europas fleißige Bauernhände Brot fürs [illegible] schaffen, lassen die jüdischen Ausbeuter weite Erdgebiete brachliegen; sie lassen wertvolle Ernten verkommen und vernichten, um einer-

„Kameraden", Ölgemälde von Richard Rudolph
Die Welt des Soldaten auf der Großen Deutschen Kunstausstellung 1943 in München. Aufn. Weltbild

Titelseite des Wochenblattes vom 17. Juli 1943

nehmer, der seine jüdischen Arbeiter wieder und wieder „reklamierte“, als es ab Dezember 1941 hieß, die Juden sollten „in den Osten“ transportiert werden.

Ein Dortmunder Polizist, den der Pferdehändler von früher kannte, flüsterte Spiegel zu: „Wenn sie dich zum Osten schicken, sieh zu, dass du eines Tages nicht in einen geschlossenen Wagen steigst. Dann bist du in fünf Minuten vergast! Ich habe es selbst gesehen.“ Die Spiegels waren entsetzt. Sie beschlossen, unterzutauchen – aber wo?

Unterschlupf auf dem Bauernhof

Siegmund Spiegel wandte sich an Freunde und Bekannte, die ihn seit Langem als Pferdehändler kannten. Der Nordkirchener Bauer Hubert Pentrop bestätigte die Warnung des Polizisten und sagte ihm: „Wenn sie dich nach Polen schicken wollen, geh nicht mit. Von dort hört man nichts Gutes. Komm zu mir, ich verstecke dich!“

Hatten Soldaten auf Heimaturlaub dem Bauern erzählt, wohin die Juden verschleppt wurden? Hatte er bereits gehört von den umgehenden Gerüchten, die von Massenmorden an den Juden zu wissen glaubten? Oder hatte er die NS-Propaganda in den Zeitungen oder auch im Wochenblatt der Landesbauernschaft besonders aufmerksam verfolgt und seine eigenen Schlüsse daraus gezogen?

Bald fand Siegmund Spiegel auch ein Versteck für seine Frau und das Kind. Die Bäuerin Maria Aschoff aus Herbern hatte sich bereit erklärt, Marga und Karin Spiegel aufzunehmen.

Am 27. Februar 1943 wurde die Familie Spiegel aufgefordert, sich bei der Sammelstelle, dem Schlachthof in Dortmund, einzufinden. Von dort sollte der letzte große Deportationszug aus Westfalen in die Vernichtungslager rollen. An diesem Tag tauchten die Spiegels im Münsterland unter.

Von Versteck zu Versteck

Während Marga Spiegel am frühen Morgen mit ihrem Kind das Versteck auf dem Hof Aschoff in Herbern aufsuchte, fuhr ihr Mann nach Dolberg. Dort hatte ihm eine andere Bauernfamilie angeboten, ihn zu verstecken. Drei Wochen konnte er dort bleiben. Dann hielten die Schwestern, die auf dem Hof wohnten, die Angst, entdeckt zu werden, nicht länger aus. „Wer“, so fragt Marga Spiegel, „kann ihnen deswegen zürnen?“

Ein anderer Bekannter, der Milchhändler und Kleinbauer Bernhard Sickmann aus Werne, bot ihm ohne Zögern Unterschlupf. Auch hier konnte Siegmund Spiegel nicht lange bleiben. Der Hof lag direkt an einer Hauptstraße. Zu viele Leute hätten ihn entdecken können. Bernhard Sickmann brachte ihn zur Bauernfamilie Pentrop in Nordkirchen.

Gespräche in der Nacht

Hubert Pentrop, dessen Frau gerade ihr siebtes Kind erwartete und im Krankenhaus lag, nahm Siegmund Spiegel für einige Monate auf. Abends suchte der Bauer ihn im Versteck auf, brachte ihm Essen und sprach mit ihm nächtelang. Hier auch konnte Marga Spiegel ihren Mann zum ersten Mal wiedersehen.

Neun Monate lang hielt sich Siegmund Spiegel bei den Pentrops versteckt. Im November 1943 entdeckte ihn ein Junge, der sein „Pflichtjahr“ auf dem Hof ableistete. Neue Zuflucht fand Siegmund Spiegel wenig später auf einem anderen Hof in Ascheberg – und wieder musste er nach einigen Wochen fort. Den Bauersleuten war die Furcht unerträglich geworden.

Bei Nacht und Nebel suchte Siegmund Spiegel ein neues Versteck. Die Nordkirchener Bauernfamilie Silkenbömer nahm ihn auf. Die Silkenbömers brachten ihn in einem abgelegenen Zimmer unter. Hier konnte Siegmund Spiegel jederzeit fliehen, wenn Gefahr drohte. Die Bäuerin brachte ihm still und leise Essen aufs Zimmer, spülte heimlich das Geschirr, damit niemand etwas entdeckte. Zum Kummer der Bauersleute konnte das Zimmer nicht geheizt werden. Nachbarn oder Angestellte hätten Rauch oder die getauten Fensterscheiben sehen können. Nur nachts konnte Siegmund Spiegel zu den Bauersleuten gehen, sich aufwärmen und aussprechen. „Und wie viel bedeutete in jener Zeit ein gütiges Wort von wohlwollenden Menschen!“

27 Monate konnte sich Siegmund Spiegel hier versteckt halten, bis Kriegsende. Die Bauersleute wussten, wo seine Frau und sein Kind sich aufhielten, und manchmal sogar luden sie sie für kurze Zeit ein, damit sich die drei wiedersehen konnten. Die meiste Zeit musste Siegmund Spiegel allein verbringen. „Wie viele durchwachte Nächte gab es für ihn“, erinnert sich Marga Spiegel. „Welche Pein erlebt ein Mensch, der Tag und Nacht allein ist und der zu grübeln beginnt über das furchtbare Schicksal, das den Juden zugedacht war ...“

Eine Bleibe für Mutter und Tochter

Und was war aus seiner Frau Marga und der Tochter Karin geworden? An dem Tag im Februar 1943, als sich die Wege der Familie Spiegel trennten, war Marga Spiegel mit dem vierjährigen Mädchen zum Hof Aschoff nach Herbern gefahren. Die Aschoffs hatten den beiden Unterschlupf angeboten. Nur die beiden ältesten Töchter der Aschoffs durften erfahren, wer die Gäste wirklich waren. Die anderen Kinder waren zu jung. Die Gefahr, dass sie das Geheimnis ausplauderten, war zu groß. Ihnen und allen anderen, die auf den Hof kamen, gab sich Marga Spiegel als „Frau Krone“ aus, deren Mann Soldat sei und die mit ihrem Kind in Dortmund ausgebombt sei.

Die Spiegels waren gerade eine Woche auf dem Hof, als ein Wachtmeister kam und sich in der Küche zu der gerade vierjährigen Tochter wandte:

„Na Kleine, wie heißt du denn?“

„Karin.“

„Und weiter?“ – Die Mutter erstarrte ...

„Krone", antwortete ihre Tochter ohne Stocken. Dieser Name war ihr vorher Tag für Tag eingeschärft worden. Der Wachtmeister nahm sie auf den Schoß, strich über ihre blonden Zöpfe und meinte:
„Du bist doch wirklich ein richtiges deutsches Mädchen!"
Später sollte Marga Spiegel weitere solcher absurden Feststellungen zu hören bekommen. Einmal wurden Soldaten auf dem Hof einquartiert, und einer von ihnen eröffnete Marga Spiegel eines Abends am Herdfeuer seine „Rassenlehre": Was ein Jude sei, könne er nicht so ohne Weiteres erklären. Er fühle es eben einfach, wenn jemand Jude sei; er spüre instinktiv, wenn ein Jude in seine Nähe komme. „Es war schon recht schwer, unter den vielsagenden Blicken meiner ‚Verbündeten' unbefangenen Ernst zu wahren."

Ein ständiges Kommen und Fliehen

Auf dem Hof Aschoff herrschte bald ein ständiges Kommen und Gehen. Evakuierte Familien aus den ausgebombten Städten wurden auf dem Hof einquartiert. Die Gefahr, entdeckt zu werden, war groß. Deswegen suchte Marga Spiegel mit ihrem Kind ab und zu für einige Zeit ein anderes Versteck auf. Die Familie Sickmann aus Werne, die bereits Siegmund Spiegel für kurze Zeit aufgenommen hatte, nahm Marga „Krone" und ihre Tochter zeitweilig auf, ebenso auch die Bauernfamilie Südfeld in Südkirchen.
Sogar die Familie Pentrop in Nordkirchen, bei der ein Pflichtjahrjunge Siegmund Spiegel wenige Monate vorher entdeckt hatte, brachte den Mut auf, Marga Spiegel und der Tochter Unterschlupf zu gewähren.
Drei Tage erst waren sie auf dem Hof Pentrop, als mitten in der Nacht zwei Gendarmen aus Nordkirchen an der Haustür klopften. Sie sollten das Haus durchsuchen, eine unangemeldete Person halte sich hier auf.
Der Bauer erschrak zutiefst. „Das muss aber ein Irrtum sein", erwiderte er geistesgegenwärtig, „oder eine falsche Anschuldigung gegen mich. In meinem Haus ist keine Person versteckt. Wenn ihr mir aber nicht glaubt, könnt ihr ja selber nachsehen."
Die Polizisten schenkten ihm Glauben, wagten es vielleicht auch nicht, dem angesehenen Bauern eine Lüge zu unterstellen. Er musste unterschreiben, dass die Hausdurchsuchung stattgefunden habe und er niemanden verberge. Nachdem der Bauer den Schock einigermaßen verwunden hatte, wandte er sich erschöpft an Marga Spiegel: „Erst die Entdeckung Ihres Mannes hier, und jetzt das. Das geht über meine Kräfte. Ich kann einfach nicht mehr."
Zu den Aschoffs konnte die junge Mutter mit ihrer Tochter vorerst nicht zurückkehren. Wohin jetzt? Ihr fiel die Familie Sickmann in Werne ein, wo die beiden erst wenige Wochen zuvor untergekommen waren. Wie hatten sich die Sickmanns verabschiedet? „Wenn Sie wieder einmal mit Karin kommen wollen oder müssen, kommen Sie. Sie wissen ja, wo wir wohnen!" Hier wurden die beiden „mit offenen Armen aufgenommen", wie sich Marga Spiegel später erinnert.

Karfreitag 1945: Befreit und vereint

Nach einiger Zeit kehrten die beiden wieder auf den Hof Aschoff zurück. Hier erlebte Marga Spiegel, nach Jahren der Angst und des Bangens, am Karfreitag 1945 den langersehnten Tag der Befreiung. Amerikanische Panzer rollten in Herbern ein. Noch am selben Tag konnte sie ihren Mann Siegmund Spiegel in die Arme schließen.
Über die Freude ihrer Befreiung legte sich bald ein tiefer Schatten. Die Familie Spiegel, so erfuhren sie bald, hatte 37 Angehörige verloren, ermordet in den deutschen Ver-

„WIR BESASSEN NICHTS AUSSER UNSEREM GEFÄHRDETEN LEBEN"

„Ich las in der jüdischen Zeitung von einer Aktion, die christlichen Menschen zuteil wurde, die jüdische Menschen während der Verfolgungszeit gerettet hatten. Inzwischen las ich auch wieder, dass man die Namen der ‚gerechten Nichtjuden' sammelt, um sie damit zu ehren. Der Tatbestand, den ich Ihnen mitteilen möchte, ist der, dass mein Mann und ich mit unserer damals vierjährigen Tochter 27 Monate von einigen christlichen Familien in der Nähe unseres Wohnortes aufgenommen bzw. versteckt wurden und so der Verschickung entgingen. Wir besaßen damals nichts außer unserem gefährdeten Leben. Ich möchte Sie nun herzlich bitten, ob es eine Möglichkeit gibt, diesen bewundereungswürdigen Menschen einen Aufenthalt in Ihrem Land vermitteln zu helfen. Es wäre bestimmt das Schönste, was ich diesen Menschen angedeihen lassen könnte, einmal als fromme Katholiken das Heilige Land bereisen zu können. Es wäre deshalb wunderbar, und mein innigster Wunsch, wenn ich dazu verhelfen könnte, dass ihnen von jüdischer Seite solcher Dank und Ehrenbezeugung zuteil würde."

Marga Spiegel 1962 in einem Brief an die Gedenkstätte Yad Vashem, Jerusalem

Es geschah bei uns

Von Marga Spiegel

Ein Bericht voll erregender Dramatik ist das, was der Sämann heute und in den folgenden Nummern seinen Lesern zur Kenntnis gibt. Eine jüdische Mitbürgerin berichtet für unsere Leser von Not, Angst und Leid unter der nationalsozialistischen Verfolgung. Trotzdem soll dieser Tatsachenbericht keine Anklageschrift sein. Er ist vielmehr ein Dokument der Menschlichkeit und der Nächstenliebe, denn diese Frau, der Mann und die Tochter verdanken ihr Leben dem mutigen Schutz einiger westfälischer Bauernfamilien, die sie auf ihren Höfen jahrelang vor den Nazischergen verbargen. In einer Zeit, als die furchtbarsten Massenmorde der Geschichte verübt wurden, triumphierte hier die Menschlichkeit über die brutale Gewalt. — Wir sind der Autorin für ihren Bericht zu besonderem Dank verpflichtet.

Die Redaktion

Damals wohnten mein Mann und ich mit unserem eineinhalbjährigen Töchterchen in Ahlen, der Stadt, in der schon die Eltern und Großeltern meines Mannes lebten und begraben sind. Dort stand sein Elternhaus. Ahlen war seine Heimatstadt. War sie das wirklich?

Kann es eine Heimatstadt zugeben, daß ein unbescholtener Bürger in der Nacht vom 9. zum 10. November 1938 in seiner Wohnung überfallen und geschlagen wird?

Kann sie zulassen, daß seine Frau mißhandelt wird, als sie zu ihrem Kindchen eilen will, das sie schreien hört und das unter lauter Scherben eines zerschlagenen Kronleuchters in seinem Bettchen liegt?

Kann eine Heimatstadt zusehen, wenn eine Frau, die Frau eines Bürgers, mit Schmährufen belästigt und mit Steinen beworfen wird, wenn sie mit ihrem Kind im Wagen über die Straße geht? Und wofür, warum? Nur weil sie Juden sind?

Unsere Synagoge wurde in der Schreckensnacht geschändet und niedergebrannt. Unser jüdischer Vorbeter wurde von SA-Leuten in die Synagoge gezerrt, wo er mit Schlägen gezwungen wurde, die Thora (das Heiligste, was es für uns gibt) aus dem Schrein zu nehmen und daraus unter dem Gelächter und Gehöhne der Menge zu beten. — Ohnmächtig und völlig zerschunden fanden mitleidige Menschen den jüdischen Lehrer am Morgen in einem Straßengraben und brachten ihn ins Krankenhaus.

Damals setzte die erste große Verhaftungswelle von jüdischen Männern ein. Mein liebster Vater, der nach meiner Heirat im Januar 1937 hierher zog, wurde ins Konzentrationslager Oranienburg-Sachsenhausen gebracht. — Nicht ganz vier Wochen später bekam ich die Nachricht, daß mein Vater „Siegmund Rothschild an inneren Verblutungen gestorben" sei. Damals wurde mir noch eine „Sondervergünstigung" zuteil. Der Sarg — ein Bleisarg — wurde mir unter Bewachung übersandt. Ich mußte die hohen Kosten tragen! So liegt mein Vater auch hier auf dem jüdischen Friedhof begraben. Mein Mütterchen war schon im März 1937 mit 49 Jahren durch all die Aufregungen — mein Vater wurde mehrmals in Schutzhaft genommen — zugrunde gegangen. Ich war allein, ohne meine Eltern, in einer Stadt, die mich nicht liebte und die ich nicht lieben konnte!

Am 25. Februar 1939 wurden dann sogenannte Kennkarten für uns ausgestellt. Es war das erste behördliche Dokument, das uns alle „kennzeichnen" sollte, ein Ausweis, den wir immer bei uns führen mußten. Es wurden von uns Fingerabdrücke genommen, wie das nur bei Verbrechern geschieht, und alle weiblichen Personen mußten zu ihrem Vornamen den Namen Sara, die männlichen den Zusatznamen Israel führen. Mußten! Dafür waren 3 RM Gebühr zu entrichten, für ein Dokument mit dem Aufdruck „J" auf der Vorderseite. Und damit begann das „Müssen".

Am 5. Oktober 1939 erging vom Ortsgruppenleiter in Ahlen der Befehl, daß alle Juden innerhalb einer Woche die Stadt verlassen mußten, anderenfalls sie in einen leeren, dafür zur Verfügung stehenden Stall eingewiesen würden. So wurde die etwa 45 Familien zählende jüdische Gemeinde auseinandergerissen. Es gab schon damals sehr viele Städte, in denen Juden keinen Zuzug bekamen und nur in sogenannten „jü-

3

Mit diesem Artikel begann 1961 eine Serie in der Zeitschrift „Der Sämann", in der Marga Spiegel erstmals die Geschichte ihrer Familie in der NS-Zeit schilderte.

Bei den Aufnahmen zum Kinofilm 2008 im Münsterland entstand diese Fotografie: Marga Spiegel und Anni Richter, geb. Aschoff, haben in den Kriegsjahren auf dem Hof in Herbern Freundschaft geschlossen. Links im Bild ist der Regisseur Ludi Boeken zu sehen.

nichtungslagern in Osteuropa. Die einstmals blühende jüdische Gemeinde ihrer Heimatstadt Ahlen gab es nicht mehr.

Die mutige Tat ihrer „Retter in der Nacht" hat die Familie Spiegel nie vergessen. Nachdem 1960 erstmals das Bistumsblatt über die Ereignisse berichtet hat und die Ahlener Eheleute daraufhin alle Namen ihrer Retter nannten, verfasste Marga Spiegel einen ausführlichen Erinnerungsbericht. Er wurde erstmals zwischen Juli 1961 und April 1962 als zehnteilige Artikelserie in der Zeitschrift „Der Sämann" veröffentlicht. Dieses Verbandsblatt des Katholischen Landvolks im Bistum Münster befasste sich, eher untypisch für die damalige Zeit, auffallend intensiv mit der NS-Zeit und seinen Folgen.

Erinnern in Wort und Film

Ein Jahr nach der Erstveröffentlichung im „Sämann" wandte sich Marga Spiegel an die Gedenkstätte Yad Vashem in Jerusalem. Sie schlug die beteiligten Bauernfamilien für den Ehrentitel „Gerechte unter den Völkern" vor – den höchsten Preis, den der Staat Israel an Nichtjuden vergibt. Im Juli 1969 wurde den Familien Aschoff, Pentrop, Sickmann, Silkenbömer und Südfeld die hohe Auszeichnung zuerkannt.

In der Gedenkstätte Yad Vashem erinnert eine „Allee der Gerechten" an jene Menschen, die im Krieg unter Lebensgefahr Juden vor der Verfolgung retteten. Hier sind auch die Namen der Münsterländer Bauernfamilien verewigt.

Im selben Jahr 1969 erschienen Marga Spiegels Erinnerungen unter dem Titel „Retter in der Nacht" als Buch im Frankfurter Röderberg-Verlag, dem Hausverlag der „Vereinigung der Verfolgten des Nazi-Regimes". Zunächst eher wenig beachtet, erlebte das Buch seit Ende der 1980er-Jahre mehrere Neuauflagen.

Nach den Erinnerungen Marga Spiegels entstand schließlich 2008/09 unter der Regie von Ludi Boeken der Kinofilm „Unter Bauern". In den Hauptrollen spielten unter anderem Veronica Ferres, Margarita Broich und Armin Rohde. Das Drehbuch haben die aus Melle stammende Drehbuchautorin Heidrun Schleef, der Schriftsteller Otto Jägersberg und der Theater-, Film- und Fernsehregisseur Imo Moszkowicz verfasst. Moszkowicz, 1925 geboren, war in der jüdischen Gemeinde Ahlen groß geworden und war 1943 mit eben jenem Transport nach Auschwitz deportiert worden, dem die Spiegels durch ihr Untertauchen entkommen waren.

Bei der Premiere des Kinofilms im Oktober 2009 in Münster war Marga Spiegel die Freude deutlich anzumerken, dass ihre Familiengeschichte und die ihrer Helfer den Weg auf die Kinoleinwand gefunden hatte. Noch im größten Premiere-Rummel stellte sie aber auch klar: „Die Helden waren die Bauern, nicht ich."

„Wir dachten, die einzigen Überlebenden zu sein“

Kriegsende 1945 in Kaunitz: Ein Bauerndorf wird „D. P. Assembly Center“ für hunderte befreiter Jüdinnen

Befreite jüdische Zwangsarbeiterinnen in Kaunitz – die Aufnahme des britischen Pressefotografen Fred Ramage entstand am 5. April 1945, kurz nach der Befreiung der Frauen durch US-Truppen. Auf den Kleidungsstücken einiger Frauen sind helle Kreuze zu erkennen. Die SS hatte die Zwangsarbeiterinnen mit breiten gelben Kreuzen als „jüdisch“ gekennzeichnet.

Am Ortsrand von Kaunitz, einem Dorf im Amtsbezirk Verl und unweit von Gütersloh, erlebten rund 750 verschleppte jüdische Mädchen und Frauen das Kriegsende 1945 und ihre Befreiung aus SS-Haft. Ihre Bewacher hatten sie noch ins KZ Bergen-Belsen treiben wollen, wurden aber am 1. April 1945 vom Vormarsch der US-Truppen überrascht.

Bei Kaunitz befreiten amerikanische Soldaten die Jüdinnen und brachten sie noch am selben Tag im Dorf unter. Binnen weniger Tage wurde Kaunitz zu einem Sammelort für „Displaced Persons“ (DP), wie die Alliierten die verschleppten und nun befreiten Häftlinge, Kriegsgefangenen und Zwangsarbeiter bezeichneten. Das „D. P. Assembly Center Kaunitz“ bzw. „D. P. Camp Kaunitz“, wie es auch hieß, existierte bis zur Jahreswende 1949/50.

Eine Ausnahmesituation

Verglichen mit anderen Camps in der britischen Zone war das „D. P. Assembly Center Kaunitz“ von überschaubaren Ausmaßen. Doch es war das einzige, das in einem Dorf

eingerichtet worden ist. Ähnliches gab es nirgendwo sonst in Westfalen und auch nicht in Westdeutschland.
Hinzu kommt: Nie in der Geschichte Westfalens haben in einem Dorf mehr jüdische Frauen und Männer gelebt als in jenen Wochen und Monaten nach Kriegsende in Kaunitz. Insofern gehört auch das Assembly Center unmittelbar zur Geschichte jüdischen Landlebens in Westfalen, auch wenn es so gut wie keine Verbindung zum jahrhundertealten, kurz zuvor zerstörten Landjudentum aufwies. Das „Camp Kaunitz" stellte in jeder Hinsicht eine Ausnahmesituation dar, herbeigeführt durch den Terror der SS, entstanden als unmittelbare Folge des Rasse- und Vernichtungskrieges des soeben untergegangenen NS-Regimes.
In Kaunitz lebten die Jüdinnen und die hinzukommenden befreiten Häftlinge für einige Wochen und Monate, einige sogar über einen längeren Zeitraum mit der einheimischen Bevölkerung auf engstem Raum zusammen. Es entstanden Ansätze jüdischen Gemeinschaftslebens, während die Dorfbevölkerung die zeitweilige Beschlagnahmung ihrer Höfe und Häuser, ihrer Gärten und Felder hinnehmen und weitgehend ohnmächtig den Vorgaben der alliierten Militärbehörden folgen musste. Diese Erfahrung sorgte für Unverständnis, Protest und Widerstand. Antisemitische Vorurteile wurden erneut aktiviert, neue Feindbilder entstanden. Nach Auflösung des Lagers schließlich gedieh im Dorf eine Erinnerungskultur, die lange Zeit die eigentlichen Ursachen der Ausnahmesituation ebenso übersah wie die individuellen Leid- und Gewalterfahrungen der jüdischen Mädchen, Frauen und Männer – diese Umdeutung und die jahrzehntelange Verdrängung ließen das „D. P. Camp Kaunitz" auf eine ganz besondere Weise zu einer vergessenen Welt jüdischen Landlebens werden.

Verschleppt aus Auschwitz

Die unmittelbare Vorgeschichte des „D. P. Camp Kaunitz" begann knapp ein Jahr vor Kriegsende in Lippstadt. Im dortigen Rüstungsbetrieb der Lippstädter Eisen- und Metallwerke GmbH sollte die Kriegsproduktion erhöht werden, koste es, was es wolle. Zwangsarbeiter sollten mittels eines „SS-Kommandos Lippstadt I" beschafft und bewacht werden, das im Juli 1944 als Außenlager des KZ Buchenwald gegründet wurde.
Im Vernichtungslager Auschwitz rekrutierte die SS die fast durchweg weiblichen Arbeitskräfte für den Lippstädter Rüstungsbetrieb. Ende Juli 1944 kam der erste Transportzug aus Auschwitz mit 530 Frauen in Lippstadt an. Es waren Jüdinnen aus Ungarn. Erst kurz zuvor, im März 1944, waren sie aus ihrer Heimat verschleppt und in Auschwitz zur Zwangsarbeit bestimmt worden .
Im November 1944 wurden weitere 300 Mädchen und Frauen ebenfalls aus dem KZ Auschwitz nach Lippstadt deportiert. Sie kamen, anders als die erste Gruppe, aus unterschiedlichen Ländern: etwa aus der Slowakei (139 Frauen), aus Polen (92 Frauen) und aus Ungarn (41 Frauen), einige weitere zudem aus Deutschland, Frankreich, Holland, Italien und Tschechien.
Geführt wurde das „SS-Kommando Lippstadt I" von SS-Hauptscharführer Alfred Bieneck. Sechs SS-Wachmänner bewachten das Lager, hinzu kam eine Gruppe von Helferinnen.
Im Lippstädter Rüstungsbetrieb hatten die Zwangsarbeiterinnen vor allem Handgranaten, Munition und Flugzeugteile zu produzieren – die meisten von ihnen an zwölf Stunden täglich, abwechselnd in Tag- und Nachtschicht. Untergebracht waren die Mädchen und Frauen in dürftigen Barackenlagern. Die Lebensmittelrationen waren karg, die hygienischen Verhältnisse katastrophal, die Baracken boten vor möglichen Luftangriffen fast keinen Schutz. In diesem „SS-Kommando Lippstadt I" gab es zwischen Juli 1944 und März 1945 nachweisbar sieben Todesfälle, „insgesamt können es bis zu zehn gewesen sein", wie der Historiker Burkhard Beyer mutmaßt, der die Geschichte des SS-Kommandos eingehend erforscht hat. Seinen Recherchen zufolge wurden die in dieser kurzen Zeit verstorbenen Frauen auf dem jüdischen Friedhof in Anröchte beigesetzt.

„Todesmarsch" und Befreiung

Anfang Februar 1945 zeichnete sich das Ende des Lippstädter Arbeitslagers ab. Die ersten 70 Frauen des „SS-Kommandos Lippstadt I" wurden in das KZ Bergen-Belsen verschleppt. Wenige Wochen später, die Frontlinie rückte näher, wurden die noch verbliebenen 750 Mädchen und Frauen auf einen Todesmarsch nach Bergen-Belsen gezwungen.
Am Abend des 29. März 1945 setzte sich der Tross der Zwangsarbeiterinnen in Bewegung, strengstens bewacht von den SS-Männern. Sie mieden die Hauptwege und ließen, um möglichen Angriffen durch Tieflieger zu entgehen, nur nachts marschieren. Tagsüber wurden die Frauen in Scheunen versteckt gehalten.
Nach drei Tagen und Nächten über unbefestigte Bauerschaftswege quer durch das Delbrücker Land waren etwa 30 km zurückgelegt. Am frühen Morgen des Ostersonntag, 1. April, erreichte das „SS-Kommando Lippstadt I" die Ortschaft Kaunitz, als sich amerikanische Panzer näherten. Die SS-Männer flohen und überließen die Frauen ihrem Schicksal. Was dann geschah, hat eine von ihnen, die 34-jährige Polin Anna Kaletska, anderthalb Jahre später in einem Tonband-Interview berichtet. Ihr zufolge war an jenem Ostersonntagmorgen im Dorf eine weiße Fahne gehisst worden, um Tieffliegern und den US-Panzern die Kapitulation zu signalisieren. Und weiter:

„Wir hatten nicht einen Streifen von einem weißen Ding. Jemand hatte einen Verband um ein verwundetes Bein, und dieser Verband wurde vor einem herannahenden amerikanischen Panzer hochgehalten, und die Frauen warfen sich auf den Boden und küssten die Räder. Die Amerikaner dachten, es sei ein Haus der Verrückten. Sie sahen uns an. Und wie wir aussahen! Alles in Fetzen. Und sprechen – das konnte niemand."

Pessachbrot fiel aus den Panzern

Ein US-Soldat habe den Panzer verlassen und sei auf sie zugekommen. „Wir waren alle sprachlos. Und dann verstand er, und zwei Tränen kullerten über sein Gesicht. Bis die anderen kamen, weinte er mit uns. Nicht ein Jude – ein Christ! Und dann begannen sie zu kommen, die Panzer. Es war Pessach. Der letzte Tag davon. Und Matzen [ungesäuertes Pessachbrot, G.S.] fielen aus den Panzern. Und Schokolade und Zigaretten. Sie sprangen von den Panzern und küssten uns, uns schmutzige und lausige Leute. ‚Weint nicht', haben sie gesagt. Aber wir weinten mehr und mehr. Und unaufhörlich liefen die Tränen. Die neunte Armee hatte keine Juden in Deutschland gesehen, und wir dachten, die einzigen jüdischen Überlebenden zu sein, und wir wollten nicht leben. Aber sie trösteten uns. Sie sagten uns, dass es viele andere Armeen gab, die andere Lager erreicht hatten, die befreit wurden. Das war die Befreiung."

Befreite jüdische Zwangsarbeiterinnen in Kaunitz. Die Aufnahme des britischen Fotografen Fred Ramage entstand am 5. April 1945.

72 Häuser beschlagnahmt

Die amerikanischen Soldaten sorgten dafür, dass die Mädchen und Frauen ein Dach über dem Kopf fanden. Sie beschlagnahmten die örtliche Schule, die Räume der Sparkasse, das Küsterhauses und das Haus des Pfarrers, vor allem aber Zimmer und Wohnungen zahlreicher ländlicher Haushalte. Wie aus der Chronik der Kaunitzer Dorfschule hervorgeht, wurden 72 Häuser beschlagnahmt, das war etwa jedes zweite im Ort. Mehr als 100 einheimische Familien mussten entweder Platz in ihren Häusern freiräumen oder sie auf unbestimmte Zeit verlassen.

Um Protesten und möglichem Widerstand entgegenzuwirken, wandten sich der noch amtierende NS-Amtsbürgermeister Josef Lükewille und der in Verl tätige Geistliche Pater Franz Gypkens an die Dorfbevölkerung. Ihr Aufruf, in dieser Ausnahmesituation hastig verfasst, war unmissverständlich: „Bitte nehmen Sie diese Leute freundlich auf. Betten und Verpflegung zur Verfügung stellen, bis sie wieder abgeholt werden. Sie verhindern dadurch eine Plünderung Verls. Es ist unbedingt Folge zu leisten, sonst passiert Schlimmeres. Soweit Kleidungsstücke verlangt werden, helfen Sie nach Kräften. Sonst verlieren Sie alles."

Wenige Tage später setzte der amerikanische Major Olsen als Vertreter der provisorischen Militärregierung den Landwirt Johann Maasjost zum Bürgermeister ein. Olsen verpflichtete ihn, dafür zu sorgen, „dass jede jüdische Frau in einem guten Bürgerquartier untergebracht werden müsse und als Verpflegung die doppelten Rationen und außerdem für jeden Tag an jede Frau 1 Ei, ½ Liter Vollmilch und ½ Liter Magermilch verabreicht werden sollten".

Dem Bürgermeister standen der Dorfschullehrer, eine Caritas-Schwester und ein örtlicher Hilfspolizist zur Seite. Pater Gypkens wurde „zum Generalbevollmächtigten für die Betreuung der jüdischen Frauen in Kaunitz" eingesetzt – vermutlich in der Annahme, dass das Wort eines Geistlichen in der überwiegend katholischen Landbevölkerung besonderes Gewicht besaß.

Im nahen Verl richteten die Amerikaner eine Kommandantur ein. Von dort kontrollierten sie die Entwicklung im entstehenden „D. P. Assembly Center Kaunitz". Dessen Belegschaft wuchs in den folgenden Wochen von 750 auf zunächst etwa 1200 Personen an, als kurzzeitig Kriegsgefangene aus den befreiten Lagern in der Senne hinzukamen. Eine Gruppe von etwa 300 Frauen wurde zeitweilig im benachbarten Verl einquartiert.

Ärger der Dorfbevölkerung

Die große Zahl unbekannter Menschen im Dorf, die Zwangseinquartierung, die Beschlagnahme von Gütern des alltäglichen Bedarfs, die Bereitstellung von Lebensmitteln und Kleidung, das Wohnen und Leben mit unbekannten Personen unter einem Dach – all das sorgte für stillen Unmut der Besiegten, für Unruhe, Gerüchte und Protest. Der Amtsbürgermeister behauptete Mitte Mai 1945 gegenüber dem Landrat, dass die „Quartiergeber, die Landwirtschaft betreiben und Vieh halten", unter Gewaltandrohung erpresst würden, Lebensmittel, Kleidung und Schuhwerk herauszugeben; außerdem werde „mit gestohlenem Hab und Gut lebhafter Handel getrieben". Beklagt wurden im Dorf auch „die sittlichen Mißstände, die einen erschreckenden Umfang angenommen haben", wie der Amtsbürgermeister urteilte. „Kriegsgefangene, Ausländer und Soldaten, die durchmarschieren und aus den umliegenden Standorten Kaunitz besuchen, feiern in den Quartieren mit vielen jüdischen Frauen Orgien, die nicht nur bei der einheimischen Bevölkerung, sondern auch bei den besser gesinnten jüdischen Frauen größtes Ärgernis und Furcht erregt haben."

Stimmen des Verständnisses für die Lebenssituation der befreiten KZ-Häftlinge sind aus der einheimischen Landbevölkerung der frühen Nachkriegsmonate nicht überliefert. Es gab sie wohl auch kaum. Zu konträr standen der Schock der Kriegsniederlage und das schlechte politische Gewissen, standen vor allem auch dörfliche Konventionen und Vorstellungen denen der aus ganz Europa Verschleppten unmittelbar gegenüber. Die befreiten Frauen und Männer hatten brutalste Entrechtung und Gewalt erlitten, waren denkbar knapp dem Tod entronnen. Nun, in den ersten Friedenstagen und -wochen, bewegten sie sich in einer Mischung aus Hunger und Freiheitsrausch, Entkräftung und Rachegefühlen durch das Dorf und das Umland. Ihr Verhalten war eine unmittelbare Folge der vorangegangenen, über Monate und Jahre erlittenen Gewalt seitens des NS-Regimes, das – nach einem Urteil der Stadtarchivarin Annette Huss – „in weitesten Teilen auch die Bevölkerung des Amtes Verl mitgetragen" hatte.

HERZEBROCK – AUSCHWITZ – KAUNITZ

„Ich bin am 1. April in Kaunitz bei Lippstadt von den Amerikanern befreit worden u. fühlte mich seit diesem Tag wie eine Neugeborene, denn ich glaubte nicht bis zur Minute der Befreiung, dass ich lebend davonkomme. Mir geht es aber jetzt wieder ganz gut. Gesundheitlich habe ich nichts zurückbehalten und habe schon über 10 kg wieder zugenommen."

Diese Sätze finden sich in einem Brief, den die aus Herzebrock gebürtige Irmgard Brill (1923–2008) am 21. Mai 1945 ihrem Bruder und seiner Familie schrieb. Irmgard Brill, später verheiratete Warech, war die Tochter des Herzebrocker Viehhändlers Hugo Brill. Seit 1939 lebte die jüdische Familie Brill versteckt in Belgien, später in Frankreich in der Nähe von Grenoble. Irmgard Brill arbeitete dort bei einem Arzt, bis sie von Nachbarn denunziert und im März 1944 festgenommen wurde. Über das Sammellager Drancy wurde sie in das Vernichtungslager Auschwitz deportiert. Dort entging sie nur knapp der Ermordung in der Gaskammer.

Im November 1944 wurde sie von dort in das Lager in Lippstadt verschleppt, etwa 30 km entfernt von ihrem Geburtsort. So war es kaum ein Zufall, dass Irmgard Brill dort zwei Männern begegnete, die sie aus Herzebrocker Zeiten kannte. Die Männer sollten sie bewachen, ließen ihr aber doch Hilfe zuteil werden. Irmgard Brill beschreibt das in ihrem Brief – er ist hier in der unveränderten Schreibweise des Originals wiedergeben:

„Ab Monat Juni gingen immer Transporte [von Auschwitz] nach Deutschland um in Fabriken zu arbeiten u. so bin ich im November 44 durch Zufall nach Lippstadt gekommen. Dort habe ich in einer Munitionsfabrik gearbeitet + hatte den Mann, der mit Kürten bei uns die Maschinen zu besichtigen [hatte], als Meister. Er hat mich keine schwere Arbeit machen lassen u. hat mir öfters etwas Brot mit Herzklopfen gegeben. [Es gab] Noch mehrere die Vater kannten. Kürten ist verunglückt als er im Urlaub zuhause war. Er ist vom Zug überfahren worden. Seine Frau hat die Conservenfabrik weiter geführt. Sie hatte Heereslieferung.

Entsinnt Ihr Euch Walter Heller aus Rheda? Er war mein Oberscharführer. Wenn er einen Moment gefunden hat, wo er mir unbemerkt 2 Worte sagen konnte, so sagte er mir Du siehst noch gut aus, oder Du siehst Deiner Mutter sehr ähnlich. Er fragte was Vater + Ihr Alle macht + sagte mir ein paar Tage bevor man uns evacuierte, dass er gerne mit mir nach Hause gehen möchte + entschuldigte sich dass er geben + Gutes tun konnte. Ab und zu gab er mir 3 Scheiben Brot mit grosser Mühe + Not. Dann den Tag bevor wir befreit sind, zwischen Delbrück und Kaunitz hat er mir eine grosse Schüssel mit Erbsensuppe gegeben + dann sah ich ihn nicht wieder.

Ich habe Euch nicht geschrieben, dass ich eine Glatze hatte und tätowirt bin. Ich habe die Nr 75911 + ein Dreieck darunter, welches Jude bedeutet, jetzt auf meinem Arm.

Leider konnte ich nach der Befreiung nicht nach Herzebrock od. Rheda da ich bei den Franzosen als Französin galt. Da wir in Münster unseren Zug nahmen, habe ich den Friedhof, wo unsere lb. Mutter [bestattet ist] sowie unser Haus noch gesehen."

Das Netz der DP-Camps

Etwa sieben Millionen „displaced persons" (DP), nach anderen Schätzungen sogar bis zu zwölf Millionen, befreiten die Alliierten allein auf dem Territorium der drei späteren Westzonen. Eine genaue Zahl ist kaum mehr zu ermitteln, da sich ein erheblicher Teil der Befreiten schon kurz nach Kriegsende auf den Weg nach Hause begeben hat, ohne je registriert worden zu sein.

Aus ähnlichen Gründen ist auch die Zahl der jüdischen DP unklar. Für die drei Westzonen wird diese Gruppe auf etwa 50 000 bis 75 000 Männer, Frauen und Kinder geschätzt. Die meisten von ihnen waren bei Todesmärschen, ähnlich wie in Kaunitz, in Arbeits- oder in Konzentrationslagern wie Dachau oder Bergen-Belsen befreit worden.

Dort, unweit des KZ, richteten die Alliierten in einer ehemaligen Kaserne ein Lager ausschließlich für jüdische DP ein. Mit zeitweilig über 12 000, nach anderen Schätzungen sogar 15 000 Bewohnern war das „Belsen-Hohne DP Camp" das größte in der späteren britischen Zone. Aber es war bei Weitem nicht das einzige: Zwischen Lübecker Bucht und Eifel existierten für die befreiten Jüdinnen und Juden von Kriegsende bis 1949/50 rund 40 DP-Camps, Assembly Centers oder Durchgangslager. Auf beschlagnahmten oder leerstehenden Landgütern wurden vereinzelt auch kleinere Hachschara-Ausbildungsstätten neu eingerichtet. Sie knüpften an die jüdischen Agrar-Ausbildungsstätten der 1920er- und 1930er-Jahre an.

In den ersten Wochen nach Kriegsende blieben die militärischen Einheiten für die DP-Camps zuständig. Für das Assembly Center Kaunitz waren dies Offiziere und Soldaten der 9. US-Army, die im benachbarten Verl, in Rheda und in Gütersloh Quartier aufgeschlagen hatten.

Im Juli 1945 wurde die britische Besatzungszone gebildet. Damit ging die Verantwortung für die DP-Camps an die britische Militärregierung über. Sie stieß – wie auch die Amerikaner in ihrer Zone – bei der Versorgung der DP an Grenzen. Es fehlte an allem Notwendigen: an Lebensmitteln, Kleidung, Medikamenten, Hygiene, Mobiliar und halbwegs angemessener Unterbringung, von psychologischer Betreuung ganz zu schweigen. Auch die Familienzusammenführung und Repatriierung war ins Stocken geraten.

Der Sondergesandte des Präsidenten

US-Präsident Harry S. Truman schickte einen Sondergesandten nach Deutschland, der die Zustände in 30 DP-Camps der drei Westzonen überprüfen sollte. Dieser Gesandte, der Jurist Earl G. Harrison (1899–1955), verfasste einen umfassenden Bericht, den die New York Times im September 1945 veröffentlichte. Für großes Aufsehen sorgte vor allem dieses bittere Urteil Harrisons:

„Wie die Dinge jetzt stehen, scheinen wir die Juden genauso zu behandeln, wie die Nazis sie behandelt haben, nur dass wir sie nicht vernichten. Sie befinden sich in großer Zahl in Konzentrationslagern unter unserer militärischen Bewachung anstelle der von SS-Truppen. Man fragt sich, ob das deutsche Volk, wenn es das sieht, nicht annimmt, wir würden die Politik der Nazis fortsetzen oder zumindest billigen."

Trotz dieses Verdikts allierter DP-Politik hatte Harrison durchaus auch Unterschiede zwischen den Camps wahrgenommen. Das zeigen gerade auch seine Notizen aus dem Assembly Center Kaunitz. Der Sondergesandte des Präsidenten hatte es im Sommer 1945, nach seinem Aufenthalt in Belsen-Hohne, besichtigt.

Aus Harrisons Tagebuch geht hervor, dass zu diesem Zeitpunkt noch 586 jüdische DP in Kaunitz lebten – „die meisten aus Ungarn und fast ausschließlich Frauen". Eine große Gruppe hatte also bereits das DP-Camp in Richtung Heimat verlassen können. Die anderen wollten es ihnen gleichtun, wie Harrison erfuhr: „Alle Ungarinnen wollen nach Hause, sie wollen nicht über den Winter bleiben", kritzelte er in sein Tagebuch. Etwa 100, so schätzte er, benötigten noch medizinische Hilfe, überhaupt seien Medikamente vonnöten. Aber ansonsten lautete Harrisons Fazit: „Alles ist gut organisiert, Frauen erledigen das. Jede Person ist registriert, die Kleidung ist zufriedenstellend."

An erster Stelle aber notierte Harrison einen Satz, den er in Kaunitz von einer jungen Frau zu hören bekommen hatte: „Ich glaube nicht, dass uns die Deutschen zu sehr mögen." Das lässt noch einmal die Spannungen erahnen, die sich zwischen den DP und den Einheimischen entwickelt hatten – und die an Schärfe weiter zunahmen.

41 Kaunitzer Bürger protestierten

Im Februar 1946 wandten sich 41 Kaunitzer Bürger an den Regierungspräsidenten Zenz und beklagten die ihrer Meinung nach „unhaltbaren Zustände" im Ort:

„Ganze Familien wurden aus ihren Heimen vertrieben und mussten Betten, Möbel und Hausgerät zurücklassen. Andere Familien, darunter solche mit großer Kinderzahl, wurden auf engstem Wohnraum zusammengedrängt und rechtlos in ihrem Eigentum gemacht." Die Wohnungen seien „in unvorstellbarer Weise beschmutzt und verwüstet", die hygienischen Verhältnisse „furchtbar".

Ins Fadenkreuz der protestierenden Einwohner waren aber auch ihre ländlichen Nachbarn geraten. Denn, so hieß es weiter: Die „Bewohner der Umgegend" wollten „zwar keineswegs die Ausländer bei sich aufnehmen, wohl aber Geschäfte mit ihnen machen, lebhaften Schwarzhandel".

Auch der Bürgermeister des Dorfes, der Landwirt Maasjost, wurde von den 41 Kaunitzer Bürgern angegriffen. Ihm warfen sie vor, „dass er mehr ein Freund der Ausländer als der eigenen Volksgenossen ist" – ein Wort aus dem NS-Jargon, das mehr über die Verfasser des Schreibens sagte als über die Zustände im Dorf.

Die Einheimischen empfanden die Requirierung des Eigentums, die Einquartierung und die Umwandlung des „eigenen" Dorfes als tiefen und ungerechten Eingriff. Ohne Zweifel befanden sie sich in einer misslichen Lage. Doch sie sahen sich einzig als Opfer. Die Schuld für die

ERSTE SCHRITTE IN KAUNITZ

„Nur wenige der Bauernhäuser hatten Telefone. Wir gingen natürlich mit, um das Haus des Polizisten zu sehen. Es hatte tatsächlich ein Telefon, und wir dachten, nun, das ist ein gutes Haus, um es zu beschlagnahmen. Also gaben wir dem Polizisten und seiner Frau eine Frist von 24 Stunden, um das Haus zu räumen, und obwohl Selma und ich in dieser Nacht in einer Scheune schlafen mussten. Als die 24 Stunden verstrichen waren, hatten sie das Haus noch nicht geräumt, weil sie dachten, sie hätten es nur mit zwei Frauen zu tun, und von zwei Frauen würden sie sich nichts vorschreiben lassen.
Also mussten wir uns an die britische Militärpolizei wenden, die etwa 15 Meilen entfernt eine Einheit unterhielt. Wir wandten uns an die britische Militärpolizei, um zu sehen, ob wir dort Hilfe bekommen könnten, und sie schickten einige britische Leute – ein paar Militärpolizisten –, die den Polizisten vier Stunden Zeit gaben, um zu verschwinden, nicht die 24 Stunden, die wir ihnen gegeben hatten. Und so verließen sie das Dorf und zogen zu anderen Leuten auf einen anderen Bauernhof.
Sie hatten aber eine Menge Obst- und Gemüsebäume um ihr Haus herum. Ich gab ihnen die Erlaubnis, ihre Früchte zu ernten. Natürlich wurde ich daraufhin von verschiedenen DP beschimpft, die sagten, dass niemand so freundlich zu den Juden sei, und dass ich den Deutschen nicht ihre Ernte hätte überlassen sollen.
Aber ich sagte, dass ich nicht vorhatte, die Art von Behandlung fortzusetzen, die die Deutschen ihnen angetan hatten, indem ich das Gleiche mit ihnen tat. Also gab ich den Deutschen die Erlaubnis, zu kommen und ihr Obst und Gemüse zu sammeln. Und wir ließen uns in diesem Haus nieder und machten es zu unserem Zuhause und unserem Büro und begannen mit der Verwaltung."

Aus den mündlichen Erinnerungen von Lily Holt (später: Lily Schwarzschild). Sie hatte sich 1945/46 zur Arbeit in der „Jewish Relief Unit" gemeldet, die von der britischen Militärregierung gegründet war, um die Überlebenden der befreiten Konzentrationslager zu betreuen. Mit einer zweiten Betreuerin, Selma Selby, kam Lily Holt im Frühjahr 1946 nach Kaunitz.

Ausnahmesituation, in der sie sich befanden, lag für sie einzig bei den „Ausländern", den „Nicht-Volksgenossen", den Juden, ohne nach den tatsächlichen Ursachen ihrer Lage zu fragen, die in der Politik der NSDAP, des NS-Regimes und im Terror der SS zu suchen waren.

„Zukunft fast ohne Hoffnung"

Ein Jahr nach Kriegsende, im April 1946, lebten im Assembly Center Kaunitz noch 240 Frauen und 120 Männer sowie auch einige Kinder. Das geht aus dem ersten Arbeitsbericht von Selma Selby und Lily Holt hervor. Die beiden jungen Frauen hatten sich zur „Jewish Relief Unit" (Jüdischen Hilfseinheit) gemeldet, die von der britischen Militärregierung gegründet worden war, um die befreiten jüdischen KZ-Häftlinge zu betreuen. Seit Frühjahr 1946 waren Selby und Holt in Kaunitz eingesetzt. In ihrem ersten Bericht schildern sie als eines der wichtigsten Probleme die Wohnungsknappheit und das extrem beengte Zusammenleben von Deutschen und jüdischen DP unter einem Dach. „Dies führte zunächst zu enormen Reibungen", schreiben die beiden und fahren fort: „Wir bemühen uns nach Kräften, die DP zu überzeugen, dass der legale Weg besser ist als gewaltsame Methoden, und wir hoffen, dass wir sie langsam von unserem Standpunkt überzeugen können." Den DP gelang es kaum, das Trauma der erlebten Gewalt, der Ermordung naher Angehöriger und des Verlusts ihrer Heimat hinter sich zu lassen. Wie auch hätte das gehen sollen? „Ihre Vergangenheit ist in ihren Köpfen am stärksten präsent, ihre Zukunft ist für sie fast ohne Hoffnung", stellen die beiden Helferinnen fest.
Von ihnen unterstützt, gelang den Jüdinnen und Juden, allen widrigen Umständen zum Trotz, allmählich so etwas wie ein Tasten nach Normalität, nach friedlichem Alltag und nach Gemeinschaftsleben. Dazu hatten bereits die drei Eheschließungen gezählt, von denen Bürgermeister Maasjost im Juli 1945 zu berichten wusste. Bis 1949, also kurz vor der Auflösung des Lagers, soll es zu mehr als30 Eheschließungen von DP in Kaunitz gekommen sein, eingetragen beim Standesamt Verl. Manche Ehe wurde auch nach jüdischem Ritus vor einem Rabbiner geschlossen, der aus Belsen-Hohne nach Kaunitz angereist war.
Auch entstanden vorsichtige Ansätze jüdischen Gemeindelebens. So wurden in der Kaunitzer Dorfschule eine Betstube und eine Bibliothek eingerichtet. Es gab Filmvorführungen, Konzerte und Tanzabende, zu denen etwa auch Soldaten der Jewish Brigade kamen, die in der Nähe

stationiert waren. Am Jahrestag der Befreiung 1946 fand ein Umzug durchs Dorf statt. Es gab Ansprachen, anschließend Musik – und das alles unter den Augen regionaler Vertreter der Militärregierung.
1947/48 richtete die jüdische Selbsthilfeorganisation ORT in Kaunitz Lehrgänge im Textilhandwerk ein. An ihnen nahmen 40 junge Frauen teil. Außerdem gab es Lehrkurse in hebräischer Sprache.

Kicken bei „Hakoah Kaunitz“

Sogar eine Fußballmannschaft namens „Hakoah Kaunitz“ wurde ins Leben gerufen. Doch ihre kurze Geschichte zeigt, wie schnell das Streben nach Normalität umschlagen und selbst den sportlichen Wettkampf unmöglich machen konnte. So trat Hakoah Kaunitz zunächst gegen Mannschaften anderer DP-Camps im Nordwesten an, wurde aber bald von deren Turnieren ausgeschlossen, da bei Hakoah auch „arische Spieler“ kickten – gemeint waren nichtjüdische polnische DP. „Sie haben kein Recht, sich jüdischer Sportklub zu nennen“, befand „Unzer Sztyme“, die Zeitung der jüdischen DP in der britischen Zone.
Anderseits sahen sich die Spieler von Hakoah Kaunitz in ihrer westfälischen Umgebung Anfeindungen ausgesetzt, die in offene Gewalt umschlagen konnten. Das zeigt eine kurze Zeitungsnotiz in den Westfälischen Nachrichten vom 19. November 1947: „In Verl kam es nach einem Fußballspiel zwischen deutschen Zivilisten und ausländischen Juden, die in Kaunitz wohnen, zu einer Schlägerei. Es wurden mehrere Personen verletzt.“

Über Bocholt nach Palästina

Als der US-Sondergesandte Harrison das Dorf besuchte, hatten sich die Zuständigkeiten für das Assembly Center Kaunitz bereits geändert. Im Juni 1945 hatten die amerikanischen Militärs ihre Verantwortung an die neu eingesetzte britische Militärregierung übertragen. Wenig später schaltete sich die Hilfsorganisation der Vereinten Nationen ein, die „United Nations Relief and Rehabilitation Administration“ (UNRRA), aus der im Juli 1947 die „International Refugee Organization“ (IRO) hervorging. Deren Vertreter bemühten sich, die Lage im Camp zu stabilisieren, die Versorgung zu verbessern und die Repatriierung oder Auswanderung voranzutreiben.
Bereits gegen Ende des Sommers 1945 konnte der größere Teil der Frauen, vor allem jene aus Ungarn und der Tschechoslowakei, in ihre Heimat zurückkehren. 1946 lebten noch etwa 400 Personen in Kaunitz.
Etliche von ihnen drängten darauf, nach Palästina auszuwandern, das damals noch britisches Mandatsgebiet war. Die britische Militärregierung hatte diese Auswanderung zunächst blockiert, änderte aber 1947 ihre Politik und richtete in Bocholt im westlichen Münsterland ein „Palestine Transit Camp“ ein. Binnen eines Jahres erhielten dort 6000 Jüdinnen und Juden ihre Einreisezertifikate, bevor sie von Bocholt per Bahn nach Marseille fahren und von dort per Schiff nach Haifa gelangen konnten. Die meisten, die diesen Weg nutzten, kamen aus den DP-Camps im Nordwesten, auch aus Kaunitz. Dort hatte sich im Juni 1947 eine Gruppe von 27 Personen auf den Weg über Bocholt nach Palästina begeben.

1947 im „Palestine Transit Camp“ in Bocholt: Auschwitz-Überlebende zeigen dem Fotografen Hans Berben ihre eintätowierten Häftlingsnummern.

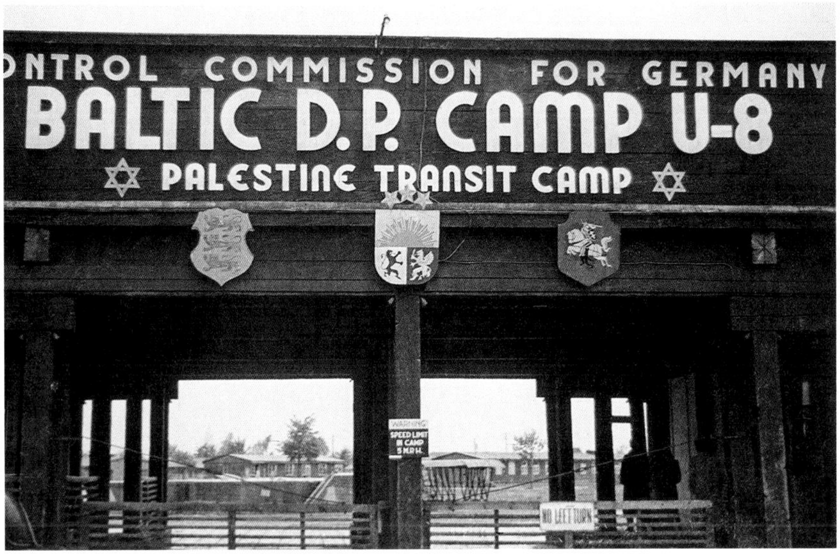

Eingang zum „Palestine Transit Camp“ in Bocholt 1947.

Die Gründung des Staates Israel im Mai 1948 erleichterte die Einwanderung der DP. Die britische Militärregierung konnte also ihr Programm beenden. Noch im selben Monat schloss sie das Transit Camp in Bocholt. Gleichzeitig gelang es der IRO, die Auswanderung in Länder wie Kanada, USA und Australien zu organisieren.
Das alles war auch in Kaunitz zu spüren. Dort verkleinerte sich die Zahl der jüdischen DP rasch. 200 waren es 1947, ein Jahr später hatte sich diese Zahl halbiert. Im Winter 1949/50 schließlich gab die Verler Amtsverwaltung die letzten Zimmer und Wohnungen frei. Das Assembly Center Kaunitz war damit Geschichte.

Antisemitismus in der Dorfchronik

In Vergessenheit aber geriet es nicht. Vielmehr wurde die Erinnerung an dieses Kapitel der Kaunitzer Dorfgeschichte wachgehalten – das allerdings zunächst in denkbar einseitiger Deutung. So trug ein anonymer Autor ohne jede Erwähnung der Vorgeschichte, ohne jeden Blick für die Leiden der jüdischen Mädchen, Frauen und Männer, in der Chronik der örtlichen katholischen Kirchengemeinde St. Maria Immakulata die Bemerkung ein: „Gleichzeitig mit den Amerikanern kamen ausländische Jüdinnen ins Dorf, die noch lange eine Plage bildeten.“
Ebenfalls ohne jedes Gespür für die Vorgeschichte und die Begleitumstände des DP-Camps notierte Josef Hermwille 1957 in seiner Chronik des Amtes Verl, die „Jüdinnen und Juden fremder Nationalität […] verschwanden in den nächsten Jahren, nachdem die Zeit des Schleichhandels vorbei war.“
Eine Kette antisemitischer Stereotype durchzieht den – nicht datierten – Eintrag in der örtlichen Schulchronik. Der Kaunitzer Hauptlehrer Scheideler hielt dort folgenden Rückblick fest:
„Diese elend gekleideten Frauen ergossen sich nun in ihrem ausgehungerten Zustand wie ein Heuschreckenschwarm in den teilweise verlassenen Ort, besetzten alle Häuser, durchsuchten sie und plünderten, was ihnen gefiel. […] Und nun entwickelte sich bei der dieser Rasse eigentümlichen Geschäftstüchtigkeit mit den Bewohnern der näheren und weiteren Umgebung ein schwunghafter Schwarzhandel. Die Kleiderpracht bei Frauen und Männern stieg von Tag zu Tag und zeigte sich bei ihnen besonders an den jüdischen Festtagen. Dieselben Leute, die anfangs hier in Lumpen angekommen waren, stachen bald die deutsche Bevölkerung in Kleiderpracht und Schmuck aus – ein Beweis, dass ihnen ihre Geschäfte viel Geld einbrachten.“

Eine Schulklasse beendet das Schweigen

Diese Sicht und das folgende jahrzehntelange Schweigen durchbrach erst Anfang der 1990er-Jahre eine Schulklasse der Städtischen Anne-Frank-Gesamtschule in Gütersloh. Die Schülerinnen und Schüler hatten die Gräber zweier Kinder auf dem jüdischen Friedhof in Gütersloh entdeckt. Sie hatten auch herausgefunden, dass die beiden im Säuglingsalter 1946 gestorben waren und ihre jungen Eltern als Displaced Persons in Kaunitz gelebt hatten. Bei weiteren Recherchen trug die Schulklasse in Archiven eine Fülle an Informationen zusammen. Sie machten auch ehemalige Zwangsarbeiterinnen ausfindig und baten sie um Erinnerungsberichte. Die Ergebnisse fassten die Schülerinnen und Schüler in einem Bericht zusammen, den die Stadt Gütersloh offiziell als Buch herausgab. Die Schulklasse entwarf sogar auch ein Mahnmal. Dessen Realisierung allerdings scheiterte am Widerstand aus der örtlichen Bevölkerung.
Erst 1995, zum 50. Jahrestag des Kriegsendes, wurde im Beisein einiger ehemaliger Zwangsarbeiterinnen ein Gedenkstein in Kaunitz aufgestellt. Er erinnert bis heute an die Leidensgeschichte der Zwangsarbeiterinnen und an ihre Befreiung am 1. April 1945. Die anschließende Zeit des „D. P. Assembly Center Kaunitz“ wird allerdings mit keinem Wort erwähnt.

„Ein Land, das einst das ihre war“

Nach dem Kriegsende 1945: Erfahrungen jüdischer „Rückkehrer“ im ländlichen Westfalen

In den ersten Wochen und Monaten nach Kriegsende 1945 existierten in Westfalen zwei jüdische Welten nebeneinander. Die eine – das war die Welt der Camps der britischen Militärregierung. Jüdische Displaced Persons, die aus Ländern wie Polen, Ungarn, der Ukraine, Weißrussland oder Russland verschleppt waren, warteten nach ihrer Befreiung in Camps wie dem „DP Assembly Center Kaunitz“ auf eine Chance, das Land möglichst rasch zu verlassen.

Die andere Welt – das war die der rund 700 deutschen Jüdinnen und Juden, die nach einer Schätzung der Dortmunder Kultusgemeinde im Januar 1946 in Westfalen lebten. Gut vier Jahre später, bei Gründung der Bundesrepublik, waren es etwa 950 Männer und Frauen.

Hans Frankenthal – ein Porträtfoto aus dem Jahr 1946

Nur wenige hatten wie die Ahlener Viehhändlerfamilie Spiegel die NS-Verfolgung in einem Versteck in Westfalen überlebt. Die meisten der 950 waren in den Kriegsjahren deportiert worden, hatten schwerste Konzentrationslagerhaft überlebt und kehrten nun, nach der Befreiung, in ihre Heimat zurück. Doch „Heimat“ – was konnte das für die wenigen Überlebenden heißen?

Ihre nächsten Angehörigen waren ermordet oder hatten noch rechtzeitig aus Hitler-Deutschland fliehen können. Ihr Besitz war oftmals zerstört, Wohnungen und Häuser waren ihnen genommen, ihre wirtschaftliche Existenz als Ladenbesitzer, als Viehhändler, als Selbstständige war zerstört.

Wie gelang es den wenigen Überlebenden, sich in Westfalen einzufinden und ein neues Leben zu beginnen? Konnte es das nach dieser Gewalterfahrung überhaupt für sie geben: ein „neues Leben“? Wie konnten sie überhaupt in das Land der Täter, Mitläufer und Zuschauer zurückkehren? Wie konnten sie leben im Land, das ihnen und ihren Familien nach Eigentum, Leib und Leben getrachtet hatte – und in dem nun das NS-Regime und seine Folgen, in dem die eigene Verantwortung mit Macht verdrängt, verdreht und verschwiegen wurden? Was geschah, wenn eine Jüdin, wenn ein Jude heimkehrte in das Dorf oder in die ländliche Kleinstadt, wo jeder jeden kannte und allseits bekannt war, was der oder die Einzelne in der NS-Zeit getan hatte?

Zwei Lebenswege

Auf diese Fragen gab es nicht die eine, sondern es gab viele Antworten. Zwei, gut dokumentiert, führen direkt in das ländlich-kleinstädtische Milieu Westfalens der frühen Nachkriegsjahre: Es sind die Lebenswege der KZ-Überlebenden Hans Frankenthal (1926–1999) aus Schmallenberg und der Eheleute Hugo Spiegel (1905–1987) und Ruth Spiegel, geb. Weinberg (1907–1974), aus Warendorf.

Sie stammen aus alteingesessenen jüdischen Familien im ländlichen Westfalen. Hans Frankenthal und Hugo Spiegel waren als Viehhändler tätig, so wie es ihre Vorfahren seit Generationen getan hatten. Und beide kehrten nach ihrer Befreiung 1945 an den Ort ihrer Familien zurück.

Doch es gibt auch Unterschiede. So gehörten Frankenthal und die Eheleute Spiegel unterschiedlichen Generationen an und gingen – vielleicht auch deswegen – anders mit

NEUANFÄNGE IN 18 STÄDTEN

Bereits in den ersten Nachkriegsmonaten gründeten KZ-Überlebende in Dortmund und in Münster die ersten beiden jüdischen Kultusgemeinden Westfalens. Bis 1947 folgten 16 weitere Neugründungen, unter anderem in Bielefeld, Bochum, Detmold, Gelsenkirchen, Hagen, Herford, Minden und Paderborn. Zeitweilig entstanden kleinere Gemeinden in Ahlen, Lemgo, Lippstadt, Warburg oder Witten, die sich aber bald den größeren in den Nachbarstädten anschlossen. Um 1960 gab es zehn Kultusgemeinden in Westfalen mit zusammen rund 1000 Jüdinnen und Juden.
Auf dem Land hingegen, in den Dörfern und Kleinstädten, war und blieb jüdisches Gemeindeleben ausgelöscht. Die Verfolgung der NS-Zeit hat das westfälische Landjudentum vollständig zerstört. Es gebe in Westfalen Gegenden, in denen im Umkreis von 50 bis 100 km kaum ein Jude lebe – so beklagte wenige Jahre nach Kriegsende Siegfried Heimberg, der selbst auf dem Land, im sauerländischen Madfeld, aufgewachsen war und nach 1945 zur treibenden Kraft beim Neuaufbau der Dortmunder Kultusgemeinde wurde. Vereinzelt ließen sich jüdische Familien oder Einzelpersonen auch auf dem Land oder in Kleinstädten nieder. Insgesamt aber war und blieb jüdisches Leben seit 1945 städtisch geprägt.

der Erfahrung der erlittenen Gewalt um. Auch die Erzählperspektive unterscheidet die beiden Lebensberichte. Hans Frankenthal schrieb seine Erinnerungen im fortgeschrittenen Alter selbst und veröffentlichte sie unter dem Titel „Verweigerte Rückkehr – Erfahrungen nach dem Judenmord“.
Über seine Eltern Hugo und Ruth Spiegel hingegen schrieb rückblickend ihr Sohn Paul Spiegel, der spätere Vorsitzende des Zentralrates der Juden in Deutschland. 2001 veröffentlichte er seine Erinnerungen und gab ihnen eine Frage als Buchtitel: „Wieder zu Hause?“

Rückkehr nach Schmallenberg

Zunächst ins Sauerland und zu Hans Frankenthal aus Schmallenberg: Frankenthal, geboren am 15. Juni 1926, war Spross einer seit Jahrhunderten im Sauerland ansässigen Metzger- und Viehhändlerfamilie. Gerade einmal 19 Jahre alt war er, als er mit seinem Bruder Ernst im Sommer 1945 nach Jahren der Zwangsarbeit, Deportation und der Hölle im Vernichtungslager Auschwitz und dessen Außenlager Monowitz ins Sauerland heimkehrte. Die Eltern Max und Adele Frankenthal waren ermordet – und wie hatte der Vater an der Rampe in Ausschwitz gesagt: „Ich werde das nicht überleben, ich bin zu alt. Solltet ihr überleben, geht nach Schmallenberg zurück.“ Diese letzten Worte, so schreibt Hans Frankenthal, waren ihm und seinem Bruder ein Vermächtnis und ein Auftrag.
Und nun, im Juni 1945, saßen die beiden Geschundenen im Regionalzug, der sie nach Hause bringen sollte. „Die letzten Kilometer fuhr der Zug durch eine Gegend, in der wir jeden Ort, jeden Hof, jeden Steg kannten“, erinnert sich Hans Frankenthal. „Vom Schmallenberger Bahnhof bis zum Haus unserer Eltern waren es nur noch wenige Meter, ein Privatweg verband den Bahndamm mit dem Grundstück, auf dem früher das Vieh zum Verladen geführt worden war. Diesen Weg gingen wir langsam hoch, bekleidet mit Zivilhosen, aber noch in Häftlingsjacken. Auf der Treppe zu unserer Haustür stoppte ich meinen Bruder und forderte ihn auf, die Jacke auszuziehen, um zu vermeiden, dass wir Wanzen mit ins Haus schleppten. So betraten wir nach sechs Jahren wieder das Haus unserer Eltern. In den letzten Jahren hatte ich nicht geweint, aber jetzt überfielen mich Weinkrämpfe. Ich brauchte Stunden, um mich wieder zu beruhigen.“
In den folgenden Tagen und Wochen erlebte Frankenthal die Unterstützung früherer Nachbarn. Kleidung und Lebensmittel wurden gespendet. Eine mit den Eltern befreundete Familie brachte Hausrat zurück, den sie von den Frankenthals nach dem Pogrom 1938 zur Aufbewahrung erhalten hatte. Ein Bauer brachte sogar ein halbes Schwein vorbei – „damals achtete ich nicht auf koscheres Essen“, so Frankenthal, „ich war der Meinung, ich würde nie wieder an Gott glauben können“.
Frankenthal erinnert sich aber auch an das versteckte und offene Ressentiment, das er im Schmallenberg der frühen Nachkriegsjahre zu spüren bekam, an die Ablehnung früherer Nazis und Profiteure der Judenverfolgung. So gelang es seinem Bruder und ihm nur mit Polizeigewalt, bei einem

„hundertfünfzigprozentigen Nazi" ein Auto aus Familienbesitz zurückzuholen. Damit begann Hans Frankenthal seinen Viehhandel. „Ich fuhr über die Dörfer, kaufte Kleinvieh bei den Bauern und schlachtete schwarz. Kaum war ich wieder einigermaßen bei Kräften, entschloss ich mich, das väterliche Geschäft neu aufzubauen."

Hindernisse und kollektives Schweigen

Doch ihm stellten sich Hindernisse entgegen. Die Bürokraten des ehemaligen Reichsnährstandes in Unna-Königsborn blockierten dieses Vorhaben ebenso wie Vertreter der örtlichen Genossenschaft oder auch ein „arischer" Viehhändler in Schmallenberg. Frankenthal erklärte sich das mit Geschäftskonkurrenz, kaum verdeckter NS-Gesinnung und antisemitischem Ressentiment.

Völlig unerklärlich hingegen blieb ihm und seinem Bruder aber das kollektive Schweigen in seinem Heimatort. „Kein Schmallenberger fragte, wo unsere Eltern oder die anderen Juden seien." Immerhin hatten um 1930 rund 50 Jüdinnen und Juden in der Kleinstadt gelebt. Doch nun, in den Jahren nach Kriegsende, verlor niemand darüber ein Wort. Die beiden Brüder Frankenthal stellten sogar mitten in der Stadt einen Gedenkstein auf, der an die jüdische Gemeinde und die 1938 zerstörte Synagoge erinnerte. „Kein Echo, keine Reaktion der Einwohner oder der Behörden – nichts geschah."

Als Zeugen in den Entnazifizierungsverfahren der frühen Nachkriegsjahre beobachteten Hans und Ernst Frankenthal, wie die NS-Untaten verdrängt, verwischt und umgelogen wurden. Ehemalige SA-Leute oder Parteifunktionäre wurden wieder hofiert. Ein Amtsinspektor, der sich am Eigentum der Frankenthals bereichert hatte, saß im Herbst 1949 „wieder an seinem Platz, als zweithöchster Beamter in Schmallenberg", so Frankenthal bitter. Und er urteilt: „Die Leute waren den alten Nazis gegenüber völlig gleichgültig, es war ihnen eigentlich egal, wer was früher gemacht hatte."

1947 lernte Hans Frankenthal seine spätere Frau Anni Labe kennen. Ein Jahr später heirateten die beiden. Zwischen 1950 und 1954 bekamen sie zwei Töchter und einen Sohn. Sie bauten in Schmallenberg eine Existenz im Viehhandel mit angegliederter Metzgerei auf, so wie es seine Vorfahren getan hatten. Die Ehe scheiterte in den 1970er-Jahren.

Mit seiner Frau, so bekennt Frankenthal in seinen Erinnerungen, konnte er nur selten, mit seinen Kindern gar nicht über seine Vergangenheit sprechen: „Wenn sie nach der Tätowierung auf meinem Arm fragten, erklärte ich ihnen,

DER MISTSTREUER VOR DER LADENTÜR

„Als mein Mann und ich nach dem Krieg in Gildehaus in der Grafschaft Bentheim nahe der holländischen Grenze in unserem Wohnhaus unten ein kleines Textilgeschäft betrieben, befand sich gegenüber eine Schmiede. Besonders mein Mann war sehr lärmempfindlich, und er litt unter dem Lärm der Schmiede. [...] Als sie in der Schmiede in den 60er-Jahren unter einem früheren Besitzer dann noch zeitiger am Morgen anfingen, Eisen zu schlagen oder auf einem Amboss zu klopfen und sie sich außerdem einen Wachhund anschafften, der die ganze Zeit kläffte – mein Mann hatte in seiner Lagerzeit in Riga schlimme Erfahrungen mit Hunden gemacht –, gingen meinem Mann eines Tages die Nerven durch. Ich warnte noch, als er den Telefonhörer schon in der Hand hielt: ‚Überlege Dir, was Du tust! Wenn Du anrufst, hast Du Krach mit der Nachbarschaft!'

‚Ja', antwortete er, ‚das weiß ich wohl, aber ich halte es nicht mehr aus!'

Seit der Zeit bestanden Spannungen zwischen dem früheren Betreiber der Schmiede und uns, die sich dann noch steigern sollten. Wir hatten schon längere Zeit beobachtet, dass die Schmiede auch ‚Mengele'-Streuwagen an Bauern verkaufte. Die standen die ganze Zeit vorne an der Bundesstraße, bis sie eines Tages einen Wagen direkt vor unsere Ladentür schoben. [...] Die Ladentür war aus Glas, und wenn wir hinter der Ladentheke standen, mussten wir ständig auf das unerträgliche Wort hinter dem Zaun auf der anderen Seite der kleinen Seite schauen: Mengele. Das hat furchtbar aufgerührt, ständig auf den Namen des Mannes schauen zu müssen, der meine Mutter und mich in Auschwitz selektiert und sie ins Gas geschickt hatte. Auch meinen Mann, obwohl er selbst in anderen Lagern gewesen war, regte das sehr auf. Als ich das Thema einmal wieder ansprach, ob wir nicht reagieren sollten, sagte mein Mann: ‚Ich habe es ihnen schon gesagt, aber sie haben nicht darauf reagiert.'"

Aus dem Lebensbericht von Hella Wertheim, geb. Sass (1928–2012). Sie stammte aus Ostpreußen und gelangte nach ihrer Befreiung aus dem KZ nach Gildehaus in der Grafschaft Bentheim. Dort lernte sie Heinz Wertheim (1915–1987) kennen, der als Einziger seiner Familie die Shoah überlebt hatte. – Der im Text genannte Josef Mengele (1911–1979), Lagerarzt im KZ Auschwitz, entstammte einer schwäbischen Unternehmerfamilie, die eine Landtechnikfirma aufgebaut hatte. Bis in die 1990er-Jahre produzierte das Unternehmen vor allem Miststreuer und Ladewagen.

Im Frankfurter Römer begann am 20. Dezember 1963 der Auschwitz-Prozess. Zu den 359 Zeugen zählten auch die Brüder Hans und Ernst Frankenthal aus Schmallenberg.

das sei eine wichtige Telefonnummer, die ich nicht vergessen dürfe. Diese Frage stellten mir viele, aber nachdem ich anfangs versucht hatte, die Wahrheit zu erzählen und ungläubige, abwehrende Reaktionen erlebt hatte, antwortete ich nur noch mit dieser Notlüge. Hätte ich meinen Kindern sagen sollen, ihre Großeltern seien in Auschwitz ermordet worden?“

Stattdessen stürzte er sich in die Arbeit. Das Unternehmen florierte bald – und Hans Frankenthal wurde „eigentlich ein ganz normaler Bürger“, wie er im Rückblick schreibt. Zu den meisten im Ort habe er ein „ausgesprochen freundschaftliches Verhältnis“ gehabt – „außer zu den vielleicht zehn Personen, von denen ich wusste, dass sie im Nationalsozialismus eine besondere Rolle gespielt hatten. Denen ging ich aus dem Weg.“

Im Gesangsverein, Schützenverein und vor allem unter seinesgleichen, den Handwerkern im örtlichen Kegelclub, fühlte er sich wohl, dort konnte er seiner Geselligkeit nachgehen. Nur selten erfuhr er sein „Anderssein“, wie er schreibt: Etwa, als er 1958 Vizekönig im Schützenverein wurde und Einzelne hinter seinem Rücken Gerüchte gegen ihn streuten. Oder als der Ortspfarrer es strikt ablehnte, dass ein Jude in Schützenuniform vor dem Hochaltar erscheine. Oder als am Stammtisch Soldatengeschichten erzählt wurden, ihm aber kaum jemand abnahm, dass es Vernichtungslager wie Auschwitz gegeben habe.

Zeugen im Frankfurter Auschwitz-Prozess

1963 begann in Frankfurt/Main der Auschwitz-Prozess. Die Brüder Hans und Ernst Frankenthal wurden als Zeugen geladen. Sie sagten gegen mehrere SS-Leute und Mediziner aus. „Wir Überlebenden waren wirklich dankbar über diesen Prozess – endlich, nach 20 Jahren, wurde das erste Mal öffentlich über Auschwitz gesprochen.“

Wie in der Bundesrepublik insgesamt, so schienen auch in Schmallenberg allmählich das Schweigen und Verdrängen, das Nicht-Wahrhaben-Wollen und die Unbelehrbarkeit aufzubrechen. Frankenthal trug maßgeblich dazu bei. Er wollte die Verantwortlichen zur Rede stellen – und ihnen ein öffentliches Bekenntnis zu ihrer persönlichen Verantwortung abringen. Bereits in den 1950er-Jahren hatte er sich mit einem Mescheder Bauunternehmer auseinandergesetzt, der ihm und den anderen jüdischen Zwangsarbeitern den Lohn vorenthalten und sich bereichert hatte. „Ich wollte von ihm kein Geld, sondern eine öffentliche Erklärung, dass seine Firma jüdische Zwangsarbeiter ausgebeutet hatte – und unter welchen Bedingungen.“

In Schmallenberg überführte Frankenthal später einen langjährigen Amtsinspektor, „Judenakten“ unterdrückt, die Unwahrheit gesagt und sich an jüdischem Eigentum bereichert zu haben.

Seit den frühen 1980er-Jahren gelang es Frankenthal zunehmend, auch in der Öffentlichkeit über seine Erfahrungen während des NS-Regimes zu sprechen. Er begann, sich im Vorstand des deutschen Auschwitzkomitees der überlebenden Häftlinge sowie im Landesverband der jüdischen Kultusgemeinden Westfalens zu engagieren. Wiederholt trat er auf Aktionärsversammlungen der Abwicklungsgesellschaft des einstigen Industriekonzerns „I.G. Farben“ auf. Dort forderte er Entschädigung dafür, dass der Chemiekonzern Zwangsarbeiter aus dem KZ Auschwitz III Monowitz beschäftigt hatte. 1995 brachte Frankenthal sogar die Kraft auf, an den Ort seiner schlimmsten Qualen zurückzukehren: Er nahm an den Gedenkveran-

staltungen zum 50. Jahrestag der Befreiung des Vernichtungslagers Auschwitz teil.
Wenig später begann er mit der Niederschrift seiner Erinnerungen „Verweigerte Rückkehr". Sie schließen mit dem Satz:
„Meine Geschichte wird mich bis in den Tod nicht mehr loslassen. Trotzdem bin ich ein fröhlicher Mensch. Vor kurzem habe ich mich auf einer Reise nach Israel sogar noch einmal verliebt, und jetzt genieße ich den Frühling."
Das gedruckte Buch hat Frankenthal noch in Händen halten können. Am 22. Dezember 1999 starb er in Dortmund. Er ist auf dem jüdischen Friedhof in Eilpe beigesetzt.

In Warendorf wieder zu Hause?

Von ähnlichen Erfahrungen und doch von einem anderen Lebensweg berichtet Paul Spiegel aus Warendorf, der Kreisstadt im östlichen Münsterland: „Für meinen Vater war Warendorf trotz Trauer und Leid unverrückbar Heimat und Zuhause geblieben" – und das, obwohl die Tochter Rosa, die ältere Schwester Paul Spiegels, als Elfjährige entführt, nach Auschwitz verschleppt und dort 1942 ermordet worden war. Und das auch, obwohl Hugo Spiegel, wie sein Sohn schreibt, „auf eine Todesodyssee gezwungen [wurde], die er wie durch ein Wunder überlebte".

„Ein würdiger König, aber kein gedankenloser": Der Viehhändler Hugo Spiegel wurde 1962 Schützenkönig in Warendorf.

Zunächst ein Rückblick: Hugo Spiegel, 1905 in Versmold geboren und aufgewachsen, eröffnete Ende der 1920er-Jahre in Warendorf einen Viehhandel. Kurz darauf heiratete er die zwei Jahre jüngere Ruth Weinberg aus Rheda. Aus der Ehe gingen die beiden Kinder Rosa und Paul hervor. Die NS-Verfolgung, die Gewalt vor allem in der Pogromnacht 1938, zwang die Familie, Warendorf zu verlassen. Ihre Flucht führte auf getrennten Wegen nach Belgien. Dort wurde Hugo Spiegel verhaftet, im Oktober 1942 auch die Tochter Rosa verschleppt. Ihr Schicksal blieb fast 60 Jahre lang ungewiss.
Während Paul und seine Mutter sich in Belgien versteckt halten konnten, wurde Hugo Spiegel durch halb Europa verschleppt: vom französischen Internierungslager Gurs über das KZ Buchenwald in das Vernichtungslager Auschwitz, von dort in einem Todesmarsch in das KZ Dachau, wo er Ende April 1945 befreit wurde.
In Dachau kannte er nur ein Ziel: zurück nach Warendorf. „Quer durch das zerstörte Deutschland schlug er sich ins Münsterland durch", erinnert sich sein Sohn später. „Er ließ sich weder von zerbombten Bahnverbindungen noch durch verstopfte Straßen aufhalten. Nach einigen Tagen kam er zu Hause an. Aber war er wieder zu Hause? Ich glaube, dass seine Reise nicht wenige Tage, sondern mehrere Jahre dauerte. Für mich wird die Heimreise meines Vaters im Mai 1945 immer ein unlösbares Rätsel von symbolischer Kraft bleiben."
Hugo Spiegel, zurück in Warendorf, konnte noch nicht wissen, dass seine Ehefrau Ruth und Sohn Paul versteckt in Belgien überlebt hatten. Über einen englischen Offizier ließ er nach ihnen suchen. Seine Frau hatte sich fest vorgenommen, in die USA zu emigrieren. „Alles in Mutter sträubte sich dagegen, nach Deutschland und ausgerechnet nach Warendorf zurückzukehren, wo sie die Unmenschlichkeit und Niedertracht der Nazis und die Passivität der Bevölkerung hatten erleben müssen. Doch Mutter ordnete ihre Ängste und ihre freie Entscheidung dem Wunsch ihres Mannes unter und folgte ihm in ein Land, das einst das ihre war und es im Laufe der Jahre wieder werden sollte."
Noch im Frühjahr 1945 kamen die Eheleute und ihr Sohn in Warendorf wieder zusammen. Und es geschah noch etwas Unerwartetes: Bei ihnen meldete sich Heinrich Baggeroer, ein benachbarter Warendorfer Kaufmann, den sie bis dahin nur flüchtig kannten. Er übergab ihnen die

Thorarolle und jüdische Gebetbücher. In der Pogromnacht 1938 hatte Baggeroer diese Zeugnisse jüdischen Glaubens in der zerstörten Synagoge beherzt aufgehoben und jahrelang im Keller seines Hauses versteckt. Paul Spiegel schrieb dazu: „Der Anstand dieses Mannes war für meinen Vater die Bestätigung dafür, dass sein Entschluss, nach Warendorf zurückzukehren, richtig gewesen war."

In den kargen Nachkriegsjahren gelang es den Spiegels, nach und nach eine Existenz aufzubauen. Hugo Spiegel begann, seinen Viehhandel, den er bis in die 1930er-Jahre betrieben hatte, wieder aufzunehmen. Im Münsterland war er vielfach unterwegs zwischen Bauernhöfen und Viehmärkten, Schlachthöfen und Metzgereien. „Die Bauern erzählten Vater aus Abscheu, schlechtem Gewissen und sicher auch anderen Gründen, wer Nazi gewesen war. Er mied diese Bauern und Händler, wie er mir später erzählte, auch wenn er mit ihnen früher gute Geschäfte gemacht hatte."

Sogar Freizeit und Geselligkeit gab es. Während seine Frau sich eher für Theater und Kino interessierte, liebte Hugo Spiegel das gesellige Leben, etwa im Warendorfer Schützenverein „Hinter den 3 Brücken". Dort wurde er 1962 sogar Schützenkönig – „zweifellos ein Ereignis mit symbolischem Charakter", wie sein Sohn fast vier Jahrzehnte später urteilt. Die Königskette der Warendorfer Schützen habe sein Vater „stolz wie ein wahrer König" getragen. Es war ein Zeichen, dass er, der jüdische Viehhändler, dazugehörte. Es war ein Zeichen seines Ansehens, ein Zeichen auch für das zurückgekehrte und zurückeroberte normale Leben. Oder doch nicht? „Ein würdiger König war er – aber kein gedankenloser", notiert sein Sohn später. „Als wir nach all dem Trubel endlich allein waren, sagte er, der nie über die Vergangenheit sprach, zu Mutter und mir: ‚Seht ihr! Es war richtig, heim nach Warendorf zu kehren!' Und dann, fast verstummend: ‚Wenn unser Roselchen das hätte erleben können …'"

Den Tod der Tochter konnte die Mutter nie verwinden. Ruth Spiegel starb 1974 im Alter von 67 Jahren, ihr Mann Hugo Spiegel 1987 im Alter von 82 Jahren. Beide sind auf dem jüdischen Friedhof in Warendorf beigesetzt. Zeitlebens erfuhren die beiden nicht, dass ihre Tochter 1942 verschleppt, nach Auschwitz deportiert und dort durch Giftgas ermordet worden ist.

In seinen Erinnerungen blickt Paul Spiegel auf die Jahre der Verfolgung und Gewalt, aber auch auf die Zeiten des Neubeginnens. Die ungezählten Demütigungen, der Massenmord, am Ende die vollständige Zerstörung des jahrhundertealten Landjudentums, dem er entstammte, und die persönlichen Erfahrungen seiner Familie im 19. und 20. Jahrhundert: All das hat ihn nicht von seiner Hoffnung abbringen lassen – darin war er offenbar seinem Vater ähnlich. Aus dieser Perspektive stellt er fest:

„Viele Deutsche leiden an einem ‚Phantomschmerz'. Sie vermissen das jüdische Element in ihrer Gesellschaft und Kultur. Das originäre, gewachsene deutsche Judentum aber ist untergegangen. Seine Träger wurden ermordet, vertrieben oder sie flohen. Nur die wenigsten sind zurückgekehrt. Länger als ein halbes Jahrhundert versuchen wir, hier ein neues Judentum zu etablieren. Es wird im Zusammenspiel mit der nichtjüdischen deutschen Gesellschaft seine eigenen Züge entwickeln. […] Es wird, davon bin ich überzeugt, eine Bereicherung für das europäische Judentum und für die freiheitliche deutsche Gesellschaft sein."

Seine Erinnerungen schließt Spiegel mit einer Reminiszenz an seinen Vater, den mit Westfalen und seinem ausgelöschten Landjudentum aufs Engste verbundenen Viehhändler: „Hugo Spiegel hat sein Zuhause nie verlassen. Meine Familie, unsere Gemeinde und ich sind dabei, wieder heimzukehren – wenn die nichtjüdischen Deutschen es wollen. Ich bin davon überzeugt."

„DAS HABE ICH NICHT VERGESSEN"

In seiner Autobiografie schildert Paul Spiegel ein Erlebnis, das ihn auf besondere Weise an die Nachkriegsjahre in Westfalen und an das Erbe seiner Eltern erinnert hat. Demnach habe ihm nach einem Vortrag, gehalten 2001 in Freckenhorst, ein älterer Mann einen Brief zugesteckt. Der Mann sei verschämt fortgegangen. Auf dem Heimweg las Spiegel den auf einer alten Schreibmaschine getippten Brief:

„Lieber Paul!
Sicherlich bist Du erstaunt, von mir ein paar Zeilen zu bekommen. Warum schreibe ich Dir? Es soll Dir zeigen, wie sehr ich verbunden bin mit der Familie Spiegel. Dein Vater war viele Jahre auf unserem Hof als Händler, und Du warst oft dabei. Seit 1946 und noch viele Jahre haben wir mit Deinem Vater gehandelt. Dann kam das Jahr 1950. Mein Vater lag im Krankenhaus, und zur gleichen Zeit starb unsere Mutter. Ich stand mit ein paar fremden Leuten und meinen Geschwistern allein ohne Eltern auf dem Hof. Und das mit 21 Jahren. Da kam am Todestag unserer Mutter nachmittags die Familie Spiegel auf den Hof. Dein Vater, Deine Mutter und der Paul. Ihr alle wart so betroffen und habt uns innige Teilnahme gewünscht. Ihr wart die Ersten, aber auch die Einzigen, die bei uns waren in dieser schweren Stunde. Und als ihr Abschied nahmt, sagte Dein Vater: ‚So, ich heiße Hugo für Dich, und wenn Du Hilfe brauchst, dann rufe bitte an, ich helfe Dir.' Lieber Paul, das habe ich nicht vergessen, wenn es auch schon lange her ist."

Schluss

Kaum war der Zweite Weltkrieg beendet, kaum veröffentlichten Zeitungen, Radio und Kino-Wochenschauen die ersten Berichte über die Vernichtungslager, da wurden bereits wieder jüdische Friedhöfe geschändet. Die Täter blieben meist unerkannt. Sie zerstörten Inschriften, rissen Zäune ein oder warfen Grabsteine um. Gleich viermal, zwischen Juli 1946 und Mai 1949, attackierten Unbekannte den jüdischen Friedhof in der Industriestadt Lüdenscheid. Zweimal binnen weniger Wochen, im Oktober und November 1948, wurde in der Kleinstadt Oelde im östlichen Münsterland der versteckt liegende jüdische Friedhof geschändet.

Insgesamt 30 Schändungen jüdischer Friedhöfe wurden allein in Westfalen und Lippe zwischen April 1946 und August 1949 gezählt, bis 1961 kamen weitere 14 hinzu. In drei Fällen sollen es Kinder und Jugendliche gewesen sein, meist aber blieben die Täter unerkannt.

Die Schändungen waren Ausdruck antisemitischen Hasses und blinder Zerstörungswut. In ihnen verbarg sich aber auch der Versuch, die Erinnerung an jahrhundertealtes jüdisches Leben in den Dörfern und Kleinstädten zu tilgen.

Stumme Zeugen aus Stein

Auf dem Land gab es keine jüdischen Gemeinden mehr. Nach Jahrhunderten eigenständiger Existenz waren sie in wenigen Jahren der NS-Verfolgung vollständig zerstört. Aber vielerorts in den Dörfern und Kleinstädten standen auch nach Ende des NS-Regimes noch Synagogengebäude und es gab noch zahlreiche, jüdische Friedhöfe. Meist lagen – und liegen – sie versteckt im Ort, häufig auch am Rand einer Dorfsiedlung oder im Abseits, auf einer abgelegenen Parzelle oder in einem Waldstück verborgen.

Als stumme Zeugen durchbrachen sie das Schweigen der Nachkriegsgesellschaft. Sie hielten die Erinnerung an die früheren jüdischen Gemeinden wach – und damit auch an den Zivilisationsbruch der Shoah, der sich nicht im unverbindlichen Irgendwo ereignet hat, sondern in jeder Stadt und in jedem Dorf, in denen es eine jüdische Gemeinde gegeben hat.

Es sollte Jahrzehnte dauern, ehe eine Kultur des Erinnerns sich entwickelte und die Nachkriegsgesellschaft Verantwortung für das Geschehene übernahm. Jahrzehnte sollte es dauern, ehe sich die Einsicht durchsetzen konnte, die Aleida und Jan Assmann 2018 treffend zusammengefasst haben: „Beschämend ist allein diese Geschichte, nicht aber die befreiende Erinnerung an sie, die wir mit den Opfern teilen."

Jüdische Friedhöfe gab – und gibt – es in jeder Stadt und auch in vielen Dörfern. 474 sind in Nordrhein-Westfalen bekannt, davon 267 im Landesteil Westfalen. Hinzu kommen im Bundesland weitere 134 historische Anlagen jüdischer Friedhöfe, die nicht mehr aufzufinden oder nicht mehr zu erkennen sind, 57 von ihnen im Landesteil Westfalen.

Seit Dezember 1945 waren die Kommunen verpflichtet, die vorhandenen jüdischen Begräbnisstätten instandzusetzen und zu pflegen. Das hatte, nach einem Anstoß der britischen Militärregierung, der westfälische Oberpräsident Rudolf Amelunxen per Erlass festgelegt. Doch nicht wenige Kommunen entzogen sich ihrer Pflicht. 1969 bereiste ein Mitarbeiter des jüdischen Landesverbandes Westfalen 220 Friedhöfe in Westfalen und musste resümieren, „dass eine Vielzahl von Friedhöfen selbst die einfachsten Unterhaltungsarbeiten vermissen lassen".

Auch verdrängt: Abrisswelle nach 1945

Manche Kommunen zerstörten sogar jüdische Friedhöfe, um Platz für Sanierungsprojekte oder den Bau von Straßen zu schaffen. In Bielefeld beispielsweise wurde eine historische Begräbnisstätte mit 300 bis 350 Grabsteinen 1953 eingeebnet und mit einer Schnellstraße überbaut. Nur elf Grabsteine wurden zuvor geborgen und versetzt. In Detmold verschwand ein alter jüdischer Friedhof, der seit dem 17. Jahrhundert nachweisbar ist, unter dem Beton eines Parkplatzes. Die Begräbnisstätte an der Lemgoer Straße war während der NS-Zeit Eigentum der Stadt geworden und wurde zum Abstellplatz für Autos umfunktioniert.

Erheblich dramatischer stellt sich das Ausmaß dar, in dem die Synagogen Westfalens in der Nachkriegszeit zerstört wurden. Dazu ein Rückblick: Um 1900 gab es rund 190 Synagogen in Westfalen. Etwa die Hälfte dieser sakralen Gebäude wurden im Novemberpogrom 1938 zerstört oder den nachfolgenden Kriegsjahren niedergerissen. Fast überall fanden sich Interessenten, die zugriffen und die leer stehenden Synagogen und Grundstücke unter Wert erwarben: Landwirte, Handwerker, Kaufleute, Gastwirte, Gewerbetreibende, Kreditinstitute und vor allem auch die Kommunen selbst. Die neuen Eigentümer und „Umnutzer" repräsentierten in den 1950er- und 1960er-Jahren die Mitte der (ländlichen) Gesellschaft.

Etwa 40 Synagogen wurden in den Nachkriegsjahren „umgenutzt" als

- Getränkemarkt (Bad Driburg),
- Schlosserwerkstatt (Bad Laasphe),
- Flüchtlingsunterkunft und Verwaltungsbüros (Beckum),

- Möbelgeschäft (Beverungen),
- Lotto-Annahmestelle (Lengerich),
- Kino und Diskothek (Obermarsberg),
- Schulklassenraum, dann Getreidelager (Peckelsheim),
- Schlosserei und Fahrschule (Schwerte),
- Süßmosterei (Warburg),
- Heißmangel, später Traktorschuppen (Wünnenberg).

Viele ehemalige Synagogen standen zunächst jahrelang leer und verfielen, ehe sie als wertlos erachtet zu einem Hindernis erklärt und abgerissen wurden. Auf den meisten der frei gewordenen Flächen wurden Wohnhäuser errichtet, nicht selten auch Autoparkplätze angelegt. Andere wenige blieben frei oder wurden zu Gärten umgestaltet.

Die Abrisswelle war also nach Kriegsende keineswegs beendet – im Gegenteil: Nach 1950 wurde beinahe jährlich eine der noch erhalten gebliebenen Synagogen abgerissen, zuletzt in Lüdenscheid (1981), Erwitte (1982), Schwerte (1983) und, noch im Gedenkjahr 50 Jahre nach dem Novemberpogrom, in Extertal-Bösingfeld (1988). Die Historikerin Saskia Rohde bilanziert für Westfalen: „In keinem der alten Bundesländer ist die Abrissquote nach 1945 so hoch wie hier bzw. in Nordrhein-Westfalen."

Diese Abrisswelle hatte viele Motive. Gedankenlosigkeit, Zweckorientierung und Profitinteresse sind ebenso zu nennen wie die Schlussstrich-Mentalität der Tätergeneration, die die Erinnerung an die NS-Zeit im eigenen Ort und an die eigene (Mit-)Beteiligung zu tilgen suchte. All das vermengte sich mit einer mehr oder weniger offenen antisemitischen Grundhaltung.

Die Motive der Beteiligten mochten von Ort zu Ort unterschiedlich gewichtet sein. Insgesamt aber spiegelt sich in den Umnutzungen und Abrissen nach 1945 eine Radikalität der gesellschaftlichen Mitte, die jedes Gespür für die Würde der Gebäude vermissen ließ – und jedes Gespür auch für das, was vor und in den Synagogen nur wenige Jahre zuvor geschehen war.

Der lange Umbruch der Erinnerung

Etwa eine Generation nach Kriegsende setzte ein langer, zäh sich hinziehender Umbruch in der Erinnerungskultur ein. Die Stationen sind vielfach beschrieben worden. Zu ihnen zahlen die großen NS-Gerichtsverfahren, etwa der Auschwitz-Prozess in Frankfurt (1963–1965), der Treblinka-Prozess in Düsseldorf (1964–1965) und der Majdanek-Prozess, ebenfalls in Düsseldorf (1975–1981). Weitere Stationen waren der 1979 ausgestrahlte Fernseh-Vierteiler „Holocaust – die Geschichte der Familie Weiss", der einem Millionenpublikum die Realitäten der nationalsozialistischen Verfolgung vor Augen führte, und schließlich die Rede des Bundespräsidenten Richard von Weizsäcker am 8. Mai 1985 im Deutschen Bundestag. Er bekannte sich darin ohne jede Einschränkung zur Schuld der Deutschen, nannte den „Völkermord an den Juden" beim Namen und bezeichnete ihn als „beispiellos in der Geschichte". Es gehe nicht darum, Vergangenheit zu bewältigen, so von Weizsäcker. „Das kann man gar nicht. Sie lässt sich nicht nachträglich ändern oder ungeschehen machen. Wer vor der Vergangenheit die Augen verschließt, wird blind für die Gegenwart. Wer sich der Unmenschlichkeit nicht erinnern will, der wird wieder anfällig für neue Ansteckungsgefahren."

Wiederentdeckung des Landjudentums

In der Folge begannen – neben der längst erfolgten universitären Forschung – viele Initiativen, auf lokaler und regionaler Ebene die Geschichte der jüdischen Minderheit zu erforschen. Damit rückte auch deren ländlich-kleinstädtische Lebenswelt in den Blick. Bei ihrer Erforschung sind vor allem vier Wegmarken zu nennen:

- 1992 fand an der Universität Bielefeld, veranstaltet von der Wissenschaftlichen Arbeitsgemeinschaft des Leo Baeck Instituts, die international besetzte Tagung „Jüdisches Leben auf dem Lande" statt. „Zusammenfassend ist festzustellen, dass die Erforschung der Landjuden lange völlig vernachlässigt wurde und heute noch immer fast am Anfang steht", befand die Historikerin Monika Richarz, auf deren Impuls die Tagung zurückging. Rund 50 Forscherinnen und Forscher der Geschichtswissenschaften, Judaistik, Sprach- und Literaturwissenschaften, Soziologie oder Kunstgeschichte beleuchteten unterschiedliche Facetten jüdischen Landlebens in Mitteleuropa. Die Ergebnisse wurden 1997 veröffentlicht und verliehen dem Thema einen stark nachwirkenden Impuls.
- 1993 startete die nordrhein-westfälische Landesregierung ein flächendeckendes Forschungsprojekt zum „Jüdischen Kulturerbe in Nordrhein-Westfalen". In einer beachtlichen Einzelleistung erarbeitete die Historikerin Elfi Pracht-Jörns ein fünfbändiges Verzeichnis mit insgesamt 3300 Druckseiten, fast 2700 Abbildungen und 36 Karten. Die Dokumentation erfasst und beschreibt bis auf die Ortsebene die erhaltenen und zerstörten Synagogen und Friedhöfe sowie weitere Bau- und Kunstdenkmäler.
- Im Sommer 2007 eröffnete das Westfälische Freilichtmuseum in Detmold das „Haus Uhlmann". Es stand ur-

sprünglich in Ovenhausen im Kreis Höxter und hatte einer jüdischen Kaufmannsfamilie gehört. Ihre Geschichte von den Anfängen bis zur Deportation 1941 und das Alltagsleben westfälischer Landjuden dokumentiert das Haus, das vollständig in das Detmolder Museum transloziert wurde. Das Freilichtmuseum war damit das erste in Deutschland, das mit einem weltlichen historischen Gebäude an das Landjudentum erinnerte. Bereits ein Jahr vor der Eröffnung des Hauses Uhlmann erschien ein umfangreicher Aufsatzband mit dem Titel „Die vergessenen Nachbarn: Juden auf dem Lande im östlichen Westfalen".

• Zwischen 2008 und 2016 gab die Historische Kommission für Westfalen das „Historische Handbuch der jüdischen Gemeinschaften in Westfalen und Lippe" heraus. In vier Bänden bilanziert es auf 2900 Druckseiten und in 270 Ortsartikeln das Forschungswissen über die jeweiligen lokalen jüdischen Gemeinden.

Neue Formen des Erinnerns

Neue Formen des Erinnerns entstanden im Fest- und Gedenkjahr „1700 Jahre jüdisches Leben in Deutschland". So fand im Sommer 2021 an acht Orten das Festival „Musik und Kultur in westfälischen Landsynagogen" statt. Mit Vorträgen, Lesungen, Rundgängen, Speisen und vor allem mit Konzerten weltlicher und geistlicher Synagogalmusik knüpfte es an die Dreifach-Bestimmung der Synagogen an, nämlich Stätten der Versammlung, des Lernens und des Gebets zu sein.

Kommunen, Kulturinitiativen, Kirchen- und Synagogengemeinden in Westfalen gestalteten und trugen die Veranstaltungsreihe gemeinsam – es war also ein Festival nicht über, sondern gemeinsam mit Jüdinnen und Juden. Viele sind seit den 1990er-Jahren eingewandert und prägen die heute durchweg städtischen bzw. großstädtischen jüdischen Gemeinden in Westfalen. Ihren Interessen, ihrer Neubestimmung jüdischer Lebensrealität, kam das Programm entgegen, das nach verschütteten musikalischen, literarischen und historischen Traditionen suchte. „Zwar wurde der Zivilisationsbruch der Shoah an keiner Stelle ausgeblendet oder gar relativiert", fasst der Organisator Manfred Keller in seinem bilanzierenden Rückblick zusammen. Dennoch sei es gelungen, eine „andere" Erinnerungskultur zu praktizieren: „Es war möglich, ohne Trauerflor an jüdische Geschichte zu erinnern: Nicht in gedrückter Stimmung, nicht im Büßerhemd, nicht mit gesenkten Häuptern. Sondern: wach, neugierig und begeistert, mit Staunen und mit Freude an jüdischer Kultur."

Mehr als nur Vorgeschichte

Das klingt fast ein wenig ketzerisch, denn schließlich gilt es längst als allgemein anerkannter Grundsatz, dass die Erinnerung an den Zivilisationsbruch der NS-Zeit, an seine Vor- und Nachgeschichte von zentraler Bedeutung für unser demokratisches Gemeinwesen ist. Aber richtig ist eben auch: Jüdische Geschichte ist nicht allein NS-Geschichte. Deshalb führt es in die Irre, wenn etwa die wenigen erhaltenen Synagogen Westfalens im Internet unter dem Oberbegriff „NS-Gedenkstätten" zu finden sind. Denn sie waren und sind mehr als das.

Ähnliches gilt für die jüdische Geschichte. Sie ist mehr als NS-Geschichte, und sie ist auch mehr als nur deren Vorgeschichte. Über sieben Jahrhunderte der Annäherung und Ausgrenzung, der Duldung und Diskriminierung, aber auch der religiösen wie kulturellen Selbstbehauptung lassen sich nicht allein auf den Nenner der „Vorgeschichte" bringen.

Auch haben Jüdinnen und Juden nicht, wie mancherorts zu lesen ist, zu „unserer" Geschichte beigetragen. Denn wer spräche da als „wir"? Und wer wären dann „sie"? Die jüdische Minderheit und ihre Geschichte ist vielmehr, wie dieses Buch zu zeigen versucht hat, untrennbar und auf vielfältige Weise verwoben mit dem Ganzen, hier also mit der Landesgeschichte Westfalens. Es galt und gilt weiterhin, die Vielstimmigkeit und Widersprüchlichkeiten ebenso zu zeigen wie die Bedrohungen und Brüche.

Die älteste Synagoge im Hinterhof

Die Reise dieses Buches durch vergessene Welten jüdischen Landlebens begann in einem Hinterhof in Schötmar. Sie endet in der Altstadt Detmolds – ebenfalls auf einem Hinterhof. Dort, im Südwesten der Altststadt, steht ein verfallen wirkendes Gebäude. Es galt jahrzehntelang als „Gartenhaus aus dem Jahr 1700" und stand deshalb auch unter Denkmalschutz. Erst vor einigen Jahren stellte sich heraus, dass es sich um eine ehemalige Synagoge handelt. Für noch größeres Erstaunen sorgte das Ergebnis der Jahresring-Untersuchungen am Fachwerk. Demnach wurde das Gebäude 1633 errichtet. Es ist damit die älteste erhaltene freistehende Synagoge in Nordwestdeutschland.

Der Fachwerkbau steht auf einer Grundfläche von 8,50 m x 5,55 m. Es hat zwei Geschosse. Das ursprüngliche Satteldach war deutlich höher als heute. Das gesamte Gebäude war bis zum First fast 11 m hoch. Es ist, den religiösen Vorschriften seiner Erbauer gemäß, fast exakt nach Osten ausgerichtet. Die leichte Abweichung wurde offenbar durch die beengte Hoflage erzwungen. Spuren im Gebälk weisen im Inneren auf eine ehemals vorhandene Frauenempore hin. An der östlichen Seite befindet sich eine Abtrennung für den Thoraschrein. Darüber scheint es eine Fensteröffnung gegeben zu haben, sodass Licht von Osten in den kleinen Raum fallen konnte.

Das Gebäude entstammt einer Zeit, als den Juden das Gebet und der Gottesdienst nur im Verborgenen gestattet waren. Vielerorts errichteten sie ihre Synagogen in Hinterhöfen – der Bautyp der frei stehenden kleinen Hofsynagoge ist gerade für das ländliche Judentum typisch.

Die jüdische Gemeinde Detmolds gab die Synagoge wegen der beengten Lage nach 110 Jahren auf und errichtete eine neue. Der Bau wurde als Gartenhaus und später für Wohnzwecke genutzt und überstand so die Jahrhunderte. Heute befindet sich das stark verfallene Gebäude in Privatbesitz. Der Eigentümer, ein Rechtsanwalt, scheiterte 2018 mit seinem Antrag auf Abriss der Hofsynagoge. Er hatte argumentiert, das Gebäude sei stark verfallen und müsste „derart umfangreich saniert werden, dass dies praktisch einem Neubau gleichkäme".

Eine erneute Klage des Eigentümers auf Abbruch des Gebäudes wies das Mindener Verwaltungsgericht im Mai 2022 ab. Das Denkmal habe „eine besondere Bedeutung als einzigartiges Zeugnis jüdischer Geschichte in Nordwestdeutschland, das es zu erhalten gilt".

Die Zukunft der fast 300 Jahre alten Hofsynagoge ist bei Drucklegung dieses Buches noch immer ungeklärt.

Die Detmolder Hofsynagoge von 1633. Die Fotografie entstand im April 2022.

Stätten der Erinnerung, Orte der Begegnung

An das jüdische Landleben früherer Jahrhunderte, an ihre Alltagskultur und an die gewaltsame Zerstörung in der NS-Zeit erinnern zahlreiche Museen und besondere Gedenkorte in und um Westfalen. Die Auswahl ist alphabetisch nach Orten sortiert und wird ergänzt um Hinweise auf die Gegenwart jüdischen Lebens.

Bork: Die alte Synagoge

Zu Anfang des 19. Jahrhunderts wurde der Fachwerkbau im Dorf errichtet, der mehr als 100 Jahre lang als Gebets- und Versammlungsort diente. Zur kleinen jüdischen Landgemeinde gehörten gut ein Dutzend Familien mit zusammen etwa 60 Personen in den Orten Bork und Selm. Vermutlich aufgrund der beengten Lage im Dorf wurde die Fachwerksynagoge in der Pogromnacht 1938 nicht in Brand gesetzt. Nach dem gewaltsamen Ende der jüdischen Kultusgemeinde nutzten Nachbarn die Fachwerksynagoge fast vier Jahrzehnte lang als Lagerraum.
1983 wurde sie unter Denkmalschutz gestellt, später zu einer „Kulturstätte mit mahnendem und erinnerndem Charakter" restauriert. Seit 1994 kann das kleine, schlichte Gebäude besichtigt werden. Im Vorraum, der von 1820 bis 1899 als Unterrichtsraum diente, werden Biografien jüdischer Familien in Selm und Bork vorgestellt. Dort zu sehen sind auch die Reste alter Gebetsbücher, die Handwerker bei den Restaurierungsarbeiten entdeckt haben.

Alte Synagoge Selm-Bork
c/o Volkshochschule, Willy-Brandt-Platz 2
59379 Selm-Bork
Tel. (0 25 92) 92 20

Detmold: Haus Uhlmann im Westfälischen Freilichtmuseum

Es ist der wohl berühmteste Kriminalfall Westfalens: 1783 erschlug der Knecht Hermann Georg Winckelhan aus Bellersen im Wald unweit von Ovenhausen den jüdischen Händler Soistmann Berend. Der Mörder floh außer Landes, geriet in algerische Sklaverei und kehrte nach mehr

Das „Haus Uhlmann" erinnert im Paderborner Dorf des Freilichtmuseums Detmold an die Geschichte des Landjudentums in Westfalen.

als 20 Jahren in seine Heimat zurück, wo er sich an einem Baum erhängte.
Dieser Kriminalfall bildet den Hintergrund der Novelle „Die Judenbuche“ der Dichterin Annette von Droste-Hülshoff (1797–1848). Schauplätze der Ereignisse können noch heute „im gebirgigten Westfalen“, wie Droste-Hülshoff die Landschaft des Kreises Höxter beschrieb, lokalisiert werden. Der Sohn des ermordeten Händlers erbaute in Ovenhausen 1815 ein Fachwerkhaus, das bis 1941 ununterbrochen von Jüdinnen und Juden bewohnt wurde und dann lange leer stand. Als eines der letzten, nahezu unversehrt erhaltenen Wohnhäuser westfälischer Landjudenfamilien zeugt es von ihrer Geschichte und ihrem Lebensalltag. Fast zwei Jahrhunderte nach seiner Erbauung konnte das Haus in das Freilichtmuseum Detmold gebracht und als Teil des „Paderborner Dorfes“ museal aufbereitet werden.
Das Fachwerkhaus zeigt dort den Zustand der Zeit um 1930. Damals befand sich das Haus im Eigentum der Eheleute Norbert Uhlmann und seiner Frau Helene, geb. Löwendorf. Sie lebten dort mit der 1931 geborenen Adoptivtochter Ilse. Im Haus betrieben sie einen Kramladen, handelten mit Spielzeug, Haushaltswaren, vor allem aber mit dem Fleisch von Ziegen – eine Existenzgrundlage, wie sie für jüdische Familien im ländlichen Westfalen seinerzeit durchaus typisch war.
Nach 1933 erlitten die Uhlmanns die Folgen der Ausgrenzung und Verfolgung. Die Familie wurde im Dorf zunehmend isoliert, ihre Existenzgrundlage schrittweise zerstört. Während des Pogroms vom 9./10. November 1938 kam es auch in Ovenhausen zu gewaltsamen Übergriffen gegen Jüdinnen und Juden. Im Dezember 1941 wurden die Familie Uhlmann und andere Ovenhausener Juden über Bielefeld nach Riga deportiert. Im Ghetto von Riga verliert sich ihre Spur – mit Millionen anderen wurden sie Opfer der Shoah.
Das Uhlmann'sche Haus wurde enteignet, das Inventar im Saal der Dorfgaststätte versteigert. 1953 wurde das Gebäude im Rahmen eines „Wiedergutmachungsverfahrens“ an einen Ovenhausener Nachbarn verkauft. Jahrzehnte später wurde das Westfälische Freilichtmuseum in Detmold auf das leer stehende Gebäude aufmerksam. Es wurde nach einer Ganzteiltranslozierung im „Paderborner Dorf“ des Museums aufgestellt, restauriert und 2007 für Besucher eröffnet. Mit diesem Schritt war das Westfälische Freilichtmuseum bundesweit eines der ersten, das an das jüdische Landleben und seine Zerstörung erinnert.

LWL-Freilichtmuseum Detmold
Westfälisches Landesmuseum für Alltagskultur
Krummes Haus, 32760 Detmold, Tel. (0 52 31) 70 60
www.lwl-freilichtmuseum-detmold.de

Der Eingang zum Humberghaus in Dingden. Es gehörte der Familie Humberg, die dort Landwirtschaft, Textilhandel, Viehhandel sowie eine Metzgerei betrieben hat.

Dingden: Das Humberghaus

In dem westmünsterländischen Ackerbürgerhaus lebte seit dem 19. Jahrhundert die jüdische Familie Humberg. Das Gebäude, 2013 als Museum hergerichtet, stellt ihr einstiges Handels- und Familienleben, ihre vielfältige Verwurzelung und die Stufen der Verfolgung und Vernichtung dar.
Die Familie Humberg besaß 10 ha Land, etwas Vieh und lebte von Textilhandel und einer Dorfmetzgerei. Beide Gewerbe sind im Haus erkennbar. Wer es von der Straße her betritt, blickt im Raum rechts des Eingangsflures auf die Fleischtheke mit Waage und auf einen rustikalen Flaschenzug, mit dem das Schlachtvieh hochgezogen wurde. Links des Flures betreten Besucher ein stilisiertes Textilgeschäft mit Spitzen, Leinenballen und Kleidung.
Beleuchtet wird im Haus auch die Geschichte der Nazis im Dorf, die Verfolgung der Landjuden, schließlich die Enteignung, Deportation und Ermordung eines Teils der Familie Humberg im Ghetto von Riga, im KZ Theresienstadt und im Vernichtungslager Auschwitz.

Humberghaus
Hohe Straße 1, 46499 Hamminkeln-Dingden
Tel. (0 28 52) 96 35 40, www.humberghaus.de

Drensteinfurt: Die ehemalige Synagoge

1870 erwarb die kleine jüdische Gemeinde in Drensteinfurt ein schmales Gartengrundstück, um eine Synagoge zu errichten. Das schlichte Gebäude aus Backstein wurde am 6. Juli 1872 eingeweiht. In der Pogromnacht 1938 wurden die Mitglieder der Gemeinde in die Synagoge getrieben und misshandelt. Die Thora-Rollen wurden auf die Straße geworfen, die Inneneinrichtung wurde zerstört.
Das Gebäude, nach dem Krieg lange als Lager benutzt, blieb weitgehend erhalten und wurde 1985 unter Denkmalschutz gestellt. Nach der Restaurierung ist es seit 1992 als Gedenkstätte zugänglich und wird für Vorträge, Ausstellungen, Lesungen, Konzerte und ähnliche Veranstaltungen genutzt.

Ehemalige Synagoge
Synagogengasse 11, 48317 Drensteinfurt
Tel. (0 23 87) 13 43, www.synagogenverein.de

Dorsten: Das Jüdische Museum Westfalen

Auf das Engagement einer Bürgerinitiative, die seit den 1980er-Jahren „Dorsten unterm Hakenkreuz" erforscht hat, geht die Einrichtung dieses Museums zurück. In seiner Dauerausstellung sowie in vielbeachteten Sonderausstellungen erinnert das Museum an die vielfältige Geschichte, Tradition und Gegenwart der jüdischen Minderheit in Westfalen.
Mit Workshops, Projekttagen und besonderen Aktionen wendet es sich insbesondere an Schulklassen. An ein breites Publikum richten sich Angebote wie Vorträge, Lesungen, Konzerte, Film- und Theatervorführungen.

Jüdisches Museum Westfalen
Julius-Ambrunn-Straße 1, 46256 Dorsten
Tel. (0 23 62) 4 52 79, www.jmw-dorsten.de

Das „Forum Jacob Pins" in Höxter befindet sich im restaurierten Adelshof Heisterman von Ziehlberg, der im 16. Jahrhundert im Stil der Weserrenaissance erbaut worden ist.

Höxter: Das Forum Jacob Pins

Der aus Höxter stammende Künstler Jacob Pins (1917–2005), der als 19-Jähriger der NS-Verfolgung entfliehen konnte, überließ seiner Heimatstadt kurz vor seinem Tod einen beachtlichen Teil seines Nachlasses. Die Sammlung, von mehr als 800 Werken wird im „Forum Jacob Pins" in Höxter aufbewahrt und gezeigt. Dort wird auch die Erinnerung an die jüdischen Personen und Familien der Stadt sowie des ländlichen Umlandes wachgehalten.

Forum Jacob Pins im Adelshof
Westerbachstraße 35–37, 37671 Höxter
Tel. (0 52 71) 6 94 74 41, www.jacob-pins.de

Im Juni 1992 eröffnete im dreigeschossigen Altbau am Rand der Dorstener Altstadt das „Jüdische Museum Westfalen", das acht Jahre später um einen modernen Anbau erweitert worden ist.

Issum: Die ehemalige Synagoge

In Issum bei Geldern steht eine der wenigen erhaltenen Landsynagogen des Niederrheins mit angebautem Schulhaus. In ihrem Keller hat sich auch ein Ritualbad, die Mikwe, erhalten.

Die Synagoge wurde von der Gemeinde Issum 1987 erworben. Sie diente heute als Gedenkstätte für die früheren jüdischen Bürger Issums, während im benachbarten Schulraum eine historische Dokumentation an die kleine jüdische Gemeinde des Ortes und des Umlandes erinnert.

Ehemalige Synagoge Issum
Kapellener Straße 30a, 47661 Issum
Tel. (0 28 35) 10 24, www.issum.de/kultur-tourismus/sehenswertes/historisches/synagoge

Petershagen: Die alte Synagoge

In der Altstadt von Petershagen an der Weser befindet sich die ehemalige Synagoge mit benachbartem Schulgebäude sowie mit einer erst 2008 entdeckten Mikwe. Die Geschichte der Petershagener Landjudengemeinde und dieses Bauensembles ist in diesem Buch auf den Seiten 86–89 näher dargestellt.

Seit den 1990er-Jahren engagierte sich ein Kreis von Bürgerinnen und Bürgern dafür, die Synagoge zu erhalten und zu einem Museum als Lernort zu gestalten. 2012 konnte das vollständig restaurierte Ensemble aus Synagoge, Schule und Mikwe der Öffentlichkeit übergeben werden. Regelmäßig finden Wechselausstellungen, Lesungen, Vorträge und andere kulturelle Veranstaltungen zur jüdischen Geschichte an der Weser und zur jüdischen Tradition statt.

Alte Synagoge Petershagen
Goebenstraße 5 und 7, 32469 Petershagen
Tel. (0 57 07) 13 78 oder 82 32
www.synagoge-petershagen.de

Rödingen: Das Kulturhaus Landsynagoge

In Rödingen, einem Dorf bei Düren, errichtete 1841/42 der Synagogenvorsteher Isaak Ullmann im Hof seines Wohnhauses ein kleines Backsteingebäude, das als Synagoge der kleinen jüdischen Landgemeinde des Dorfes dienen sollte. Die Synagoge wurde bereits um 1900 von der stark schrumpfenden Gemeinde nicht mehr genutzt. Sibilla Ullmann, die Tochter des Erbauers, sah sich 1934 gezwungen, das Wohnhaus samt Synagogenanbau zu verkaufen. Eine katholische Schaustellerfamilie erwarb und nutzte das Gebäude, das auf diese Weise der Zerstörung in der NS-Zeit entging.

Der Landschaftsverband Rheinland konnte 1999 das Bauensemble erwerben und richtete dort das „LVR-Kulturhaus Landsynagoge Rödingen" ein. Eine Dauerausstellung dokumentiert die Geschichte der Eigentümerfamilie Ullmann und berichtet von der jüdischen Gemeinde in Rödingen sowie vom Judentum im Rheinland. Das Kulturhaus bietet regelmäßig Vorträge, Lesungen, Seminare, Filme, Konzerte und andere Veranstaltungen an.

LVR-Kulturhaus Landsynagoge Rödingen
Mühlenend 1, 52445 Titz-Rödingen,
Tel. (0 24 63) 99 30 98
www.synagoge-roedingen.lvr.de

Das Fachwerkhaus der Familie Seligmann ist seit 1994 Gedenkstätte der „Landjuden an der Sieg".

Rosbach: Landjuden an der Sieg

An mehrere Generationen der Familie Seligmann, an ihren Altwarenhandel und vor allem auch an die früheren jüdischen Familien in den Dörfern entlang der Sieg erinnert diese Gedenkstätte. Sie ist in einem um 1800 errichteten Fachwerkhaus eingerichtet, das seit 1919 der Familie Seligmann gehörte und ihr als Wohnhaus und Arbeitsstätte diente. Die Nachfahrin Hilde Seligmann, die mit ihrem Ehemann in Argentinien die NS-Verfolgung überlebt hatte und nach Rosbach zurückgekehrt war, stiftete dem Rhein-Sieg-Kreis das Haus.

In dem Fachwerkhaus ist seit 1994 die Gedenkstätte eingerichtet, die in Dokumenten und Fotografien an die jüdischen Viehhändler, Metzger, Altwarenhändler und ihre Familien erinnert: an Arbeitswelt und Alltagsleben, an Religion und „landjüdische" Kultur sowie an die Verfolgung und Ermordung in der NS-Zeit.

Gedenkstätte „Landjuden an der Sieg"
Bergstraße 9, 51570 Windeck-Rosbach
Tel. (0 22 41) 13 29 28
www.rhein-sieg-kreis.de.

Vöhl: Die Synagoge

Mitten in der Gemeinde Vöhl am Edersee steht die 1827 errichtete Synagoge, erbaut als ortstypisch gestaltetes zweigeschossiges Fachwerkgebäude. Im 19. Jahrhundert war sie Zentrum der im Ort und in den Dörfern des Umlandes verstreut lebenden Landjudenfamilien. Vor der Zerstörung im Novemberpogroms 1938 blieb die Synagoge bewahrt, weil sie einige Monate zuvor an eine christliche Familie verkauft worden war.
Die Eigentümer wechselten im Anschluss mehrfach, zuletzt diente das Gebäude als Lager. 1999 erwarb ein Förderverein die ehemalige Synagoge, die seit der Renovierung als Museum dient. Es erinnert an die Jüdinnen und Juden in Vöhl sowie im Landkreis Waldeck-Frankenberg.

Förderkreis Synagoge in Vöhl e.V.
Mittelgasse 9, 34516 Vöhl
Tel. (0 56 35) 14 91, www.synagoge-voehl.de

Synagogen in Enschede und Winterswijk

Für viele Jüdinnen und Juden, die aus Westfalen vor 1938/39 in die Niederlande flohen, zählten die jüdischen Gemeinden in Enschede und Winterswijk zu den ersten Anlaufpunkten. Mittelpunkt der Enscheder Gemeinde war damals – und ist bis heute – die große Synagoge, die 1928 nach Plänen des Amsterdamer Architekten Karel de Bazel erbaut worden ist. Sie gilt als eine der schönsten Europas und ist seit 1998 Nationaldenkmal. Die Synagoge ist Stätte des Gebetes und der Versammlung der jüdischen Gemeinde, sie ist aber auch Stätte des Lernens und der Begegnung. Regelmäßig angeboten werden Rundgänge und Programme zum Judentum und zu den Besonderheiten des Gebäudes und seiner Geschichte.
In Winterswijk befindet sich ein für die Niederlande einzigartiges Ensemble aus Synagoge, Mikwe, Friedhof, Schule und Wohnhaus des Kantors. Die jüdische Gemeinde der Grenzstadt ist klein, nutzt aber die Synagoge bis heute als Ort des Gebetes und der Versammlung. Führungen, Vorträge, Lesungen oder auch „Dorfspaziergänge“ durch Winterswijk und seine bis 1650 zurückreichende jüdische Geschichte werden regelmäßig angeboten.
Der Alltag der Winterswijker Landjudenfamilien war – ähnlich wie in Westfalen – lange von Vieh- und Textilhandel, von Metzgereien und Lebensmittelhandel geprägt. Als 1940 die NS-Besatzung begann, lebten rund 290 Jüdinnen und Juden in der Grenzstadt, von ihnen waren 42 aus Deutschland geflohen. Nur ein Zehntel der Winterswijker Jüdinnen und Juden überlebten die Verfolgung. Die Nazis zerstörten das Inventar der Synagoge, die sie als Lager und Turnhalle missbrauchten. Die Winterswijker Gemeinde entging nur knapp der vollständigen Zerschlagung.

Synagoge Enschede
Prinsestraat 14, NL-7513 AL Enschede
Tel. +31 (0)53 432 34 79
www.synagogeenschede.nl

Synagoge Winterswijk
Spoorstraat 32, NL-7101 GV Winterswijk
Tel. +31 (0)543 51 83 64
www.synagogewinterswijk.nl

MEET A JEW

Judentum in und um Westfalen ist keineswegs Geschichte, sondern es ist vor allem auch und wieder: lebendige Gegenwart. Um das heutige jüdische Leben in seiner Vielfalt, um Jüdinnen und Juden kennenzulernen, gibt es eine Fülle an Möglichkeiten. Drei seien hier abschließend genannt:
In Nordrhein-Westfalen gibt es 22 jüdische Gemeinden, zusammengeschlossen in den beiden Landesverbänden für das Rheinland und für Westfalen. Die Gemeinden bieten unter anderem Führungen, Vorträge und weitere Angebote für interessierte Gäste an. Die Adressen und Internetseiten der einzelnen Gemeinden sind leicht über die Homepage des Zentralrats der Juden in Deutschland zu finden.
„Meet a Jew“ lautet der Titel eines Projektes, das 2020 vom Zentralrat der Juden in Deutschland entwickelt worden ist. Unter dem Motto „Miteinander statt übereinander reden“ suchen ehrenamtliche jüdische Jugendliche und Erwachsene Vereine, Schulklassen, Universitätsseminare und andere Gruppen auf und erzählen von sich, von ihrem Alltag und vom jüdischen Leben in Deutschland.
Orte des Kennenlernens und der Begegnung bilden auch die Gesellschaften für Christlich-Jüdische Zusammenarbeit, die es in vielen größeren Städten gibt. Nach Angaben ihres Dachverbandes, des Deutschen Koordinierungsrates, haben sie insgesamt rund 20 000 Mitglieder. Die örtlichen Gesellschaften bieten Vorträge, Lesungen, Konzerte, Seminare und Studienreisen an, die sich mit dem Judentum, seiner Kultur und Geschichte befassen.

www.zentralratderjuden.de
www.meetajew.de
www.deutscher-koordinierungsrat.de

Verzeichnis der Quellen

Die Quellen- und Literaturangaben sind in der Reihenfolge der Erwähnung im Haupttext sortiert. Titel, die mehr als zweimal genannt werden, sind hier in Kurzform angeführt und im Literaturverzeichnis vollständig nachgewiesen. Die Internetadressen wurden zuletzt am 1. März 2024 aufgerufen.

VORSATZ:

Das Dorf am Rand (Herlinghausen)

Elfi Pracht-Jörns: Jüdisches Kulturerbe – Detmold, S. 231–233.

Margit Naarmann: Warburg-Herlinghausen. In: Historisches Handbuch, Band Detmold, S. 755–761.

SEITE 9:

Drei Zitate

Jakob Loewenberg: Aus zwei Quellen. Die Geschichte eines deutschen Juden. Berlin 1919, S. 62.

Fritz Stern: Fünf Deutschland und ein Leben. Erinnerungen. München 2006, S. 28.

Marina Weisband: Rede im Deutschen Bundestag in Berlin am 27. Januar 2021 (Sondersitzung – Gedenkstunde für die Opfer des Nationalsozialismus), abrufbar unter: www.bundestag.de.

SEITE 12–15:

Einleitung

Heinrich Stiewe: Verborgen im Hinterhof. Das Haus des jüdischen Händlers Schlom Itzig aus dem Jahre 1758 in Schötmar. In: Arnold Beuke/Stefan Wiesekopsieker (Hg.): Der Geschichte eine Stimme geben. Franz Meyer zum Abschied aus Bad Salzuflen. Bielefeld 2018, S. 147–158.

Dina van Faassen: Juden in Schötmar im 18. Jahrhundert. In: Baumeier/Stiewe: Die vergessenen Nachbarn, S. 173–185.

Max Birnbaum: Die jüdische Bevölkerung in Preußen. Verteilung, soziale Struktur, Lastenausgleich. In: Gemeindeblatt für die jüdischen Gemeinden Preußens, 12 (1934), Heft 4 vom 1. Juli 1934, S. 6–10. – Auf S. 7 statistische Angaben zur jüdischen Bevölkerung in Stadt- und Landkreisen 1925 sowie zu den jüdischen Gemeinden 1930.

Monika Richarz: Die Entdeckung der Landjuden. Stand und Probleme ihrer Erforschung am Beispiel Südwestdeutschlands. In: Landesarchiv Vorarlberg (Hg.): Landjudentum im Süddeutschen- und Bodenseeraum. Dornbirn 1992 (= Forschungen zur Geschichte Vorarlbergs, Bd. 11), S. 11–22. – Zitat dort auf S. 19.

Monika Richarz: Landjuden – ein bürgerliches Element im Dorf. In: Wolfgang Jacobeit, Josef Mooser, Bo Strath (Hg.): Idylle oder Aufbruch? Das Dorf im bürgerlichen 19. Jahrhundert. Ein europäischer Vergleich. Berlin 1990, S. 181–190.

Kate Mendels: Two memoirs: Die Geschichte einer jüdischen Familie in einer kleinen Stadt in Westfalen 1886–1918 (Sydney 1972) / To my Descendants 1924–1950. Englisches Typoskript, Teil 2 (Sydney 1975). Leo Baeck Institute New York, LBI Memoir Collection ME 435.

Gisbert Strotdrees: Geschichtsjournalismus für Leser auf dem Land. Ein Praxisbericht aus der Redaktion des „Wochenblattes für Landwirtschaft und Landleben" (Münster). In: Westfälische Forschungen: Public History in der Regional- und Landesgeschichte, Band 69 (2019), S. 391–406.

SEITE 16–27:

Händler, Handwerker, Habenichtse: Die Entstehung des Landjudentums in Westfalen vom Mittelalter bis 1800

Johannes Deisler: Quellen zur Geschichte der Juden in Westfalen (1273–1347). Zur Einführung. Publiziert auf der Homepage des Forschungsprojektes „Medieeval Ashkenaz – Corpus der Quellen zur Geschichte der Juden im spätmittelalterlichen Reich", www.medieval-ashkenaz.org/quellen/1273-1347/wf01/einleitung.html.

Rosemarie Kosche: Studien zur Geschichte der Juden zwischen Rhein und Weser im Mittelalter. Hannover 2002 (= Forschungen zur Geschichte der Juden, Bd. 15, hg. von Alred Haverkamp).

Andrea Zupancic: Das Judenbild in der christlichen Ikonographie des Mittelalters. Einige Beispiele aus dem westfälischen Raum. In: Menneken, Zupancic: Jüdisches Leben in Westfalen, S. 23–37. – Zur Marienskulptur in der Vorhalle des Domes in Münster, zur Altartafel der Wiesenkirche in Soest und zum Berswordt-Altar in der Marienkirche in Dortmund.

Peter Johanek: Die Frühzeit jüdischer Präsenz in Westfalen. In: Historisches Handbuch, Band Grundlagen, S. 21–58.

Bernd-Wilhelm Linnemeier: Die Juden im wirtschaftlichen Gefüge Westfalens bis zum Ende des Alten Reiches. Ein Überblick. In: Historisches Handbuch, Band Grundlagen, S. 59–111. – Auf S. 88–89 zu Philipp Levi und Hof Schulte Froning in Werne, auf S. 92–94 zu Sybilla Francken und den Kauffrauen.

Wilfried Reininghaus: Juden in den geistlichen und kleineren weltlichen Territorien Westfalens. In: Historisches Handbuch, Band Grundlagen, S. 113–142.

Gershom Scholem: Wissenschaft vom Judentum einst und jetzt. In: Ders.: Judaica 1, Frankfurt M. 1997, S. 147–164. – Auf S. 157 das Zitat „Man behandelte grundsätzlich nicht …".

Gershom Scholem: Juden und Deutsche. In: Ders.: Judaica 2, Frankfurt/M. 1970, S. 20–46. – Auf S. 23 das Zitat „Die ökonomisch stärksten Elemente …".

Manfred Gailus: Die Erfindung des „Korn-Juden". Zur Geschichte eines antijüdischen Feindbildes des 18. und frühen 19. Jahrhunderts. In: Historische Zeitschrift 272 (2001), S. 597–622.

Stadtarchiv Münster: Acta Criminalia, Nr. 282: Zwei gedruckte Texte betr. die Hinrichtung von Räubern; nebst den drei Todesurteilen und einem Steckbrief auf 36 Juden und 19 Christen von 1752.

Justus Möser: Schreiben eines Kornhändlers. In: Patriotische Phantasien. Band 2. Berlin 1776, S. 52–57.

Michael K. Schulz: Ein Empfehlungsschreiben für einen Sofer in Westfalen aus dem Jahr 1755/56. In: Rebecca Denz, Gabi Rudolf (Hrsg.): Genisa-Blätter III. Potsdam 2020, S. 43–57.

Diethard Aschoff: Ein schwerer Neubeginn. Westfälische Juden zwischen Reformation und Dreißigjährigem Krieg. In: Menneken, Zupancic: Jüdisches Leben in Westfalen, S. 38–49. – Auf S. 42–45 zu Freuchen von Hamm.

Diethard Aschoff: Quellen und Regesten zur Geschichte der Juden in der Stadt Hamm. Von den Anfängen bis zur Zeit des Großen Kurfürsten 1287–1664. Münster 2005 (= Westfalia Judaica III).

SEITE 28–33:

Der lange Weg zur rechtlichen Gleichstellung der jüdischen Minderheit im 19. Jahrhundert

Christian Wilhelm Dohm: Über die bürgerliche Verbesserung der Juden. Kritische und kommentierte Studienausgabe, herausgegeben von Wolf Christoph Seifert. Göttingen 2015 (= Christian Wilhelm Dohm – Ausgewählte Schriften, herausgegeben von Heinrich Detering und Wolf Christoph Seifert, Band 1.1).

Heinrich W. Crome: Ueber Ackerbau, Getreidehandel, Kornsperren und Landmagazine sowohl in rechtlicher als nationaloeconomistischer Hinsicht. Hildesheim 1808. – Zitat auf S. 265–266.

Arno Herzig: Judentum und Emanzipation in Westfalen. Münster 1973 (= Veröffentlichungen des Provinzialinstituts für westfälische Landes- und Volkskunde, Reihe 1, Heft 17).

Diethard Aschoff: Juden in Westfalen. Münster 1995.

Margit Naarmann: Ausgegrenzt. Juden im Hochstift Paderborn in frühpreußischer Zeit. Zum jüdischen Sonderstatus in der ländlichen Gesellschaft und Wirtschaft. Münster 2016 (= Geschichte und Leben der Juden in Westfalen, hg. von Diethard Aschoff, Band 12). – Dort die zitierten Regierungs-Denkschriften, Bittschriften jüdischer Gemeinden und Testate westfälischer Kommunen 1815–1847.

SEITE 34–39:

Eine Minderheit in der Minderheit: Jüdische Landwirte in Westfalen

Arthur Prinz: Juden im deutschen Wirtschaftsleben 1850–1914. Soziale und wirtschaftliche Struktur im Wandel 1850–1914. Tübingen 1984 (= Schriftenreihe Wissenschaftlicher Abhandlungen des Leo Baeck Instituts, Bd. 43). – Auf S. 19 ff. statistische Angaben.

Angela Verse-Herrmann: Die „Arisierungen" in der Land- und Forstwirtschaft 1938–1942. Stuttgart 1997 (= Beihefte der Vierteljahrschrift für Sozial- und Wirtschaftsgeschichte, Nr. 131). – Auf S. 25 statistische Angaben.

Dina van Faassen: in Baumeier/Stiewe: Die vergessenen Nachbarn, S. 178–179 – zu Schötmar 1789.

Josef J. Esser: Über den Zustand der Israeliten insbesondere im Regierungs-Bezirk Arnsberg. Bonn 1820. – Bericht zu jüdischen Landwirten, Hofeigentümern und agrarischem Zuerwerb im südlichen Westfalen.

Margit Naarmann: in Baumeier/Stiewe: Die vergessenen Nachbarn, S. 159. – Dort zu jüdischen Landwirten im 19. Jahrhundert in Borgholz, Corvey und Peckelsheim.

Alexander Kessler (Hg.): Siddinghausen – Geschichte eines westfälischen Dorfes. Paderborn 2000, S. 264–266. – Zum Landwirt und Kaufmann Aronstein in Siddinghausen.

Gisbert Strotdrees: Hofgeschichten – Auf S. 138–140 zu Landwirt und Kaufmann Aronstein in Siddinghausen, auf S. 141–145 zum Gut Baum in Ergste.

Heinrich Rosenthal: Chronik und Stammbaum der Familie Rosenthal (bis 1934). Unveröffentlichtes Manuskript (www.forgottenbooks.com) – zum Landwirt Hermann Rosenthal, Geseke.

Biographische Daten und Inschrift des Grabsteins Rosenthal: http://steinheim-institut.de/cgi-bin/epidat?id=gsk-58.

Emmanuel Goldschmidt: (Leserbrief). In: Allgemeine Zeitung des Judenthums, Jg. 65 (1901), Heft 31 vom 2. August 1901, S. 371.

SEITE 40–41:

Der Kaufmann und Landwirt Levi Lilienthal (1810–1880) und die Gründung des Landwirtschaftlichen Kreisvereins Höxter

Johannes Waldhoff: Die Geschichte der Juden in Steinheim. Steinheim 1980, S. 136–138.

Ewald Hanisch (Red.): 150 Jahre Landwirtschaftlicher Kreisverband Höxter-Warburg 1837/38–1987/88. Beiträge zur Geschichte der Landwirtschaft und des landwirtschaftlichen Vereinswesens im Kreis Höxter. Höxter 1988. – Auf S. 22–25 Faksimile der Satzung.

Fürstlich-Lippisches Regierungs- und Anzeige-Blatt, Nr. 27 vom 4. Juli 1846, S. 358–359 – Lilienthal als Vertreter der Tierversicherung.

Amtsblatt der Regierung Minden vom 23. Januar 1853, S. 9 (Feuerversicherung) und 7. September 1855, S. 375–376 (Hagelversicherung)

Volkszählung vom 1. Dezember 1880 in Minden – Eintrag mit Angaben zu den persönlichen und familiären Daten der Eheleute Lilienthal: https://juedisches-leben.kommunalarchiv-minden.de/getperson.php?personID=I1157&tree=jews.

Dina van Faassen: Detmold. in: Historisches Handbuch, Bd. Detmold, S. 367. – Dort Angaben zu Nathan Spanjer-Herford.

Landwirthschaftliche Zeitung für Westfalen und Lippe vom 5. Januar 1855 (Angaben zu H. Löwenstein, Münster, und J. Loeb, Gut Caldenhof/Hamm) und vom 20. Juli 1855 (Angaben zu Isaak Fritzler, Hüsten).

SEITE 42–45:

Die Marks-Haindorf-Stiftung in Münster und die Familie Marks-Loeb auf Gut Caldenhof in Hamm

Adolf Kober: Emancipation's Impact on the Education and Vocational Training of German Jewry. In: Jewish Social Studies 16 (1954), Heft 1, S. 3–32, und Heft 2, S. 151–176. – Dort auf S. 174–176 Liste jüdischer Landwirtschafts- und Handwerksschulen 1800–1860.

Arno Herzig: Judentum und Emanzipation in Westfalen. Münster 1973. – Auf S. 57–60 zu Alexander Haindorf als Schulreformer, auf S. 72–73 zu Elias Marks.

Hans-Joachim Schoeps: Alexander Haindorf (1784–1862). In Robert Stupperich (Hrsg.): Westfälische Lebensbilder Bd. 11, Münster 1975, S. 97–111.

Susanne Freund: Jüdische Bildungsgeschichte zwischen Emanzipation und Ausgrenzung: Das Beispiel der Marks-Haindorf-Stiftung in Münster (1825–1942). Münster 1995 (= Forschungen zur Regionalgeschichte, Bd. 23). – Auf S. 25 und S. 33–34 zur Familie Marks-Loeb.

Susanne Freund: Jüdisches Schul- und Ausbildungswesen in Westfalen im 19. Jahrhundert. In: Menneken, Zupancic: Jüdisches Leben in Westfalen, S. 91–98.

Eugen Kirstein, Arthur Schleh (Bearb.): Handbuch des Grundbesitzes im Deutschen Reiche. XII. Lieferung: Provinz Westfalen. Berlin 1898. – Auf S. 368–369 zum Gut Caldenhof, auf S. 360–361, 370–371, 376–377 und 502–503 zu weiterem Grundeigentum der Familie Marks-Loeb.

SEITE 46–49:

Jüdische Kleinbauern, Viehhändler und eine besondere Ökonomie

Stefanie Fischer: Ökonomisches Vertrauen.

Arno Herzig: Die westfälischen Juden im Modernisierungsprozeß. In: Deutsche Juden und die Moderne, hg. von Shulamit Volkov unter Mitarbeit von Elisabeth Müller-Luckner. München 1994 (= Schriften des Historischen Kollegs), S. 95–118. – Auf S. 108 zum Viehhandel.

Gisela Möllenhoff, Rita Schlautmann-Overmeyer: Jüdische Familien in Münster. Bd. 2,1: Abhandlungen und Dokumente 1918–1935, Münster 2001, S. 100–157. – Auf S. 156–157 Angaben zu S. Gumprich in Münster, auf S. 106–107 zu Hugo Herz in Münster.

Monika Minninger: Dorf- und Kleinstadtjuden im „trefenen Westfalen". Ihre Situation in Minden-Ravensberg 1800–1933. In: Baumeier/Stiewe: Die vergessenen Nachbarn, S. 187–203. – Auf S. 192 Angaben zu Familie Steinfeld, Versmold, und Zitat von Hugo Rosenthal.

Volker Beckmann: Die jüdische Bevölkerung der Landkreise Lübbecke und Halle i.W. Vom Vormärz bis zur Befreiung vom Faschismus. Diss. Bielefeld 2005, überarbeitete Fassung 2015 – Auf S. 90 Brief von Walter Hoffmann vom 16. Februar 1996 zum Viehhandel der Brüder Haas, Rahden.

Heimatverein Dingden (Hg.): Das Humberghaus. Die Geschichte des Hauses und seiner Bewohner. Dingden 2012.

Kate Mendels: Two memoirs: Die Geschichte einer jüdischen Familie in einer kleinen Stadt in Westfalen 1886–1918 (Sydney 1972) / To my Descendants 1924–1950. Englisches Typoskript, Teil 2 (Sydney 1975). Leo Baeck Institute New York, LBI Memoir Collection ME 435. – Auf S. 9 das Zitat.

Landesarchiv NRW, Abt. OWL (Detmold): D 23 B Nr. 62966 – Grundbuch von Harsewinkel, Band 17, Blatt 530 (Angaben zum Mendels'schen Grundbesitz). Den Hinweis auf diese Quelle verdanke ich Eckard Möller, Stadtarchiv Harsewinkel.

SEITE 50–53:

Judenfeindschaft und landwirtschaftliche Interessen: Burghard von Schorlemer-Alst, Johann Breuker und der Bauernverein

Gisbert Strotdrees: Ein Mann im Widerspruch. Burghard Freiherr von Schorlemer-Alst. Warendorf-Freckenhorst 1995. – Auf S. 22–26 Nachweis der Ausführungen Schorlemers zur „Judenfrage".

Johann Breuker: Buer et is Tied! Rechte und Pflichten des Bauernstandes – oder: Bauer muß Bauer sein und bleiben. Ein Mahnwort an seine Standesgenossen. Dülmen 1869. – Auf S. 14, 33, 73, 80 und 93 die Zitate.

Wilhelm Kellermann: Der Westfälische Bauernverein. In: Engelbert von Kerckerinck zur Borg (Hg.): Beiträge zur Geschichte des Westfälischen Bauernstandes. Berlin 912, S. 376–447. – Auf S. 382–385 Satzung des Bauernvereins von 1862, auf S. 393–395 Satzung des Westfälischen Bauernvereins 1871.

Maria Blömer: Die Entwicklung des Agrarkredits in der preußischen Provinz Westfalen im 19. Jahrhundert. (= Schriftenreihe des Instituts für Bankhistorische Forschung e.V., Bd. 16), Diss. Frankfurt/M. 1990. – Auf S. 43 das Zitat.

Olaf Blaschke: Katholizismus und Antisemitismus im Deutschen Kaiserreich. Göttingen 1997 (= Kritische Studien zur Geschichtswissenschaft, Bd. 122).

Helmut Walser Smith: The discourse of Usury. Relaitions between Christians and Jews in the German Countryside 1880–1914. In: Central European History 32 (1999), S. 255–276. – Auf S. 264 die Zahlen zu den Gerichtsurteilen wegen „Wucher" 1882–1910.

SEITE 54–61:

Christliche Judenfeindschaft, rassischer Antisemitismus und die Macht der Gerüchte: Enniger 1873 und Versmold 1899

Annette Jansen-Winkeln, Ernst Jansen-Winkeln: www.glasmalerei-ev-web.de. – Dort die Einträge und Abbildungen der Forschungsstelle Glasmalerei des 20. Jahrhunderts, Mönchengladbach, zu den Kirchenfenstern in Balve, Lette (Coesfeld) Nuttlar (Bestwig) und Rimbeck (Warburg).

Marie-Theres Wacker: Gottes erste Liebe. Christliche Wahrnehmungen des Judentums in Münster. In: Dorothea Sattler (Hg.): Gedenken und gestalten. 1200 Jahre Bistum Münster. Münster 2005, S. 48–86. – Auf S. 52–56 zur Skulpturengruppe an St. Lamberti, Münster, auf S. 63–68 zu August Rohling, auf S. 70–71 zu den Ritualmord-Beschuldigungen in Enniger, Xanten, Kempen, Issum und Kleve.

Arno Herzig: Adolf Stoecker: Christlich-konservativer Sozialpolitiker oder antisemitischer Agitator? In: Mitteilungen des Mindener Geschichtsvereins 76 (2004), S. 21–36. – Auf S. 28–29 Zitat „Ganze Bauerschaften...", auf S. 32–33 Zitat „Nun haben wir...", auf S. 33 A. Herzigs Urteil.

Christoph Schmitt: Rohling, August. In: Biographisch-Bibliographisches Kirchenlexikon, Band VIII (1994), Sp. 577–583.

Israelitische Wochenzeitschrift für die religiösen und socialen Interessen des Judenthums vom 24. September 1874, S. 321 – Bericht zu den Ereignissen in Telgte und Ahaus 1871 sowie Enniger 1873.

Landesarchiv NRW, Abt. Westfalen (Münster): Kreis Beckum, Landratsamt Nr. 76: Acta betreffend vorgefallene Mordthaten, Selbstmorde, Mordversuche, Verstümmelungen.

Kreisarchiv Warendorf: Amt Vorhelm A 782: Acta Specialia: Die Ermordung der Elisabeth Schütte zu Enniger betreffend.

Sandra Licher (Bearb.): Die Ermordung der Elisabeth Schütte zu Enniger betreffend. Osnabrück 2010.

Urte Allkämper: „Grausam ermordet im Kampfe um ihre Tugend ..." – Volkskundliche Askepte eines Sexualmordes im Münsterland des späten 19. Jahrhunderts. In: Rheinisch-Westfälische Zeitschrift für Volkskunde 48 (2003), S. 55–84.

Urte Evert: Fußspuren, Blut und Samenflecken. Polizeiliche Ermittlungsarbeit am Beispiel eines Sexualmordes im Münsterland des späten 19. Jahrhunderts. In: Westfälische Forschungen 54 (2004), S. 177–207.

Walter Tillmann, Diethard Aschoff: Ennigerloh-Enniger. In: Historisches Handbuch, Band Münster, S. 329–335.

Anonym: Ein Stück Mittelalter am Ende des 19. Jahrhunderts. In: Der Wächter – Bielefelder Zeitung, 9. Januar 1900.

Volker Beckmann: Synagogenbau und Antisemitismus (1822–1900). Zur Geschichte der Synagogen der jüdischen Gemeinde Versmold. In Ravensberger Blätter Heft 1, Juli 1999, S. 42–52.

Corinna Treitel: A Science for the Soul. Occultism and the Genesis of the German Modern. Baltimore/London 2004.

Gisbert Strotdrees: Das Zweite Gesicht. In: Lena Krull (Hg.): Westfälische Erinnerungsorte. Beiträge zum kollektiven Gedächtnis einer Region. Paderborn 2017 (=Forschungen zur Regionalgeschichte, Bd. 80), S. 523–536.

SEITE 62–67:

Jüdische Sprachwelten in Westfalen um 1900: Zwischen Platt und Hochdeutsch, Hebräisch und „Jüdischdeutsch"

Simon Grünewald: Erinnerungen/Jugenderinnerungen. Leo Baeck Institute New York, Memoir Collection ME 764.

Alfred Klepsch: Westjiddisches Wörterbuch. Auf der Basis dialektologischer Erhebungen in Mittelfranken. Tübingen 2004. – S. 35–39 zu I. F. Stern, S. 52–57 Überblick der „Enthüllungsschriften".

Renate Evers: „Der vollkommene Pferdekenner" (1764). Jewish Horse Traders in the Marcgraviate of Brandenburg-Ansbach and Their Language at the Threshold of Modernity. In: The Leo Baeck Institute Year Book (63) 2018, S. 201–228.

Stefanie Fischer: Das Lexicon der jüdischen Geschäfts- und Umgangs-Sprache (Itzig Feitel Stern, 1832). In: Wolfgang Benz (Hg.): Handbuch des Antisemitismus, Band 6: Publikationen. Berlin/Boston 2013, S. 428–429.

Stefanie Fischer: Ökonomisches Vertrauen, S. 120–126. – Zitat auf S. 126.

Deutsches Wörterbuch von Jacob Grimm und Wilhelm Grimm, Band 12 (1882), Sp. 1820: Stichwort „Mauscheln", Bearb. von M. Heyne.

Werner Weinberg: Die Reste des Jüdischdeutschen. Stuttgart 1969 (Studia Delitzschiana, Abhandlungen und Texte aus dem Institutum Judaicum Delitzschianum, Bd.12).

Werner Weinberg: Mein Verhältnis mit Rheda. In: Nölle-Hornkamp: Heimatkunde, S. 164–170.

Salcia Landmann: Auf den letzten Spuren des Jüdischdeutschen. Ein Lexikon als Gedenkstein. In: Zeitschrift für Religions- und Geistesgeschichte 22 (1970), S. 267–269.

Klaus Siewert und Rudolf Post: Wörterbuch deutscher Geheimsprachen. Rotwelsch-Dialekte. Berlin/ Boston 2023.

Hinweis: Das 36-seitige „Wörterbuch der jüdischen Geschäfts- und Umgangssprache" konnte ich noch im September 2021 beim Handelsunternehmen „Horn Tierzuchtgeräte" in Borken, vormals Dülmen, erwerben. Die Geschäftsführung teilte auf Nachfrage mit, beim Eigentümerwechsel die Lagerbestände übernommen zu haben, darunter auch Restexemplare des „Wörterbuches". Es war 2021 auch über den Fachverlag Vieh und Fleisch der Deutschen Viehhandelsgesellschaft mbH in Bonn lieferbar. Erst kürzlich ist Klaus Siewert, Münster, der Nachweis gelungen, dass die Vorlage des Heftes in Nürnberg zwischen 1920 und 1930 gedruckt worden ist (Klaus Siewert: Die geheime Sprache der Viehhändler. Dokumente aus Feldforschung und Wissenschaft 1997 bis 2021. Ein digitaler Ausstellungsführer. Münster 2023).

SEITE 68–73:

Jüdische Dichter des Niederdeutschen: Carl van der Linde und Eli Marcus

Carl van der Linde: Grappen en Grillen. Band 1. Nordhorn 1930.

Helga Vorrink, Siegfried Kessemeier: Carl van der Linde – Löö en Tieden. Ausgewählte Teste und ein Lebensbild. Veldhausen 2008.

Helmut Lensing: Der Grafschafter Dichter Carl van der Linde. In: Emsländische Geschichte, Bd. 19 (2012), S. 3313–63.

Eli Marcus: Ik weet en Land. Ein jüdischer Mundartdichter Westfalens. Ausgewählte Texte und ein Lebensbild. Hg. von Manfred Schneider und Julian Voloj. Münster 2003.

Siegfried Kessemeier: Heimat in der Sprache. Der jüdische Mundartautor Eli Marcus. In: Nölle-Hornkamp: Heimatkunde, S. 138–141.

Julian Voloj: Een däftig Wüörtken platt. Biographische Notizen zum Münsterländer Heimatdichter Eli Marcus. In: Jahrbuch der Augustin-Wibbelt-Gesellschaft Münster 17 (2001), S. 97–107.

SEITE 74–79:

Moritz und Julius Wallach, ihr „Volkskunsthaus" in München und die Erfindung des Dirndls

Julius Wallach: History of Wallach (Manuskript 1964). In: Leo Baeck Institute New York, Memoir Collection ME 660.

Moritz Wallach: Das Volkskunsthaus in München (Manuskript 1961). In: Leo Baeck Institute New York, Memoir Collection ME 662.

Monika Ständecke: Dirndl, Truhen, Edelweiss. Die Volkskunst der Brüder Wallach. Katalog zur Ausstellung des Jüdischen Museums München 27. Juni bis 30. Dezember 2007. Wolfratshausen 2007.

Brigitte Fiedler: Max und Melitta Wallach. Biographie. In Stolpersteine-Guide Dachau. https://stolpersteine-guide.de/map/biografie/3129/max-und-melitta-wallach.

SEITE 80–85:

Milchzentrifugen, Ackergeräte, Traktoren: Jüdische Landtechnikunternehmer in der Provinz

Herforder Kreiszeitung, 10. April 1886. – Darin Werbeanzeige der Fa. Philipp Mayfarth/Filiale Osnabrück.

Ulf Ludßuweit: Das ehemalige Landmaschinenunternehmen Philipp Mayfarth & Co. und seine jüdische Inhaberfamilie Moser (2018). In: lisa.gerda-henkel-stiftung.de.

Hans-Henning Zabel: Benno Orenstein. In: Neue Deutsche Biographie 19 (1999), S. 587–588.

Nathan Michelsohn: Die Michelsohns. Ein Familienbild. Unveröffentlichtes Manuskript 1947. In: Leo Baeck Institute, New York: Michelsohn Family Collection 1919–1991. AR 10392, Folder 2.

Gisbert Strotdrees: Höfe, Bauern, Hungerjahre, S. 101–102.

Ralf Klöpperpieper: Baugeschäft und Baumi-Trecker. In: Landwirtschaftliches Wochenblatt Westfalen-Lippe, Folge 29 (2007), S. 31–32.

Manfred Beine: Rietberg-Neuenkirchen. In: Historisches Handbuch, Band Detmold, S. 668–680.

Kate Kemper: Ich klage an. Eigenverlag 1986. – Als überarbeitete, um Dokumente stark erweiterte Neuauflage erschienen unter dem Titel: Kate Kemper: Anklage. Die bittere Wahrheit. Warburg 1987.

Die Glocke: Berichte vom 29. Januar 1901, 3. September 1902, 5. September 1906 und 8. September 1910.

Kölnische Zeitung: Bericht vom 11. Juli 1913.

Gerd Daub-Dieckhoff: Abrissarbeiten bei der WP-Kemper-GmbH – Industriebrache verschwindet aus dem Ortsbild. In: Die Glocke, 26. Januar 2022.

SEITE 86–89:

Synagoge, Schule und Mikwe in Petershagen an der Weser: Blütezeiten jüdischen Landlebens und ihre gewaltsame Zerstörung

Bernd-Wilhelm Linnemeier: Petershagen und Rahden. Zwei jüdische Landgemeinden des Fürstentums Minden im historisch-strukturellen Vergleich. In: Baumeier/Stiewe: Die vergessenen Nachbarn, S. 217–236.

Bernd-Wilhelm Linnemeier: Petershagen. In: Historisches Handbuch, Band Detmold, S. 590–606.

Elfi Pracht-Jörns: Jüdisches Kulturerbe in Nordrhein-Westfalen. Teil III: Regierungsbezirk Detmold, Köln 1998, S. 403–410.

Landesarchiv NRW, Abt. OWL (Detmold): M 1 Regierung Minden I L Nr. 296: Synagogenordnung für die Synagogen-Gemeinde Petershagen (1865). – Hier zitiert nach der Transkription von Friedrich Lange, Petershagen, veröffentlicht unter: www.synagoge-petershagen.de/Alte_Synagoge_Petershagen/Synagogenordnung.html.

Jüdisch-liberale Zeitung: 5. Februar 1930: Todesfall. (Nachricht zur Beisetzung von David Block, Petershagen).

Wolfgang Battermann: Verhinderte Brandstiftung an Synagoge – eine Legende. Veröffentlicht unter: www.synagoge-petershagen.de/Alte_Synagoge_Petershagen/Novemberpogrom,_Petershagen,_MT.html.

SEITE 90–97:

Staatlicher Antisemitismus per Gesetz: Das Reichserbhofgesetz von 1933 und seine Folgen

Otto Baumecker: Handbuch des gesamten Reichserbhofrechts. Köln 1934, S. 27–28. – Zitat auf S. 27.

Otto Baumecker: Handbuch des gesamten Reichserbhofrechts. Dritte, völlig neu bearbeitete und erweiterte Auflage. Köln 1935, S. 83–87. – Zitat auf S. 85.

Myriam Spörri: „Jüdisches Blut". Zirkulationen zwischen Literatur, Medizin und politischer Praxis 1918–1933. ÖZG 16 (2005), S. 32–52.

Michael Fahlbusch, Ingo Haar, Alexander Pinwinkler (Hg.): Handbuch der völkischen Wissenschaften. Akteure, Netzwerke, Forschungsprogramme. 2., grundlegend erweiterte und überarbeitete Auflage. Berlin/Boston 2017, S. 977.

Claus Heinemann: Herrntrop. Ein kleines Dorf und die große Geschichte. Olpe 1981.

Volker Schockenhoff: „Unser liebes, gutes Verl hat alle Anziehungskraft für mich verloren". Verfolgung, Vertreibung und Vernichtung der Verler Juden in der NS-Zeit. Verl 1994 (Heimatkundliche Schriftenreihe, Heft 4) – darin auf S. 17 „Nachweisung der im Amtsbezirk wohnhaften Juden" von 1937 mit Einträgen zu Wester-Ebbinghaus.

Hofarchiv Wester-Ebbinghaus, Verl: Schreiben des Landrats (Wiedenbrück) vom 13. September1944, Schreiben der Gemeinde Verl vom 16. September 1944 – Kopien aus Gemeindearchiv Verl, D. 1349: „Judenakte" (in der NS-Zeit angelegte Sammlung) sowie Erläuterungsschreiben der Archivarin Annette Huss, Verl, vom 15. November 2007.

Joseph Walk: Das Sonderrecht für die Juden im NS-Staat. Eine Sammlung der gesetzlichen Maßnahmen und Richtlinien – Inhalt und Bedeutung. Heidelberg 1981. 2. Auflage 1996.

SEITE 98–101:

Jüdische Viehhändler in Westfalen nach 1933 zwischen Boykott und Berufsverbot

Der Filter – Nr. 53 vom 19. August 1933: Boykottaufruf des Bezirksbauernführers Berendes aus Marienmünster („Der Deutsche Bauer hat nichts mit dem Juden zu schaffen"), hier zitiert nach dem Abdruck in: Baumeier/Stiewe: Die vergessenen Nachbarn, S. 243.

Eberhard Jäckel, Otto Dov Kulka (Hg.): Die Juden in den geheimen NS-Stimmungsberichten 1933-1945. Gesamtausgabe (CD-Rom). Düsseldorf 2004. – Auf S. 1505 und 1775 die SD-bzw. Gestapo-Berichte aus Lüdinghausen und Osnabrück.

Klaus Behnken (Hg.): Deutschland-Berichte der Sozialdemokratischen Partei Deutschlands (Sopade) 1934–1940, Bd. 3 (1936). Frankfurt/Main 1980. – Auf S. 891–892 der anonyme Bericht aus „Rheinland-Westfalen".

Anonym: „Zusammenfassung der Verteiler in den Fachschaften des Reichsnährstandes". In: Wochenblatt der Landesbauernschaft Westfalen, 11. Juli 1936, S. 1321–1322 und S. 1335.

Arnold M. Klein: Geschichte der Juden im Kreis Olpe. Grevenbrück 1990.

Diethard Aschoff: Von der Duldung zum Boykott. Jüdische Viehhändler. In: Strotdrees: Höfe, Bauern, Hungerjahre, S. 162–163.

Stefanie Fischer: Ökonomisches Vertrauen.

SEITE 102–105:

Diskriminierung, Verfolgung, Flucht: Jüdische Tierärzte in Westfalen

Georg Möllers: Jüdische Tierärzte im Deutschen Reich in der Zeit von 1918 bis 1945. Diss. Hannover 2002. – Auf S. 122–126 zu Hermann Blumenfeld, auf S. 73 und 208 zu Kurt Neuwerth.

Die Studie ist online verfügbar über die Deutsche Nationalbibliothek (https://d-nb.info/968571565/34) oder über die Tierärztliche Hochschule Hannover (https://elib.tiho-hannover.de/receive/etd_mods_00002845). Auf Grundlage der Studie hat die Bundestierarztekammer eine Datenbank eingerichtet, die an die Opfer des Nationalsozialismus in der Veterinärmedizin erinnert. Sie enthält biografische Informationen zu Studierenden sowie zu Tierärzten und deren Angehörigen, die zwischen 1933 und 1945 aus rassischen Gründen verfolgt worden sind: www.bundestieraerztekammer.de/ns-schicksale.

Fritz Ostkämper: Die Eltern Dr. Leo und Ida Pins, geb. Lipper (2017). – www.jacob-pins.de/?article_id=34&clang=0.

SEITE 106–115:

Selbstbehauptung durch landwirtschaftliche Ausbildung: Hachschara bei Hameln, Schermbeck und Westerkappeln

Bernhard Gelderblom: „Es war meine Überzeugung, Landarbeiter zu werden." Die Hachschara im Kibbuz Cherut in Dörfern bei Hameln 1926–1930. Ungedrucktes Manuskript Hameln 2019. – www.gelderblom-hameln.de/medien/juden/aufsaetze/BernhardGelderblomDerKibbuzCherut2019.pdf

Gisbert Strotdrees: Eine Minderheit in der Minderheit. Jüdische Landwirte und Landeigentümer in Westfalen von den Emanzipationsgesetzen bis zur nationalsozialistischen „Arisierung" (1800–1939/42). In: Nölle-Hornkamp: Heimatkunde, S. 67–78. – Dort auf S. 72-73 zum Verein für Bodenkultur, auf S. 72-77 zum Kibbuz Westerbeck mit detaillierten Quellennachweisen.

Gisbert Strotdrees: Kibbuz Westerbeck (Hof Stern). Beitrag für das Projekt „Hachschara als Erinnerungsort" des Moses-Mendelsohn-Zentrums Potsdam 2022. https://hachschara.juedische-geschichte-online.net/ort/4.

Hinweis: Die in früheren Veröffentlichungen 2014/15 angegebene Zahl von 104 Jugendlichen auf dem Hof sind hier nach unten korrigiert. Bei der erneuten Überprüfung der teilweise schwer lesbaren Meldelisten und nach Abgleich mit paralleler Aktenüberlieferung erwiesen sich Personen mit ähnlichen Namen als identisch. Zwei Personen konnten als 30-jähriger Landwirtschaftslehrer bzw. als Hausgehilfin katholischer Konfession identifiziert werden, zwei weitere haben sich nur kurzzeitig auf dem Hof aufgehalten.

Juliane Lepsius: Es gab jüdischen Widerstand. Leo Baeck Institute New York, LBI Memoir Collection ME 1278 – Auf S. 4 Gert Löllbach über den „Kibbuz Westerbeck".

Ulrike Pilarczyk, Ofer Aschkenazi, Arne Homann (Hg.): Hachschara und Jugend-Alija. Wege jüdischer Jugend nach Palästina 1918–1941. Gifhorn 2020 (= Steinhorster Beiträge zur Geschichte von Schule, Kindheit und Jugend, Band 1).

Harald Lordick: „... eine richtige Hachschara". Das jüdische Ferienheim „Haus Berta" bei Schermbeck 1934/35. In: Kalonymos 25 (2022), S. 20–24.

Yad Vashem Documents Archive: Professional and agricultural training for jewish youth in Germany in preparation for their aliya to Eretz Israel 1934–1937. Abrufbar unter: https://collections.yadvashem.org/en/documents/3549713. – Darin Schreiben der Zionistischen Vereinigung Berlin 1936/37 und der Gestapo Münster 1937.

SEITE 116–123:

Der Novemberpogrom 1938 auf dem Land

Josephina Bähr's Last Letter. – In: 9–10 November 1938 – the November Pogrom („Kristallnacht"). Online-Ausstellung der Gedenkstätte Yad Vashem. Abrufbar unter: https://www.yadvashem.org/yv/en/exhibitions/kristallnacht/last-letter.asp.

Yad Vashem Documents Archive: Document No. 4061359: Letter from Josephina Bähr, November 1938.

Saskia Rohde: Zwischen Verfolgung und Shoah. Die Zerstörung der Synagogen in Westfalen. In: Arno Herzig, Karl Teppe, Andreas Determann (Hg.): Verdrängung und Vernichtung der Juden in Westfalen. Münster 1994 (=Forum Regionalgeschichte, Bd. 3), S. 76–90.

Elfi Pracht-Jörns: Jüdisches Kulturerbe, Band Arnsberg, S. 84–93 zur Dortmunder Synagoge und ihrem Abbruch 1938, S. 638–639 zum Pogrom in Lünen; Band Münster, S. 119 zum Pogrom in Vreden.

Walter Mühlhausen: Als die Synagogen brannten. Die November-Pogrome 1938 in Hessen. Wiesbaden 2013 (= Blickpunkt Hessen Nr. 15).

Marion Lilienthal, Karl-Heinz Stadtler (Hg.): Novemberpogrome 1938. Ausschreitungen und Übergriffe in Waldeck-Frankenberg. Berlin 2018. – Auf S. 291–296 zu den Ereignissen in Rhoden.

Bernd Wacker, Marie-Theres Wacker: Ausgelöscht. Erinnerung an die jüdische Gemeinde Salzkotten. Salzkotten 2002.

Margit Naarmann: Ende und Neuanfang. Zum Schicksal der ländlichen Juden im Hochstift Paderborn 1933–1945. In: Die vergessenen Nachbarn, S. 237–262. – Auf S. 245-253 zum Pogrom im Paderborner Land, auf S. 246–247 zu den Ereignissen in Salzkotten

Gisela Möllenhoff, Rita Schlautmann-Overmeyer: In: Historisches Handbuch, Band Grundlagen, S. 251–294, hier vor allem S. 270–275.

Hartmut Hosenfeld: Jüdisch in Attendorn. Die Geschichte der ehemaligen jüdischen Gemeinde in Attendorn. Attendorn 2006 (=Jüdisches Leben im Kreis Olpe, Band IV).

Bastian Fleermann, Gerd Genger, Hildegard Jakobs, Immo Schatzschneider: Gedenkbuch für die Toten des Pogroms 1938 auf dem Gebiet des heutigen Bundeslandes Nordrhein-Westfalen. Düsseldorf 2019.

Hans Mommsen: Das NS-Regime und die Auslöschung des Judentums in Europa. Göttingen 2014, S. 87–106

Harald Schmid: „Beispiellose Tage der deutschen Geschichte". Der nationalsozialistische Überfall auf die deutschen Juden im November 1938. In: Archiv für Sozialgeschichte 49 (2009), S. 615–632.

Saul Friedländer: Das Dritte Reich und die Juden. Die Jahre der Verfolgung 1933–1939. Die Jahre der Vernichtung 1939–1945. München 2007, S. 291–328. – Zitat auf S. 314.

SEITE 124–131:

Wie den Landjuden ihr Land genommen wurde: Die Enteignung jüdischen Grundeigentums nach 1938

Friedrich Nonhoff: Kein landwirtschaftlicher Besitz in jüdischer Hand! – In: Wochenblatt der Landesbauernschaft Westfalen, Folge 52 vom 24. Dezember 1938, S. 2358–2359.

Angelika Verse-Herrmann: Die „Arisierung" des land- und forstwirtschaftlichen Besitzes von deutschen Juden (1938–1942). Stuttgart 1997 (= Vierteljahrsschrift für Sozial- und Wirtschaftsgeschichte, Beihefte Nr. 131). – Auf S. 55–63 zur statistischen Erhebung 1938/39, auf S. 64 Ergebnisse für Westfalen, auf S. 69 für Lippe, auf S. 130–133 Käufe von Papen, zur Lippe und Flick, auf S. 168–201 Angaben zu Käufern, Abschluss der Arisierungen und Kaufpreisen.

Marlene Klatt: Unbequeme Vergangenheit. Antisemitismus, Judenverfolgung und Wiedergutmachung in Westfalen 1925–1965. Paderborn 2009 (= Forschungen zur Regionalgeschichte, Bd. 61). – Auf S. 201–204 „drei Typen", auf S. 339 Rückerstattung und „Arisierungsmilieu".

Tobias Winstel: Verhandelte Gerechtigkeit. Rückerstattung und Entschädigung für jüdische NS-Opfer in Bayern und Westdeutschland.

München 2006. – Auf S. 400 statistische Angaben zur Rückerstattung.
Norbert Frei, José Brunner, Constantin Goschler: Komplizierte Lernprozesse. In: Dies. (Hrsg.), Die Praxis der Wiedergutmachung. Geschichte, Erfahrung und Wirkung in Deutschland und Israel, Göttingen 2009, S. 9–47. – Auf S. 47 Zitat „Trial and error".
Hans Günter Hockerts: Wiedergutmachung in Deutschland 1945–1990. Ein Überblick. In: Aus Politik und Zeitgeschichte, Heft 25–26/2013, S. 15–22.
Gisbert Strotdrees: Gut Beckhaus/Baum in Ergste bei Schwerte. In: Ders.: Hofgeschichten. Westfälische Bauernhöfe in historischen Portraits. Münster 2003, S. 141–145. – Der Beitrag von 2003 und die Ausführungen in diesem Buch stützen sich auf Akten des Rückerstattungsverfahren, die mir ein Sohn des Landwirts Fritz Weyergraf zur Verfügung gestellt hat.

SEITE 132–137:

Paula Adelsheimer aus Schermbeck: 1929 als Schützenkönigin gefeiert, 1943 in Auschwitz ermordet

Marga Silbermann-Randall: Als sei es erst gestern geschehen. Jüdische Schicksale aus Schermbeck 1930–1997. Konstanz 1997.
Iris Nölle-Hornkamp: Heimatkunde, S. 111–118.
Historisches Handbuch, Bände Arnsberg, Detmold und Münster. – Die Namensliste der Schützenköniginnen und -könige ist aus den Einträgen der jeweiligen Ortskapitel zusammengestellt.
Gisela Möllenhoff, Rita Schlautmann-Overmeyer: In Historisches Handbuch, Band Grundlagen, S. 287–293.
Ralf Piorr, Peter Witte (Hg.): Ohne Rückkehr. Die Deportation der Juden aus dem Regierungsbezirk Arnsberg nach Zamość im April 1942. Essen 2012. – Auf S. 83–94 minutiöse Schilderung der Vorbereitungen zur Deportation.
Die Angaben zu den Deportationen aus dem Rheinland und aus Westfalen stützen sich auf zwei Online-Dokumentationen:
• Die Holocaust-Gedenkstätte Yad Vashem, Jerusalem, hat unter dem Titel „Transports to Extinction" eine Dokumentation der Deportationen aus Deutschland und Europa erarbeitet. Sie umfasst Namenslisten, Herkunftsorte, Erläuterungen sowie archivalische Quellen und ist abrufbar unter: deportation.yadvashem.org. – Angaben zum „Transport 35" aus Berlin im März 1943 und der Bericht von Else Penkuhn geb. Muskatblatt finden sich dort unter: https://deportation.yadvashem.org/index.html?language=en&itemId=5092744.
• Thomas Freier, Mainz, hat ebenfalls eine Dokumentation der Deportationen erstellt, abrufbar unter: www.statistik-des-holocaust.de. Darin sind unter anderem auch die Deportationen aus dem Rheinland und aus Westfalen 1942–1945 mit Namenslisten, Herkunftsorten, Erläuterungen und archivalischen Quellen dokumentiert. Angaben zum „Transport 35" aus Berlin im März 1943 finden sich dort – mit geringfügig abweichenden Zahlen – unter: http://www.statistik-des-holocaust.de/list_ger_ber_ot35.html.

SEITE 138–143:

Bauern im Münsterland versteckten von 1943 bis 1945 eine jüdische Familie aus Ahlen

Marga Spiegel: Es geschah bei uns. Artikelserie in: Der Sämann – Zeitschrift der KLB im Bistum Münster, Juli 1961 bis April 1962.
Marga Spiegel: Retter in der Nacht. Frankfurt 1969. – Mehrfach neu aufgelegt, zuletzt unter dem Titel: Retter in der Nacht. Wie eine jüdische Familie in einem münsterländischen Versteck überlebte. Münster 2009. – Auf S. 149–150 dieser Neuauflage der Brief Marga Spiegels an die Gedenkstätte Yad Vashem, Jerusalem.
Gisbert Strotdrees: Höfe, Bauern, Hungerjahre, S. 188–191.
Gisbert Strotdrees: Unter Bauern. Wie mutige Bauern im Münsterland Juden versteckten, erfuhr die Öffentlichkeit vor genau 50 Jahren, im Juli 1961 im „Sämann". In: Wochenblatt für Landwirtschaft und Landleben, Folge 26/2011 vom 30. Juni 2011, S. 95.
Christoph Spieker und Marc Spieker: Die Geschichte von Marga Spiegels Erzählungen. In: Claudia Landwehr (Red.): Eine Herzenssache – Marga Spiegel und ihre Retter. Ein Film von Petra Seeger. Begleitheft zur DVD, herausgegeben vom LWL-Medienzentrum für Westfalen und dem Geschichtsort Villa ten Hompel. Münster 2014, S. 9–30.
F. L. (Felix Lützkendorf?): Der Krieg und die Juden. In: Wochenblatt der Landesbauernschaft Westfalen, Folge 21/1943 vom 22. Mai 1943.
Franz Merk: Wir oder die Juden! In: Wochenblatt der Landesbauernschaft Westfalen, Folge 29/1943 vom 17. Juli 1943.
Joseph Goebbels: Der Krieg und die Juden. Leitartikel in der Wochenzeitschrift „Das Reich", Nr. 19, vom 9. Mai 1943, S. 1–2. – Dokumentiert in: Lisa Hauff (Bearb.): Deutsches Reich und Protektorat Böhmen und Mähren April 1943–1945. (= Die Verfolgung und Ermordung der europäischen Juden durch das nationalsozialistische Deutschland 1933–1945), Berlin, Boston 2020, S. 149–153.

SEITE 144–151:

Kriegsende 1945 in Kaunitz: Ein Bauerndorf wird „D. P. Assembly Center" für hunderte befreiter Jüdinnen

Burkhard Beyer: Die Buchenwald-Außenlager in Lippstadt 1944/45. In: Jan Erik Schulte (Hg.): Konzentrationslager im Rheinland und in Westfalen 1933–1945. Zentrale Steuerung und regionale Initiative. Paderborn 2004, S. 259–270.
Burkhard Beyer: Lippstadt I und II. In: Wolfgang Benz, Barbara Distel (Hg.): Der Ort des Terrors. Geschichte der nationalsozialistischen Konzentrationslager. Band 3: Sachsenhausen, Buchenwald. S. 507–511.
Annette Huss: „Camp Kaunitz" – das Lager für Displaced Persons in Kaunitz 1945–1949. In: Heimatjahrbuch Gütersloh 2017, S. 38–42.
Annette Huss, Jim G. Tobias: Displaced Persons Assembly Center Kaunitz 1945–1949. Online abrufbar unter: https://www.after-the-shoah.org/displaced-persons-assembly-center-kaunitz-1945-1949/
David P. Boder: Interview mit Anna Kaletska am 26. September 1946. In: Voices of the Holocaust. Paul V. Galvin Library Chicago. Online abrufbar unter: https://voices.library.iit.edu/interview/kaletskaA. – A. Kaletska berichtet auf die Fragen D. Boders in jiddischer Sprache. Eine Transkription, ins Englische übersetzt, ist auf der Homepage dokumentiert. Die Übersetzung der zitierten Auszüge ins Deutsche stammt von mir.
Mirjam Bitter: „Ich fühlte mich seit diesem Tag wie eine Neugeborene". Ein beeindruckendes Dokument aus unserer Sammlung über die Befreiung 1945 (2020). In: https://www.jmberlin.de/feature-brief-brill-befreiung-1945 – Brief von Irmgard Brill.

Yad Vashem Archives, Jerusalem: Germany Collection, File Nr. 177 – Correspondence between the local and regional authorities in Kaunitz (Guetersloh area), regarding the housing and care of 800 Jewish women, who were moved from Lippstadt camp to Kaunitz, March 1945.

Earl G. Harrison: Journal 1945. In: United States Holocaust Memorial Museum, Washington: Earl G. Harrison Papers, RG 10.088. Online abrufbar unter https://collections.ushmm.org. – Im „Journal" auf S. 100 Einträge zum Camp Kaunitz.

Selma Selby, Lily Holt: Report on Commencement of Work at Kaunitz D.P. Camp vom 9. April 1946; Report on Kaunitz Camp vom 8. Juli 1946. In: Wiener Library, London HA 6 B/2. – Eine Kopie stellte mir dankenswerterweise Jim G. Tobias, Nürnberger Institut für NS-Forschung und jüdische Geschichte des 20. Jahrhunderts, zur Verfügung.

Lily Schwarzschild, geb. Holt: On Working in a Displaced Persons Camp. Interview vom 19. September 1997, abrufbar unter: https://sfi.usc.edu/video/lily-schwarzschild-working-displaced-persons-camp sowie im Visual History Archive der Shoah Foundation, University of South California, Los Angeles (VHA Interview Code: 33592). – Der hier veröffentlichte Text ist von mir übersetzt nach dem Transkript unter: https://stlholocaustmuseum.org/oral-history/lily-schwarzschild.

Juliane Wetzel: Die Lager für jüdische „Displaced Persons" in Deutschland nach 1945. In: Dokumentationsarchiv des österreichischen Widerstandes (Hrsg.), Forschungen zum Nationalsozialismus und dessen Nachwirkungen in Österreich. Festschrift für Brigitte Bailer, Wien 2012, S. 155–167.

Stadt Gütersloh (Hg.): Die Kindergräber von Gütersloh. Schüler auf den Spuren jüdischer Zwangsarbeiterinnen. Eine Arbeit von Schülerinnen und Schülern der Anne-Frank-Schule/Städtische Gesamtschule Gütersloh, Klasse 10 g, im Rahmen des Schülerwettbewerbs „Deutsche Geschichte" um den Preis des Bundespräsidenten. Gütersloh 1993.

SEITE 152–157:

Nach dem Kriegsende 1945: Erfahrungen jüdischer „Rückkehrer" im ländlichen Westfalen

Hans Frankenthal: Verweigerte Rückkehr. Erfahrungen nach dem Judenmord. Frankfurt 1999, erweiterte Neuauflage Berlin 2012.

Paul Spiegel: Wieder zu Hause? Erinnerungen. Berlin 2001.

Matthias M. Ester: Präsident des Zentralrates der Juden in Deutschland Ehrenbürger der Stadt Warendorf. Portrait über Paul Spiegel. In: https://www.zentralratderjuden.de/aktuelle-meldung/artikel/news/praesident-des-zentralrates-der-juden-in-deutschland-ehrenbuerger-der-stadt-warendorf.

Hella Wertheim, Manfred Rockel: Immer alles geduldig getragen. Als Mädchen in Theresienstadt, Auschwitz und Lenzing, seit 1945 in der Grafschaft Bentheim. Nordhorn 1992. – Das Zitat dort auf S. 51–52.

Froukje Demant: Living in the house of the hangman. Post-war relations between Jews and non-Jews in the German-Dutch border region. In: Stefanie Fischer, Nathanael Riemer, Stefanie Schüler-Springorum (Hg.): Juden und Nichtjuden nach der Shoah. Begegnungen in Deutschland. Berlin/Boston 2019, S. 49–62.

Jürgen Zieher: Jüdisches Leben nach 1945. In: Historisches Handbuch, Band Grundlagen, S. 295–321. – Auf S. 294 Angaben zu den jüdischen Überlebenden 1945, auf S. 298–299 und S. 306–307 Gemeinde-Neugründungen in Westfalen, auf S. 307 tabellarische Übersicht der jüdischen Gemeinden 1949–1961.

SEITE 158–161:

Schluss

Jürgen Zieher: Jüdisches Leben nach 1945. In: Historisches Handbuch, Band Grundlagen, S. 295–321. – Auf S. 304 und 310 Angaben zu den frühen Friedhofsschändungen.

Börsenverein des Deutschen Buchhandels (Hg): Friedenspreis des Deutschen Buchhandels 2018 – Aleida Assmann, Jan Assmann. Ansprachen aus Anlass der Verleihung, Frankfurt 2018. – Auf S. 14 Zitat.

Elfi Pracht-Jörns: Jüdisches Kulturerbe, Bände Münster, Detmold und Arnsberg. – Unter den jeweiligen Ortseinträgen Hinweise zur Umnutzung und/oder zum Abriss der Synagogen nach 1945; im Band Arnsberg auf S. 9–25 Angaben zur Gesamtzahl der jüdischen Friedhöfe und Synagogen um 1900/nach 1945 in NRW bzw. in Westfalen.

Saskia Rohde: Zwischen Verfolgung und Shoah. Die Zerstörung der Synagogen in Westfalen. In: Arno Herzig, Karl Teppe, Andreas Determann: Verdrängung und Vernichtung der Juden in Westfalen. Münster 1994 (=Forum Regionalgeschichte, Bd. 3), S. 76–90.

S. 76–90. – Auf S. 87–90 Abriss der Synagogen in Westfalen nach 1945, Zitat S. 89.

Monika Richarz, Reinhard Rürup (Hg.): Jüdisches Leben auf dem Lande. Studien zur deutsch-jüdischen Geschichte. Tübingen 1997 (= Schriftenreihe wissenschaftlicher Abhandlungen des Leo Baeck Instituts, Bd. 56).

Baumeier/Stiewe: Die vergessenen Nachbarn.

Manfred Keller (Hg.): Exkursionen ins jüdische Westfalen. Musik und Kultur in westfälischen Landsynagogen. Berlin, Leipzig 2022 – auf S. 11 Manfred Keller zum Festival, auf S. 163-165 Fred Kaspar zur Hofsynagoge in Detmold. Ausführlicher:

Fred Kaspar, Peter Barthold: Eine „vergessene" Synagoge von 1633. Das Gebäude Bruchmauerstraße 37 in Detmold. In: Westfalen 96 (2018), S. 95–124.

Verwaltungsgericht Minden: Urteil vom 18. Mai 2022 (Az. 9 K 3548/18) – abrufbar unter: openjur.de/u/2442994.html.

NACHSATZ:

Sechs Steine, sechs Eichen (Verl)

Roland Thöring: Zur Erinnerung an die Familie Hope. In: Neue Westfälische, 17. November 2020.

Matthias Tschackert: Erinnerung an jüdisches Leben in Verl. (Bericht von der Einweihung des „Hains der Erinnerung"). In: Die Glocke, 11. September 2021.

Manfred Beine: Verl. In: Historisches Handbuch, Band Detmold, S. 720–724.

Bildnachweis

Agentur Imago, **Berlin**: S. 130, 155.
akg images, **Berlin**: S. 144, 146.
Deutsches Historisches Museum, **Berlin**: S. 82.
Jüdisches Museum, **Berlin**: Titelseite oben und S. 46, 68, 98 (Nachlass Brill), S. 156 (Foto Leonard Freed).
Metropol-Verlag, **Berlin**: S. 152.
Staatliche Museen **Berlin**, Gemäldegalerie: S. 19 (Christoph Schmidt).
Wikimedia Deutschland, **Berlin**: S. 40 oben (Foto: Tsungarn), S. 43 (Andreas Schule/Hamm-Wiki), S. 56 unten (Atelier Loescher&Petsch, Berlin), S. 161 (Tsungarn), S. 167 (Goeggimuss).
Hofarchiv Wester-Ebbinghaus, **Verl**: S. 93, 94.
Stadtarchiv **Bielefeld**: S. 105, 136.
American Jewish Archives, **Cincinnati** (Ohio, USA): S. 66.
LWL-Freilichtmuseum **Detmold**: S. 29, 164.
NRW-Landesarchiv, Abt. Ostwestfalen-Lippe, **Detmold**: S. 119.
3LFilm **Dortmund**/FilmForm **Köln**: S. 143 rechts (Pressebild).
LVR-Zentrum für Medien und Bildung, **Düsseldorf** – Fotosammlung Hans Berben: S. 150, 151.
NRW-Stiftung Naturschutz, Heimat- und Kulturpflege, **Düsseldorf**: S. 166 (Lars Langemeier).
Archiv Kibbuz **Giv'at Brenner** (Israel): S. 107, 110–111.
Stadtmuseum **Hagen**: S. 24 (Foto: Heike Wippermann)
Gleimhaus **Halberstadt**: S. 28.
Familienarchiv Loeb-Böhme-Wels, **Hamm**: S. 44.
Sammlung B. Gelderblom, **Hameln**: S. 108 oben und Mitte.
Stadtarchiv **Harsewinkel**: S. 49.
Kreis **Höxter**, Katasteramt/Abt. Geobasisdaten: Vorsatz-Seite.
Stadtarchiv **Lübbecke**: S. 20.
Stadtmuseum **München**: S. 79 (Patricia Fliegauf).
Bistumsarchiv **Münster**: S. 57.
LWL-Denkmalpflege, Landschafts- und Baukultur in Westfalen, **Münster**: S. 13 (Foto: Hedwig Nieland).
Stadtarchiv **Münster**: S. 25.
Stadtmuseum **Münster**: Titelseite Mitte und S. 17.
Gisbert Strotdrees, **Münster**: Titelseite unten, S. 18, 38 unten Mitte und rechts, 41, 56 oben, 70, 86, 87 links und rechts, 88, 106, 133, 165, 166 unten.
Verein für Geschichte und Altertumskunde Westfalen, Abt. **Münster**: S. 31.
Wochenblatt für Landwirtschaft und Landleben, **Münster**: S. 38, 39 links und rechts, 40 unten, 51 links und rechts, 52, 80, 81, 91, 124, 140, 143, 164.
LWL-Landesmuseum für Kunst und Kultur, **Münster**: S. 42.
Archiv Georg Möllers, **Mehmels**: S. 102 (T. Sadeh).
Forschungsstelle Glasmalerei des 20. Jahrhunderts, **Mönchengladbach**: S. 54, 55 oben und unten links/rechts.
Archiv Heimatverein **Neuenhaus**: S. 69.
Archiv Leo Baeck Institute/The Center for Jewish History, **New York**: (USA): S. 35, 132, 134.
Privatbesitz, **New York**: S. 74, 76, 77, 78 (Fotos: Silke Eberspächer).
Heimatverein **Pömbsen** (Bad Driburg): S. 34.
Arbeitskreis „Jüdisches Leben“, **Rahden**: S. 47 links und rechts.
Stadtarchiv **Rietberg**: S. 84.
Stadtarchiv **Soest**: S. 62 (A 294-24).
Archiv Johannes Waldhoff, **Steinheim**: S. 122.
Genisa-Projekt **Veitshöchheim**: S. 23 links und rechts.
Roland Thöring, **Verl**: Nachsatz-Seite.
Stadtarchiv **Versmold**: S. 60.
Kreisarchiv **Warendorf**: S. 58 (Amt Vorhelm A 782).
Privatbesitz, **Westerkappeln**: S. 114.
Privat: S. 114, 139 oben und unten.

REPRODUKTIONEN
Johann Albrecht Philippi: Der vertheidigte Korn-Jude. Berlin 1765: S. 27.
Christian Wilhelm Dohm: Ueber die bürgerliche Verbesserung der Juden. Berlin und Stettin 1781 (Universitätsbibliothek Greifswald): S. 29.
Gesetzsammlung für die Königlich-Preußischen Staaten 1812 (Münchener Digitalisierungs-Zentrum): S. 31.
Allgemeine Zeitung des Judenthums 1901 (Compact Memory – Universitätsbibliothek Frankfurt/Main): S. 37.
33. Bericht über die Marks-Haindorf'sche Stiftung. Münster 1886 (Compact Memory – Universitätsbibliothek Frankfurt/Main): S. 45.
Der Israelit 1895 (Compact Memory – Universitätsbibliothek Frankfurt/Main): S. 53.
August Rohling: Der Talmudjude. Münster 1871 (Universitäts- und Landesbibliothek Münster): S. 57.
Wolf-Ehrenfried von Reitzenstein: Der vollkommene Pferdekenner 1764 (Sächsische Landesbibliothek – Staats- und Universitätsbibliothek Dresden): S. 64 links und rechts.
Itzig Feitel Stern: Lexicon der jüdischen Geschäfts- und Umgangs-Sprache. München 1833 (Münchener Digitalisierungszentrum): S. 65.
Carl van der Linde: Grappen und Grillen. Nordhorn 1930: S. 70.
Graf Tucks und seine Nachkommen. Fünf plattdeutsche Volksstücke. Münster 1904 (Universitäts- und Landesbibliothek Münster): S. 72.
Westfälische Landeszeitung (NSDAP) Dortmund, 22. Oktober 1938 (Zeitungsportal NRW – zeitpunkt.nrw): S. 117.

Trotz intensiver Bemühungen konnten nicht für alle Abbildungen die Inhaber der Bildrechte ermittelt werden. Urheber oder ihre Erben werden gebeten, sich gegebenenfalls mit dem Verlag in Verbindung zu setzen.

Literatur

Stefan Baumeier, Heinrich Stiewe (Hg.): Die vergessenen Nachbarn. Juden auf dem Lande im östlichen Westfalen. Detmold 2006 (= Schriften des Westfälischen Freilichtmuseums Detmold, Band 24).

Stefanie Fischer: Ökonomisches Vertrauen und antisemitische Gewalt. Jüdische Viehhändler in Mittelfranken 1919–1939. Göttingen 2014 (= Hamburger Beiträge zur Geschichte der deutschen Juden, Band 42).

Historisches Handbuch der jüdischen Gemeinschaften in Westfalen und Lippe:
- Die Ortschaften und Territorien im heutigen Regierungsbezirk Münster, hg. von Susanne Freund, Franz-Josef Jakobi und Peter Johanek. Münster 2008.
- Die Ortschaften und Territorien im heutigen Regierungsbezirk Detmold, hg. von Karl Hengst und Ursula Olschewski. Münster 2013.
- Die Ortschaften und Territorien im heutigen Regierungsbezirk Arnsberg, hg. von Frank Göttmann. Münster 2016.
- Grundlagen – Erträge – Perspektiven. Hg. von Susanne Freund. Münster 2013.

Die vier Bände des Handbuchs sowie separate Ortseinträge sind abrufbar unter:
www.historische-kommission.lwl.org/de/projekte/abgeschlossene-projekte/historisches-handbuch-judischer-gemeinschaften/

Arno Herzig: Judentum und Emanzipation in Westfalen. Münster 1973 (= Veröffentlichungen des Provinzialinstituts für westfälische Landes- und Volkskunde, Reihe 1, Heft 17).

Arno Herzig, Karl Teppe, Andreas Determann (Hg.): Verdrängung und Vernichtung der Juden in Westfalen. Münster 1994 (Forum Regionalgeschichte, Band 3).

Utz Jeggle: Judendörfer in Württemberg. Tübingen 1969, 2. erweiterte Neuauflage 1999 (Untersuchungen des Ludwig-Uhland-Instituts der Universität Tübingen, Band 90).

Kirsten Menneken und Andrea Zupancic (Hg.): Jüdisches Leben in Westfalen. Essen 1998.

Andreas Nachama, Walter Homolka, Hartmut Bomhoff: Basiswissen Judentum. Freiburg 2018.

Iris Nölle-Hornkamp (Hg.): Heimatkunde. Westfälische Juden und ihre Nachbarn. Begleitband zur Ausstellung im Jüdischen Museum Westfalen. Essen 2014.

Elfi Pracht-Jörns: Jüdisches Kulturerbe in Nordrhein-Westfalen.
Teil III: Regierungsbezirk Detmold. Köln 1998;
Teil IV: Regierungsbezirk Münster. Köln 2002;
Teil V: Regierungsbezirk Arnsberg. Köln 2005.

Monika Richarz, Reinhard Rürup (Hg.): Jüdisches Leben auf dem Lande. Studien zur deutsch-jüdischen Geschichte. Tübingen 1997 (Schriftenreihe wissenschaftlicher Abhandlungen des Leo-Baeck-Instituts, Bd. 56).

Miriam Rürup: Alltag und Gesellschaft. Perspektiven deutsch-jüdischer Geschichte. Paderborn 2017.

Miriam Rürup: Jüdische Geschichte im deutschsprachigen Raum. In: Clio Guide – Ein Handbuch zu digitalen Ressourcen für die Geschichtswissenschaften, hg. von Silvia Daniel, Wilfried Enderle, Rüdiger Hohls, Thomas Meyer, Jens Prellwitz, Claudia Prinz, Annette Schuhmann, Silke Schwandt, 3. erw. und aktualisierte Auflage. Berlin 2023. Der Beitrag ist online abrufbar unter:
https://guides.clio-online.de/guides/themen/juedische-geschichte-im-deutschsprachigen-raum/2023.

Paul Spiegel: Wieder zu Hause? Erinnerungen. Berlin 2001.

Gisbert Strotdrees: Höfe, Bauern, Hungerjahre. Aus der Geschichte der westfälischen Landwirtschaft 1890–1950. Münster 1991.

Gisbert Strotdrees: Eine Minderheit in der Minderheit. Jüdische Landwirte und Landeigentümer in Westfalen von den Emanzipationsgesetzen bis zur nationalsozialistischen „Arisierung“ (1800–1939/42). In Iris Nölle-Hornkamp (Hg.): Heimatkunde. Westfälische Juden und ihre Nachbarn. Begleitband zur Ausstellung im Jüdischen Museum Westfalen. Essen 2014. S. 67–78.

Gisbert Strotdrees: Vergessene Welten? Jüdisches Landleben in Westfalen im 19. und 20. Jahrhundert. In: Manfred Keller (Hg.): Exkursionen ins jüdische Westfalen. Musik und Kultur in westfälischen Landsynagogen. Berlin, Leipzig 2022, S. 29–50.

Michael Wildt: Volksgemeinschaft als Selbstermächtigung. Gewalt gegen Juden in der deutschen Provinz 1919 bis 1939. Hamburg 2007.

Michael Zimmermann (Hg.): Die Geschichte der Juden im Rheinland und in Westfalen. 2., aktualisierte und erweiterte Ausgabe. Stuttgart 2021.

Ortsregister

DANK

Ein Buch schreibt sich nicht von selbst und es schreibt sich auch nicht allein. Bei der Arbeit für die Homepage „Jüdisches Landleben“, für die Artikelserie im Wochenblatt 2021/22 und schließlich für dieses Buch habe ich von vielen Seiten Unterstützung erfahren. Ich danke zuallererst meiner Ehefrau Barbara Schmänk-Strotdrees für das Lesen des ersten Buchmanuskriptes, für viele wichtige Fragen und Hinweise und für die gemeinsamen Fahrten zu Orten (westfälisch-)jüdischer Geschichte.
Patrick Liste, Chefredakteur des Wochenblattes für Landwirtschaft und Landleben, und Dr. Ludger Schulze-Pals, Geschäftsführer der Landwirtschaftsverlag GmbH, haben den Weg von der Homepage über die Artikelserie bis zum Buch begleitet und gefördert – vielen Dank dafür!
Bei der Recherche und Bereitstellung von Dokumenten und Fotografien, bei der Beantwortung von Spezialfragen und beim Gegenlesen des Manuskripts waren viele behilflich, bei denen ich mich herzlich bedanken möchte:

- Dr. Marie-Luisa Allemeyer, Freilichtmuseum Detmold, Westfälisches Landesmuseum für Alltagskultur
- Thorsten Austermann, Stadtarchiv Rietberg
- Wolfgang Battermann, Arbeitsgemeinschaft „Alte Synagoge Petershagen“
- Dr. Rebecca Denz, Dr. Martina Edelmann und Dr. Michael K. Schulz, Genisa-Projekt Veitshöchheim
- Christel Droste, Stadtarchiv Lübbecke
- Renate Evers, Leo Baeck Institute New York
- Lilian Harlander, Jüdisches Museum München
- Annette Huss, Stadtarchiv Verl
- Dr. Fred Kaspar, Telgte
- Dr. Manfred Keller, Evangelische Stadtakademie Bochum
- Chava Lilien-Givoni, Archiv Kibbuz Givat Brenner, Israel
- Roland Linde, Detmold
- Sigrid Lindemann, Arbeitskreis „Jüdisches Leben“ Rahden
- † Dr. Georg Möllers, Mehmels
- Dr. Iris Nölle-Hornkamp, Nordwalde
- Martina Sellmeyer, Osnabrück
- Dr. Heinrich Stiewe, Freilichtmuseum Detmold, Westfälisches Landesmuseum für Alltagskultur
- Prof. Dr. Elisabeth Timm, Institut für Kulturanthropologie/Europäische Ethnologie der Universität Münster – Kommission Alltagskulturforschung für Westfalen, Münster
- Jim G. Tobias, Nürnberger Institut für NS-Forschung und jüdische Geschichte des 20. Jahrhunderts, Nürnberg
- Roland Thöring, Neue Westfälische, Verl
- Johannes Waldhoff, Steinheim
- Dörte Wels, Familienarchiv Loeb-Böhme-Wels, Hamm
- Dr. Rolf Westheider, Stadtarchiv Versmold